Initiatoren des Factbook Einzelhandel 2010:

 Der Hauptverband des Deutschen Einzelhandels (HDE) ist gemeinsam mit seinen Landes- und Regionalverbänden sowie den Bundesfachverbänden die Spitzenorganisation des deutschen Einzelhandels für rund 410.000 selbstständige Unternehmen mit insgesamt 2,6 Mio. Beschäftigten und jährlich über 390 Mrd. Euro Umsatz.

 Die BBE Retail Experts Unternehmensberatung gehört zu den ersten Ansprechpartnern, wenn es um handelsnahe Lösungsansätze geht. Die Klienten schätzen sie als Seismographen für Markt- und Verbrauchertrends, als strategischen Partner – für neuen Markterfolg auf der Basis praxisnaher A sequenter Umsetzunge

Partner des Factbook Einzelhandel 2010:

 Das EHI erforscht die Zukunftsthemen des Einzelhandels, organisiert Konferenzen und Arbeitskreise, veröffentlicht im eigenen Verlag und ist Partner der Messe Düsseldorf bei der weltgrößten Investitionsgütermesse für den Handel, der EuroShop. Zu den 500 Mitgliedern des EHI zählen internationale Handelsunternehmen und deren Branchenverbände, Hersteller von Konsum- und Investitionsgütern und verschiedene Dienstleister.

 Der BTE vertritt als Bundesfachverband die Interessen des deutschen Textileinzelhandels gegenüber politischen Entscheidungsträgern, Lieferanten, Messen, Modezentren, Verbraucherverbänden und anderen Interessengruppen.

 Das Electronic-Commerce-Center Handel (ECC Handel) wurde 1999 als Forschungs- und Beratungsinitiative unter Leitung des Instituts für Handelsforschung ins Leben gerufen, erstellt eigene Studien und berät Handelsunternehmen fundiert und neutral zum Thema E-Commerce. Es wird vom Bundesministerium für Wirtschaft und Technologie (BMWi) für konkrete Projekte finanziell gefördert und ist in das Netzwerk Elektronischer Geschäftsverkehr (NEG) eingebunden.

 Der Bundesverband Wohnen und Büro vertritt die Interessen des Fachhandels im Bereich Einrichten, Wohnen und Büro. Er informiert zu Branchenthemen, führt Tagungen und Aus-/Weiterbildungsmaßnahmen (u. a. mit der Möbelfachschule in Köln) durch, koordiniert Branchenprojekte und unterstützt Experten wie Sachverständige in ihrer Arbeit.

 Der Bundesverband Technik des Einzelhandels (BVT) ist die berufspolitische und fachliche Interessenvertretung des technisch orientierten Fachhandels in Deutschland. Er ist die starke Lobby für privat- und geschäftskundenorientierte Handelsunternehmen und Dienstleister aus den Branchen Konsumelektronik, Informationstechnik, Mobil- und Telekommunikation, Foto/Imaging, Elektro-Hausgeräte, Technik in der Küche und Beleuchtung.

 Das Institut für Handelsforschung an der Universität zu Köln ist Ansprechpartner für strategische Fragestellungen, die einen weitreichenden und grundlegenden Charakter haben. Neben den generellen Aufgaben des Managements eines Handelsunternehmens werden insbesondere Fragen des Controllings eines Unternehmens (interne Perspektive) sowie Fragen des Marketings und des Vertriebs (externe Perspektive) untersucht.

 Der Bundesverband des Deutschen Lebensmittelhandels (BVL) übernimmt die Interessenwahrung der Unternehmen des Lebensmittelhandels gegenüber Gesetzgeber, Behörden und Öffentlichkeit auf Bundes- und EU-Ebene in enger Zusammenarbeit und Abstimmung mit dem HDE. Der BVL ist Träger der Bundesfachschule des Lebensmittelhandels in Neuwied.

 GS1 Germany hilft Unternehmen aller Branchen dabei, moderne Kommunikations- und Prozess-Standards in der Praxis anzuwenden und damit die Effizienz ihrer Geschäftsabläufe zu verbessern. Unter anderem ist das Unternehmen in Deutschland für das weltweit überschneidungsfreie Artikel-Identsystem GTIN zuständig – die Grundlage des Barcodes. Darüber hinaus fördert GS1 Germany die Anwendung neuer Technologien zur vollautomatischen Identifikation von Objekten (EPC/RFID) und bietet Lösungen für mehr Kundenorientierung.

Inhalt Editorial

Mehr Wissen

Daten, Fakten, Zahlen und Hintergründe – die Mischung macht's. Das gilt auch für das Factbook, das jetzt in der zweiten Auflage erscheint. Wie sehr es bereits heute zu einem der wesentlichen Nachschlagewerke über den Handel geworden ist, hat uns die große, positive Resonanz auf die erste Auflage gezeigt. In dieser neuen Ausgabe finden Sie mehr Fakten, mehr Zahlen, mehr Hintergründe und Einschätzungen und damit mehr Orientierung in der spannenden Welt des Handels.

Bewährte „Pfadfinder" sind wieder unsere Partner – unabhängige Institute, Marktforscher und Verbände. Neben dem Hauptverband des Deutschen Einzelhandels (HDE) sind das Fachverbände des Einzelhandels, der Zentralverband Gewerblicher Verbundgruppen, das Institut für Handelsforschung an der Universität zu Köln, das EHI Retail Institute, das E-Commerce-Center Handel, die BBE Retail Experts Unternehmensberatung und GS1 Germany, die ihr Fachwissen beisteuern.

Das neue Factbook versammelt unter dem übergeordneten Thema „Kooperationen" eine Fülle an Informationen. Angesichts des harten Wettbewerbs, der gerade im Einzelhandel herrscht, mag den einen oder anderen der Gedanke an Kooperationen überraschen. Aber gerade der Wettbewerb ist ein Motor der Kooperationen, denn immer geht es den Partnern um Optimierung, Kostensenkung und Steigerung ihrer Wettbewerbsfähigkeit. Die Vielfalt ist groß: Handelsunternehmen arbeiten beim Wareneinkauf und Transport zusammen. Sie planen gemeinsame Werbestrategien, koordinieren die Sortimentsbildung, nutzen zentrale Lager- und Versandzentren oder Datenverarbeitung. Es gibt Verbundgruppen, Genossenschaften, strategische Allianzen entlang der Wertschöpfungskette, Unternehmensnetzwerke.

Josef Sanktjohanser, Präsident des HDE

Auch die Interessenvertretung der Unternehmen, der HDE, arbeitet mit einer Vielzahl von Verbänden, Organisationen und Institutionen sowie Unternehmen zusammen. Ziel ist es, die Interessen des Einzelhandels durchzusetzen und für seine Mitgliedsunternehmen bessere Dienstleistungen bereitzustellen. Dazu trägt auch die Reform seiner Struktur und die Schaffung eines neuen, einheitlichen Verbands, des Handelsverband Deutschland, bei.

Die Zukunft des Handels liegt eindeutig in der Kooperation. Nur so können aktuelle und künftige Herausforderungen bewältigt werden. Das vorliegende Factbook gibt Ihnen einen profunden Einblick in das Thema. Ich wünsche Ihnen eine spannende Lektüre.

» sanktjohanser@hde.de

Stunde der Netzwerker

Die Idee kommt offenbar an. Das Factbook Einzelhandel geht mit seiner neuen Ausgabe für das Jahr 2010 bereits in seine zweite Runde. Aus der ursprünglichen Idee von handelsjournal und BBE Retail Experts Unternehmensberatung, Marktübersichten und Benchmarks zu publizieren, ist inzwischen ein nützliches Nachschlagewerk geworden. Nützlich vor allem deshalb, weil Daten und Fakten nicht präsentiert, sondern auch analysiert werden.

Begleitet wird der umfangreiche Datenteil auch in diesem Jahr wieder von zahlreichen wissenschaftlichen Hintergrundberichten über die Branche. Dabei musste in diesem Jahr die schwächelnde Konjunktur mit ihren Folgen für den Handel zwar die Hauptrolle spielen, aber wir haben nach einem Thema gesucht, das ein Mittel gegen die Krise darstellt. Getreu dem Motto von HDE-Präsident Josef Sanktjohanser – „Jammern ist kein unternehmerisches Konzept" – haben wir uns in der Branche umgesehen und stießen auf eine Vielzahl von Kooperationen, die dem Handel Schutz und Schild gegen die Krise verleihen können. Auf Anregung von BVT-Geschäftsführer Willy Fischel, der in seiner täglichen Praxis mit vielen erfolgreichen Kooperationsmodellen Erfahrung sammelt, haben wir das Thema durchdekliniert. Kooperationen in und zwischen Verbänden, Wirtschaftsfördergemeinschaften, Parteien, NGOs (non governmental organisations), Marketing-Organisationen, Messegesellschaften und nicht zuletzt Unternehmen geben uns Beispiele für den unübersehbaren Trend zur Zusammenarbeit. Ob in der Stadtplanung, beim Umweltschutz, im E-Commerce, der Werbung, im Messewesen oder bei Bildung und Ausbildung – es geht nur gemeinsam. Diese Erkenntnis setzt sich, so zeigen die Fachartikel dieses Buches, eher schnell als langsam durch. In den rückwärtigen Bereichen wie zum Beispiel der Produktsicherheit, bei Zahlungssystemen, bei Verpackungen oder der Warensicherung sind die wichtigsten ersten Schritte zu gemeinsamen Projekten schon längst gemacht. Und in der Politik, egal ob es sich um Tarifpolitik oder Grundsatzdebatten in Deutschland oder Europa handelt, ist die Maxime der Gemeinsamkeit längst verankert, damit Vorhaben erfolgreich sein können.

Andrea Kurtz,
Chefredakteurin des handelsjournal

Verbündete müssen also her. Wir hoffen, wir finden diese Verbündete auch in diesem Jahr wieder nicht nur bei unseren namhaften und sachkundigen Autoren, sondern auch in Ihnen, den Lesern. Lassen Sie sich anregen und von der Fülle der Kooperationsprojekte dieses Buches inspirieren.

» a.kurtz@vhb.de

Inhalt Übersicht

 26
 164

Inhalt

Politik
08	**Verbände:** Kräfte bündeln
12	**Konjunktur:** Tief in der Krise
16	**Konjunktur:** Netzwerke nötig
19	**Netzwerke:** Wer nicht kooperiert …
24	**Verbundgruppen:** Gemeinsame Autonomie

Markt
26	**Einrichten:** Home & Interior
38	**FMCG:** Food & Körperpflege
46	**Fashion:** Mode & Accessoires
57	**DIY:** Haus & Garten
69	**Gesundheit:** Wellness & Pharma
77	**Technik:** CE & Elektro
87	**Office:** Büro & Schreibwaren
93	**Entertainment:** Freizeit & Unterhaltung

Benchmarks
106	**Daten & Fakten:** Profitieren von den Besten

Strategie
120	**CSR:** Verantwortlich handeln
126	**Online:** Ohne Internet geht nichts
131	**Franchising:** Markenstärke und Expansion
134	**Dienstleistung:** Service bringt Mehrwert
139	**Finanzierung:** Es bleibt schwierig
145	**Förderung:** Positiver Domino-Effekt
149	**Energiemanagement:** Höhere Effizienz
153	**Marketing:** Kreativ durch die Krise
156	**Visual Merchandising:** Marktauftritt mit Profil
160	**Ethno-Marketing:** Multikulti am Regal

Standort
164	**Demografie:** Öffnungszeiten entscheiden
168	**Demografie:** Innenstädte bleiben beliebt
171	**Ausbildung:** Ausgezeichnete Azubis

Übersicht Inhalt

215

Fotos Stockxpert, ECE, Galeria Kaufhof

172	**Wirtschaftsförderung:** Starke Standorte
176	**Nahversorgung:** Leuchttürme auf dem Lande

Bildung & Qualifizierung
180	**Hochschule:** War for Talents
186	**Karriere:** Mittler, Förderer, Initiatoren
190	**Wissenschaftspreis:** Kommunikations-Plattform

Messen & Kongresse
192	**Leitmessen:** Mehrdimensionales Erleben
199	**Kongresse:** Mediale Vernetzung
201	**Praxis:** Dialog jenseits des Alltags

Technologien
204	**Vernetzung:** Auf Standards setzen
212	**ECR:** Treffen, Tagen, Trainieren.
215	**RFID:** Nach dem Hype
222	**Zahlungssysteme:** Stabile Systeme
224	**Kartenzahlungen:** Hohe Anforderungen
227	**Zertifizierung:** Sicher online
230	**Sicherheit:** Vorbeugen ist besser
232	**Qualitätssicherung:** Komplexe Fragen lösen
234	**Verpackung:** Hülle und Fülle

Recht
238	**Europa:** Was aus Brüssel kommt
243	**Tarifpolitik:** Notwendige Zwangsehe
246	**Verbraucherschutz:** Grenzen der Regulierung

Anhang
248	Zahlenspiegel
250	Adressen
256	Branchenmessen
258	Autoren/Impressum

Kräfte bündeln

Gemeinsam für den Mittelstand: Der HDE arbeitet auf allen Ebenen intensiv mit Politik, Organisationen sowie Spitzen- und Branchenverbänden zusammen.

Text Stefan Genth, HDE

Rasante Veränderungen prägen den Einzelhandel. Kaum eine Branche reagiert so sensibel und schnell auf geänderte Kundenbedürfnisse. In kaum einer anderen Branche entwickeln sich so schnell so viele neue Geschäftsmodelle und Vertriebssysteme. Und mit kaum einer anderen Branche sind Innovation und Aufbruchdenken so untrennbar verbunden. Das stellt auch den Hauptverband des Deutschen Einzelhandels (HDE) vor große Herausforderungen. Seit 90 Jahren ist er Interessenvertretung und Sprachrohr des Wirtschaftszweigs und hat sich mit ihm gewandelt. Ein stetiger Prozess, der jetzt in eine neue Phase geht.

Eine neue Struktur

Genau wie der Handel selbst hat sich auch seine Organisation ständig verändern und an neue Bedingungen anpassen müssen. Nur so kann sie die Interessen des gesamten Einzelhandels in seiner breiten Vielfalt angemessen vertreten – vom inhabergeführten mittelständischen Fachgeschäft über die großen Modehäuser, Supermärkte, Verbrauchermärkte, Fachmärkte, Discounter, Kauf- und Warenhäuser, die Versender und die vielen anderen immer neu entstehenden Formate und Konzepte im stationären wie im Online-Handel. Aber nicht nur der Handel verändert Form und Gesicht, auch die gesellschaftlichen und politischen Rahmenbedingungen wandeln sich und stellen den Wirtschaftszweig vor neue Herausforderungen. So verfolgt zum Beispiel die Politik aus Brüssel das Thema Verbraucherschutz mit sehr umfassenden Konsequenzen für den Handel. Der demografische Wandel sowie ein gesteigertes Energie- und Umweltbewusstsein sind weitere Beispiele für gesellschaftliche Veränderungen, die ebenfalls Auswirkungen auf den Einzelhandel haben. Die Interessenvertretung der Branche muss all diese Herausforderungen kennen, bewerten und entsprechende Initiativen dazu ergreifen. Dies erfordert hohe Flexibilität und ständig neue Anpassung – bei Themen und Inhalten genauso wie bei den Strukturen. Ständige Reformschritte machen die Einzelhandelsorganisation fit für die Zukunft.

Ihr flächendeckendes Netzwerk über die gesamte Bundesrepublik ist eine der Stärken der Einzelhandelsvertretung. Es stellt die ortsnahe Beratung der Mitglieder und die hohe Präsenz des Verbandes auf allen Politikebenen sicher. Um fit für die Zukunft zu bleiben, die Qualität der Arbeit sicherzustellen und Kompetenzen zu stärken, wurde die Organisationsstruktur von Berlin bis in die Regionen und die Fachverbände hinein deutlich gestrafft. Größere Transparenz, höhere Verbindlichkeit zwischen den Verbandsebenen, ein einheitlicheres Auftreten nach außen, gemeinsame Qualitätsstandards sowie der Ausbau der Service- und Beratungsqualität für die Unternehmen waren zentrale Ziele. Das Ergebnis kann sich sehen lassen: Das Verbände-Netzwerk ist jetzt enger als jemals zuvor geknüpft.

Handelsverband Deutschland

Auf diesen ersten Schritt wird der zweite folgen: die Schaffung eines neuen, einheitlichen Handelsverbands: „Handelsverband Deutschland" wird mit neuen Strukturen, fußend auf der Reform der Einzelhandelsorganisation und mit einer föderalen Basis, aus dem HDE hervorgehen und sich als die starke gemeinsame Kraft der Interessenvertretung der Branche in Deutschland und Europa etablieren.

Der Handelsverband Deutschland wird die starke Stimme des Einzelhandels sein, und in Deutschland sowie in Europa nicht nur den drittstärksten, sondern auch den vielfältigsten, lebendigsten und schönsten Wirtschaftszweig Deutschlands repräsentieren. Mit einem straffen Verbände-Netzwerk und einer einflussreichen politischen Interessenvertretung ist der

Politik Verbände

Im Dialog: HDE-Präsident Josef Sanktjohanser (r., u.l.) mit Cornelia Pieper (FDP, l.) und Dagmar Wöhrl (CSU, m.)...

... sowie im informellen Hintergrund-Gespräch im Berliner Verbändehaus mit Karl-Theodor zu Guttenberg (CSU, m.).

Einzelhandel gerüstet für die Herausforderungen, die vor ihm liegen.

Gemeinsam für ein Ziel

Dazu tragen auch die vielfältigen Kooperationen des HDE mit anderen Verbänden und Organisationen bei. Einzelkämpfer sind in der modernen politischen Landschaft ohne Einfluss. Gehör verschafft sich, wer in Netzwerken arbeitet, Verbündete hat und seinen Forderungen damit mehr Nachdruck verschafft – eine Maxime, die der HDE seit langem beherzigt. Hier eine kleine, bei weitem nicht erschöpfende Auswahl seiner Kooperationen:

... mit Verbänden

Tradition hat etwa die Zusammenarbeit mit anderen großen Spitzenverbänden in der so genannten „Achterbande", wenn es um steuerpolitische Fragen geht. Als Gründungsmitglied der Arbeitsgemeinschaft Mittelstand bringt der HDE der Politik die Interessen der mittelständischen Unternehmen nahe, übrigens im engen Schulterschluss mit dem Deutschen Industrie- und Handelskammertag (DIHK) und dem Zentralverband Gewerblicher Verbundgruppen (ZGV). In Tarifverhandlungen positionierte er sich in der Vergangenheit gemeinsam mit dem Handelsverband BAG und wird auch künftig der Verhandlungspartner für die Gewerkschaft sein. Vor allem um sozialpolitische Themen geht es dem HDE bei seiner Mitgliedschaft in der Bundesvereinigung der Arbeitgeberverbände. Mit der Bundesvereinigung der Deutschen Ernährungsindustrie veranstaltet er jedes Jahr den Unternehmertag Lebensmittel, der sich zu einem der wichtigsten Ereignisse der Branche entwickelt hat (siehe Seite 205). Bei Fragen rund um Werbung ist der Zentralverband der Deutschen Werbewirtschaft Partner des HDE.

Gute und langjährige Zusammenarbeit gibt es auch mit dem Bundesverband des Groß- und Außenhandels und der Außenhandelsvereinigung des Einzelhandels (AvE). Gemeinsam mit dem europäischen Dachverband des Handels, EuroCommerce, setzt sich der HDE in Brüssel für die Interessen des Handels ein. Und zusammen mit mehreren anderen Verbänden arbeitet der HDE bei Urbanicom an der Entwicklung zukunftsorientierter Konzepte für die Stadtentwicklung. Ein Gemeinschaftsprojekt mit Partnerverbänden ist auch die Initiative Ludwig-Erhard-Preis.

... mit anderen Organisationen und Unternehmen

Zusammenarbeit gibt es auch mit Instituten und Unternehmen. So erhält das HDE-Büro in Brüssel aktive personelle Unterstützung durch die Repräsentanten von Rewe Group, Edeka und Metro Group. Auch im Rationalisierungskuratorium der Deutschen Wirtschaft ist der HDE aktiv, um Projekte zur Unterstützung des mittelständischen Handels anzustoßen.

Gemeinsam mit seinen Tochterunternehmen bietet der HDE verschiedenste Dienstleistungen für die Mitglieder der Einzelhandelsorganisation an: mit der auf Berufsbildung spezialisierten zbb, mit der Unternehmensberatung BBE Retail Experts und dem auf Kongresse spezialisierten Management Forum, das unter anderem das Branchenereignis Deutscher Handelskongress veranstaltet.

Zu den Unternehmungen des Verbands gehören weiterhin Cashless Pay (bargeldloser Zahlungsverkehr) sowie IFS (International Featured Standards), das Standards für die Qualitätssicherung und Produktsicherheit für Eigenmarken von europäischen Einzelhändlern anbietet. Rahmenabkommen des HDE mit der GEMA, Signal Iduna, Ebay und Google machen sich ebenfalls für die Mitgliedsunternehmen bezahlt.

... bei einzelnen Projekten

Oft ist die Kooperation auf einzelne Projekte bezogen wie etwa die Befragung zu den Folgen der Unternehmensteuerreform, die der HDE gemeinsam mit PriceWaterhouse Coopers (PwC) durchführte. Ebenfalls hierher gehören die Untersuchungen des Instituts für Handelsforschung an der Universität zu Köln für den HDE zum Kundenverkehr und zur Struktur der Nachfragemacht im Lebensmittelsektor. Beim Jugendschutz engagiert sich der HDE in einer groß angelegten Kampagne mit dem Bundesjugendministerium, Einzelhandelsunternehmen sowie der Wettbewerbszentrale. Regelmäßig beteiligt sich der HDE an Umfragen des EHI Retail Institutes, etwa zu Inventurdifferenzen und Zahlungsarten.

Diese Aufzählung ließe sich noch lange fortsetzen – in den 90 Jahren seines Bestehens hat der Hauptverband des Deutschen Einzelhandels viele Partnerschaften geschlossen und erfolgreich mit Partnern aus Politik und Wirtschaft zusammengearbeitet. Der Handelsverband Deutschland wird nahtlos daran anknüpfen und das Netzwerk für den Einzelhandel noch enger knüpfen.

AG Mittelstand: Alle für Einen

Eines der prominentesten Beispiele für die Kooperation des HDE mit anderen Verbänden ist die Arbeitsgemeinschaft Mittelstand.
Der Mittelstand wird im politischen Betrieb allzu oft stiefmütterlich behandelt: Allen Lippenbekenntnissen der Politik zu Wert und Wichtigkeit des Mittelstands zum Trotz stehen mittelständische Unternehmen nicht gerade im Fokus der Politiker. Aber der HDE setzt sich dafür ein, dass aus Lippenbekenntnissen politische Handlungsmaximen werden. Dies ist ein ehrgeiziges Ziel, das sich mit vereinter Schlagkraft
aller großen mittelständischen Verbände schneller und besser erreichen lässt.
Deshalb hat der HDE mit Handel, Handwerk, Gastronomie sowie den Sparkassen und Genossenschaftsbanken als den Partnern und Financiers des Mittelstands die Arbeitsgemeinschaft Mittelstand gegründet.
In den sechs Jahren seit ihrer Gründung hat sich die AG Mittelstand zum politischen Schwergewicht entwickelt. Ihre Mitglieder treten gemeinsam für wirtschaftliche Rahmenbedingungen ein, die es den mittelständischen Unternehmen in Deutschland erleichtern, ihre Innovations-, Wettbewerbs- und Beschäftigungspotenziale zu sichern und zu stärken.

www.arbeitsgemeinschaft-mittelstand.de

Politik Konjunktur

Tief in der Krise

Die schwerste Rezession seit der Nachkriegszeit hat ihre Spuren hinterlassen; lediglich erste Anzeichen deuten auf ein Ende des Sturzflugs.

Text Monika Dürrer, Robert Weitz, HDE

Seit dem Herbst 2008 steckt die deutsche Wirtschaft in einer schweren Rezession, der tiefsten in der Nachkriegsgeschichte. Der Wohlstand der Deutschen sinkt. Wir werden wieder ärmer. Das Wachstum der Aufschwungjahre ist verfrühstückt. Um mindestens 6 Prozent soll das Bruttoinlandsprodukt 2009 schrumpfen. Das sind rund 150 Mrd. Euro insgesamt oder 1.800 Euro pro Kopf. Zu Beginn des Jahres 2010 wird Deutschland auf das Niveau des Jahres 2005 zurückgefallen sein.

Zwar hat der Staat mit dem Rettungspaket für die Banken und den Konjunkturprogrammen rechtzeitig eingegriffen und den Zusammenbruch des Bankensystems verhindert, die Talfahrt aber konnte auch er nicht verhindern. Die Krise hat sich durch die gesamte Wirtschaft gefressen. Kein Sektor ist vollständig verschont worden. Das ist ein neues Phänomen.

Schon im vierten Quartal 2008 war die Wirtschaftsleistung um ungewöhnliche 2,2 Prozent hinter dem Vorquartal zurückgeblieben. Der heftigste Einbruch folgte aber erst im Winter, als Horrormeldungen über rückläufige Auftragseingänge und Produktionseinbrüche die Runde machten. In einigen Wirtschaftszweigen blieben mehr als 30 oder 40 Prozent der Aufträge aus. Die Bruttowertschöpfung des Verarbeitenden Gewerbe blieb real um mehr als 20 Prozent hinter dem Vorjahresergebnis zurück, die des Baugewerbes um 8,9 Prozent, die des Bereichs Handel, Gast-

Noch ist der private Konsum kaum gesunken...

gewerbe und Verkehr um 6,4 Prozent. Die Kapazitätsauslastung erreichte mit 71 Prozent den niedrigsten Stand seit Beginn der gesamtdeutschen Erhebung. Bei so schwacher Wirtschaftslage und niedrigen Erwartungen bestand wenig Anlass zu investieren. Verglichen mit dem ersten Quartal 2008 wurden im ersten Quartal 2009 real 11,2 Prozent weniger investiert. Bei den Ausrüstungsinvestitionen betrug das Manko sogar 18,6 Prozent. Mit einem Minus von 3,8 Prozent gegenüber dem Vorquartal endete das erste Quartal 2009 mit einem Desaster. Verglichen mit dem Vorjahresquartal ergab sich ein Minus von 6,9 Prozent.

Von Japan abgesehen hat die weltweite Krise Deutschland am stärksten getroffen. Dies hat seinen Grund. Deutschland ist stärker als die meisten ähnlich großen Staaten mit dem Ausland verbunden. Fast die Hälfte unserer Wirtschaftsleistung wird exportiert. Auf allen wesentlichen Auslandsmärkten hat die deutsche Wirtschaft im Verlauf der Krise deutliche Auftragseinbußen hinnehmen müssen. Preisbereinigt sind die Exporte im ersten Quartal 2009 um 17,2 Prozent hinter dem Vorjahresquartal zurückgeblieben, nachdem bereits das vierte Quartal 2008 mit einem Minus von 5,9 Prozent geendet hatte. Deutschlands wichtigster Wachstumsmotor läuft rückwärts. Nun rächt sich, dass die Binnenwirtschaft von der Politik jahrelang als Stiefkind behandelt worden ist.

Zum Jahreswechsel ist auch der für den Einzelhandelsumsatz so wichtige Arbeitsmarkt in den Strudel der Krise gezogen worden. Seit Dezember 2008 nimmt die Zahl der arbeitslos Gemeldeten wieder zu. Allerdings hielten sich der Rückgang der Erwerbstätigen und der Anstieg der Arbeitslosigkeit in unerwartet engen Grenzen. Im Mai 2009 waren „nur" 174.000 Menschen mehr arbeitslos gemeldet als vor Jahresfrist. Angesichts der Schwere der Krise ist dies ein erstaunlich niedriger Zuwachs. Die Unterneh-

Konjunktur **Politik**

men, die im Aufschwung über erheblichen Mangel an Fachkräften geklagt hatten, haben verstärkt vom Instrument der staatlich geförderten Kurzarbeit Gebrauch gemacht. Allein im April sind 1,4 Mio. Arbeitnehmer in Kurzarbeit geschickt worden. Gleichwohl ist der Rückgang des Arbeitsvolumens hinter dem der Produktion zurückgeblieben, mit der Folge, dass die Arbeitsproduktivität erheblich nachgelassen hat und die Lohnstückkosten kräftig in die Höhe geschnellt sind. Die Wettbewerbsfähigkeit hat sich verschlechtert. Experten vermuten, dass vermehrte Kurzarbeit nur begrenzte Zeit trägt. Je länger die Krise dauert, umso häufiger werden aus Kurzarbeitern Arbeitslose. Der Höhepunkt der Arbeitslosigkeit wird erst im Jahr 2010 erwartet. Bis dahin soll die Zahl der Arbeitslosen von 3,7 Mio. in diesem Jahr auf 4,6 Mio. gestiegen sein. Der Konsum könnte sich weniger stark beleben als ursprünglich prognostiziert.

Zu dieser Einschätzung dürfte auch die Entwicklung der Einkommen beitragen. Die Prognosen im Herbst hatten noch einen Anstieg des verfügbaren Einkommens der privaten Haushalte um rund 2,5 Prozent vorausgesagt. Aus heutiger Sicht wird man sehr zufrieden sein können, wenn das verfügbare Einkommen nicht sinkt. Die Unternehmens- und Vermögenseinkommen sind massiv eingebrochen. Im ersten Quartal waren sie ein Fünftel niedriger als im Vorjahresquartal. Die Arbeitnehmereinkommen sind trotz der noch nachwirkenden relativ hohen Tarifabschlüsse des Vorjahres nur um 0,9 Prozent gestiegen. Trotz ebenfalls leicht steigender Transfereinkommen hat das verfügbare Einkommen anders als in den Vorjahren nicht mehr zugenommen.

Gleichwohl ist der private Verbrauch anders als in den letzten Abschwüngen bisher nicht reduziert worden. Im Gegenteil, mit einem realen Zuwachs von 0,5 Prozent gegenüber dem Vor-Quartal war er zum Jahresbeginn das einzige Aggregat, das einen positiven Wachstumsbeitrag abgeliefert hat. Er hat die ihm zugedachte Rolle als Stabilisierungsfaktor wirkungsvoll gespielt. Konsumstimmung und Anschaffungsneigung sind vor dem Hintergrund der Talfahrt bemer-

Foto: Galeria Kaufhof

... und der Einzelhandel erweist sich als krisenfest.

kenswert robust geblieben. Dafür gibt es mehrere Ursachen. Seit in der Krise die Preise sinken, haben die Deutschen die Angst vor der Inflation wieder verloren, die im Vorjahr die Konsumneigung gedämpft hatte. Die erweiterten Möglichkeiten zur Kurzarbeit haben das Arbeitsplatzrisiko entschärft. Der Staat hat Kaufanreize wie die Abwrackprämie gesetzt und mit den Konjunkturpaketen auch die Kaufkraft vieler Verbraucher ein wenig gestärkt. Überdies hat die Finanzmarktkrise, die das Vermögen der Anleger zumindest buchhalterisch geschrumpft hat, dazu beigetragen, dass die Geldanlage als Alternative zum Konsum erheblich an Attraktivität verloren hat.

Politik Konjunktur

Preisaktionen prägen den scharfen Wettbewerb.

Leider hat der Einzelhandel mit der positiven Entwicklung des gesamten Verbrauchs nicht ganz mithalten können. In den ersten drei Monaten des Jahres hat er rund 3 Prozent seines Vorjahresumsatzes verloren; im Vergleich zur Industrie oder unternehmensnahen Dienstleistern ein durchaus passables Ergebnis. Es ist aber schwächer ausgefallen, als der Hauptverband des Deutschen Einzelhandels (HDE) erwartet hatte. Ursache ist die Abwrackprämie, die unerwartet viele Autofahrer zur Anschaffung eines Neuwagens ermutigt hat. Dazu mussten sie auf ihr Erspartes zurückgreifen, aber auch auf das laufende Einkommen. In dem Maße, wie die Prämienanträge in die Höhe geschossen sind, haben sich die Verbraucher deshalb bei der Anschaffung anderer langlebiger Konsumgüter zurückgehalten. Insbesondere der sonst eher krisenfeste Einzelhandel mit Luxusartikeln hat erheblich an Umsatz eingebüßt. Die Umsatzentwicklung im klassischen Einzelhandel hat sich wieder gefestigt. Es könnte zunächst sogar leicht aufwärts gehen. Ein gutes Jahr für den Handel wird 2009 gewiss nicht. Krisenjahre sind stets auch Jahre besonders harten Wettbewerbs und der Ausweitung von Preisaktionen. Die Gewinne fallen, Kredite werden teuer und sind schwer zu bekommen, die Existenzgefährdung nimmt zu.

Inzwischen mehren sich die Anzeichen, dass die Wirtschaft allmählich Bodenhaftung findet. Der Sturzflug scheint gestoppt, die Talfahrt setzt sich mit deutlich gebremstem Tempo fort. Die Lage ist nach wie vor desaströs, aber die Erwartungen hellen sich allmählich ein wenig auf. Ob ZEW-Index Konjunkturerwartungen, Einkaufsmanagerindex oder ifo-Geschäftsklimaindex, alle haben sich maßvoll verbessert. Dahinter steckt mehr als die Einschätzung, schlimmer könne es nicht mehr kommen. Auftragslage und Produktion haben sich auf niedrigem Niveau stabilisiert. Der konjunkturelle Tiefstpunkt dürfte im Sommer erreicht worden sein. Mit einem raschen und kräftigen Aufschwung darf nicht gerechnet werden. Die Normalisierung der Bankgeschäfte ist noch längst nicht wieder erreicht, eine Kreditklemme nicht auszuschließen. Erst 2010 wird ein neuer Aufschwung beginnen. Viele Experten halten den Zeitraum bis 2013 für eine kritische Zeit.

In der Zwischenzeit wird Deutschland intensiv daran arbeiten müssen, die Folgen wieder einzufangen, die der Versuch, alles und jedes zu retten, angerichtet hat. Allein das Ausgabenvolumen ist gigantisch. 80 Mrd. Euro kosten die beiden Konjunkturprogramme, die viel Wert auf den Ausbau der Infrastruktur und die Stützung einzelner Branchen wie der Automobilindustrie gelegt, aber wenig für die Ankurbelung des Konsums getan haben. Starke Stützkraft werden sie erst gegen Ende des Jahres erreichen.

Mit 115 Mrd. Euro ist der Wirtschaftsfonds Deutschland gefüllt, um dessen Kredite und Bürgschaften sich Großbetriebe und Mittelständler gleichermaßen reißen. Vermutlich werden erhebliche Wettbewerbsverzerrungen ausgelöst. Die Rettung von Unternehmen ist schädlich für die Wirtschaft und ordnungspolitisch höchst bedenklich. Dazu kommt das Rettungspaket für die Banken, von dem noch niemand weiß, wie viel Geld letztendlich fließen wird. In jedem Fall wird die bereits jetzt viel zu hohe Staatsverschuldung weiter steigen, und der Schuldendienst wird zu einer noch größeren Belastung. Die Wahrscheinlichkeit, dass wieder einmal die Steuern erhöht werden müssen, wächst mit jeder zusätzlichen Ausgabe. Die Schuldenbremse wird ja erst Jahre später eingesetzt werden.

Immer wieder samstags.*

Gratis Einkaufstipps und TV-Programm in einem.

Gebündelte Haushaltswerbung, die doppelt gut ankommt. **EINKAUF**AKTUELL

Weitere Infos unter www.einkaufaktuell.de
Ihr direkter Kontakt zu uns: 0228 182 96 419

Die Zustellung von *EINKAUFAKTUELL* ist abhängig von den gebuchten Prospektverteilgebieten. Sonderzustellungen und Feiertagsregelungen vorbehalten. Werbeverweigerer ausgenommen. Bei Belegung mit maximal einer Beilage behalten wir uns die Beigabe des TV-Heftes vor.

Politik Konjunktur

Netzwerke nötig

Warum es ohne Kooperationen nicht mehr geht, analysieren die Marktforscher der BBE Retail Experts mit Blick auf die aktuelle Wirtschaftslage.

Text Klaus Peter Teipel, BBE

Der Einzelhandel in Deutschland wächst nicht mehr. Das neue Jahrtausend hat dem Einzelhandel im engeren Sinne bislang Wachstumsraten zwischen minus 1,8 Prozent und plus 2,2 Prozent pro Jahr beschert. Mit einem Einzelhandelsumsatz von 399,6 Mrd. Euro konnte 2008 ein Umsatzplus von 1,1 Prozent gegenüber dem Vorjahr realisiert werden.

Für das laufende Jahr wird der Einzelhandel trotz Reformen und Konjunkturpaket II der Bundesregierung kein Umsatzplus verzeichnen können. Die von der Bundesregierung auf den Weg gebrachten Maßnahmen ließen zu Anfang des Jahres noch die Hoffnung zu, dass zumindest Teile davon auch umsatzstimulierend auf den Einzelhandel wirken könnten. Nach Berechnungen der BBE Retail Experts hätte dem Einzelhandel in den Jahren 2009 und 2010 daraus ein Zusatzumsatz von etwa 6,2 Mrd. Euro entstehen können

(**Grafik 1**). Leider hat sich diese Hoffnung zerschlagen. Zum einen ist dafür der Erfolg der Abwrackprämie verantwortlich, die den privaten Haushalten mehr Kapital – sei es durch Kreditaufnahme oder Inanspruchnahme des Sparvermögens – entzogen hat, als zunächst erwartet werden konnte. Zum anderen werden sich die verfügbaren Einkommen der Verbraucher nicht in dem erwarteten Umfang erhöhen können. Ausschlaggebend wird jedoch sein, wie sich die Zahl der Arbeitslosen ab September bis Ende des Jahres entwickeln wird.

Auch die weiteren Prognosen hinsichtlich der Entwicklung der Einzelhandelsumsätze sind zum aktuellen Zeitpunkt eher pessimistisch als vorsichtig optimistisch geprägt. Zwar ist keine Konsumverweigerung der privaten Verbraucher am Horizont erkennbar, doch dürften die Folgen der Wirtschaftskrise auf der Arbeitsmarktseite erst mit zeitlicher Verzögerung eintreten. Die dabei zu erwartenden Einkommensverluste werden sich sicherlich auch auf der Einzelhandelsseite niederschlagen. Verstärkt zu erwarten ist – und dies deutet sich bereits jetzt an – eine sinkende Nachfrage, insbesondere bei Gütern des langfristigen Bedarfs.

Veränderungen in der Einkommenssituation und damit in der Nachfrage nach einzelnen Preislagen, Hersteller- und Handelsmarken, der Präferenz von Einkaufsstätten und in der Demografie hinterlassen bereits seit Jahren erkennbare Spuren in der Struktur des Einzelhandels. Die strukturellen Verschiebungen sind zum Teil gravierend; so haben vor allem Fachmärkte und Discounter erhebliche Marktanteilszugewinne verzeichnet. Zu den eindeutigen Verlierern im Wettbewerb zählen der traditionelle (nicht-filialisierte) Fachhandel, Kauf- und Warenhäuser, der traditionelle Lebensmittelhandel inkl. Supermärkte sowie die Sortimentsversender (**Grafik 2**).

Auch wenn man Gefahr läuft, zu pauschal zu urteilen, kann man grundsätzlich festhalten, dass Großbetriebsformen (sieht man von Kauf- und Warenhäusern sowie den Sortimentsversendern ab) sowie filialisierte Formate sich im Zeitablauf besser im Wett-

Reformen und Konjunkturpaket II — Grafik 1
Was dem Handel bleibt — Angaben in Mrd. Euro

	Reformen 2009	KP II	Pendlerpauschale	Kinderbonus	Zusammen
privater Konsum	3,4	12,0	4,4	1,3	21,1
andere Branchen	2,4	8,5	3,1	0,9	14,9
Einzelhandel	1,0	3,5	1,3	0,4	6,2

Quelle: BBE Retail Experts

Konjunktur **Politik**

Marktverschiebungen im Einzelhandel — Grafik 2
Angaben in Prozent

	1995	1996	1997	1998	1999	2000	2001	2002	2003	2004	2005	2006	2007	2008
Fachhandel (nicht filialisiert)	31,2	29,8	28,9	27,9	24,5	24,4	21,8	19,9	18,2	17,7	16,8	16,8	16,0	15,6
Filialisten des Fachhandels					12,3	12,4	12,7	12,4	12,2	11,8	11,9	12,1	12,3	12,2
Fachmärkte	11,7	11,8	11,8	11,8	11,7	12,0	13,7	13,9	14,4	14,8	15,0	15,3	15,4	15,7
Kauf- und Warenhäuser	6,9	7,4	7,7	8,7				4,1	4,0	3,8	3,7	3,5	3,4	3,3
Versender	5,2	5,2	4,9	4,8	4,5	4,3	4,3	5,1	5,1	4,9	4,8	4,5	4,5	4,2
SB-Warenhäuser/V-Märkte	4,9	5,0	5,0	5,0	5,0	5,0	4,9	12,1	12,6	12,9	12,9	12,9	13,2	13,2
Discounter	10,1	10,5	10,7	11,0	11,1	11,1	11,5							
Supermärkte/trad. LEH	8,5	8,8	9,3	9,3	9,5	9,9	10,5	11,6	12,4	13,1	13,5	13,9	14,2	14,9
Handwerk	13,5	13,3	13,3	12,9	12,6	12,1	12,0	11,8	11,8	11,3	11,2	10,6	10,6	10,1
Online-Handel											0,5	0,8	1,1	
Convenience Verkaufsformen	2,5	2,6	2,6	2,8	2,9	2,8	2,8	2,7	2,7	2,6	2,7	2,8	2,8	
Ambulanter Handel (institutionell)	4,7	4,8	4,9	4,9	5,0	5,0	5,0	5,1	5,2	5,2	5,4	5,3	4,9	5,3
Gebrauchtwarenhandel														

Quelle: BBE Retail Experts

bewerb behauptet haben. Dies liegt sicherlich im Wesentlichen darin, dass sich diese Formate besser auf die Bedürfnisse, Anforderungen und Erwartungen der Konsumenten eingestellt haben. Kommunikation, Erlebnis, Sortiment, Präsentation und Standort sind heute die maßgeblichen Kriterien, nach denen die Verbraucher ihre präferierten Einkaufsstätten und -formate aussuchen. Mit klaren Flächenkonzepten geben sie dem Kunden Orientierung in der großflächigen Angebotsmasse. Zudem haben diese Unternehmen begonnen, nicht nur Waren, sondern auch Emotionen, Themen und Problemlösungen zu verkaufen. Die Konsumenten können darauf vertrauen, dass diese Handelsmarken für ein bestimmtes Qualitätsniveau stehen. Ebenso haben diese Vertriebsformate das Umsatzpotenzial von Dienstleistungen erkannt.

Mitverantwortlich für den Erfolg vieler Discount- und Fachmarktkonzepte ist eine perfekt aufeinander abgestimmte Organisation und funktionierende Prozesse zwischen Administration (Verwaltung einschließlich Einkauf) auf der internen Ebene und dem Vermarktungskonzept (PoS) auf der dem Verbraucher zugewandten Seite. Solche Strukturen findet man in der Regel in Konzernen und Großunternehmen, für den Mittelstand sind sie jedoch eher eine Ausnahme. Dabei stellt die optimale Verzahnung von Administration und Verkauf auf der Fläche (Vermarktungskonzept) einen entscheidenden Wettbewerbsvorteil dar.

Gerade in wirtschaftlich schwierigen Zeiten helfen solche Wettbewerbsvorteile auch mittelständischen Unternehmen, sich im Wettbewerb erfolgreich zu behaupten und Markterfolge zu generieren. Hinter einer optimalen Verzahnung von Administration, Einkauf und Vertrieb steht in der Regel eine Fülle von Strukturen, Prozessen und Maßnahmen, deren Performance sich oftmals mittels Kooperation noch verbessern ließe. Ausschlaggebend für erfolgreiche Konzepte und Formate im Markt ist, dass sie nahezu ausschließlich im Verbund arbeiten.

Ausgehend von der aktuellen wirtschaftlichen Situation wird bis 2015 unter gleichen Bedingungen ein Handelswachstum von nominal etwa 3,7 Prozent – für den gesamten Zeitraum – erwartet und dies bedeutet für den Mittelstand (einzelbetrieblicher Fachhandel, Kaufhäuser, aber auch Warenhäuser) eine massive Ver-

Politik Konjunktur

schärfung des Wettbewerbsdrucks durch Fachmarkt- und Discountkonzepte. Auf die externen Verhältnisse können Unternehmen in der Regel keinen Einfluss nehmen. Umso wichtiger ist es, sich strategisch auf diese Veränderungen einzustellen und operativ richtig darauf zu reagieren. Insbesondere vor diesem Hintergrund sollte sich der selbstständige Unternehmer im Mittelstand die Frage nach den Möglichkeiten einer überbetrieblichen Zusammenarbeit stellen. Es steht fest: Kooperation zahlt sich aus, warum sonst gibt es in Deutschland rund 320 gewerbliche Verbundgruppen aus 45 verschiedenen Branchen, an die etwa 200.000 mittelständische Unternehmen angeschlossen sind. Dabei kommt zwar immer noch der Bündelung des Einkaufs die größte Bedeutung zu, jedoch bestätigen weiterreichende Aktivitäten und Synergien in den Bereichen Marketing, IT, Logistik, Finanzierungsdienste, Entwicklung neuer Vertriebsschienen und Eigenmarken sowie berufliche Qualifizierungsangebote die Akzeptanz den stetigen Bedeutungszuwachs der Kooperationen in Deutschland.

Dennoch, über diese positiven Zahlen und weitreichenden Angebote der gewerblichen Verbundgruppen hinaus gibt es für den mittelständischen Handel weitere Ansätze für individuelle, untereinander stattfindende Kooperationsmöglichkeiten. Kooperation heißt dabei auch, mögliche Risiken mit anderen zu teilen. Insbesondere dann, wenn man unter Risiko auch das Verpassen von Chancen versteht. Chancen liegen in vielen Bereichen des Unternehmens verborgen und sollten nachhaltig wirkende Qualitäts-/Performanceverbesserungen (Image, Marge, Rendite) bei gleichzeitigen Kostenreduzierungen zur Folge haben. Bereiche, die im Rahmen von kooperativen Maßnahmen Chancen bieten, sind beispielsweise Einzelbereiche:

■ Verwaltung: Auslagerung von Finanz- und Lohnbuchhaltung, Controlling mit monatlichem Berichtswesen an einen gemeinsamen, spezialisierten Partner.

■ Personal: Verbundausbildung, d. h. mehrere Unternehmen kümmern sich gemeinsam um die Ausbildung eines Lehrlings; auch in Richtung Fortbildung (Mitarbeiterentwicklung) denkbar.

■ Einkauf/Beschaffung: Bündelung des Einkaufs mit nicht unmittelbar im Wettbewerb stehenden Unternehmen aus der gleichen Branche oder mit ähnlichen Teilsortimenten, Einkaufssteuerung.

■ Verkauf: Kooperation auf der Fläche, bei Ladenbau, Präsentations-Elementen oder in gemeinsamen Abstimmungsgesprächen mit Betreuern der Lieferanten, Umsetzung von Flächenkonzepten, Warensteuerung auf der Fläche.

■ Verkauf: Kooperation im Rahmen von Multi-Channeling (alle Wege zum Kunden nutzen), Erarbeitung und Umsetzung gemeinsamer Onlineshop-Konzepte.

■ Verkauf: Kooperation mit branchenfremden Anbietern; Untervermietung von Flächen zur Optimierung des Produkt-/Dienstleistungsangebotes und Ertragssicherung, Evaluierung von Mehrmieter-Modellen etc.

■ Verkauf: Gemeinsame Werbe-Aktivitäten/Events mit branchenfremden Partnern zur Anregung von Koppelungskäufen (branchenübergreifende Optimierung des Angebots).

■ Kommunikation: In Fragen der Kommunikation in Richtung Endkunden, Werbemaßnahmen, Eigendarstellung des Unternehmens.

Denkbar sind darüber hinaus auch umfassendere Kooperationsmodelle, die ähnlich wie Erfahrungsaustausch-Gruppen (Profit-Clubs) gestaltet, allerdings mit deutlich mehr Handlungsfähigkeit ausgestattet sind. Hierbei handelt es sich um einen eng gefassten Unternehmerkreis mit Selbstverpflichtung zu weitgehender Transparenz/Offenlegung von allen relevanten Daten und Fakten untereinander zwecks Optimierung von Einkauf, Verwaltung, Verkauf, Sortiment sowie Kommunikation und strategischen Leitlinien.

Wie im Zusammenspiel mit gewerblichen Verbundgruppen ergeben sich auch durch individuelle Kooperationen der Einzelhändler untereinander vielfältige Vorteile. Umsatzsteigerung, Kostensenkung, Ertragssteigerung, Einkaufsvorteile, intensivere Marktbearbeitung, Verbesserung der Wettbewerbsfähigkeit, Innovationsfähigkeit sowie Zeitgewinn durch Entlastung von Verwaltung sind Vorteile, die auch in horizontalen Kooperationsmodellen funktionieren.

Wer nicht kooperiert ...

... verliert. Schlechte Konjunkturzeiten sind gute Zeiten für Kooperationen. Sie stehen für Veränderungsbereitschaft und den Willen, neue Märkte zu erschließen.

Text Willy Fischel, BVT, BVS, BVJ, BTWE

Ob horizontal, vertikal oder diagonal, Kooperationen sind gelebtes Leben und waren noch nie so spannend wie heute. Einzelkämpfer im Einzelhandel, in der Industrie oder auch bei Dienstleistern bis hin zu Interessenverbänden suchen den Schulterschluss mit anderen, um die gestiegenen Herausforderungen des Marktes zu bewältigen. Isoliertes Denken wird zum Luxus, den sich kaum noch jemand leisten kann. Verbesserung der Wettbewerbsfähigkeit, Größen- und Synergieeffekte, sprich Zeit und Kosten sparen sowie Gewinne maximieren, um die gesteckten Ziele gemeinsam besser zu erreichen, heißen die zentralen Ziele. Nur logisch, dass sich die damit verbundenen Fragen im Laufe der Zeit wenig geändert haben, doch die Antworten fallen heute anders aus.

Was ist heute anders als in der guten alten Zeit? Die Komplexität der Märkte avanciert spätestens seit der Finanzkrise zum alles beherrschenden Thema in Wirtschaft und Politik. Globalisierung, Technisierung und demografische Entwicklung kennzeichnen den Wechsel von der Industrie- zur Wissens- und Informationsgesellschaft. Reichte es früher, einmal im Jahr die Stellschrauben der eigenen Unternehmensführung moderat zu justieren, ist heute vielleicht schon alle paar Jahre eine Grundrenovierung bitter nötig, um mit der rasanten Marktentwicklung Schritt zu halten. Kein Wunder, die Branchengrenzen weichen auf, Wertschöpfungsketten von der Produktion bis zur Entsorgung kommen auf den Prüfstand.

Und die wirtschaftspolitischen Rahmenbedingungen? Wenn die „Selbstheilungskräfte der Wirtschaft" nicht mehr reichen, um das Bruttosozialprodukt in Schwung zu halten und der Staat sogar zum Unternehmer wird, sollte man trotzdem oder erst recht auf Kooperationsmodelle setzen. Kein Allheilmittel, aber Partnerschaften haben gerade in der Krise Konjunktur. Und weil sich die Zeiten ändern, ändert sich auch die Bereitschaft der Akteure, sich an einen Tisch zu setzen.

Was vor Jahren noch unmöglich war, ist heute gang und gäbe. Die Partner legen heute bereitwillig Unternehmensinformationen auf den Tisch und tauschen per Warenwirtschaft Firmendaten wie Umsatz und Absatz regelmäßig aus. Renovierungsbedürftige Strukturen gemeinsam anzugehen und die notwendigen Investitionen partnerschaftlich aufzuteilen, verschafft den Unternehmen wieder Luft zum Atmen. So bestimmen immer häufiger Strukturen und Prozesse, in denen sich die Marktteilnehmer bewegen, das neue Miteinander. Einzelhändler/Systemzentralen und Einkaufsverbünde, aber auch Interessenverbände bedienen sich aus dem reich gefüllten Baukasten strategischer Allianzen.

Einkaufskooperationen/Verbundgruppen einst als Einkaufsgemeinschaft gestartet, übernehmen in aller Regel beim Wareneinkauf im Rahmen der Zentralregulierung die Delkredere-Haftung für ihre Mitglieder. Zentrallager sind üblich. Die Zusammenarbeit

Neues Miteinander: Info- und Datenaustausch.

Politik Netzwerke

mit Spezialpartnern aus der Kooperationsszene wie Küchen, Sanitär oder Leuchten sind z. B. für technisch orientierte Verbundgruppen strategisch wichtig, um Sortimentsfelder abzudecken, die nicht zu den eigenen Kernkompetenzen zählen. Importgemeinschaften branchenverwandter Systemzentralen können Kostenvorteile generieren helfen. Internationale Expansion mit Handelsgruppen aus europäischen Nachbarländern schafft zusätzliche Synergien im Spiegelbild der mittlerweile europäisch oder weltweit aufgestellten Lieferanten.

Auch bei der Standortsuche – ob national oder international – und bei Kreditverhandlungen hilft dem Händler die Mitgliedschaft in einer starken Gruppe. So verlangen Vermieter wie Innenstadt-Center bei Fachmärkten für langfristige Mietverträge nicht selten Bonitätsnachweise und schlüssige Finanzierungskonzepte. Hier gelingt es dem Händler/Fachmarkt mit Hilfe seiner Systemzentrale, 1-a-Lagen erfolgreich zu besetzen. Grundsätzlich sind die Kriterien der Banken oder Vermieter bei Filialsystemen oder Franchise-Partnern gleich: „Schöngerechnete" Risiken haben keine Chance, langfristige Geschäftsmodelle mit realistischen Zukunftsaussichten die Nase vorn.

So wie Handelskonzerne und Filialisten zusammenfinden, ist die Zusammenarbeit oder sogar die Kooperation der Kooperationen bei den Einkaufsverbünden (Meta-Kooperation) kein Tabu. Praktisches Beispiel aus der Spielwarenbranche: Nach dem Schulterschluss der Spielwareneinkaufskooperation Vedes mit der Ardek als Spezialisten für Baby-Hartware und Textil erfolgte ein Bündnis mit duo schreib & spiel als Profipartner für den Papier-, Büro- und Schreibwarenbereich. Im Blickpunkt: Synergien bei der Verkaufs- und Absatzförderung, gemeinsame Nutzung der SAP-basierten IT-Plattform, Informationstransparenz entlang der Wertschöpfungskette sowie Systemlösungen für ein effizientes Sortimentsmanagement für alle angeschlossenen Fachgeschäfte. Supply Chain Management heißt hier das Zauberwort als Synonym für die Koordinierung und Optimierung der

Im Fokus: Optimierung der Lieferkette.

ganzen Lieferkette vom Lieferanten bis zum Verbraucher. Die Zusammenführung der Gesellschafter- und Generalversammlungen zu einer gemeinsamen Hauptveranstaltung mit anschließender Fachmesse steht für die Konsequenz der Strategie.

Einzelhandel

Das Fallbeispiel Hagemeyer aus dem Textileinzelhandel zeigt, dass sich vertikale Kooperationsmodelle auch für das einzelne Unternehmen rechnen. Das Unternehmen gilt als Vorreiter vertikaler Kooperationsmodelle im mittelständischen Textileinzelhandel. Hagemeyer führt Modehäuser in Minden, Stadthagen und Bad Oeynhausen. Das Stammhaus in Minden wurde 2008/2009 auf rund 20.000 qm Verkaufsfläche erweitert. Hagemeyer unterhält vertikale Geschäftsmodelle, bei denen – nach „Stilwelten" differenziert – Flächenpartnerschaften mit insgesamt über 100 Markenlieferanten kooperativ geführt werden. Dazu gehört die gemeinsame Festlegung der betriebswirtschaftlichen und warenwirtschaftlichen Eckdaten für diese Verkaufsflächen. Geplant werden beispielsweise Kennzahlen wie Größe der Verkaufsfläche, Flächenumsatz, erzielte Kalkulation, Höhe der Abschriften und der Monatsendläger. Die kooperative Sortimentsplanung geht in einigen Fällen bis zur konkreten Warenträgerbestückung. Bei einigen Markenherstellern umfasst die Zusammenarbeit auch regelmäßige Deko-Updates, die sich an Modethemen und Lieferterminen orientieren. Größe und Lage der Partnerflächen (inkl. der Marken-Nachbarschaften) werden von Hagemeyer permanent hinterfragt, sukzessive optimiert und veränderten Rahmenbedingungen angepasst. Die Warensteuerung profitiert von einem elektronischen Datenaustausch (EDI). Die EDI-Kommunikation mit Lieferanten erfolgt über das Clearing-Center des Bundesverbandes des Deutschen Textileinzelhandels (BTE). Insgesamt werden – in Abhängigkeit von der Leistungsfähigkeit des Lieferanten in unterschiedlichem Ausmaß – Entscheidungskompetenzen und Verantwortung für Teile der Verkaufsfläche an die jeweiligen Flächenpartner übertragen.

Auch vertikale Verbandsarbeit und Kooperationsmodelle zur Verbesserung der wirtschaftspolitischen Rahmenbedingungen in den Branchen erreichen neue Dimensionen. So arbeiten der Industrieverband Fachverband Consumer Electronics im Zentralverband Elektrotechnik- und Elektronikindustrie (ZVEI) und der Kölner Bundesverband Technik des Einzelhandels (BVT) sowohl bei der Förderung des HDTV-Regelbetriebes zusammen, ebenso bei gemeinsamen Branchenstatistiken wie dem CEMIX (Consumer Electronics Markt Index), der Erstellung von Endverbraucherinformationen zur Absatz- und Umsatzförderung oder vielen Einzelprojekten rund um alle umweltrelevanten Themen. Mit den Foto-Einkaufskooperationen Europa-Foto und Ringfoto sowie dem Photoindustrie-Verband (PIV) gelang es sogar, mit dem Fotomedienfachmann/frau als „Brancheninitiative" gemeinsam ein neues Berufsbild zu etablieren.

Im Bereich Tabakwaren initiierte der Bundesverband des Tabakwaren-Einzelhandels (BTWE) für den Tabakwaren-Facheinzelhandel Erfa-Gruppen, die vom Tabakwarenhersteller British American Tobacco (Germany) seit Jahren erfolgreich durchgeführt werden. Mit dem Logo „Tabak Spezialist" als bundesweite Branchen-Initiative gibt der BTWE dem Tabakwaren-Facheinzelhandel jetzt die Möglichkeit, den Kunden die Vielfalt und Qualität ihrer Angebote und ihre Kompetenz als qualifizierter Spezialist an ihren Standorten augenfällig zu präsentieren. In der Spielwarenbranche gelang es dem Bundesverband des Spielwaren-Einzelhandels (BVS) mit der „TOP 10 Spielzeug", gemeinsam mit Handel und Industrie dauerhaft eine erfolgreiche Marketinginitiative zur Absatz- und Umsatzunterstützung zu etablieren.

Die Mitarbeit des Bundesverbandes der Juweliere, Schmuck- und Uhrenfachgeschäfte (BVJ) in der Vereinigung der Bundesverbände aus Handel, Handwerk, Industrie, Großhandel und dem Welt-Schmuckverband CIBJO, um die gemeinsame Nomenklatur der Branche (Qualitätsmerkmale für Edelsteine und Perlen) weltweit festzulegen, ist ein gutes Beispiel für marktrelevante Normenarbeit.

Zukunftsentwicklung

Mit den bekannten Strukturverschiebungen in Handel und Industrie wächst die Veränderungsbereitschaft, in Kooperationsmodelle zu investieren. Wenn es um den elektronischen Datenaustausch geht, gilt das BTE-Clearing-Center als gutes Beispiel für eine Dienstleistung eines Bundesfachverbandes. Hier nehmen heute bereits 900 kleine und mittelständische Unternehmen des Modehandels mit ihrem bestehenden Warenwirtschaftssystem am elektronischen Datenaustausch (EDI) mit über 300 Marken-Lieferanten teil. So wird der Aufbau moderner Strukturen durch Kostenteilung finanzierbar. Damit wird die Gewinnsituation auch künftig im Betrieb nicht mehr ausschließlich von den Produktspannen getragen. Strukturen und Prozesse, in denen sich die Marktteilnehmer bewegen, können heute erfolgsentscheidend sein. Wer ohne Warenwirtschaftssystem arbeitet, verzichtet auf die Optimierung von Spannen und Geschäftsprozessen. Wer nicht im richtigen System verankert ist (Einkaufskooperation, Filialverbund, Konzern), verliert Erfolg entscheidende Kosten- und Ertragsvorteile. E-Business-Standards vereinfachen den Informationsaustausch und fördern mehr denn je die elektronische Abwicklung von Beschaffung, Vertrieb und Logistik.

Kooperationen: Thesen und Modelle

■ Unter Kooperation versteht man einen Zusammenschluss mehrerer wirtschaftlich und rechtlich selbstständig bleibender Unternehmen. Die wirtschaftliche Selbstständigkeit ergibt sich dadurch, dass die beteiligten Unternehmen weiterhin eine eigene Kosten- und Leistungsrechnung nachweisen und nach innen wie außen einen eigenen Jahresabschluss vorlegen müssen. Die wirtschaftliche Selbstständigkeit bleibt für alle Beteiligten.

■ Rechtliche Selbstständigkeit bedeutet, dass alle an einer Kooperation beteiligten Unternehmen weiterhin Träger von Rechten und Pflichten und damit für außenstehende Dritte wie Kunden und Lieferanten auch weiterhin alleiniger Ansprechpartner für Haftungsfragen sind.

■ Hauptmotiv für das Eingehen einer Kooperation ist aus Sicht eines Unternehmens in einem übergeordneten Sinne das Erreichen eines Synergie-Effekts. Kosten können gespart werden, allein durch den Umstand, dass man bei höherer Abnahmemenge bessere Konditionen erhält oder sich bestimmte Kosten auf mehrere verteilt besser rechnen (Fixkosten-Degressionseffekt z. B. eine gemeinsam durchgeführte Marktforschung).

■ Durch eine Kooperation kann sich aber auch auf der Leistungsseite ein Schub ergeben. Dieser Know-how-Transfer kann darüber hinaus auch Kostenvorteile nach sich ziehen. Schließlich erzielt man durch Kooperation mehr Marktmacht, die sich neben erzielbaren Kosten- und Leistungsvorteilen auch darin äußern kann, überhaupt erst als potenzieller Geschäftspartner wahrgenommen zu werden (Marktzugang).

■ Das Eingehen einer Kooperation ist auch an Voraussetzungen geknüpft ist. So banal es klingen mag, man muss zuallererst kooperationsfähig sein. Natürlich ist man an gemeinsame Beschlüsse gebunden und von daher nicht mehr gänzlich frei in seiner Entscheidungsfindung, selbstverständlich strahlen neben den positiven Effekten im Zweifel auch negative Parameter auf die an einer Kooperation beteiligten Unternehmen, wenn einer der Kollegen ausschert oder sich etwas erlaubt, was zu negativen Schlagzeilen führt und damit die gesamte Kooperation in Misskredit bringt. Und es darf auch nicht unterschätzt werden, dass durch die Einbindung in eine Kooperation ein nicht unerheblicher Abstimmungsbedarf entsteht, der Kapazitäten bindet und von daher Zeit und finanzielle Mittel verbraucht. Neben den Einsparungen bei diversen Kostenarten muss auch daran gedacht werden, dass Overheadkosten entstehen können, deren Höhe weniger stark zu beeinflussen sind als eigene Personal- oder Fuhrparkkosten.

■ Deshalb zählt zu den wichtigsten Aufgaben eines guten Kooperations-Managements die

Mit den technischen Möglichkeiten werden auch die Kooperationsmodelle anspruchsvoller: Collaborative Planning, Forecasting and Replenishment, kurz: CPFR, ist ein aktuelles Beispiel aus der Konsumelektronik-Branche für die gemeinsame Planung, Vorhersage und Warenlieferung zwischen Lieferanten und Systemzentralen oder sogar einzelnen PoS auf Basis von SAP oder adäquaten EDV-Systemen. Wer die kritische Masse erreicht, kann so seine Planungs-, Prognose- und Bevorratungsprozesse steuern. Die hochgesteckten Ziele: Produktionssteuerung des Herstellers auf Basis ständiger Abverkaufs- und Lagerdaten seiner Handelspartner, Reduzierung der Lagerbestände, Verringerung der Kapitalbindung, Verkürzung der Lieferzeit, Sicherstellung der Warenverfügbarkeit (z. B. wöchentliche Lieferung) und Reduzierung der Personalkosten. Zusatzvorteile: Händler und Hersteller können schneller auf Preisverände-

Auswahl der richtigen Partner. Zwar müssen Geschäftspolitik, Bilanz und Gewinn- und Verlustrechnung stimmen, genauso wichtig – wenn nicht bedeutsamer – ist es aber, ob sich die Geschäftspartner verstehen und von daher auch bereit und gewillt sind, Dinge gemeinsam zu entwickeln und durchzustehen. Deshalb wird im Kooperationsmanagement auch häufig der Rat erteilt, bereits zu Beginn der Kooperation Ausstiegsszenarien festzulegen, damit alle Partner bereits zu Beginn wissen, auf was sie sich einlassen und welche Wege es gäbe, wieder auszusteigen.

■ Eine Reihe denkbarer Rechtsformen besteht für die Kooperationen, zwei haben sich als besonders tragfähig heraus kristallisiert: die GmbH und die Genossenschaft. Beide haben Vor- und Nachteile. Dies trifft insbesondere für horizontale Kooperationen zu. Diese zeichnen sich dadurch aus, dass Unternehmen auf der gleichen Wertschöpfungsstufe die Entscheidung treffen, in gewissen Geschäftsfeldern zusammenzuarbeiten. Von vertikaler Kooperation wird gesprochen, wenn ein Unternehmen mit anderen Unternehmen auf vor- oder nachgelagerter Wertschöpfungskette kooperiert. Hier ist vor allem die Stärke der Distribution im Fokus der Überlegungen. Laterale oder diagonale Kooperationen liegen vor, wenn die Partner an einer Kooperation weder auf der gleichen Wertschöpfungsstufe agieren noch vor- oder nachgelagert sind, ein Einbinden in eine Kooperation dennoch Sinn macht. Hier sind Kooperationen mit angrenzenden Dienstleistungen überlegenswert und ggf. sinnvoll.

■ Im Einzel- und Großhandel sind Kooperationen der Gegenentwurf zu Filial- und Franchise-Systemen, weil hier die komplette Eigenständigkeit der Beteiligten aufrecht erhalten bleibt und die individuelle Gestaltungsfreiheit hoch ist.

■ Darin liegt aber auch die größte Schwäche der unverbindlich anmutenden Kooperation. Wenn keine Regeln für die Zusammenarbeit festgelegt und auch keine Sanktionsmechanismen gegeben sind, können wichtige Beschlüsse nicht nur blockiert, sondern deren Vollzug auch torpediert werden. Das Tempo wird dann vom kleinsten gemeinsamen Nenner und nicht von den Erfordernissen des Marktes determiniert. Je dynamischer die Märkte werden, umso wichtiger sind rasche Entscheidungsläufe. Hier müssen dem Kooperationsmanagement Möglichkeiten und Instrumente an die Hand gegeben werden, wie es diesem Dilemma begegnen kann.

Andreas Kaapke, Geschäftsführer, IfH Köln.

rungen im Markt reagieren (Abschriften), in den Verkaufsregalen werden Ladenhüter von frequenzstarken Produkten abgelöst und die Warenverfügbarkeit für umsatzstarke Schlüsselprodukte steigt spürbar an. Mit den schnelleren Durchlaufzeiten sollen z. B. auch die Kosten für Bankverbindlichkeiten fremdfinanzierter Ware sinken. Am Beispiel anspruchsvoller Kooperationsmodelle, wie CPFR, wird schnell klar: Datenaustausch klingt gut, aber der Teufel steckt wie immer im Detail bzw. der konkreten Umsetzung. Programmerstellung, Systempflege, Programmfortschreibung und Kompatibilitätsprobleme sind Hürden, die es gemeinsam zu nehmen gilt. Nicht zu vergessen: die Rollenverteilung, eine klare Regelung der Kompetenz-Verantwortungsbereiche sowie der Kostenverteilung. Sonst erleidet das schönste Kooperationsmodell in der Umsetzungsphase Schiffbruch und bleibt reine Theorie.

Politik Verbundgruppen

Gemeinsame Autonomie

Die überbetriebliche Zusammenarbeit hat an Bedeutung gewonnen. Gerade dem Mittelstand bieten Verbundgruppen Perspektiven für globalisierte Märkte.

Text Ludwig Veltmann, ZGV

Sind Kooperationen und genossenschaftlich organisierte Unternehmen „veraltet", „verstaubt" und „unmodern"? Dürfen sie keine Gewinne machen und werden grundsätzlich unwirtschaftlich geführt? Fragen wie diese spiegeln noch immer recht verbreitete Vorurteile gegenüber den kooperativen Unternehmensformen wider. Auch das andere Extrem, gern in Krisenzeiten in der Formel „Kooperieren oder krepieren" manifestiert, bedarf des näheren Hinsehens.

Verbundgruppen sind keineswegs nur letzte Rettungsanker für den Mittelstand in Deutschland. Sie bieten mittelständischen Unternehmen aller Branchen vielmehr ein geschäftlich stabiles Fundament. Sie fördern die Autonomie unter Zugriff auf die Leistungskraft der Gemeinschaft. „Groß hilft klein, reich hilft arm: Das ist auch in der globalisierten Wirtschaft kein naives Geschäftsprinzip. Wir hinterlassen keine gescheiterten Existenzen", so bringt es beispielsweise Rewe-Chef Alain Caparros auf den Punkt. Verbundgruppen fördern die Selbstständigkeit und den unternehmerischen Geist.

Im Vergleich zu Filial- und Franchisesystemen sind die klassischen Verbundgruppen weniger „straffe" Geschäftsformen – doch in der Praxis entfaltet sich dies als besondere Stärke. Selbstverständlich steigt die Effizienz einer Verbundgruppe je besser ihre Unternehmenskonzepte sind, je höher der Grad der Vernetzung, je einheitlicher der Auftritt am Markt und je verbindlicher die zentralseitige Regulierung ist. Doch der eigentliche Ansporn des einzelnen Unternehmers bleibt seine Unabhängigkeit. Deutschlandweit gibt es rund 250.000 Unternehmen in den Sektoren Groß- und Einzelhandel, Handwerk und Dienstleistungen, die in rund 400 Verbundgruppen organisiert sind. In vielen Branchen repräsentieren Verbundgruppen mittlerweile weit mehr als die Hälfte des Marktes. Kooperationen im Lebensmittel- oder im Baustoffhandel bestimmen bereits 75 Prozent des gesamten Marktes, bei Möbel- und Küchenkooperationen sind es weit über 60 Prozent. Ebenfalls hohe Marktanteile erreichen einige Handwerkskooperationen wie Bäcker und Konditoren, Fleischer, Dachdecker, Raumausstatter und Maler. Auch in Großhandelsbranchen ist die Kooperation maßgeblich, wie zum Beispiel im Automobilteilehandel, bei Sanitär- und Pharmartikeln. In jüngerer Zeit entdecken auch Branchen wie der Gesundheitssektor und die Hotellerie die Vorzüge der Kooperation.

Als Herausforderung für die kommenden Jahre sehen immer mehr Verbundgruppen das einheitliche Auftreten ihrer Mitglieder am Markt. Im Fokus sind hierbei sowohl Strategien zur Schaffung oder Festigung einer Gruppenmarke, als auch die Etablierung von Eigenmarken und Sortimentskonzepten. Allein dieser Weg verspricht jedoch dauerhaften Erfolg im Wettbewerb mit Handelskonzernen um die Gunst des Verbrauchers. Denn Rationalisierungseffekte können mit der Gruppe wesentlich besser erschlossen werden. Einige Verbundgruppen haben diese Vorzüge bereits seit geraumer Zeit für sich entdeckt und systematisch weiter entwickelt. Zu ihnen zählen beispielsweise Bäko, Edeka, Rewe, Intersport, Musterhausküchen, Expert, ElectronicPartner, Hagebau und Datev. Noch bleiben diese Namen als Marken allerdings eher Ausnahmen in der Verbundgruppenlandschaft. Markenpolitik ist ein wichtiger Baustein zur Stabili-

Starke Partner: Verbundgruppen.

Foto: MediMax

Verbundgruppen **Politik**

Verbundgruppen: Fast ein Drittel verfügt bereits über Erfahrungen mit Aktivitäten jenseits der nationalen Grenzen.

sierung und Stärkung einer Verbundgruppe. Ein prozentual zweistelliges jährliches Wachstum über alle Verbundgruppen hinweg belegt die Bedeutung der Bündelung ebenso wie die Garantiefunktion der Gruppen. Durch die Organisationsform der Verbundgruppe gelingt es aber nicht nur, Nachteile auszugleichen. Wie sich gerade in der Wirtschafts- und Finanzkrise zeigt, stabilisieren Verbundgruppen das Gesamtgefüge der Sozialen Marktwirtschaft selbst.

Sie stehen dabei für ein Gefüge, das in seiner Grundstruktur selbst zutiefst sozial ist. Sozial, weil es den Menschen nicht in der Anonymität einer Personalnummer untergehen lässt. Sozial, weil es Arbeit und Ausbildung in der Breite des Landes, auch in schwach entwickelten Regionen anbietet. Sozial, weil es die Verantwortung für andere deutlich macht. In Verbundgruppen wird Vertrauen und Verantwortung gelebt. Verantwortung für die Partner im Netzwerk, Vertrauen in die eigene Leistungsfähigkeit.

In diesem Verständnis zielen die politischen Forderungen der Verbundgruppenmanager auf sachgerechte Rahmenbedingungen, die gerade den überbetrieblich organisierten kleinen und mittleren Unternehmen einen angemessenen Platz einräumen und erfolgreiches Wirtschaften zulassen. Im Fokus stehen neben den wettbewerbsrechtlichen Restriktionen die oft erdrückende Bürokratie und die ausufernde Steuer- und Abgabenlast.

Auch wenn der einzelne Unternehmer auf lokalem Markt agiert, ist eine Reaktion auf zunehmende Internationalisierung unausweichlich. Rund 30 Prozent der Verbundgruppen haben bereits Erfahrungen mit Aktivitäten jenseits der nationalen Grenzen sammeln können, viele davon in unmittelbaren Nachbarländern, einige aber darüber hinaus mit teils deutlicher Tendenz in Richtung Osteuropa. Durch überbetriebliche Zusammenarbeit rüsten sich mittelständische Unternehmen für solche und andere Megatrends der Wirtschaft. Das mag einen Erklärungsbeitrag dazu liefern, wieso in Verbundgruppen organisierte Unternehmen einem signifikant geringeren Insolvenzrisiko unterliegen als nicht kooperierende. Dieses Insolvenzrisiko verringert sich mit dem Grad der Integration eines Unternehmens in eine Verbundgruppe. Seit 2006 erkennen immer mehr Banken und Finanzdienstleister die unternehmensfördernde und risikomindernde Wirkung der Verbundgruppenmitgliedschaft an, in dem sie z. B. bei der Kreditvergabe einen „Verbundgruppenbonus" gewähren. Dabei wird dem Merkmal Verbundgruppenmitgliedschaft eines Kredit suchenden Unternehmens mehr Aufmerksamkeit bei der Risikobewertung beigemessen. Mit dem Verbundgruppenzertifikat, welches der ZGV jährlich an die Verbundgruppenzentralen zur Weiterleitung an deren Mitglieder ausgibt, gibt sich das Unternehmen gegenüber der Hausbank als Teilnehmer eines erfolgreichen Netzwerkes zu erkennen. Seit 2006 sind bereits 120.000 solcher Zertifikate ausgegeben worden.

… Einrichten **Markt**

Home & Interior

My Home is my Castle: Im Gegensatz zu anderen Europäern legen die Deutschen Wert auf Möbel und Einrichtungs-Accessoires. Der Markt profitiert davon.

Text Uwe Krüger, BBE

Das Geschäftsfeld Home & Interior umfasst die Kernbranchen, die die wesentlichen Produkte abdecken, die die Konsumenten als sog. Einrichtungsbedarf nachfragen. Das sind: Bettwaren, Gardinen und Deko-Stoffe, GPK beziehungsweise Hausrat, Küchenmöbel inkl. -einbaugeräte, Wohnleuchten, Möbel (ohne Küchenmöbel) sowie textile Bodenbeläge. Der Gesamtumsatz von Home & Interior beträgt – bereinigt um Überschneidungen – etwa 40 Mrd. Euro (**Grafik 1**) und zeigt damit die hohe Bedeutung, die Produkte für die Ausstattung von Heim und Haus bei deutschen Konsumenten genießen. Bezieht man zusätzlich die Verbraucherausgaben für Lebendes Grün, Gartenhartware (u.a. Gartenmöbel) und nichttextile Bodenbeläge wie Parkett, Laminat und Co. mit weiteren etwa 18 Mrd. Euro Gesamtumsatz in die Betrachtung ein, wird die europaweit einmalige Fokussierung hiesiger Verbraucher auf den Wohnbereich mehr als deutlich.

Unverändert sind Wohnmöbel das ausgabenintensivstes Feld innerhalb von Home & Interior. Zusammen mit Küchenmöbeln und zugehörigen Einbaugeräten werden hier – sozusagen im Kernbereich der Einrichtung – allein 2007 49,4 Prozent der Umsätze realisiert. In den letzten Jahren hat sich die Möbeldominanz jedoch etwas reduziert, ein Indiz für die teilweise schwache Verfassung der Märkte.

Die zweite (Umsatz-)Hälfte von Home & Interior entfällt auf Einrichtungsaccessoires. In dieser (fast) gleichgewichtigen Aufteilung zeigt sich die hohe Bedeutung, die dem sog. Randsortiment im gesamten Einrichtungshandel zukommt. Hier entfallen auf Haus- und Heimtextilien (Bettwaren, Gardinen/ Dekostoffe, Textile Bodenbeläge) insgesamt 24,6 Prozent, während GPK/Hausrat einen Anteil von 15,7 Prozent aufweist. Abgerundet wird das Feld durch den Leuchten- und Lampengesamtmarkt, auf den 2007 mit 4,2 Mrd. Euro 10,5 Prozent entfallen (**Grafik 2**).

Differenziert man Home & Interior nach den einzelnen Vertriebswegen, die von den Konsumenten präferiert werden, so zeigt sich eine für Nonfood-Konsumgüter typische Gewichtung: An erster Stelle steht der Fachhandel inklusive von Fachmarktvertriebslinien, die dem sonst eher kleinbetrieblich strukturierten Fachhandel zugerechnet werden. Nach der Neubewertung des Geschäftsfeldes sind hier 53 Prozent des Gesamtumsatzes ausgewiesen.

Die Vertriebslinien außerhalb des Fachhandels werden von Sonstigen Anbietern angeführt. Hier sind mit einem Marktanteil (2007) von 25,1 Prozent Herstellerdirektvertrieb, Großhandel als funktionaler

Marktvolumen: Home & Interior Grafik 1

Umsatz 2006	40,02 Mrd. Euro	100,0 Prozent
Umsatz 2007	39,98 Mrd. Euro	99,9 Prozent
Umsatz 2011	37,33 Mrd. Euro	93,3 Prozent

Teilmärkte Home & Interior Grafik 2

2006	2007	2011	
11,9	11,7	11,7	Bettwaren
6,3	6,5	6,0	Gardinen/Deko-Stoffe
14,9	15,7	14,7	GPK/Hausrat
21,6	21,5	23,0	Küchen (inkl. E-Geräte)
10,4	10,5	11,1	Leuchten/Lampen
28,6	27,9	27,4	Möbel (o. Küchen)
6,3	6,4	6,1	Textile Bodenbeläge

Anteile in Prozent

Quelle: BBE RETAIL EXPERTS

Markt Einrichten

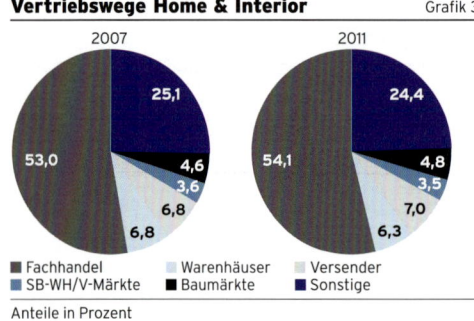

Vertriebswege Home & Interior — Grafik 3

2007: 53,0 / 25,1 / 4,6 / 3,6 / 6,8 / 6,8
2011: 54,1 / 24,4 / 4,8 / 3,5 / 7,0 / 6,3

■ Fachhandel ■ Warenhäuser ■ Versender
■ SB-WH/V-Märkte ■ Baumärkte ■ Sonstige

Anteile in Prozent
Quelle: BBE RETAIL EXPERTS

Einzelhandel, Discounter, Postenanbieter, Handwerk und Objekteure subsumiert. Auf die übrigen (klassischen) Einzelhandelsgroßanbieter entfällt ein Marktanteil von 21,8 Prozent: Warenhäuser/Kaufhäuser, Versender, SB-Warenhäuser/Verbrauchermärkte und Baumärkte sind hier zu finden.

Die Marktprognose von Home & Interior steht ganz im Zeichen der Wirtschaftskrise: bis 2011 dürfte sich das Gesamtvolumen um 2,7 Mrd. Euro auf dann 37,3 Mrd. Euro reduzieren. Die Angaben sind nominaler Natur, beinhalten also auch die Preisänderungen, sodass sich dieser Fehlbetrag noch erhöhen wird, schließt man deflatorische Tendenzen aus.

Die Distributionssituation (**Grafik 3**) wird sich mit zeitlich analoger Projektion in Richtung einer verstärkten Fachhandelsbedeutung entwickeln. Hier sind zuallererst die aggressiv operierenden Fachmarktlinien zu nennen. Unter Druck und mit spürbaren Einbußen sind im Vergleich 2006/11 Warenhäuser/Kaufhäuser zu sehen. Hier schlägt sich der Standortnachteil der innerstädtischen Warenhausgeschäftslagen nieder. Einrichtungsbedarf ist eben ein typisches Randlagensortiment der „Grünen Wiese". Schon seit Jahren haben deshalb besonders Warenhauskonzerne ihr Engagement bei Home & Interior zurückgefahren.

Teilsegment: Bettwaren

Das Segment Bettwaren erfasst neben den Warengruppen im engeren Sinne wie Bettfedern/Daunen, Wohn- und Tagesdecken, Bettdecken/Kissen, Matratzen sowie Sprungrahmen auch die Produkte aus dem Aussteuerbereich Haus-, Tisch- und Bettwäsche. Der Bettwarenmarkt befindet sich weiter auf Abwärtskurs. Auch wenn Fachverbände immer wieder verhalten optimistisch gestimmt sind, am Jahresende steht eine weitere Abschwächung zu Buche. Denn der Markt ist weit von einer Erholung entfernt. Zur Zeit ergibt sich nach einer über zweiprozentigen Reduktion ein Gesamtvolumen von 4,66 Mrd. Euro (**Grafik 4**).

Die zweiteilige Marktstruktur durch Bettwaren im engeren Sinn und Aussteuerware wie HTB-Wäsche (Handtücher, Tischwäsche, Bettwäsche) beeinflusst die Distribution sichtbar: Auf kaum einem anderen Konsumgütermarkt sind Versender und Waren- bzw. Kaufhäuser so stark vertreten wie hier. So zählt Haus-, Tisch- und Bettwäsche zu den ausgesprochenen Stärken des breit aufgestellten Versandhandels,

Marktvolumen: Bettwaren — Grafik 4

Umsatz 2006	4,76 Mrd. Euro	100,0 Prozent
Umsatz 2007	4,66 Mrd. Euro	98,0 Prozent
Umsatz 2011	4,36 Mrd. Euro	91,7 Prozent

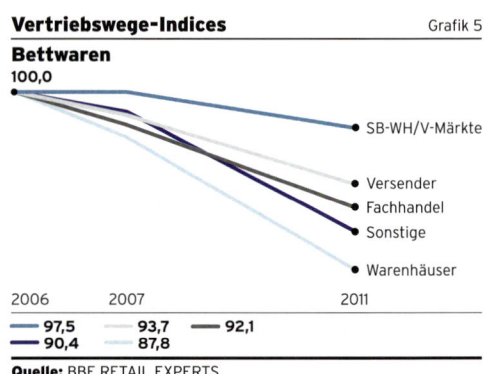

Vertriebswege-Indices — Grafik 5
Bettwaren

● SB-WH/V-Märkte
● Versender
● Fachhandel
● Sonstige
● Warenhäuser

2006 2007 2011
97,5 93,7 92,1
90,4 87,8

Quelle: BBE RETAIL EXPERTS

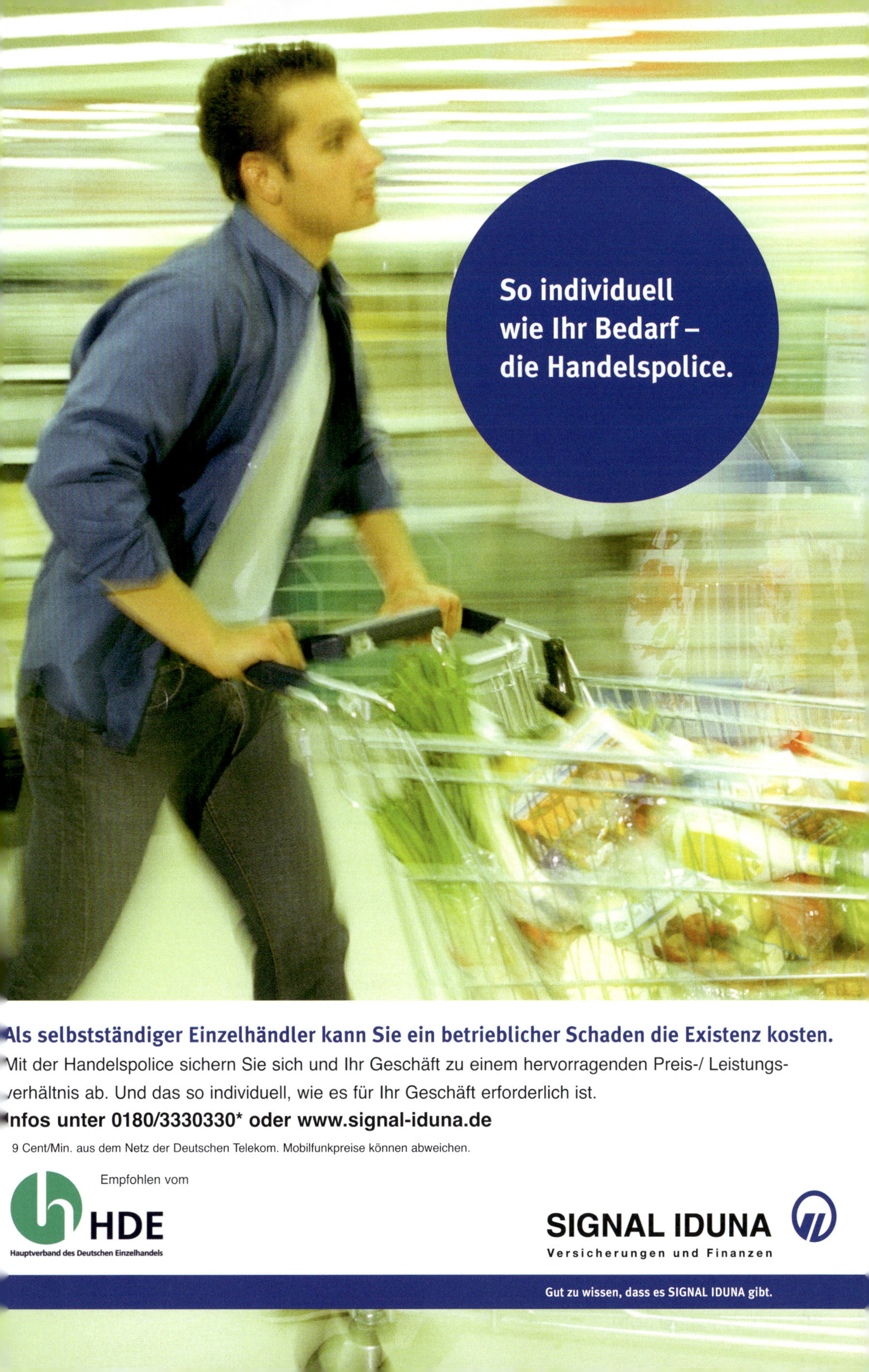

So individuell wie Ihr Bedarf – die Handelspolice.

Als selbstständiger Einzelhändler kann Sie ein betrieblicher Schaden die Existenz kosten.
Mit der Handelspolice sichern Sie sich und Ihr Geschäft zu einem hervorragenden Preis-/ Leistungsverhältnis ab. Und das so individuell, wie es für Ihr Geschäft erforderlich ist.
Infos unter 0180/3330330* oder www.signal-iduna.de
*9 Cent/Min. aus dem Netz der Deutschen Telekom. Mobilfunkpreise können abweichen.

Empfohlen vom

Gut zu wissen, dass es SIGNAL IDUNA gibt.

Markt Einrichten

mit Abstrichen gilt das auch für die Kaufhausfachabteilungen. Über das Bettwarensegment ist der Möbelhandel stark vertreten, während der ursprüngliche Haus- und Heimtextilfachhandel nur noch mit einem einstelligen Marktanteil und überwiegend im höherwertigen Segment vertreten ist. Beachtenswert sind auch Sonstige Anbieter, worunter Discounter, Kaffeeröster und Co. zu verstehen sind (**Grafik 5**).

Die Marktprognose ist für Bettwaren gedämpfter Natur, denn kurzfristig wird sich keine Umkehr des negativen Trends einstellen. Sogar mittelfristig ist eher von einer Konsolidierung auf niedrigem Niveau auszugehen. Der weiter zunehmende Anteil der Senioren an der Bevölkerung birgt zwar ein überproportionales Abnehmerpotenzial für den Bettwarenmarkt. Rückenleiden und andere, zum Teil auch altersbedingte Probleme, führen zu einer steigenden Nachfrage nach qualitativ höherwertigen Rosten und Matratzen. Aber auch in der übrigen Bevölkerung mehren sich erste Anzeichen für einen Bewusstseinswandel. Immer mehr Menschen erkennen, dass ein gesunder, erholsamer Schlaf ein wichtiger Wellness-Faktor ist

Gleichwohl gilt in unsicheren Zeiten, dass sich die Verbraucher lieber „das Geld unter die Matratze legen", anstatt eine zu kaufen. Genügend obsoleter Matratzenbestand ist jedenfalls vorhanden, denn alle sieben Jahre sollte zumindest aus hygienischen Überlegungen ein Tausch vorgenommen werden. Der zieht dann entsprechende Rahmenkäufe – mit Abschlag – nach sich.

Teilsegment: Gardinen/Dekostoffe

Gardinen und Dekorationsstoffe bilden im Geschäftsfeld Home & Interior zusammen mit textilen Bodenbelägen das kleinste, aber sicherlich nicht unwichtigste Segment. Allerdings lässt das Verbraucherinteresse an dekorativen und hochwertigen Gardinen in den letzten Jahren zu Wünschen übrig. Zusätzlich bremst die lange Nutzungszeit von Gardinen ein stärkeres Wachstum. So werden im Durchschnitt nur ca. alle sieben

Jahre neue Gardinen erworben. In die aktuelle Marktdefinition ist auch Gardinen- und Deko-Zubehör wie Gardinenstangen, Befestigungsmaterial etc. mit einbezogen.

Das 2007er Marktergebnis mit immerhin plus 3,1 Prozent dürfte wohl vorerst den Schlusspunkt der 2004/05 zaghaft eingeleiteten Wende zum Besseren markieren. Aktuell zeichnet sich ein heftiger Umsatzeinbruch ab, der auf die rezessiven Rahmenbedingungen zurückzuführen ist.

Bemerkenswert ist auch die dichotome Marktstruktur, die sich in konfektionierten Fertiggardinen einerseits, Gardinen- und Dekostoffen andererseits manifestiert. Konfektionsware ist das umsatzdominante Segment des Marktes, lässt man das Zubehör hier außen vor. Generell tendiert die Konfektionsware in den letzten Jahren im Abschwung widerstandsfähiger, im Aufschwung expansiver als die höherwertigeren Gardinen- und Dekostoffe (**Grafik 6**).

Marktvolumen: Gardinen/Deko-Stoffe — Grafik 6

Umsatz 2006	2,51 Mrd. Euro	100,0 Prozent
Umsatz 2007	2,59 Mrd. Euro	103,1 Prozent
Umsatz 2011	2,25 Mrd. Euro	89,7 Prozent

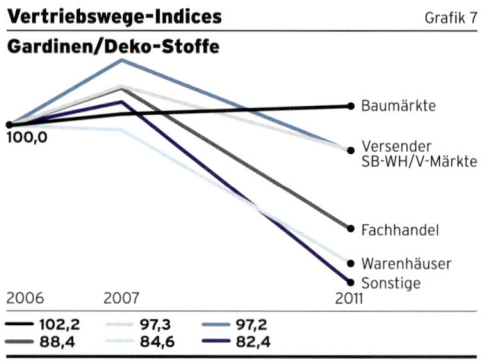

Vertriebswege-Indices — Grafik 7
Gardinen/Deko-Stoffe
— 102,2 97,3 97,2
— 88,4 84,6 82,4
Quelle: BBE RETAIL EXPERTS

Einzelhandel 2010

Gardinen- und Dekostoffe werden zu 41 Prozent über den Fachhandel distribuiert. Doch diese hohe Fachhandelsgesamtposition relativiert sich, wenn der - wie immer bei Einrichtungsaccessoires - starke Möbelhandel ausgeklammert wird. Dann verbleiben neben den preisaggressiven Fachmärkten gerade einmal 8 Prozent für den klassischen Raumausstattungsfachhandel übrig. Ein weiterer wichtiger Absatzkanal sind Bau- und Heimwerkermärkte. Mit dem Siegeszug der Fertiggardine steigt der Baumarktanteil; zuletzt auf etwa 16 Prozent (**Grafik 7**).

Für die Zukunft gilt ein rezessiv geprägtes Szenario, denn Produkte der Branche stehen nicht in der ersten Reihe des Konsumenteninteresses und so ist nicht auszuschließen, dass gerade die für den Fachhandel so relevanten kaufkräftigen Bevölkerungsteile von der Finanzkrise beeinträchtigt werden und Gardinen-/Dekostoffe als Sparpotenzial ansehen.

Die zunehmende Überalterung der Bevölkerung lässt die (überwiegend) kaufkräftigen Segmente Zweiteinrichter und - mit Abstrichen - Senioren in den Mittelpunkt rücken. Hier liegt das Potenzial des Fachhandels mit stärkerer Betonung des dekorativen Einrichtens.

Teilsegmente: GPK/Hausrat

Glas, Porzellan, Keramik und der restliche allgemeine Hausrat ist den Konsumenten Jahr für Jahr mal mehr oder weniger 6 Mrd. Euro wert. Die Verwendungsbereiche Tavola, Domus und Cucina waren 2007 erstmals wieder seit Jahren auf der Wachstumsseite der Konsumgütermärkte zu finden. Ein fünfprozentiges Umsatzplus ist angesichts jahrelanger Rückgänge - mit einer (!) Unterbrechung seit Mitte der neunziger Jahre - außergewöhnlich. Mediale Ereignisse wie immer neue Kochsendungen, Vermarktungsaktionen von Schneidwaren, Pfannen und Töpfen über die Großflächen des

Marke statt Masse

Märkte kann man von ihren Stückvolumen her betrachten oder sie unter dem Aspekt der Wertschöpfung analysieren. Das führt unweigerlich zur Herstellermarke und ihrer Entwicklung. Der Massenmarkt der Tisch- und Küchenausstattung hat seine Gesetzmäßigkeiten verändert: Treuepunkt-Aktionen lösen Einzelprodukt-Aktionen von Discountern in ihrer Bedeutung ab, die wiederum den Kaffeeröstern ihre hohen Stückzahlen abgejagt hatten. Ein geringer Stückwert der Produkte, eine geringe Wertschöpfung sind ihre Kennzeichen; hier werden der Massenmarkt und der Massengeschmack bedient. Wer Wert auf hohe Qualität, herausragende Funktionalität und auf Design legt, kauft in den Fachabteilungen der Waren- und der Möbelhäuser, vor allem aber im Fachhandel. Die marktführenden Marken sind am breitesten vertreten – bis hin zu den als Loyality-Aktionen bezeichneten Umsätzen im Lebensmittel-, SB- und C+C-Handel. Mittelgroße Hersteller sind dem Fachhandel sehr viel stärker verbunden. Sie brauchen ihn als Marketingpartner, denn sie können sich TV- und breit angelegte Endverbraucherwerbung nicht leisten. Eine besonders intensive Beziehung gibt es bei Spezialisten: Marken, die ein spitzes, schmales Marktsegment bedienen, mit High End-Qualität, einem entsprechend hohen Preisniveau, einem hohen Beratungsbedarf. Sie brauchen den ambitionierten Händler, der mit viel Kreativität die Kunden begeistert. Sie sind weder im Waren- noch im Möbelhaus zu finden und halten sich von preisaggressiven Webshops fern. Dies sind die Perlen unserer Branche. Bei Perlen muss man bekanntlich genauer hinsehen, um ihren Wert zu erkennen.

Carl Reckers, Präsident Bundesverband für den gedeckten Tisch, Hausrat und Wohnkultur (GPK).

Markt Einrichten

Handels können nicht darüber hinwegtäuschen, dass mit den sich verschlechternden Rahmenbedingungen schwer Zeiten bevorstehen (**Grafik 8**).

Analog zu Bodenbelägen mischt sich auch hier gewerbliche und private Nachfrage mit Niederschlag in der Distribution. Über den Fachhandel geht etwa 39 Prozent des Volumens an die Nachfrage, der Hotel- und Gaststättenverbrauch liegt bei 15 Prozent. Den Rest teilen sich – in etwa gleichgewichtig – Warenhäuser, Versender, SB-Warenhäuser und Verbrauchermärkte, aber auch LEH und Discounter (**Grafik 9**).

Vertriebswege-Indices Grafik 9
GPK/Hausrat

- Sonstige
- Versender
- SB-WH/V-Märkte
- Fachhandel
- Baumärkte
- Warenhäuser

2006	2007		2011
95,6	93,7	93,1	
91,0	88,5	86,7	

Quelle: BBE RETAIL EXPERTS

Marktvolumen: GPK/Hausrat Grafik 8

Umsatz 2006	5,95 Mrd. Euro	100,0 Prozent
Umsatz 2007	6,27 Mrd. Euro	105,3 Prozent
Umsatz 2011	5,48 Mrd. Euro	92,1 Prozent

Die Aussichten des GPK-/Hausratmarktes sind nicht rosig. Die Konsolidierung der deutschen GPK/Hausrat-Industrie ist noch nicht abgeschlossen und wird durch die weltweite Wirtschaftskrise in den kommenden Jahren weiter anhalten: Die aktuell von der

Vorübergehend von der Krise profitiert

Als die Krise im Herbst 2008 einsetzte, stieg das Interesse für Möbel, Küchen, Wohnausstattung aller Art. Die Branche legte gegenüber dem Vorjahr um einige Prozentpunkte zu. „Flucht in die Sachwerte" konstatierten insbesondere Küchenstudios mit Premium-Marken, als die Kurse in der Finanzwirtschaft einbrachen, die Anlagen unsicher wurden.
Seit April 2009 ist die Nachfrage in unseren Branchen jedoch schwächer geworden. Es wurde durch staatliche Maßnahmen wie die Abwrackprämie privates Einkommen und Vermögen zugunsten der Automobilwirtschaft abgezogen, was für die Einrichtungsbranche nicht ohne Folgen

blieb. Wetterbedingt zog die Gartensaison nicht so stark an wie in einigen Vorjahren. Auch wenn nur ein Drittel der Arbeitsplätze im Zusammenhang mit der primär von der Krise erfaßten Exportwirtschaft steht und die Einkommen durch Kurzarbeit und Entlassungen geschmälert sind, sind die Zeichen einer Ausgabenzurückhaltung unverkennbar. Die Branche stellt sich darauf ein. Der Marktführer unserer Branche baut bereits weltweit den Personalbestand ab. Unternehmen, die ohnehin in den kommenden Jahren aus unterschiedlichen Gründen vor einer Investitionsentscheidung stehen oder zu schließen beabsichtigen, ziehen

dies zeitlich vor, um nicht zu viel Eigenkapital zu verlieren. Denn eines ist klar: Sowohl die Industrie wie auch der Handel haben Überkapazitäten. Die Industrie konnte sie in den vergangenen Jahren erfolgreich durch eine Steigerung der Exportquote ausgleichen, wurde deshalb in den vergangenen zwölf Monaten kalt erwischt, weil Märkte insbesondere im westlichen Teil der EU einbrachen.

Hans Strothoff, Präsident des Bundesverband des Deutschen Möbel-, Küchen- und Einrichtungsfachhandels (BVDM).

Stimme des Handels

www.einzelhandel.de

Hauptverband des Deutschen Einzelhandels

Spitzenorganisation der Branche in Berlin und Brüssel

Arbeitgeber- und Wirtschaftsverband für 400.000 Unternehmen mit 2,6 Millionen Beschäftigten und 160.000 Auszubildenden

Dienstleister für den Einzelhandel und seine Partner
Experten-Knowhow:
- Arbeits- und Tarifrecht
- Steuern und Recht
- Standort und Verkehr
- Verbraucherpolitik
  u.v.a.
- IFS - International Featured Standards

Neu im Mai: Zahlenspiegel 2010
aktuelle Daten zur Branche
www.einzelhandel.de/zahlenspiegel

Markt Einrichten

inländischen Nachfrage abgestrafte Branche wird durch die starke Abhängigkeit vom weltweiten Export weiter unter Druck geraten. Die Ausfuhrquote wird im Zuge dieser Konsolidierung tendenziell sinkend eingeschätzt. Man darf hingegen davon ausgehen, dass die Importquote weiter steigt, wenngleich die Preise sich auf der Endverbraucher-Ebene stabilisieren.

Der Verbraucher wird seine Aufmerksamkeit auch in Zukunft nicht verstärkt auf den Markt für GPK und Hausrat lenken: Diese Nachrangigkeit im Produktinteresse kombiniert mit einem hohen Ausstattungsgrad birgt aus Verbrauchersicht ein primäres Sparpotenzial. Auch der demografische Wandel in Deutschland wird sich bereits mittelfristig auf den Konsum von GPK/Hausrat auswirken: Basierend auf der Annahme, dass ältere Konsumenten im GPK/Hausrat-Markt zu Ersatz- bzw. Bedarfskäufen neigen, wird diese kaufkräftige und kauflustige Zielgruppe des Handels in ihrer Personenzahl abnehmen.

Teilsegment: Küchenmöbel

Der Küchenmöbelmarkt inklusive der zugehörigen Einbaugeräte wie Herd, Dunstabzugshaube, Kühlschrank und Geschirrspüler – um nur die Standardausstattung mit Elektro-Einbaugeräten zu nennen – ist das wichtigste Möbelmarktsegment und ebenso zentral für den Einrichtungsbedarf insgesamt. Schon frühzeitig hat sich durch die Verbindung von sog. Küchenholz und Elektroeinbaugeräten ein eigenständiger Markt gebildet, der zudem eigenständige Vertriebslinien wie z. B. Küchenspezialisten hervorgebracht hat.

Der Küchenmöbelumsatz wird 2007 mit 8,58 Mrd. Euro beziffert und reicht von den Preiseinstiegslagen mit Küchenzeilen bzw. -blöcken bis etwa 5.000 Euro bis hin zu (individuell) geplanten Einbauküchen ab 10.000 Euro, als Luxuseinbauküche teilweise über 25.000 Euro. Wie erwartet tendierte der Küchenmarkt rückläufig, der negative Folgeeffekt nach den steuerbedingten Vorziehungskäufen ist jedoch mit minus 2,7 Prozent vergleichsweise moderat ausgefallen – zum Vergleich: 2006 realisierte die Branche ein sattes Umsatzplus von 8,5 Prozent.

Aktuell stehen die Zeichen jedoch auf „Sturm". Denn Küchen werden aufgrund ihrer konjunkturellen Reagibilität überproportional von den gesamtwirtschaftlichen Turbulenzen erfasst. Im Zuge einer Normalisierung im Wohnungsbau, jedoch nicht vor zwei bis drei Jahren, kehren auch stabilere Tendenzen bei der Küchennachfrage ein. Hier wirkt der Time lag der trägeren, später einsetzende Reaktion der privaten Nachfrage auf gesamtwirtschaftliche Ereignisse mit ihrer höheren Einbindung in das globale Geschehen (**Grafik 10**).

Küchenzeilen und geplante Einbauküchen werden zu mehr als 90 Prozent über den Fachhandel distribuiert – ein für Konsumgütermarktverhältnisse außergewöhnlicher Wert! Der Zweitmarkt besteht aus den Vertriebswegen Baumärkte, Warenhäuser/Ver-

Marktvolumen: Küchen (inkl. E-Geräte) Grafik 10

Umsatz 2006	8,66 Mrd. Euro	100,0 Prozent
Umsatz 2007	8,58 Mrd. Euro	99,0 Prozent
Umsatz 2011	8,60 Mrd. Euro	99,2 Prozent

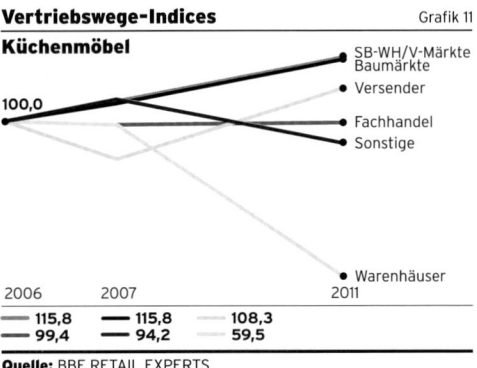

Vertriebswege-Indices Grafik 11
Küchenmöbel

Quelle: BBE RETAIL EXPERTS

sender, SB-Warenhäuser, aber auch aus Bauträgern und dem Direktgeschäft der Küchenmöbelindustrie (**Grafik 11**).

Teilsegment: Leuchten/Lampen

Leuchten und Lampen als ergänzendes Einrichtungssortiment zeichnen sich insgesamt durch eine (noch) stabile Situation aus. Neben Wohnleuchten sind das Technische Leuchten, Sonstige Leuchten und der Leuchtmittelmarkt. Die frühere Trennung von gewerblichem Bedarf (bes. Technische Leuchten) und privater Verwendung (Wohnleuchten) verschwimmt zusehends. Unter Wohnleuchten versteht man Decken- und Wandleuchten, Strahlerprogramme sowie Tisch-, Schreibtisch- und Nachttischleuchten. Mittlerweile werden sog. Außenleuchten wie Garten- und Sicherheitsleuchten, ursprünglich den Technischen Leuchten zugerechnet, immer häufiger im privaten Bereich eingesetzt.

Der Leuchtenumsatz hat im Jahr 2007 ein Gesamtvolumen von 4,2 Mrd. Euro, wovon auf Wohnleuchten knapp 1,2 Mrd. Euro entfallen. Letztere werden - zumindest in den Einstiegspreislagen - überwiegend importiert. So gelangen zwischen 65 und 70 Prozent aus Fernost, aber auch Hochwertiges aus der EU auf den deutschen Markt. Umgekehrt exportiert die mittelständisch geprägte Leuchtenindustrie ebenfalls gut 70 Prozent der Produktionsleistung. So ist der Leuchtenmarkt durch einen außerordentlich hohen Offenheitsgrad gekennzeichnet mit einer entsprechend prägnanten internationalen Verflechtung (**Grafik 12**).

Durch die erweiterte Betrachtung des Leuchten- und Lampenmarktes verändert sich die Distribution in entsprechender Weise. Wichtigster Absatzkanal sind

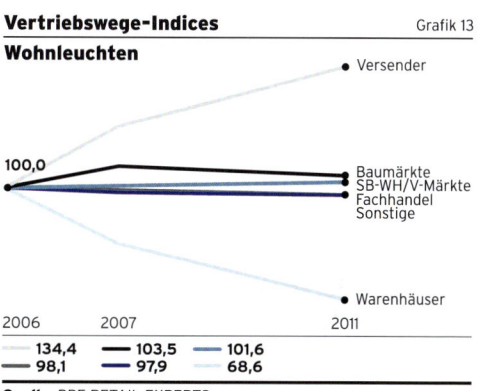

Marktvolumen: Leuchten/Lampen — Grafik 12

Umsatz 2006	4,17 Mrd. Euro	100,0 Prozent
Umsatz 2007	4,20 Mrd. Euro	100,7 Prozent
Umsatz 2011	4,14 Mrd. Euro	99,3 Prozent

jetzt die auf Technische Leuchten und Reklameleuchten fokussierten Objekteure, die allein ein gutes Drittel des Gesamtvolumens abwickeln.

Speziell die Wohnleuchtendistribution läuft überwiegend zweigleisig ab: Leuchtenfachhandel und Leuchtenspezialisten bedienen das höhergenrige Leuchtensegment, Einstiegs- und Durchschnittspreislagen kaufen die Verbraucher bei Möbelhändlern und in Baumärkten. Die letztgenannten Vertriebswege rangieren in ihrer Bedeutung nur knapp hinter dem Leuchtenfachhandel (**Grafik 13**).

Der Leuchtenmarkt wird in den nächsten Jahren insgesamt von zunächst rückläufiger, ab 2011 aber in Richtung leicht ansteigender Umsatzentwicklung gekennzeichnet sein. Hierzu trägt der privat geprägte Nachfrageteil (Wohnleuchten) weniger bei als die industriell und kommunal getriebene Nachfrage nach Technischen Leuchten bzw. Reklameleuchten.

Die Konsequenz für die Vertriebswege ist so vorgezeichnet: Der Leuchtenfachhandel steht unter Druck, die Leuchtenabteilungen der Warenhäuser tendieren in Richtung Nische. Dagegen ergibt sich, wenn auch auf überschaubarem Niveau, für den Versandhandel - besonders in der Variante E-Commerce - ein überproportionales Wachstum.

Markt Einrichten

Foto: Stockxpert

Möbelmarkt: Gut 11 Mrd. Euro schwer.

Teilsegment: Möbel (ohne Küchen)

Der Wohnmöbelmarkt ohne Küchen, die hier als eigenständiges Marktsegment innerhalb des Geschäftsfeldes Home & Interior definiert sind, ist „das" zentrale Element des Einrichtungssektors. Die Umsatzdominanz ist mit knapp 28 Prozent Anteil an Home & Interior offensichtlich; absolut werden mit Wohn-, Schlaf-, Esszimmermöbeln sowie Postermöbel, Klein und Ergänzungsmöbeln gut 11 Mrd. Euro umgesetzt. Andere Abgrenzungen des Möbelmarktes, die das Gesamtvolumen mit 30 Mrd. Euro angeben, beziehen Küchen, Büromöbel und Ladenbauausstattungen mit ein.

Der hier relevante enger definierte Möbelmarkt liegt 2007 bei 11,14 Mrd. Euro mit leichter Abschwächung im Vergleich zum Vorjahr. Aktuell zeichnet sich schon ein kräftigerer Rückgang ab, obwohl die kritische Wirtschaftslage auf den Konsumgütermärkten noch nicht gegriffen hat. Das wird erst 2009 erwartet. Gerade der Möbelmarkt mit seiner gütertypologischen Einordnung als langlebiges Gebrauchsgut wird vom bevorstehenden Abschwung betroffen sein, denn der Möbelkauf läuft überwiegend geplant ab und erfordert im Vorfeld finanzielle Dispositionen (**Grafik 14**). Die Distribution ist - analog zum Küchenmarkt - fachhandelsdominiert, wenn auch nicht in dem Maße. Etwa drei Viertel des Gesamtmarktes werden über die einzelnen Möbelvertriebslinien an den Käufer gebracht. Die Konkurrenz ist dennoch ausgeprägt, zum einen innerhalb des Fachhandels zwischen Vollsortimentern, Spezialisten und Mitnahmemärkte, aber auch Versender und die Vertreter der Baumarktszene spielen eine gewichtige, gleichwohl nachgeordnete Rolle (**Grafik 15**).

Die Marktprognose für Möbel zeigt bis 2011 einen herben Rückgang des Umsatzvolumens. Ausgehend vom Basisjahr 2006 sinkt der Branchenindex von um gut 10 Punkte auf einen Indexwert von 89,6. Dabei hat die Branche schon eine jahrelange Umsatztalfahrt hinter sich, die nur von der Sondersituation

Marktvolumen: Möbel (o. Küchen)		Grafik 14
Umsatz 2006	11,43 Mrd. Euro	100,0 Prozent
Umsatz 2007	11,14 Mrd. Euro	97,4 Prozent
Umsatz 2011	10,24 Mrd. Euro	89,6 Prozent

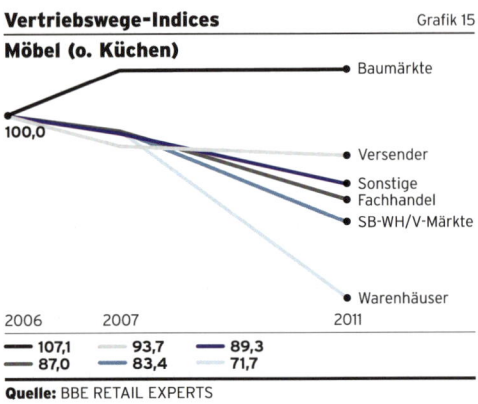

Vertriebswege-Indices Möbel (o. Küchen) — Grafik 15

Quelle: BBE RETAIL EXPERTS

des Jahres 2006 mit seinen umsatzsteuerinduzierten Vorziehungskäufen unterbrochen worden ist. In diesem Umfeld verliert der Möbelfachhandel an Bedeutung – allerdings auf dem hohen Niveau eines Marktanteils von 77 Prozent. Außerhalb des Fachhandels relativiert sich so das verbleibende Umsatzpotenzial. Lediglich Baumärkte erhöhen ihren Möbelmarktanteil.

Teilsegment: Textile Bodenbeläge

Textile Bodenbeläge zählen zu den typischen Einrichtungsergänzungen. Webteppiche, Tuftingware, Nadelvlies, Knüpfteppiche und Sonstige Teppicherzeugnisse kennen seit Jahren nur eine abwärtsgerichtete Umsatzentwicklung. So ist die 2007er Stagnation schon als Erfolg zu werten. Zu befürchten ist, dass textile Bodenbeläge in den Sog sich verschlechternder Rahmenbedingungen geraten. Dabei sind einige Probleme der Branche hausgemacht, andere ergeben sich durch die attraktive Alternative nichttextiler Bodenbeläge. Ein Beispiel hierfür ist der seit Jahren anhaltende Laminatboom; und selbst der ist mengen- und wertmäßig unter Druck geraten.

Ein Kennzeichen des Bodenbelagsmarktes ist das Nebeneinander von gewerblicher und privater Nachfrage. Im sog. Objektgeschäft hängt die Branche ab von der Situation im Hotel- und Gaststättengewerbe, die aktuell angespannt ist. Aber auch die Käufe privater Verbraucher reichen nicht aus, um die Branche aus dem Abwärtstrend herauszuholen. Die Vermischung von gewerblicher und privater Nachfrage findet sich in der Distribution wieder. Neben Raumausstattern, Fachmärkten und Möbelhandel – zusammengefasst kommt der Fachhandel so auf einen Marktanteil von gut 53 Prozent – laufen Bodenbeläge zu 28 bis 29 Prozent über Objekteure an die gewerbliche Nachfrage. Außerdem sind hier Baumarktvertriebslinien präsent, die ein Zehntel des Bedarfs decken und so das Fachhandelspotenzial begrenzen.

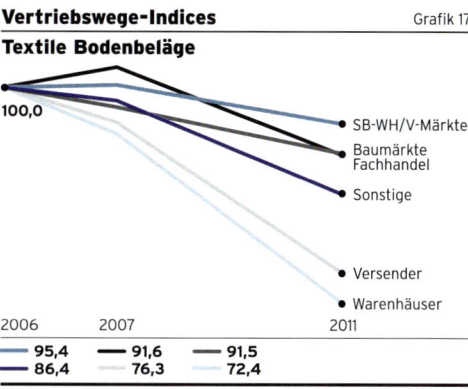

Marktvolumen: Textile Bodenbeläge — Grafik 16

Umsatz 2006	2,54 Mrd. Euro	100,0 Prozent
Umsatz 2007	2,55 Mrd. Euro	100,4 Prozent
Umsatz 2011	2,26 Mrd. Euro	89,1 Prozent

Vertriebswege-Indices — Grafik 17
Textile Bodenbeläge

- SB-WH/V-Märkte
- Baumärkte
- Fachhandel
- Sonstige
- Versender
- Warenhäuser

95,4 91,6 91,5
86,4 76,3 72,4

Quelle: BBE RETAIL EXPERTS

Bei textilen Bodenbeläge gelten für die künftige Umsatzentwicklung zwei allgemeine Tendenzen: Einerseits wirkt das private Feld stabilisierend. Hier kommt dem Markt die träge Reaktion der privaten Nachfrage abschwungmildernd zugute, ebenso das leichte Anziehen des Homings – das eigene Heim als präferierter Rückzugsort in turbulenten Zeiten. Das Objektgeschäft ist dagegen stärker betroffen. Hotel- und Gaststättengewerbe und Büroimmobilien (als Ausgangspunkt der Finanzkrise) stehen unter dem Kriseneindruck und die Nachfrage wird hier besonders stark beeinträchtigt sein (**Grafik 16**).

Diese eher in Moll gefärbten Aussichten des Marktes werden jedoch zu keinen starken Veränderungen in der Distribution führen; alle Absatzkanäle durchlaufen die Schwächephase des Marktes, überproportionale Abkoppelungen vom Negativtrend sind nicht zu erwarten (**Grafik 17**).

Markt FMCG

Food & Körperpflege

Der maßgeblich vom Lebensmitteleinzelhandel geprägte FMCG-Markt zeigt mit Steigerungsraten von unter 2 Prozent nur wenig Wachstumsdynamik.

Text Susanne Eichholz-Klein, BBE

Fast Moving Consumer Goods (FMCG) – bestehend aus den Geschäftsfeldern Lebensmittel, Körperpflege/Kosmetik, Haushalts-/Hygienepapier, Tiernahrung und Tierpflege, Wasch-/Putz-/Reinigungsmittel – bilden das größte Geschäftsfeld innerhalb des gesamten Konsumgütermarktes und realisieren derzeit ein Marktvolumen von 195 Mrd. Euro. Da sich das Geschäftsfeld im wesentlichen aus Verbrauchsgütern zusammensetzt, ist der Markt für FMCG von häufig wiederholenden Kaufakten geprägt. Das bedeutet wiederum, dass Preisänderungen in diesen Segmenten von den Verbrauchern wesentlich sensibler gesehen und bewertet werden als in den übrigen Konsumgütermärkten. Daher auch der große Erfolg der Discounter, die in den relevanten Märkten das Umsatzgeschehen dominieren (**Grafik 1**).

Bedeutendste Branche innerhalb Geschäftsfeldes FMCG ist der Lebensmittelmarkt mit knapp 90 Prozent Umsatzanteil, der innerhalb der Konsumgütermärkte mit 21 Warengruppen der differenzierteste ist. So realisieren volumenstarke Warengruppen, wie Fleisch und Fleischerzeugnisse, Obst und Gemüse oder Brot und Backwaren schon für sich Marktvolumina zwischen 15 und 30 Mrd. Euro. Nahezu jede der genannten Warengruppen teilt sich in weitere Produktgruppen auf. An zweiter Stelle reiht sich der Markt für Körperpflege und Kosmetika ein – mit einem Umsatzanteil von rund 6 Prozent. Die drei kleineren Ergänzungsmärkte Wasch-/Putz-/Reinigungsmittel (2 Prozent), Haushalts- und Hygienepapiere (1,9 Prozent) sowie Tiernahrung (1,6 Prozent) runden das Geschäftsfeld ab, werden aber im Folgenden nicht detailliert dargestellt (**Grafik 2**).

Distributionsseitig wird das gesamte Geschäftsfeld FMCG vom LEH mit seinen Betriebsformen Supermarkt/traditioneller LEH/SB-Warenhäuser/Verbrauchermärkte Discounter dominiert; der LEH hat einen Umsatzanteil von 60,7 Prozent. Innerhalb eines nur leicht wachsenden LEH (plus 1,5 Prozent pro Jahr

Marktvolumen: FMCG — Grafik 1

Umsatz 2006	192,26 Mrd. Euro	100,0 Prozent
Umsatz 2007	195,35 Mrd. Euro	101,6 Prozent
Umsatz 2011	208,15 Mrd. Euro	106,8 Prozent

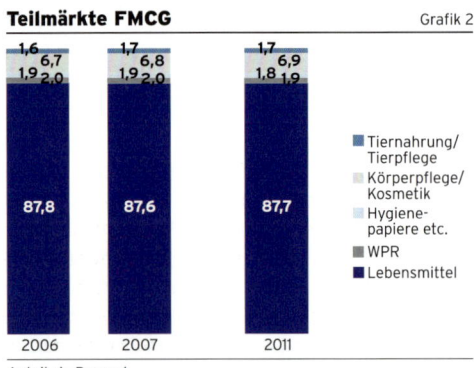

Anteile in Prozent
Quelle: BBE RETAIL EXPERTS

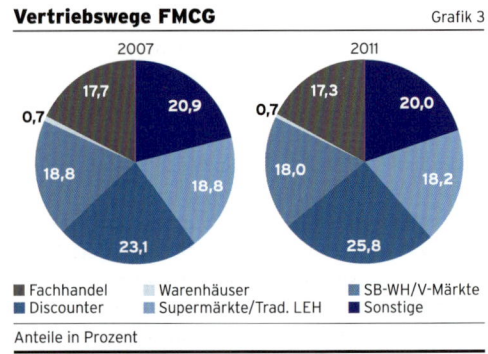

Anteile in Prozent
Quelle: BBE RETAIL EXPERTS

seit 1995) hat sich der Hard Discount des Lebensmittelmarktes an die Spitze vorgearbeitet – und ist heute mit hochgerechnet 62 Mrd. Euro der wichtigste Distributeur. Ein Umsatzwachstum von 7,8 Prozent jährlich verdeutlicht die Wachstumsdynamik – vor allem zu Lasten der Supermärkte und Kleinflächen (**Grafik 3**).

Nachrangig folgt der Fachhandel unter dem neben dem klassischen (kleinbetrieblichen) Facheinzelhandel mit Lebensmitteln auch Drogeriemärkte oder Getränkeabholmärkte sowie Tierfachmärkte subsumiert sind. Kauf- und Warenhäuser haben im gesamten Geschäftsfeld nur eine geringe Umsatzbedeutung. Innerhalb der einzelnen Segmente erreichen sie nur im Markt für Körperpflege und Kosmetik nennenswerte Marktanteile.

Alle anderen Vertriebswege realisieren einen Marktanteil von knapp 21 Prozent. Hierunter subsumiert das weite Feld der sonstigen Anbieter, wie das Ernährungshandwerk, Convenienceverkaufsformen, Wochenmärkte und Ab-Hof-Verkäufe, Versandhändler und andere.

Bis 2011 wird der Markt für FMCG auf ein Marktvolumen von 208 Mrd. Euro anwachsen können. Nach einem positiven Jahr 2008 zeigen sich 2009 die Auswirkungen der Finanzkrise. Auch wenn Lebensmittel und Ergänzungssortimente grundsätzlich weniger konjunkturanfällig sind als andere Konsumgüter, sind weitere Umschichtungen Richtung preisaggressiver Distributionsformen zu erwarten. Aufgrund dessen wird der LEH insgesamt an Bedeutung gewinnen. Profiteure sind jedoch in erster Linie Discounter. Der Fachhandel wird trotz des weiterhin überdurchschnittlich wachsenden Formats Drogeriemarkt an Bedeutung gewinnen. Da der Lebensmittelumsatz den Körperpflegemarkt um ein Vielfaches übertrifft, bestimmen die Tendenzen der Lebensmittelanbieter das Geschehen des gesamten Geschäftsfeldes. Supermärkte, SB-Warenhäuser/Verbrauchermärkte sowie Sonstige Anbieter sind die Verlierer der künftigen Entwicklung. Auch das Ernährungshandwerk muss im Lebensmittelbereich Federn lassen.

Teilsegment: Körperpflege/Kosmetik

Der Markt für Körperpflege und Kosmetik ist ein Wachstumsmarkt und scheint grundsätzlich weniger krisengebeutelt als andere Märkte. Die aktuelle Konsumzurückhaltung in Deutschland schlägt sich bisher kaum bei den Produkten der täglichen Pflege nieder. Während Konzerne wie L'Oréal oder Henkel in einigen Regionen sehr wohl mit einem schwächelnden Absatz zu kämpfen haben, zeigt sich der Gesamtmarkt relativ stabil.

Nach einigen Jahren der Umsatzstagnation mit leichten Schwankungen hat sich die obige Aussage auch in der Marktentwicklung für Körperpflege niedergeschlagen. Ein positiver Aspekt ergibt sich aus der Breite des Aufschwungs: Fast alle beteiligten Warengruppen tragen mehr oder weniger überzeugend zum Wachstum bei.

Beibehalten hat der Markt die abwechselnd stärkere Entwicklung einer der beiden Teilmärkte. Im Berichtsjahr konnten Kosmetika wieder Mal ein besseres Wachstum aufweisen und erreichte ein um einen Prozentpunkt besseres Ergebnis als der Teilmarkt Körperpflegemittel (**Grafik 4**).

Marktvolumen: Körperpflege/Kosmetik Grafik 4

Umsatz 2006	11,90 Mrd. Euro	100,0 Prozent
Umsatz 2007	12,33 Mrd. Euro	103,6 Prozent
Umsatz 2011	13,12 Mrd. Euro	110,2 Prozent

Wachstumssegmente im Markt für Körperpflege und Kosmetik ist teilmarktübergreifend die Naturkosmetik. Mit einem Marktwachstum von durchschnittlich 19,5 Prozent p.a. liegt dieses Marktsegment deutlich über der Umsatzentwicklung des Gesamtmarktes und hat derzeit einen Umsatzanteil am Gesamtmarkt von 9 Prozent. Die Nachfrage nach Naturkosmetik hält an und die Käuferreichweite steigt konstant. Denn analog zum Biomarkt hat der Naturkosmetikmarkt in den letz-

Markt FMCG

Vertriebswege-Indices — Grafik 5
Körperpflege/Kosmetik

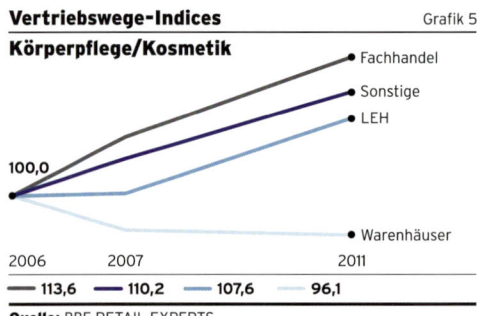

- Fachhandel: 113,6
- Sonstige: 110,2
- LEH: 107,6
- Warenhäuser: 96,1

(2006 – 2007 – 2011)

Quelle: BBE RETAIL EXPERTS

Körperpflegemittel: Harter Verdrängungswettbewerb.

ten Jahren den Wechsel von einer schmalen Zielgruppe ökologisch orientierter Verwender hin zu breiteren Bevölkerungsschichten vollzogen. Naturkosmetik wird dabei genauso wie Bioprodukte weniger ausschließlich als vielmehr als Ergänzung konventioneller Produkten verwendet. Davon profitieren starke Handelsmarken und Premium-Konzepte überproportional.

Der Fachhandel ist nicht nur der bedeutendste Vertriebsweg, sondern wächst auch überdurchschnittlich – bedingt durch die Umsatzausweitung der Drogeriemärkte. Diese ist, neben der anhaltenden Flächenausdehnung, auch darauf zurückzuführen, dass Drogeriemärkte zunehmend versuchen, Beratungskonzepte zu integrieren und auf Naturkosmetik setzen. Das rasante Wachstum der Drogeriemärkte hat sich mit der stetigen Erhöhung des Basiseffektes naturgemäß verlangsamt. Mit der zunehmenden Konzentration im deutschen Drogeriemarkt sowie dem harten Verdrängungswettbewerb wird zudem weiteres Wachstum immer schwieriger. Vor allem zwischen den vier großen Ketten Schlecker, dm, Rossmann und Müller herrscht ein harter Kampf, der neben dem Preis auch über die Fläche ausgefochten wird (**Grafik 5**).

Der LEH ist nach dem Fachhandel der zweitwichtigste Distributor und realisiert leichte Zuwächse. Dabei bremst innerhalb dieses Vertriebsweges noch der Kannibalismus der Discounter zum übrigen Lebensmittelhandel den weiteren Anstieg.

Auch der Markt für Körperpflege und Kosmetik wird die Finanzkrise – wenn auch zeitverzögert und in geringerer Ausprägung – zu spüren bekommen. Für das Jahr 2009 ist mit einem Plus von 1 Prozent rechnen. In den Jahren 2010 und 2011 ist von einer relativ schnellen Erholung auszugehen, die sich in einem Wachstumsplus von 1,6 beziehungsweise 1,7 Prozent niederschlagen können.

Teilsegment: Lebensmittel

Das Teilsegment Lebensmittel ist mit rund 170 Mrd. Euro der größte Konsumgütermarkt. Seit Jahren zeigt sich ein moderater, stetiger Anstieg, der sich 2007 mit plus 1,7 Prozent stabilisierte und 2008 in ein Umsatzplus von 3 Prozent mündete, was allerdings weniger auf Nachfragesteigerungen als auf Preiserhöhungen zurückzuführen war.

Der Lebensmittelmarkt ist nach wie vor von einigen wichtigen Trends geprägt, die sich durch alle Warengruppen und Vertriebskanäle ziehen: Bio, Gesundheit, Convenience und Premium. Bio-Lebensmittel konnten auch 2007 weiter an Bedeutung gewinnen und ihren Umsatz auf 5,8 Mrd. Euro erhöhen, das entspricht einem Plus von 8 Prozent. Damit hat sich das Wachstum des Biomarktes zwar deutlich verlang-

Diese Messen sollten Sie nicht verpassen:

heimtextil
13. – 16. 1. 2010
www.heimtextil.messefrankfurt.com

christmasworld
29. 1. – 2. 2. 2010
www.christmasworld.messefrankfurt.com

paperworld
30. 1. – 2. 2. 2010
www.paperworld.messefrankfurt.com

beautyworld
30. 1. – 1. 2. 2010
www.beautyworld.messefrankfurt.com

ambiente
12. – 16. 2. 2010
www.ambiente.messefrankfurt.com

light+building
11. – 16. 4. 2010
www.light-building.messefrankfurt.com

tendence
2. – 6. 7. 2010
www.tendence.messefrankfurt.com

messe frankfurt

Markt FMCG

Marktvolumen: Lebensmittel Grafik 6

Umsatz 2006	169,82 Mrd. Euro	100,0 Prozent
Umsatz 2007	172,13 Mrd. Euro	101,4 Prozent
Umsatz 2011	183,60 Mrd. Euro	108,1 Prozent

samt, aber Bio liegt mit einem Plus von 3 Prozent immer noch deutlich über dem gesamten Lebensmittelmarkt. Und Bio ist Wachstumstreiber und hat den Themen Gesundheit und Wellness neue Dynamik verschafft (**Grafik 6**).

Neben Gesundheit/Bio machen insbesondere Convenience-Produkte von sich reden. Das Wachstumsfeld hat sich von etablierten Sortimenten wie Tiefkühlkost und Fertiggerichten hin zu Frische-Fertiggerichten verschoben. Verbraucher haben zwar zunehmend weniger Zeit und immer weniger Kochfertigkeiten, möchten jedoch gleichermaßen – und hier macht sich wiederum der Einfluss von Wellness bemerkbar – nicht auf frische, gesunde und abwechslungsreiche Kost verzichten. Chilled Food oder Frische-Fertiggerichte realisieren derzeit immerhin ein Marktvolumen von 2,2 Mrd. Euro und anhaltend hohe Wachstumsraten.

Hauptdistributor des Lebensmittelmarktes ist der LEH mit einem Umsatzanteil von knapp 65 Prozent. Innerhalb des LEH dominiert mittlerweile der Discounter. Rückläufig zeigen sich derzeit die Sonstigen

Gegessen wird immer – doch der Wettbewerb bleibt scharf

Im Jahr 2008 legte der Umsatz des LEH und der Drogeriemärkte in Deutschland insgesamt laut Nielsen um 3,4 Prozent zu und auch der Start 2009 war durchaus gelungen. Offensichtlich hat die alte Weisheit „gegessen wird immer" nichts von ihrer Gültigkeit verloren. Und auch die befürchteten Verschiebungen des Umsatzes hin zu preisgünstigeren Produkten oder hin zu den besonders preisaggressiven Vertriebsschienen konnte in den ersten Monaten nicht wie erwartet festgestellt werden.

Dennoch bleibt der LEH weiter dadurch gekennzeichnet, dass ein äußerst scharfer Wettbewerb unter den Anbietern herrscht. Ob bessere Einkaufskonditionen durch sinkende Rohstoffpreise oder Effizienzvorteile durch Kostensenkungen in anderen Bereichen – wer die Chance hat, günstiger als der Mitbewerber anzubieten, der nimmt diese im deutschen Handel unverzüglich war. Zum Nutzen der Konsumenten, denn diese freuen sich in Deutschland über ein im europäischen Vergleich unterdurchschnittliches Preisniveau.

Ebenso erfreulich für die Konsumenten ist die Innovationskraft der Branche. So entstehen neue Betriebsformen, neue Dienstleistungen und vor allem immer wieder neue Sortimente. In den letzten Jahren sorgte besonders der Trend zu Bio-Produkten für zahlreiche Veränderungen im Markt. Neue Betriebsformen haben sich etabliert und Bio-Sortimente sind zu einer Selbstverständlichkeit in allen Handelsformen geworden. Aber auch die Nachfrage nach Produkten für eine einfache und unkomplizierte Zubereitung oder zum sofortigen Verzehr hat für Impulse im Markt gesorgt: frische Salatmischungen, verzehrfertig portioniertes O+G, tagesaktuelle Suppen, belegte Brote, frisch zubereitete Dessertvariationen und heiße Theken mit allerlei Spezialitäten gehören heute in jedem Supermarkt zum festen Angebot. In Zukunft dürften besonders die selbstständigen Kaufleute weiter auf der Erfolgsspur sein. Mit mehr Frische, mehr Service und vor allem durch wachsende Sortimentstiefe können die Kaufleute gegenüber den Discountern punkten und Boden gut machen. Wunderbare Zukunft.

Dierk Frauen, Präsident, Bundesverband des Deutschen Lebensmittelhandels (BVL).

Corrigendum

Im Factbook Einzelhandel 2010 fehlen im Adressteil des Anhangs folgende Einträge:

Seite 250

Berlin und Brandenburg

Handelsverband Berlin-Brandenburg e.V.
Hauptgeschäftsstelle und
Regionalbereich Berlin / Umgebung
Haus des Handels
10961 Berlin, Mehringdamm 48
Telefon: (030) 881 77 38, (030) 881 77 38
Fax: (030) 881 18 65
E-Mail: info@hbb-ev.de
www.hbb-ev.de

Regionalbereich Nordwestbrandenburg
16816 Neuruppin, Steinstraße 20
Telefon: (03391) 45 63-0, (03391) 45 63-0
Fax: (03391) 45 63-31
E-Mail: info-neuruppin@hbb-ev.de
www.hbb-ev.de

Regionalbereich Mittelbrandenburg
14473 Potsdam, Schlaatzweg 1
Telefon: (0331) 29 28 69, (0331) 29 28 69
Fax: (0331) 270 85 28
E-Mail: info-potsdam@hbb-ev.de
www.hbb-ev.de

Regionalbereich Südbrandenburg
03046 Cottbus, Inselstraße 24
Telefon: (0355) 234 77 (0355) 234 77
Fax: (0355) 78 43 98 77
E-Mail: info-cottbus@hbb-ev.de
www.hbb-ev.de

Regionalbereich Ostbrandenburg
15234 Frankfurt/Oder, Fürstenwalder Poststraße 86
Haus 1, 1. OG links
Telefon: (0335) 400 03 05, (0335) 400 03 05
Fax: (0335) 400 70 53
E-Mail: info-frankfurt@hbb-ev.de
www.hbb-ev.de

Seite 253

Bildungszentren des Handels

Bildungszentrum des Einzelhandels Brandenburg
Hauptaußenstelle Berlin
Meraner Straße 1
12681 Berlin
Telefon: (030) 54 37 65 56
Fax: (030) 54 16 097
E-Mail: info@bze-bb.de
www.bze-bb.de

bz Bildungszentrum Handel, Wirtschaft und Verwaltung GmbH
Fürstenwalder Poststr. 86
15234 Frankfurt (Oder)
Telefon: (0335) 41302-0, (0335) 41302-0
Telefax: (0335) 41302-22
E-Mail: bz@handel.ff.shuttle.de
Website: www.bzh-ff.de

Bildungszentrum des Sächsischen Handels gGmbH
Torgauer Platz 3
04315 Leipzig
Telefon: (0341) 245 28-18
Fax: (0341) 245 28-38
E-Mail: gerhardt@bildung24.net
www.bildung24.net

Seite 145

**Im Artikel „Positiver Domino-Effekt",
fehlt der Verweis auf das Internet:**

Alle Informationen zum Bewerbungsverfahren gibt es unter www.prozeus.de.

FMCG **Markt**

Lebensmittel: Impulse durch hohe Innovationskraft.

Anbieter. Dabei haben sich die Sonstigen Anbieter unterschiedlich entwickelt. Das Ernährungshandwerk ist rückläufig – könnte sich aber den Bioboom stärker als bisher zunutze machen. Convenience-Verkaufsformen haben sich durchaus erfolgreich entwickelt – Potenzial bergen diese vor allem für Frische-Convenience-Konzepte, die räumliche und zeitliche Versorgungslücken der Verbraucher damit schließen könnten. So sind Konzepte in Großbritannien mittels Kooperation von BP und Marks & Spencer durchaus erfolgreich (**Grafik 7**).

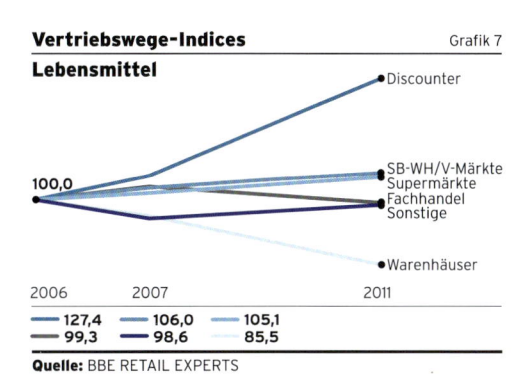

An der Situation im Lebensmitteleinzelhandel hat sich im Grundsatz nichts geändert. Die Branche kämpft weiterhin mit einer sinkenden Produktivität und erheblichen Überkapazitäten. Auch der Preiskampf steht immer noch im Vordergrund. Nach Aussagen des Präsidenten des Bundesverbandes des Deutschen Lebensmittelhandels (BLV) stehen die Lebensmittelhändler vor der Alternative, in den Teufelskreis des Preiskrieges einzutreten und damit den weiteren Rückgang von Spanne und Rendite hinzunehmen, oder sich nicht zu beteiligen und damit Kunden zu verlieren (**s. Kasten**).

Das Wachstum des Lebensmittelmarktes wird 2009 aller Voraussicht nach einbrechen. Dies ist eine direkte Ursache der Finanzkrise und selbst die sich abzeichnenden Preissenkungen zu Beginn des Jahres 2009 wird diese Tendenz nicht aufhalten können. 2010 wird sich der Markt aber erholen und in den Folgejahren bis 2011 ein Wachstum von 1,6 bis 1,7 Prozent realisieren können.

Vertriebswege-Indices — Grafik 7
Lebensmittel

- Discounter
- SB-WH/V-Märkte
- Supermärkte
- Fachhandel
- Sonstige
- Warenhäuser

2006: 127,4 / 99,3
2007: 106,0 / 98,6
2011: 105,1 / 85,5

Quelle: BBE RETAIL EXPERTS

Einzelhandel 2010

Analyse, Strategie & Umsetzung
GARANTEN FÜR IHREN MARKTERFOLG

Die **BBE** RETAIL EXPERTS haben tiefe Wurzeln im Einzelhandel. 1953 gegründet, beschäftigt das Unternehmen heute eine Vielzahl von spezialisierten Beratern.

Konsumgüterindustrie, Zulieferer, Kreditinstitute, Immobilienwirtschaft, Verwaltungen, Ministerien und Städte schätzen die **BBE** als Seismographen für Markt- und Verbrauchertrends und als strategischen Partner – für neuen Markterfolg auf der Basis praxisnaher Analysen, Konzepte und konsequenter Umsetzungen.

Der schnelle Wandel in den Märkten und an Handelsstandorten erfordert konzentrierte Portfolios und flexible Strukturen. Die **BBE** RETAIL EXPERTS haben ihre Potenziale entwickelt und sind für die neuen Herausforderungen optimal aufgestellt – effizient und mit vernetzten Geschäftsbereichen.

Flexibilität und interdisziplinäre Teamarbeit sichern die Qualität der **BBE**-Leistungen nachhaltig und geben die nötige Durchschlagskraft zur Entwicklung der Potenziale auf Kundenseite.

Aus der Praxis für die Praxis: Die **BBE** bleibt der Schlüssel zum Markterfolg und schlägt Brücken in die Zukunft – auch für Ihre Branche, Städte und Regionen.

Sie möchten uns näher kennenlernen oder haben eine konkrete Anfrage?

Dann nehmen Sie doch einfach Kontakt mit unseren Kompetenzbereichen auf.

KÖLN | HAMBURG | LEIPZIG

BBE RETAIL EXPERTS Unternehmensberatung GmbH & Co. KG

Management- & Strategieberatung

Frau Edith Persch

Telefon +49(0)221 93655-301
Telefax +49(0)221 93655-322

persch@bbe-retail-experts.de

Standort- & Immobilienberatung

Frau Helma Dupré

Telefon +49(0)221 93655-123
Telefax +49(0)221 93655-124

dupre@bbe-retail-experts.de

Automotive

Frau Susanne Keuler

Telefon +49(0)221 93655-262
Telefax +49(0)221 93655-322

keuler@bbe-retail-experts.de

Studien

Frau Antje Borstelmann - BBE media GmbH & Co. KG

Telefon +49(0)2631 879-400
Telefax +49(0)2631 879-403

borstelmann@bbe-media.de

BESSER UND SCHNELLER INFORMIERT ALS DER WETTBEWERB

▶ **www.bbe-retail-experts.de**

BBE RETAIL EXPERTS
Unternehmensberatung GmbH & Co. KG
Agrippinawerft 30 / D-50678 Köln
www.bbe-retail-experts.de

BBE RETAIL EXPERTS

Markt Fashion

Fashion & Accessoires

Fashion gilt zwar nach wie vor als Domäne der Frauen, aber zunehmend entdecken Männer den Sinn für modische Kleidung. Der Markt wandelt sich weiter.

Text Hansjürgen Heinick, BBE

Das Geschäftsfeld Fashion/Schuhe beinhaltet alle Warengruppen rund um die Mode bzw. das persönliche Outfit: Damen-, Herren- und Kinderbekleidung, Lederwaren, Pelze und Lederbekleidung, Schuhe sowie Wäsche, Badeartikel und Strümpfe. Für Mode und Accessoires werden derzeit über 47 Mrd. Euro im Jahr in Deutschland ausgegeben (ohne Uhren und Schmuck; **Grafik 1**). Dabei wachsen die einzelnen Teilmärkte immer stärker zusammen. Vor allem die großen Modelabels decken teilweise das ganze Spektrum mit ihrem Angebot ab. Die Nachfrage wird vor allem von den Damen bestimmt, auch über die Damenbekleidung hinaus. Zusammen mit Wäsche, Schuhen, etc. entfallen mehr als 60 Prozent des Geschäftsfeldes direkt auf die Nachfrage der Damen.

Mit einem Anteil von 34,2 Prozent ist Damenbekleidung erwartungsgemäß der wertmäßig größte Teilmarkt. An zweiter Stelle folgt die Herrenbekleidung (inkl. Hemden) mit 20,3 Prozent. Schuhe erreichen einen Marktanteil von 17,8 Prozent, leicht vor dem Teilmarkt „Wäsche/Badeartikel/Strümpfe", welcher mit 15,8 Prozent an vierter Position liegt. Die übrigen Teilmärkte kommen zusammen auf 11,8 Prozent. Davon entfallen 4,6 Prozent auf Kinderbekleidung, 4,4 Prozent auf Lederwaren und 2,8 Prozent auf Pelze/Lederbekleidung (**Grafik 2**).

Wie in den meisten Nonfood-Konsumgütermärkten dominiert auch im Markt für Fashion und Schuhe die Fachhandelsschiene – mit deutlichem Abstand zum Zweitmarkt. Zum Fachhandel zählen neben dem einzelbetrieblichen Fachhandel die Filialisten und die Monolabel-Stores, welche meist von Franchise-Nehmern als Partner der Hersteller betrieben werden. Die stärkste Position kommt den Filialisten zu, deren anhaltendes Wachstum seit Jahren die Verluste des kleinbetrieblich strukturierten Facheinzelhandels zum größten Teil kompensieren kann (**Grafik 3**).

Der Marktanteil des Zweitmarktes liegt bei rund 35 Prozent, was immerhin einem Umsatz von fast 17

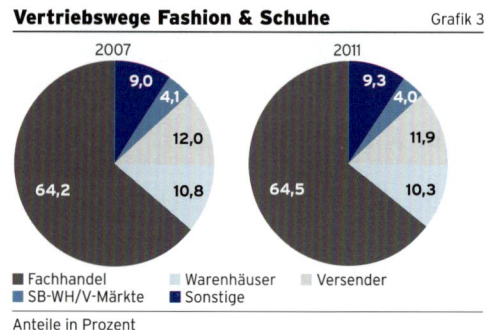

Marktvolumen: Fashion gesamt — Grafik 1

Umsatz 2006	47,30 Mrd. Euro	100,0 Prozent
Umsatz 2007	47,35 Mrd. Euro	100,1 Prozent
Umsatz 2011	45,85 Mrd. Euro	96,9 Prozent

Teilmärkte Fashion & Schuhe — Grafik 2

	2006	2007	2011
Damenbekleidung	34,5	34,2	32,3
Herrenbekleidung	20,4	20,3	20,5
Kinderbekleidung	4,6	4,6	5,0
Lederwaren	4,3	4,4	4,7
Pelze/Lederbekleidung	2,8	2,8	2,8
Schuhe	17,8	17,8	18,7
Wäsche	15,7	15,8	15,9

Anteile in Prozent
Quelle: BBE RETAIL EXPERTS

Vertriebswege Fashion & Schuhe — Grafik 3

2007: Fachhandel 64,2; SB-WH/V-Märkte 10,8; Warenhäuser 12,0; Versender 9,0; Sonstige 4,1

2011: Fachhandel 64,5; SB-WH/V-Märkte 10,3; Warenhäuser 11,9; Versender 9,3; Sonstige 4,0

Anteile in Prozent
Quelle: BBE RETAIL EXPERTS

Fashion **Markt**

Damenbekleidung: Trend zu mehr Klasse statt Masse.

Mrd. Euro entspricht. Die größten Vertriebswege des Zweitmarktes sind die Versender mit einem Anteil von 12 Prozent und die Warenhäuser mit 10,8 Prozent Marktanteil. Dynamisch zeigen sich vor allem die sonstigen Anbieter, welche mittlerweile einen Wert von 9 Prozent erreichen. Hierunter sind u.a. die Umsätze von Tchibo, den Discountern, Drogeriemärkten (bei Kleinkinderbekleidung), TV-Verkaufssendern oder Online-Angeboten der Hersteller subsumiert. SB-Warenhäuser und Verbrauchermärkte erzielen mit preisfokussierten Angeboten einen Anteil von 4,1 Prozent.

Der positive Trend des Jahres 2006 hat sich schon 2007 nicht in allen Teilmärkten fortgesetzt. Weitere Rückgänge im Jahr 2008 und die aktuell rezessive Wirtschaftssituation drücken auf die mittelfristigen Perspektiven des Geschäftsfeldes. Im Vergleich zu 2007 ist ein Index-Rückgang von rund 3 Punkten zu erwarten. Bei den derzeit nahe Null liegenden Preissteigerungsraten fällt allerdings auch der reale Rückgang kaum höher aus.

Diese Perspektiven stützen vor allem die vertikal agierenden Filialketten des Fachhandels in den unteren Preissegmenten. Daneben gewinnen auch wieder Discounter, Drogeriemärkte und zudem der (Online-) Direktvertrieb der Hersteller unter den Sonstigen Anbietern. Insbesondere der kleinbetriebliche Fachhandel muss Verluste zugunsten der Filialisten und auch der Monolabel-Stores hinnehmen.

Teilsegment: Damenbekleidung

Der Teilmarkt Damenbekleidung bildet mit rund 16 Mrd. Euro das größte Segment des Geschäftsfeldes. Zur Damenbekleidung zählen die klassischen Modebereiche Mäntel, Jacken/Blazer, Outdoor-Jacken, Kostüme/Ho-

Markt Fashion

Marktvolumen: Damenbekleidung — Grafik 4

Umsatz 2006	16,30 Mrd. Euro	100,0 Prozent
Umsatz 2007	16,20 Mrd. Euro	99,4 Prozent
Umsatz 2011	14,82 Mrd. Euro	90,9 Prozent

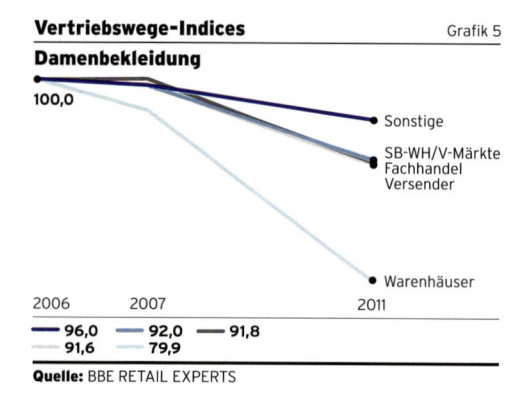

Vertriebswege-Indices Damenbekleidung — Grafik 5

- Sonstige: 96,0 / 92,0 / 91,8
- SB-WH/V-Märkte, Fachhandel, Versender: 91,6 / 79,9
- Warenhäuser

Quelle: BBE RETAIL EXPERTS

senanzüge, Kleider, Röcke, Blusen und Hosen. Zusätzlich berücksichtigt wurden die Bekleidungssegmente Strickwaren und Damenhüte (**Grafik 4**).

Im Jahr 2006 hatte die langjährige Talfahrt zunächst ein Ende gefunden. Doch schon in 2007 büßte die Damenbekleidung wieder 0,6 Prozent zum Vorjahr ein. Aktuell setzt sich der Negativtrend weiter fort. Hoffnungen auf eine Trendwende haben sich damit vorerst zerstreut. Es herrscht ein großes Überangebot, bei dem die Anbieter Marktanteile gern mit Hilfe von Preisargumenten zu sichern versuchen. Während insbesondere im Preismarkt die Textildiscounter für sinkende Durchschnittpreise sorgen, ist im Qualitätsmarkt dennoch tendenziell ein Trend zu höherer Wertigkeit festzustellen, also mehr Klasse statt Masse.

Die aktuelle gesamtwirtschaftliche Situation wird im Markt für Damenbekleidung 2009 und 2010 zu weiteren Reduzierungen des Marktvolumens führen. Erst nach 2011 ist wieder mit einer Erholung zu rechnen. Dabei werden Wertverluste des Marktes tendenziell weniger durch Preisverfall erzeugt als durch abnehmende Nachfrage insgesamt. Bei zunehmender Bedeutung der Preis-Leistung wird die Mengenausweitung begrenzt bleiben.

Die zunehmende Dominanz vertikaler Anbieter zeigt deutliche Spuren in der Handelsstruktur. Textil-Discounter sowie die Händlermarken H&M, Zara oder C&A haben markenführende Händler vollständig aus den preisorientierten Segmenten verdrängt. Konsumige Marken wie Esprit, S.Oliver oder Tom Tailor besetzen die neue Mitte und filialisieren selbst mit eigenen Stores oder Franchisepartnern. Der markenführende Fachhandel ist weiter in Bedrängnis und kann sich nur mit Hilfe vertikaler Allianzen behaupten. Sonstige Anbieter werden die Zuwächse vergangener Jahre in absehbarer Zeit nicht mehr erreichen können. Impulse werden in Zukunft immer stärker vom Internethandel ausgehen (**Grafik 5**).

Teilsegment: Herrenbekleidung

Herrenbekleidung umfasst die Warengruppen Mäntel, Anzüge, Sakkos, Hosen und Outdoor-Jacken und Hemden. Hinzu kommen Strickwaren und Hüte, welche ebenfalls im Marktvolumen erfasst sind. Der Markt für Herrenbekleidung ist im Hinblick auf das Wertvolumen um rund ein Drittel kleiner als der Markt für Damenbekleidung. Zusammen stellen Damen- und Herrenbekleidung mehr als die Hälfte des Marktes für Fashion und Schuhe.

Auch für Herrenbekleidung endete die längere Negativentwicklung 2006. Zwar entwickelte sich der Markt 2007 wie die Damenbekleidung leicht rückläufig, konnte sich aber anschließend wieder positiv stabilisieren, anders als die Damenbekleidung. Der Markt für Herrenbekleidung profitiert vor allem vom zunehmenden Mode- und Markenbewusstsein der Herren.

Der aktuelle Konjunkturhintergrund wird sich auch im Markt für Herrenbekleidung bemerkbar ma-

GfK
Growth from Knowledge

GfK RETAIL AND TECHNOLOGY

VON INFORMATIONEN ZU WISSEN

In einem immer komplexeren und härter umkämpften Handelsumfeld ist umfassendes Marktwissen eine wichtige Entscheidungsgrundlage. Die GfK möchte die Anforderungen ihrer Kunden durch qualitativ hochwertige Informationen und Dienstleistungen erfüllen.

Der Geschäftsbereich Retail and Technology der GfK Gruppe bietet modular aufgebaute, spezifische Informationen und Marktkompetenz. So können unsere Kunden für verschiedenste, geschäftliche Herausforderungen die passenden Lösungen finden. Zu einer umfassenden und kompetenten Kundenbetreuung gehört die detaillierte Auswertung von Datenerhebungen durch Berater mit dem entsprechenden Know-how.

> „GfK Retail and Technology liefert uns das notwendige Wissen, um die internationalen Märkte transparent zu machen."
>
> Michael Reiner
> Head of Department
> Market Research/Analysis
> Media Saturn Holding
> Germany Ingolstadt

BEOBACHTETE MÄRKTE

GfK Retail and Technology ist international als Spezialist für technische Gebrauchsgüter und Unterhaltungsmedien bekannt. Wir sind der weltweit führende Lieferant von POS-Informationen für folgende Branchen:

TECHNOLOGY PRODUCTS
- Car audio navigation
- Consumer Electronics
- Imaging Photo
- Information Technology
- Office Equipment
- Software
- Schreibwaren
- Telecommunication

HOME PRODUCTS
- Kfz-Zubehör
- Lampen
- Möbel
- Garten
- Do It Yourself
- Elektrogroßgeräte
- Elektrokleingeräte

TOURISMUS

FASHION
- Accessoires
- Heimtextilien
- Schmuck
- Reisegepäck
- Textilien
- Uhren

ENTERTAINMENT
- Bücher
- Mobile Content
- DVD Home Entertainment / VOD
- Games Software
- Music
- Video Game Consoles

OPTIK

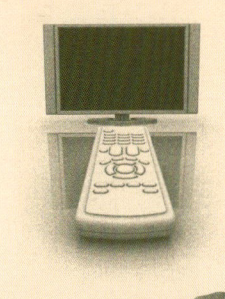

Marktkompetenz in den GfK Retail and Technology Märkten finden Sie hier:
www.gfkrt.com
contact-de@gfkrt.com
Tel. +49 (0)911 395-2372

Algerien	Bulgarien	Finnland	Iran	Kanada	Macao	Norwegen	Russland	Spanien	Türkei
Ägypten	Chile	Frankreich	Irland	Kasachstan	Malaysia	Oman	Saudi Arabien	Südafrika	Uganda
Argentinien	China	Ghana	Israel	Kenia	Marokko	Österreich	Schweden	Sudan	Ukraine
Australien	Dänemark	Griechenland	Italien	Korea	Mexico	Pakistan	Schweiz	Syrien	Ungarn
Bahrain	Deutschland	Großbritannien	Japan	Kroatien	Mosambik	Philippinen	Senegal	Taiwan	USA
Bangladesch	Demokratische	Hong Kong	Jemen	Kuwait	Namibia	Polen	Serbien	Tansania	Vereinigte
Belgien	Republik Kongo	Indien	Jordanien	Lettland	Neuseeland	Portugal	Singapur	Thailand	Arabische
Botswana	Elfenbeinküste	Indonesien	Kambodscha	Libanon	Niederlande	Quatar	Slowakei	Tschechien	Emirate
Brasilien	Estland	Irak	Kamerun	Litauen	Nigeria	Rumänien	Slowenien	Tunesien	Vietnam

Markt Fashion

Kinderbekleidung: Positive Entwicklung trotz rückläufiger Geburtenzahlen.

Marktvolumen: Herrenbekleidung — Grafik 6

Umsatz 2006	9,64 Mrd. Euro	100,0 Prozent
Umsatz 2007	9,60 Mrd. Euro	99,6 Prozent
Umsatz 2011	9,40 Mrd. Euro	97,5 Prozent

deutliche Spuren in der Handelsstruktur. Zwar kann sich der markenführende Handel auf die nach wie vor verbreitete Stammabteilung bei Herrenanzügen und Kombinationen stützen, in den Bereichen Denim und Street kommen sie ohne Markenflächen mit konsumigen Marchen. In den kommenden Jahren wird der Markt zunächst an Wertvolumen um 0,6 bis 1,2 Prozent p.a. verlieren und ab 2011 wieder leicht positive Wachstumsraten erzielen. Wie im Markt für Damenbekleidung nimmt die Bedeutung der Preis-Leistung zu und Wertverluste werden tendenziell weniger durch Preisverfall erzeugt als durch abnehmende Nachfrage insgesamt (**Grafik 6**).

Nutznießer der verhältnismäßig guten Entwicklung des Marktes für Herrenbekleidung sind in erster Linie die Filialisten. Wie im Markt für Damenbekleidung zeigt die zunehmende Dominanz vertikaler Anbieter auch hier

Vertriebswege-Indices Herrenbekleidung — Grafik 7

- Sonstige
- Fachhandel
- SB-WH/V-Märkte
- Versender
- Warenhäuser

2006: 103,3 / 98,3
2007: 99,0 / 87,3
2011: 98,3

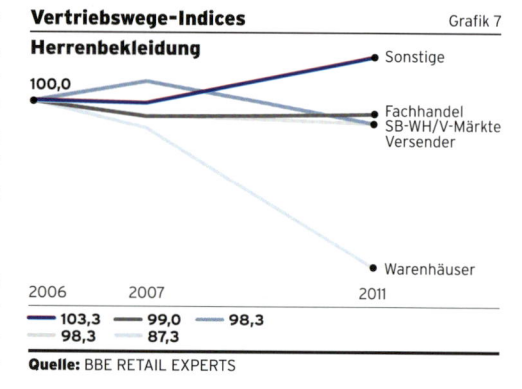

Quelle: BBE RETAIL EXPERTS

ken indes nicht mehr aus. Gleichzeitig wächst der Internethandel und – gerade in konjunkturschwachen Zeiten – die Bedeutung von Factory Outlets (**Grafik 7**).

Teilsegment: Kinderbekleidung

Der Markt mit Kinderbekleidung entwickelt sich weiter positiv. Das sehr leichte Wachstum von 2007 konnte 2008 weiter ausgebaut werden. In den letzten Jahren zeigt sich eine Abkopplung des Ausgabenverhaltens von der Geburtenentwicklung: Für weniger Kinder wird tiefer in die Tasche gegriffen. Kinder sind wieder mehr in den öffentlichen Fokus geraten.

Die Förderung von Familien und das zunehmende Bewusstsein über die Bedeutung von Kindern für die Zukunft des Landes haben sicherlich auch zu höheren Ausgaben für Kinder beigetragen. Längst nicht

Marktvolumen: Kinderbekleidung — Grafik 8

Umsatz 2006	2,18 Mrd. Euro	100,0 Prozent
Umsatz 2007	2,18 Mrd. Euro	100,1 Prozent
Umsatz 2011	2,29 Mrd. Euro	104,9 Prozent

alle Familien können und wollen sich modische (und teurere) Markenkleidung für ihre Kleinen leisten. Nur billig darf es hingegen auch nicht sein, wenn es etwa um mögliche Schadstoffbelastungen der Textilien geht (**Grafik 8**).

Tendenziell bleibt der Markt polarisiert: Die „Grundausstattung" kommt vom Discounter oder Drogeriemarkt, Markenprodukte aus dem Fachhandel. Neben der Mode steigt das Interesse der Verbraucher an Öko-Textilien. Im Hinblick auf Schadstofffreiheit erhält Kinderbekleidung ein deutlich größeres Augenmerk als Erwachsenenbekleidung. Besonders sensibel ist der Bereich Wäsche, welche intensivsten Hautkontakt hat.

Die wesentlichen Trends in der Entwicklung der Vertriebswege setzen sich weiter fort. Der Facheinzelhandel und Großbetriebsformen verlieren Anteile. Filialisten, SB-Warenhäuser/ Verbrauchermärkte und die Sonstigen Anbieter können ihre Position verbessern. Bei den Sonstigen zeigen sich zwar zuletzt die Lebensmittel-Discounter und Partie-Vermarkter, wie Tchibo, nicht mehr so stark. Die Wachstumsperspektive ergibt sich vor allem aus einer zunehmenden Bedeutung der Drogeriemärkte, der Online-Versender und der Annahme, dass die Lebensmittel-Discounter reüssieren werden (**Grafik 9**).

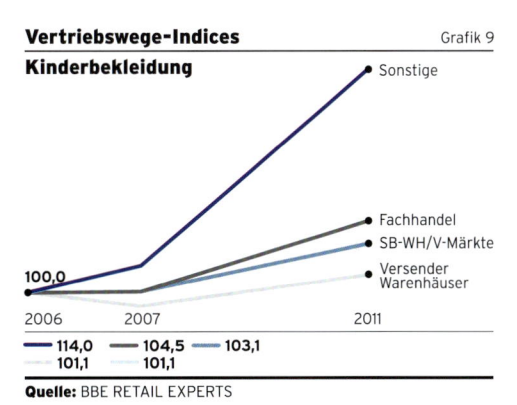

Vertriebswege-Indices Kinderbekleidung — Grafik 9

- Sonstige: 114,0
- Fachhandel: 104,5
- SB-WH/V-Märkte: 103,1
- Versender: 101,1
- Warenhäuser: 101,1

Quelle: BBE RETAIL EXPERTS

Teilsegment: Lederwaren

Der Markt für Lederwaren beinhaltet die Segmente Damentaschen, Koffer/Aktentaschen, Reise-/Einkaufstaschen, Kleinlederwaren, Gürtel, Handschuhe und Schirme. Dabei sind ebenso Taschen, Koffer etc. aus Nicht-Leder im Marktvolumen enthalten. Lederwaren sind ein typisches Bekleidungsaccessoire und dementsprechend von den Entwicklungen der Oberbekleidungsmärkte mehr oder weniger abhängig. Gleichzeitig weisen die Ausschläge der Umsatzentwicklung (oft) eine höhere Amplitude auf.

Trotz teilweise heftiger Ausschläge innerhalb der Teilmärkte in beiden Richtungen konnte der Lederwarenmarkt 2007 erneut zulegen – um 3,8 Prozent auf

Markt Fashion

Marktvolumen: Lederwaren — Grafik 10

Umsatz 2006	2,02 Mrd. Euro	100,0 Prozent
Umsatz 2007	2,09 Mrd. Euro	103,8 Prozent
Umsatz 2011	2,16 Mrd. Euro	107,3 Prozent

rund 2,1 Mrd. Euro. Markttreiber mit positiven Folgen für das Marktvolumen sind in den vergangenen Jahren neben Damentaschen vor allem Gürtel, Handschuhe und Schirme. Dennoch ist der Preisdruck durch eine Nachfrageverlagerung von wertigen Lederwaren auf im Durchschnitt preiswertere Nicht-Leder-Artikel gestiegen (**Grafik 10**).

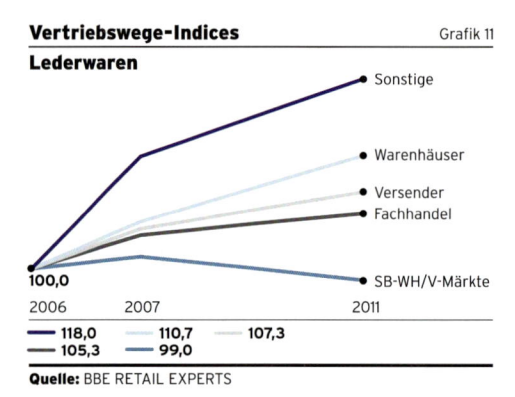

Vertriebswege-Indices Lederwaren — Grafik 11

Sonstige 118,0
Warenhäuser 110,7
Versender 107,3
Fachhandel 105,3
SB-WH/V-Märkte 99,0

Quelle: BBE RETAIL EXPERTS

Einer der wesentlichen Einflussfaktoren auf den deutschen Lederwarenmarkt bleibt auch in den kommenden Jahren weiterhin die starke Affinität zur Mode. Accessoires gehören zum Outfit. Verbraucher wollen und suchen Orientierung für ihr Outfit. Outfitvorschläge werden in Zukunft noch mehr Abrundung durch Accessoires erfahren. Outfit und Modekompetenz werden nicht nur für Händler immer wichtiger. Die für die Verbraucher Orientierung gebenden starken Herstellermarken und Händlermarken werden dabei noch intensiver Accessoires in ihr Sortiment einbeziehen. Neben den großen Bekleidungsmarken werden sich auch die Schuhmarken breiter aufstellen.

Die Distribution erfolgt im Wesentlichen über zwei Hauptvertriebswege. Neben den Spezialisten des Lederwarenfachhandels beherrschen die Lederwarenfachabteilungen der Warenhauskonzerne auf Rang zwei die Distribution. Damentaschen, hochwertige Koffer und Aktentaschen gelten als innenstadtrelevantes Sortiment mit hoher Frequenz und werden von den Konzernen entsprechend gepflegt. Daneben existieren noch Versender, die Lederwaren ebenso als Ergänzungssortiment zu Bekleidung sehen, wie der Textilfachhandel. Alle weiteren Distributionskanäle sind mit Abstand nachgeordnet (**Grafik 11**).

Teilsegment: Pelze/Lederbekleidung

Die beiden Hauptwarengruppen sind einerseits Pelzmäntel, andererseits Lederjacken. Lederjacken machen etwa dreiviertel des Umsatzes der Lederbekleidung aus. Den „Rest" teilen sich Hosen, Westen, Mäntel und Lederkombis. Pelzmützen oder -westen fallen kaum ins Gewicht. Mit mehr als 1,3 Mrd. Euro bilden Pelze und Lederbekleidung den kleinsten Markt des Fashion-Bereiches.

Nach 2006 konnte der Markt auch 2007 wieder ein leichtes Wachstum von 1,6 Prozent erzielen. Die Talfahrt bei den Pelzen hat sich sogar schon länger verlangsamt und Lederbekleidung konnte 2007 erstmals wieder hinzugewinnen. Allerdings geht das Wachstum in der Hauptsache auf das Konto der Lederjacken. Vor

Marktvolumen: Pelze/Lederbekleidung — Grafik 12

Umsatz 2006	1,31 Mrd. Euro	100,0 Prozent
Umsatz 2007	1,33 Mrd. Euro	101,8 Prozent
Umsatz 2011	1,30 Mrd. Euro	99,3 Prozent

allem Lederkombis werden von moderner Funktionsbekleidung substituiert (**Grafik 12**). Pelze zeigen sich in Relation zu den anderen Bekleidungsmärkten weniger konjunkturanfällig. Obwohl die Bekleidungsnachfrage insgesamt rückläufig ist, konnten Pelze das Um-

Städte & Regionen
LEISTUNGSFÄHIGER KOMPETENZPOOL FÜR STÄDTE, STANDORTE, IMMOBILIEN

Standorte, die funktionieren, sind kein Zufall. Mit kommunaler, kommerzieller und kultureller Lebensqualität werden Städte, Regionen und Immobilien attraktiv. Den Weg dahin ebnen die **BBE** RETAIL EXPERTS.

Standortbedingungen sind Herausforderungen für unsere interdisziplinären Teams: Betriebswirte, Wirtschaftsgeographen, Stadtplaner, Citymanager, Architekten, Juristen, Immobilienwirte, Projektentwickler, Centermanager bilden gemeinsam einen leistungsfähigen Kompetenz-Pool.

Nachhaltigkeit und sorgsamer Umgang mit Ressourcen sind diesen Experten Verpflichtung. Wirtschaftsförderung von Politik und Verwaltung muss auf tragfähigen Zukunftskonzepten fußen. Das gilt für Versorgungsstrukturen, regionale/kommunale Einzelhandelskonzepte genauso wie für Stadterneuerung, -sanierung und -umbau.

Bundesweit agierende BBE-Experten garantieren standortadäquate Lösungen für nachhaltigen Erfolg.

- ▶ Standortanalyse und -entwicklung
- ▶ Stadt- und Regionalentwicklung
- ▶ Stadtmarketing
- ▶ Projektentwicklung
- ▶ Real Estate Consulting
- ▶ Real Estate Management

Sie möchten uns näher kennenlernen oder haben eine konkrete Anfrage? Dann nehmen Sie doch einfach Kontakt mit uns auf:

Frau Helma Dupré - Köln

Telefon +49(0)221 93655-123
dupre@bbe-retail-experts.de

Frau Helga Joost - Hamburg

Telefon +49(0)40 1804106-20
joost@bbe-retail-experts.de

BBE RETAIL EXPERTS
Unternehmensberatung GmbH & Co. KG

Agrippinawerft 30 / D-50678 Köln

www.bbe-retail-experts.de

BBE RETAIL EXPERTS

Markt Fashion

satzvolumen wieder leicht steigern. Stärkeren Einfluss auf die Entwicklung des Pelzmarktes haben Modeaspekte. Pelze polarisieren immer wieder Modedesigner, Handel und Verbraucher. Unentschieden zwischen der Faszination des „Pelzstoffes" einerseits und dem Tierschutzgedanken auf der anderen Seite, finden sich immer wieder neue Strömungen im Umgang mit diesem Material. Dadurch kann der Pelzmarkt sowohl extreme Ausschläge nach oben, aber auch ein weiteres Abrutschen des Umsatzvolumens vermeiden. Die Mode bezieht Lederbekleidung derzeit nur begrenzt in das moderne Outfit ein. Dennoch sind einzelne Wiederbelebungstendenzen vor allem für die Lederjacke erkennbar (**Grafik 13**).

Der Einzelhandel mit Kürschnerwaren zählte nach Angaben des Statistischen Bundesamtes im Jahr 2004 noch 407 Unternehmen, 2007 waren es 355. Im gleichen Zeitraum reduzierte sich der Umsatz der Unternehmen um 29 Prozent.

Im Leder- und sonstigen Fachhandel wirkt sich die Schwäche der Lederbekleidung spürbar aus. Insbesondere der Motorradfachhandel verkauft weniger Bekleidung aus Leder. Auch wenn der Bekleidungsfachhandel teilweise wieder von modischen Lederjacken profitiert, kann dieser einen Anteilsrückgang nicht verhindern.

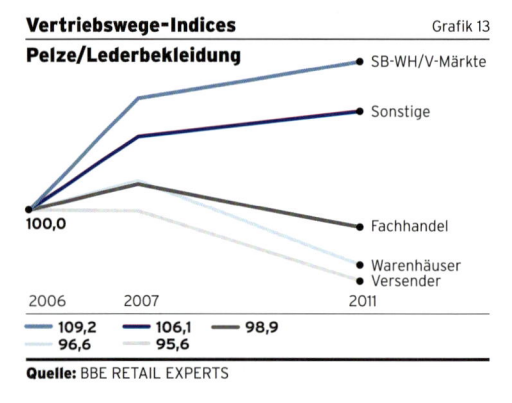

Teilsegment: Schuhe

Der Markt für Schuhe ist nach den Bereichen Damen- und Herrenbekleidung - vor dem Teilsegment „Wäsche/Badeartikel/Strümpfe" - der drittgrößte Markt des Geschäftsfeldes Fashion und Schuhe. Die Jahre 2006 und 2007 sind für den Schuhmarkt nach langer Talfahrt recht Hoffnung weckend verlaufen. Auch wenn der Schuhmarkt derzeit wieder etwas schwächer tendiert, erweist er sich aber dennoch robuster, als er zu Beginn des Jahrzehnts war (**Grafik 14**).

Marktvolumen: Schuhe Grafik 14

Umsatz 2006	8,40 Mrd. Euro	100,0 Prozent
Umsatz 2007	8,44 Mrd. Euro	100,4 Prozent
Umsatz 2011	8,57 Mrd. Euro	102,0 Prozent

Ähnlich wie in anderen Konsummärkten zeigt sich auch im Schuhmarkt eine leichte Polarisierung - weg von der Mitte, hin zum Preismarkt auf der einen Seite und zum Qualitäts-/ Premiummarkt auf der anderen Seite. Dem Trend zu mehr Wertigkeit steht also der Trend zum Billigschuh gegenüber.

Mit deutlicher Verzögerung ergreift nun auch den Schuhmarkt der Strukturwandel, den der Bekleidungsmarkt schon längst erfahren hat. Im starken Wettbewerb mithalten können nur Unternehmen, welche ihre Beschaffungsstrukturen optimieren, die Prozesseffizienz steigern und den Markt offensiv bearbeiten. Vertikale Strukturen und starke Marken sind die Gewinner der Marktentwicklung. Verbraucher suchen Orientierung - starke Marken geben Orientierung, ob als Händlermarke, als Herstellermarke oder Eigenmarke. Nach zunächst weiteren schwachen Jahren kann der Schuhmarkt mittelfristig den Aufwärtstrend mit durchschnittlichen Wachstumsraten um etwa ein Prozent bestätigen.

Anteilsgewinner der letzten Jahre sind in erster Linie die freien Filialisten des Schuhfachhandels, welche zusammen mit dem übrigen Schuhfachhandel nach wie vor über 70 Prozent Marktanteil halten. Treiber

Vertriebswege-Indices Grafik 13
Pelze/Lederbekleidung

- SB-WH/V-Märkte: 109,2
- Sonstige: 106,1
- Fachhandel: 98,9
- Warenhäuser: 96,6
- Versender: 95,3

Jahre: 2006, 2007, 2011

Quelle: BBE RETAIL EXPERTS

des Marktes sind zugleich der Modehandel und die Shops der Markenhersteller. Die Last der Umverteilung trägt insbesondere der kooperierende Fachhandel.

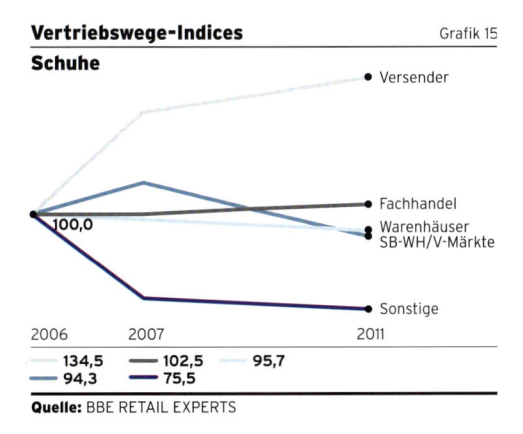

Vertriebswege-Indices — Grafik 15
Schuhe

	2006	2007	2011
Versender	100,0		134,5
Fachhandel	100,0		102,5
Warenhäuser SB-WH/V-Märkte	100,0		95,7
Sonstige	100,0		75,5
			94,3

Quelle: BBE RETAIL EXPERTS

del. Zusammen mit dem Internethandel ist auch der Versandhandel wieder ein ernstzunehmender Wettbewerber (**Grafik 15**).

Teilsegment: Wäsche/Badebekleidung/Strümpfe

Wie eine Reihe anderer Teilsegmente im Markt für Fashion und Schuhe konnte sich auch der Bereich Wäsche/Badebekleidung/Strümpfe 2007 weiter leicht positiv entwickeln. Mit einem Plus von 0,8 Prozent erreichte das Segment 2007 ein Marktvolumen von 7,5 Mrd. Euro (**Grafik 16**). Neben Damen- und Herrenwäsche sowie Miederwaren sind hier noch T-Shirts, Damen- und Herrenbadebekleidung und Strümpfe/Strumpfhosen einbezogen.

Marktvolumen: Wäsche — Grafik 16

Umsatz 2006	7,45 Mrd. Euro	100,0 Prozent
Umsatz 2007	7,50 Mrd. Euro	100,8 Prozent
Umsatz 2011	7,31 Mrd. Euro	98,1 Prozent

Der Wäschemarkt ist stark vom kurzfristigen Alltagsbedarf geprägt und abgesehen von der Badebekleidung sowie teilweise der Strumpfwaren weniger den Kriterien der Außendarstellung bzw. der Inszenierung des Outfits unterworfen. Damit zeigt per se schon der Preismarkt eine höhere Relevanz.

In der Betrachtung der einzelnen Warengruppen zeigt sich ein unterschiedliches Bild der Marktentwicklung. Während Damen- und Herrenwäsche das Wertvolumen drücken, entwickelten sich zuletzt Bademoden und Strumpfwaren positiv. Trotz aller Bemühungen der Hersteller, die Nachtwäsche wieder attraktiv zu machen, wollen die Verbraucher ihr Verhalten kaum ändern und tragen eher T-Shirts (auch) im Bett.

In den nächsten beiden Jahren wird im Markt für Wäsche/Strümpfe/Badeartikel die Preisorientierung im Vordergrund stehen und das Marktvolumen weiter drücken. Anschließende Erholungstendenzen können dem Markt wieder Impulse geben, sodass das Marktvolumen nach 2011 wieder positive Wachstumsraten verzeichnen kann.

Der Facheinzelhandel (**Grafik 17**) verliert seit Jahren kontinuierlich Marktanteile. Den größten Teil des Rückgangs haben bis dato die Filialisten auf-

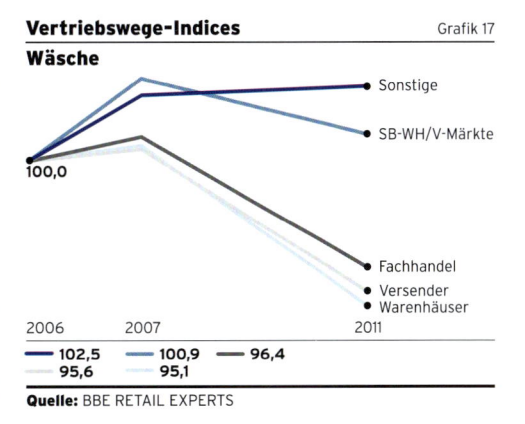

Vertriebswege-Indices — Grafik 17
Wäsche

	2006	2007	2011
Sonstige	100,0		102,5
SB-WH/V-Märkte	100,0		100,9
Fachhandel	100,0		96,4
Versender	100,0		95,6
Warenhäuser	100,0		95,1

Quelle: BBE RETAIL EXPERTS

Markt Fashion

gefangen. Die Umverteilung zugunsten der Filialisten – darunter auch die Textil-Discounter – wird weiter anhalten. Gleichwohl hat der kleinbetriebliche Facheinzelhandel mit Wäsche eine beachtliche und immer noch relativ stabile Position im Wäschemarkt. SB-Warenhäuser und Verbrauchermärkte profitieren ebenso wie die Sonstigen von der schwachen Konjunkturlage.

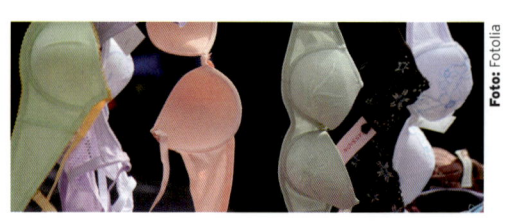

Fachhandel: Relativ stabile Position im Wäschemarkt.

Mehr als durchgestrichene Preise nötig

Während in anderen Branchen und Sortimenten die „Krise" deutliche Spuren hinterlassen hat, sind die Bekleidungs-, Schuh- und Accessoires-Geschäfte vergleichsweise gut durch das 2. Hj. 2008 und das 1. Hj. 2009 gekommen. Die häufig prognostizierten Einbrüche sind ausgeblieben. Der Anteil unserer Sortimente an den Konsumausgaben der Verbraucher stagniert bei ca. 4,5 bis 4,8 Prozent für Bekleidung und Schuhe zusammen – je nach Rechnungsansatz. Dabei tritt die Spaltung der Märkte deutlicher noch als in den Vorjahren zu Tage: Wachstum im Preismarkt, bei Discountern wie preisorientierten Filialisten, quantitatives wie qualitatives Wachstum im mittleren und gehobenen Segment überall dort, wo durch innovative Marketingansätze den Kunden emotionale Anreize gegeben und mehr als der Tausch von Ware gegen Geld angeboten wird. Natürlich sind diese Ansätze weg vom Preismarketing in den Sortimenten unterschiedlich stark verbreitet, genauso wie das Vordringen moderner Präsentationsformen, Konzessions-Modelle und Vertriebstypen. Der Bekleidungsmarkt erfährt z. Zt. einen Konzentrationsschub, der mit einer vom Markt erzwungenen Neupositionierung großer Flächen in Warenhäusern und Sortimentsgeschäften einhergeht. Im Schuh- und Accessoires-Bereich dagegen greifen jetzt teilweise erst Bewegungen wie Logistikoptimierungen, neue Präsentationsformen oder Markenstores, die sich im Textilsortiment bereits dem Zenit der Marktreife nähern. Angesichts der relativ kleinteiligen Einzelhandelsstruktur dieser Märkte sind wir genau wie die starken Einkaufsverbände des Schuh- und Lederwarenhandels gefordert, darauf zu achten, dass technische Neuerungen und Innovationen im Marketing hier nicht zu überproportionalen Konzentrationsschüben führen werden. Nachteilsausgleichende Maßnahmen sind sowohl zum Erhalt der Handels- und Versorgungsstruktur wie auch zur Wahrung der Urbanität mancher Standorte unverzichtbar. Bisher kann – bis auf den Reisegepäckbereich – in unseren Sortimenten nicht von „Einbruch" oder „Krise" gesprochen werden. Im Gegenteil scheint es so zu sein, dass die angespannte Situation tatsächlich von Vielen als Chance verstanden wird, neue Wege zu gehen und neue Positionen einzunehmen. Zumindest im mittleren und oberen Marktsegment hat dies auch Früchte getragen: Die durchschnittlichen Umsatzwerte liegen hier (selten) auf Vorjahresniveau, häufig sogar darüber. So wachsen die Hoffnungen auf ein „normales" Jahresergebnis 2009. Die Wirtschaftspresse warnt zwar teilweise immer noch vor dem kommenden Konsumeinbruch durch rasant steigende Arbeitslosenzahlen nach dem Wahltag, doch im Bekleidungssektor zumindest steigt der Optimismus.

Steffen Jost, Präsident des Bundesverbands des Textilwaren-Einzelhandels (BTE).

DIY **Markt**

Haus & Garten

Die Themenfelder Energiesparen und erneuerbare Energien bringen der Branche Umsatzimpulse, während die übrigen Sortimenten schwierig bleiben.
Text Christian Lerch, BBE

Lahmende Baukonjunktur, Streichung der Eigenheimzulage, Konjunkturbelebung, Förderprogramme für energetisches Bauen/Sanieren, Mehrwertsteuererhebung, Nachhaltigkeit, Wirtschafts- und Finanzkrise; der Do-it-yourself (DIY)-Markt mit all seinen Teilnehmern auf Hersteller-, Großhandels-, Handels- und Handwerksebene sah sich in den vergangenen Jahren und sieht sich aktuell mit einer Vielzahl sowohl positiver als auch negativer externer Einflüsse konfrontiert. Die Jahre 2006 und 2007 bescherten der Branche einen Lichtblick. Seit dem durch die Wiedervereinigung ausgelösten Boom fehlt es der Baubranche an positi-

Marktvolumen: DIY Geschäftsfeld gesamt Grafik 1

Umsatz 2006	106,28 Mrd. Euro	100,0 Prozent
Umsatz 2007	110,93 Mrd. Euro	104,4 Prozent
Umsatz 2011	106,25 Mrd. Euro	100,0 Prozent

ven, lang anhaltenden Impulsen, welche die Baukonjunktur – als maßgeblichen Einflussfaktor auf die DIY-Branche – beleben könnten. Der Gesamtumsatz im Geschäftsfeld DIY belief sich im Jahr 2007 sich auf 111 Mrd. Euro; dies ist gegenüber dem Vorjahr ein Plus von 4,4 Prozent. Die fehlenden positiven exogenen Effekte und die im Herbst beginnende Wirtschafts- und Finanzkrise holten die Marktteilnehmer 2008 jedoch schnell wieder auf den Boden der Realität zurück. Das Jahr 2008 schloss – nach den aktuellen Hochrechnungen – mit einem Minus zwischen 1 und 2 Prozent ab (**Grafik 1**).

Bis 2011 wird das Geschäftsfeld voraussichtlich wieder auf den Ausgangswert des Jahres 2006 schrumpfen. Verantwortlich hierfür sind in erster Linie die lahmende Baukonjunktur sowie die derzeitig negativen gesamtwirtschaftlichen Rahmenbedingungen. Hinzu kommt der relativ hohe Ausgangswert des Jahres 2006. Einzig und allein die Warengruppen, die dem Themenbereich Energiesparen und Erneuerbare Energien angehören, können ihr jetziges Niveau halten bzw. weiter wachsen.

Im Vergleich zu den Zahlen des Factbook Einzelhandel 2009 wurde das Geschäftsfeld DIY bei den BBE-Betrachtungen in diesem Jahr deutlich ausgeweitet. In der Reihenfolge der Umsatzbedeutung umfasst die Betrachtung die Teilsegmente Baustoffe, Sanitär/Heizung/Klima, Elektroinstallationsmaterial, Garten Bodenbeläge sowie Farben/Lacke/Tapeten (**Grafik 2**).

Die Zahlen machen deutlich, dass der Bereich Baustoffe mit 43 Prozent Marktanteil das dominante Teilsegment im Markt darstellt. Insgesamt betrachtet hat sich der Baubereich schon seit geraumer Zeit zum Renovierungs-/Modernisierungs- und Sanierungsmarkt gewandelt. Je nach Warengruppe sind 60 bis 80 Prozent der Umsätze diesen Bereichen zuzuordnen. Der geringe Stellenwert des Neubaus spiegelt sich auch in der Umsatzstruktur der Gewerke wider. So haben sich besonders die kleineren Handwerksunternehmen auf Arbeiten im privaten

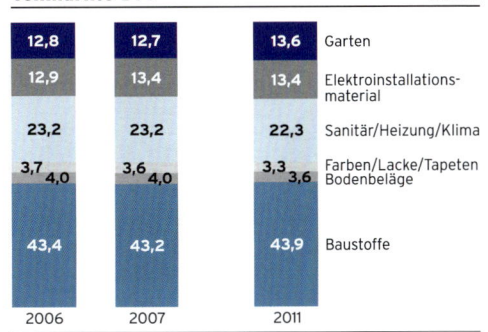

Teilmärkte DIY Grafik 2

	2006	2007	2011	
Garten	12,8	12,7	13,6	
Elektroinstallationsmaterial	12,9	13,4	13,4	
Sanitär/Heizung/Klima	23,2	23,2	22,3	
Farben/Lacke/Tapeten	3,7	3,6	3,3	
Bodenbeläge	4,0	4,0	3,6	
Baustoffe	43,4	43,2	43,9	

Anteile in Prozent

Quelle: BBE RETAIL EXPERTS

Markt DIY

Gartenmarkt: Über 14 Mrd. Euro im Jahr lassen sich die Verbraucher die Verschönerung von Haus und Garten kosten.

Bestand spezialisiert, während die größeren Firmen tendenziell eher bei Neubauvorhaben und Aufträgen im gewerblichen und öffentlichen Bau aktiv werden.

Entsprechend prägen das Handwerk und die weiteren baunahen Vertriebswege auch die Distribution im DIY-Markt. Es überrascht deshalb wenig, dass die Gewerke die dominante Vertriebsform darstellen. Über alle hier analysierten Teilbereiche hinweg entfallen 66 Prozent der Produktumsätze im DIY-Markt auf diesen Vertriebsweg. In der Übersicht ist das Handwerk den sonstigen Anbietern zugeordnet. Ebenfalls hierunter findet sich der Großhandel (Baustoff-/Bauelemente-GH, Holz-GH, Sanitär-/Heizungs-GH, Elektro-GH), der mit dem direkten Verkauf seiner Produkte immerhin auf einen Umsatzanteil von knapp 6 Prozent kommt (**Grafik 3**).

Auf Ebene des Einzelhandels nehmen die Bau- und Heimwerkermärkte die führende Rolle ein. Trotz eines schwachen Jahres beanspruchen sie 2007 einen Marktanteil von 12,4 Prozent für sich. Während sie bei Baustoffen nur einen einstelligen Marktanteil innehaben, entfällt bei Farben/Lacken/Tapeten jeder zweite ausgegebene Euro auf diese großflächige Vertriebsform. Weiterhin von Bedeutung im Distributionsgefüge ist der klassische Fachhandel. Hinter den 10,8 Prozent Marktanteil verbergen sich sowohl traditionelle Fachhandelssparten wie beispielsweise der Hausrat-/Eisenwarenfachhandel oder der Raumausstattungsfachhandel als auch Fachmärkte (z. B. Gartencenter oder Fliesenfachmärkte).

Vertriebswege DIY — Grafik 3

2007: Fachhandel 10,8; SB-WH/V-Märkte 0,7; Warenhäuser 0,5; Versender 0,1; Baumärkte 12,4; Sonstige 75,4

2011: Fachhandel 10,7; SB-WH/V-Märkte 0,7; Warenhäuser 0,6; Versender 0,1; Baumärkte 13,2; Sonstige 74,7

Anteile in Prozent
Quelle: BBE RETAIL EXPERTS

DIY Markt

Teilsegment: Baustoffe

Mit 43,2 Prozent Umsatzanteil stellen die Baustoffe das mit Abstand umsatzstärkste Teilsegment dar. Das Produktspektrum, das hinter dieser Warengruppe steht, ist vielfältig. Neben bauchemischen Produkten (Klebstoffe, Zemente, Mörtel u.ä.) und den Baustoffen im engeren Sinne (Steine, Ziegel, Rohre, Plattenwerkstoffe etc.) gehören Holz-/Kunststoffprodukte (Schnittholz, Profilholz, Paneele etc.) sowie Bauelemente (Fenster, Türen, Tore u. ä.) sowie Produkte für den Innenausbau/Trockenbau (Gipskartonplatten, Dämmstoffe etc.) zu dem 47,87 Mrd. Euro großen Teilsegment.

Marktvolumen: Baustoffe — Grafik 4

Umsatz 2006	46,15 Mrd. Euro	100,0 Prozent
Umsatz 2007	47,87 Mrd. Euro	103,7 Prozent
Umsatz 2011	46,60 Mrd. Euro	101,0 Prozent

Die Umsatzentwicklung des Teilsegments der Baustoffe ist naturgemäß eng gekoppelt an die Baukonjunktur. So überrascht es nicht, dass im Jahr 2007 das Rekordwachstum aus dem Vorjahr zwar nicht erreicht werden konnte, das Plus von 3,7 Prozent unter Berücksichtigung des langjährigen Trends aber als durchaus positiv bezeichnet werden kann. Verantwortlich hierfür sind in erster Linie die gute Gesamtkonjunktur – das BIP wuchs preisbereinigt um 2,5 Prozent – und der positive Verlauf des Konsumklimas. Vor diesem Hintergrund ist es nicht erstaunlich, dass die Prognose bis 2011 einen Rückgang gegenüber 2007 ausweist.

Wie vorangehend erwähnt, fließen in den Baustoffmarkt mehrere Teilbereiche ein. Mit 36 Prozent wichtigstes Segment sind die Baustoffe, dicht gefolgt von den Bauelementen mit 32 Prozent Umsatzanteil. Ebenfalls noch zweistellige Anteile besitzen die Bereiche Holz-/Kunststoffprodukte und Innenausbau/Trockenbau (**Grafik 4**).

Das 3,7-prozentige Gesamtmarktwachstum des Jahres 2007 wurde von allen fünf Teilbereichen getragen, d.h. alle legten um mindestens 2,5 Prozent gegenüber dem Vorjahr zu. Mit einem Zuwachs von über 8 Prozent sticht der Bereich Innenausbau/Trockenbau hier im positiven Sinne hervor. Dies rührt nicht zuletzt von der steigenden Sensibilisierung der Verbraucher bezüglich Energieeffizienz/-einsparung in den eigenen vier Wänden her, denn zusammen mit knapp 55 Prozent bilden die organischen und anorganischen Dämmstoffe den Hauptbestandteil dieses Bereichs.

Die Distribution (**Grafik 5**) von Baustoffen liegt zu den größten Teilen in den Händen des Handwerks. Im Jahr 2007 wurden 80 Prozent der Produktumsätze durch die unterschiedlichen Gewerke erwirtschaftet. Wichtige Handwerkssparten sind hier neben dem Hochbau, die Zimmerei und Teile der Bauinstallation.

Auf gut 10 Prozent belief sich der Marktanteil des Großhandels (Baustoff-/Bauelemente-GH & Holz-GH), mit knapp acht Prozent folgen die Bau- und Heimwerkermärkte. Alle anderen Vertriebswege sind von völlig untergeordneter Bedeutung. Handwerk, Großhandel und Baumärkte decken 98 Prozent des Marktes ab.

Mittelfristig weist der Baustoffmarkt, so die Prognose für das Handwerk sowie die Bau- und Heimwerkermärkte, eine marktkonforme Entwicklung auf. Es ist weiterhin damit zu rechnen, dass der Großhandel in toto leichte Einbußen hinnehmen

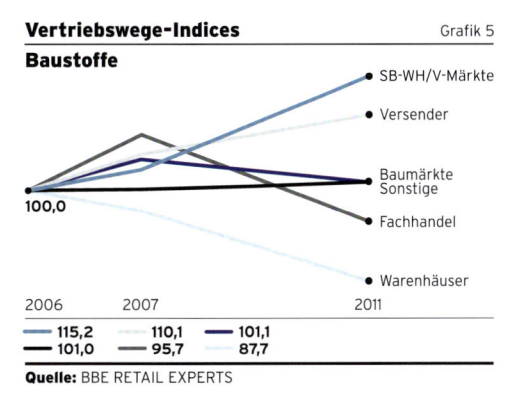

Vertriebswege-Indices Baustoffe — Grafik 5

	2006	2007	2011
SB-WH/V-Märkte			115,2
Versender			110,1
Baumärkte Sonstige			101,1
Fachhandel			101,0
			95,7
Warenhäuser			87,7

Quelle: BBE RETAIL EXPERTS

Einzelhandel 2010 — 59

Markt DIY

muss. Dabei wird sich der Holzgroßhandel deutlich besser als der Baustoff- und Bauelementegroßhandel entwickeln.

Teilsegment: Bodenbeläge

Der Markt für Bodenbeläge setzt sich aus den Bereichen Fliesen, Parkett, Laminat und elastischen Bodenbelägen zusammen. Insgesamt umfassen diese Warengruppen ein Gesamtmarktvolumen zu Endverbraucherpreisen von 4,49 Mrd. Euro. Damit gehört der Bodenbelagsmarkt zusammen mit dem Markt für Farben, Lacke und Tapeten zu den beiden kleinen Teilsegmenten im Geschäftsfeld DIY.

Mit einem Umsatzanteil von 30 Prozent stellen die Fliesen die (noch) umsatzstärkste Warengruppe im Bodenbelagsmarkt dar. Auf jeweils ein Viertel beziffern sich die Anteile, die Laminat und elastische Bodenbeläge zum Gesamtmarkt beisteuern, Parkett schafft es auf immerhin knapp 20 Prozent.

Dank der guten Rahmenbedingungen wuchs der Markt nach einem ebenfalls guten Jahr 2006 im Jahr 2007 noch einmal um 6,7 Prozent bzw. 285 Mio. Euro. Die genauere Betrachtung zeigt, dass die Entwicklung bei den genannten Warengruppen recht unterschiedlich verlief.

So steht das Jahr 2007 mehr oder weniger beispielhaft für den langjährig zu beobachtenden Trend. Der Fliesenmarkt befindet sich schon seit Jahren auf Talfahrt. Daher ist das Plus von 2,5 Prozent (2007) auch nur als kurzes Strohfeuer zu interpretieren, welches unter Berücksichtigung der Mehrwertsteuererhebung real sogar noch niedriger ausfiel. Die aktuelle Hochrechnung für 2008 bestätigt den anhaltenden Trend.

Beim Laminat hingegen bewegen sich die aktuellen Wachstumsraten durchaus im positiven Bereich, wenngleich die Boomjahre vorbei sind. Der nicht nur im Bodenbelagsmarkt erkennbare Trend in Richtung hochwertigerer Produkte sorgte in den letzten Jahren dafür, dass die Parkettumsätze stie-

Marktvolumen: Bodenbeläge — Grafik 6

Umsatz 2006	4,21 Mrd. Euro	100,0 Prozent
Umsatz 2007	4,49 Mrd. Euro	106,7 Prozent
Umsatz 2011	3,82 Mrd. Euro	90,7 Prozent

gen. Nichtsdestotrotz wurde auch dieser Bereich 2008 empfindlich von der rückläufigen Baukonjunktur in Deutschland getroffen. Kaum anders erging es den elastischen Bodenbelägen. Nach einem kräftigen zweistelligen Plus 2007 kam 2008 – so die aktuelle Hochrechnung – die Ernüchterung (**Grafik 6**).

Aufgrund der unterschiedlichen Bodenbelagsmaterialien erweist sich auch die Distribution vielschichtig. Mit einem Marktanteil von 30 Prozent konnte das Handwerk 2007 seine führende Position behaupten. Nach Aufaddition der unterschiedlichen Fachhandelskanäle stellt dieser derzeit den zweitwichtigsten Vertriebsweg dar (rund 27 Prozent Marktanteil). Hinter dem Konstrukt verbergen sich bei Fliesen an vorderster Stelle die Fliesen- und Sanitärfachmärkte. Bei den Bodenbelägen aus Holz und Kunststoffen nehmen der Raumausstattungsfachhandel (Kleinbetrieblich & Fachmärkte) und die Möbel- und Einrichtungshäuser diese Position ein. Jeder vierte in Deutschland ausgegebene Euro für

Vertriebswege-Indices — Grafik 7
Bodenbeläge

- Versender
- Fachhandel
- Sonstige
- Baumärkte
- Warenhäuser

2006: 111,6 / 86,4
2007: 96,7 / 79,5
2011: 90,0

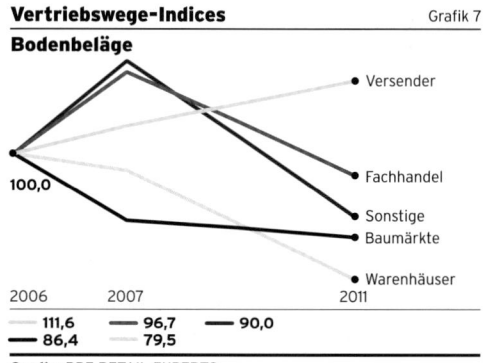

Quelle: BBE RETAIL EXPERTS

Bodenbeläge fließt in die Kassen der Bau- und Heimwerkermärkte. Während die übrigen Vertriebswege des Einzelhandels aufgrund ihrer untergeordneten Bedeutung an dieser Stelle keiner gesonderten Betrachtung bedürfen, spielt der Großhandel (Baustoff-/Bauelemente-GH sowie Holz-GH) mit seinem Vertrieb an die Endverbraucher durchaus eine relevante Rolle und wird durch seine verstärkte Orientierung in Richtung privater Modernisierer, Sanierer und Renovierern in Zukunft an Bedeutung gewinnen (**Grafik 7**).

Teilsegment: Farben/Lacke/Tapeten

Mit einem Umsatzanteil von 3,6 Prozent stellen Farben, Lacke und Tapeten das umsatzschwächste Segment im Geschäftsfeld DIY dar. Obwohl sich der Markt in hohem Maße durch eine starke Einbeziehung des Einzelhandels in den Vertrieb und somit der privaten Verwendung auszeichnet, ähnelt die langjährige Tendenz eher einer Talfahrt. Das Umsatzwachstum des Farben- und Tapetenmarktes des Jahres 2007 stellte leider nur ein kurzes Zwischenhoch dar. Der Negativtrend der Jahre zuvor setzt sich auch in der Hochrechnung für das Jahr 2008 fort. Sowohl der Gesamtmarkt als auch alle Teilsegmente folgten dem Negativtrend im Wohnungsbau in 2008 und verzeichneten deutliche Rückgänge.

Der Markt in Zahlen: Im Jahr 2007 betrug das Marktvolumen 3,99 Mrd. Euro. Mit zwei Drittel des Marktes stellen die Farben und Lacke die wichtigste Warengruppe dar. Das verbleibende Drittel entfiel auf Malerbedarf, Tapeten und Verdünnungen.

Die Möglichkeit, ohne größere Kosten oder Einbußen bei der Qualität nahezu alle Malerarbeiten mit lösemittelfreien oder nahezu lösemittelfreien Produkten auszuführen, hat dazu geführt, dass der Großteil der heutigen Farben und Lacke zum Segment der Wasserlacke/-anstriche gehört. Der Umsatzanteil der Wasserlacke/-anstriche zu Lösungsmittellacken/-anstriche hat sich aktuell bei rund 78 Prozent zu 22 Prozent eingependelt.

Marktvolumen: Farben/Lacke/Tapeten Grafik 8

Umsatz 2006	3,89 Mrd. Euro	100,0 Prozent
Umsatz 2007	3,99 Mrd. Euro	102,6 Prozent
Umsatz 2011	3,47 Mrd. Euro	89,2 Prozent

Die negativen, wirtschaftlich schwierigen Rahmenbedingungen und die fehlenden lang anhaltenden Impulse seitens der Bauwirtschaft sorgen dafür, dass die lang ersehnte Trendwende im Markt höchstwahrscheinlich auch in den nächsten Jahren ausbleiben wird. Im Gegenteil, der Trend zeigt eindeutig weiter nach unten. Bis 2011 wird der Gesamtmarkt demzufolge die 3,5 Mrd. Euro Grenze unterschritten haben (**Grafik 8**).

Auf Ebene der Warengruppen besitzt der Tapetenmarkt eindeutig überdurchschnittliche Zukunftsaussichten. Insbesondere durch den Boom der Vliestapeten und der starken Lifestyle- und Homing-Orientierung ist hier mit einer Umsatzstagnation bis ins Jahr 2011 zu rechnen.

Im Gegensatz zu den meisten anderen Warengruppen im DIY-Bereich besitzt das Handwerk bei der Farben-/Lacke- und Tapetendistribution nicht die marktdominierende Stellung. Nur knapp jeder vierte für Farben und Tapeten ausgegebene Euro entfällt auf das kleinbetrieblich strukturierte Gewerk. Für dieses steht die Bedienung der (überwiegend) gewerblichen Nachfrage bei der Objektausstattung im Fokus. Die Spitzenposition nehmen mit über 50 Prozent Marktanteil die Bau- und Heimwerkermärkte ein. Neben den bekannten Herstellermarken spielen Handelsmarken bei Farben in den Baumärkten eine große Rolle zur Profilierung gegenüber den Mitbewerbern. Bei Farben wurde zudem ein spürbares Trading-up mit Ausrichtung auf individuelle Ausstattungs- bzw. Farbgebungswünsche der Nachfrage durchgeführt. So gehört die Farbmisch-Anlage zur Bedienung der individuellen Wünsche der Kunden in den meisten Märkten zur Standardausrüstung.

Markt DIY

Vertriebswege-Indices   Grafik 9
Farben/Lacke/Tapeten

- Fachhandel: 93,6
- Sonstige: 85,1
- Baumärkte: 92,9
- Versender: 47,1
- SB-WH/V-Märkte: 88,1
- Warenhäuser: 26,3

(2006 / 2007 / 2011)

Quelle: BBE RETAIL EXPERTS

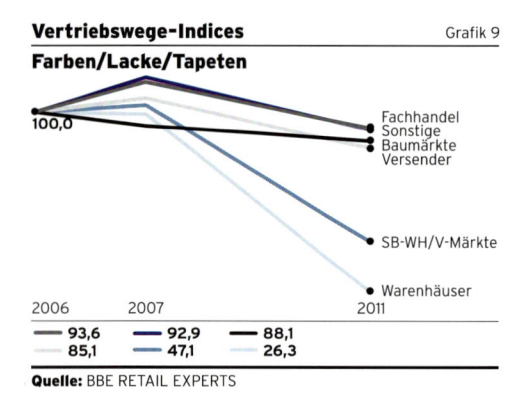

Neben den beiden bereits genannten Vertriebswegen sind an dieser Stelle der kleinbetriebliche Tapeten- und Farbenfachhandel sowie die Fachmärkte zu nennen. Zusammen wickeln sie rund 20 Prozent des Marktvolumens ab. Während der Fachhandel sein Angebot schon seit geraumer Zeit auf höherwertige Sortimente, individuelle Gestaltung des Wohnraums und ein breites Spektrum an Beratungs- und Serviceleistungen fokussiert hat, bedienen die rund 1.350 Fachmärkte vor allem den Massenmarkt. Das Sortiment erstreckt sich dabei teilweise weit über Farben und Tapeten hinaus. Neben Bodenbelägen gehören auch Heimtextilien zum Standardsortiment. Darüber hinaus sind häufig unter anderem auch Leuchten, Teppiche, Werkzeuge, Sonnenschutz, Wohnaccessoires oder Kleinmöbel vorzufinden.

Die negative Umsatzerwartung für 2011 für den Gesamtmarkt spiegelt sich auch in den Vertriebswege-Indices wider. Alle aufgeführten Kanäle müssen gegenüber 2006 mit teilweise empfindlichen Rückgängen rechnen (**Grafik 9**).

Teilsegment: Sanitär/Heizung/Klima

Nach dem Bereich Baustoffe steht das Teilsegment Sanitär/Heizung/Klima an Position zwei hinsichtlich der Umsatzbedeutung im Do-It-Yourself-Markt. So entfielen im Jahr 23,2 Prozent der DIY-Umsätze auf Badewanne, Heizung und Co. Dank der gesamtwirtschaftlichen guten Lage, dem Auslaufen der Eigenheimzulage, der bevorstehenden Mehrwertsteuererhebung und den Förderprogrammen für energetisches Bauen und Sanieren wuchs das Marktvolumen in den Jahren 2006 bzw. 2007 spürbar. Nach einem extrem starken Jahr 2006 konnte der Markt 2007 noch einmal um 4,2 Prozent zulegen. Damit belief sich das Umsatzvolumen auf 25,68 Mrd. Euro. Aufgrund fehlender Impulse aus Politik und Bauwirtschaft sowie der beginnenden Wirtschafts- und Finanzkrise im Herbst des Jahres schloss das Jahr 2008 – so die aktuelle Hochrechnung – allerdings mit einem deutlichen Minus ab.

Aufgeteilt auf die beiden Marktsegmente Sanitärinstallation und Heizung/Klima entfallen von den 25,68 Mrd. Euro Umsatzvolumen rund 54 Prozent auf den Bereich Heizung/Klima. Das erstgenannte Segment wird schwerpunktmäßig von den beiden Warengruppen Sanitärarmaturen sowie der Sanitärtechnik

Marktvolumen: Sanitär/Heizung/Klima   Grafik 10

Umsatz 2006	24,65 Mrd. Euro	100,0 Prozent
Umsatz 2007	25,68 Mrd. Euro	104,2 Prozent
Umsatz 2011	23,71 Mrd. Euro	96,2 Prozent

getragen. Wichtigste Warengruppen im Heizungs-/Klimamarkt sind lufttechnische Einzelapparate, lufttechnische Anlagen/Teile und Warmwasseraufbereiter. Auch in diesem Teilmarkt finden sich die Auswirkungen der Wirtschafts- und Finanzkrise sowie der negativen Prognose für die Bauwirtschaft in den erwarteten Umsätzen bis 2011 wieder. Gegenüber 2007 ist mit einem Minus von 7,7 Prozent zu rechnen. In Bezug auf die beiden Marktsegmente Sanitär und Heizung/Klima werden zuletzt genannte aufgrund des verstärkten Interesses an den Themen Energieeffizienz und Energiekosteneinsparung minimal besser abschneiden (**Grafik 10**).

DIY **Markt**

Bau- und Heimwerkermärkte: Zunehmend wichtige Einkaufsstätten für alles rund ums Klima.

Traditionell stellt das SHK-Handwerk die dominierende Vertriebsform im Vertrieb von Sanitärprodukten, Heizungen und Klimageräten dar. Im Gesamtmarkt werden 80 Prozent der Produkte über das Handwerk vertrieben, wobei der Anteil im Teilmarkt Heizung/Klima deutlich denjenigen im Bereich der Sanitärinstallation übersteigt. Neben der einfacheren Montage der Produkte durch die DIY-ler, führen insbesondere die einzelhandelsaffinen Warengruppen der Badmöbel und der Badausstattung zu dieser Gegebenheit.

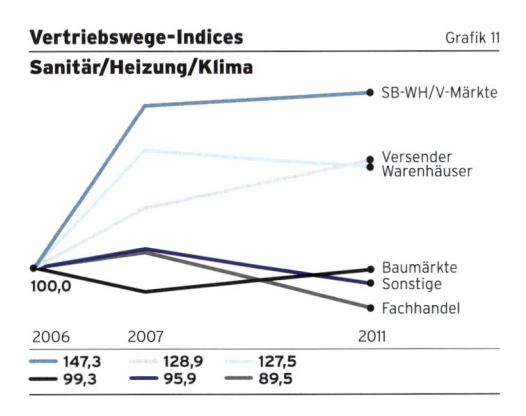

Die Bau- und Heimwerkermärkte beanspruchen 2007 ca: 8 Prozent des Gesamtumsatzes, wobei aufgrund von unterschiedlichen Witterungsbedingungen starke Sprünge in der langen Zeitreihe zu erkennen sind. Als wichtigstes Einzelhandelsformat haben sie schon seit geraumer Zeit den Fachhandel von Position zwei in der Distribution der untersuchten Warengruppen verdrängt. Auch in der Zukunft werden die Baumärkte bei einem rückläufigen Markt ihre Umsätze stabil beibehalten können. Dies ist nicht zuletzt auf das immer professionellere Angebot einiger Baumarktbetreiber im Bereich Sanitär zurückzuführen, welches sowohl von der Präsentation am PoS als auch von den Serviceleistungen immer mehr an klassischen Fachhandel erinnert (**Grafik 11**).

Vertriebswege-Indices Grafik 11
Sanitär/Heizung/Klima

- SB-WH/V-Märkte
- Versender Warenhäuser
- Baumärkte Sonstige
- Fachhandel

2006	2007	2011
147,3	128,9	127,5
99,3	95,9	89,5

Einzelhandel 2010 **63**

Teilsegment: Elektroinstallationsmaterial

Mit einem Volumen von über 14,8 Mrd. Euro im Jahr 2007 stellt der Markt für Elektroinstallationsmaterialien das viertgrößte Teilsegment im hier betrachteten Geschäftsfeld DIY dar. Damit schnitt dieser durchaus konjunkturreagible Bereich mit einem Plus von 7,9 Prozent – wie auch schon im Jahr zuvor – deutlich über dem Geschäftsfelddurchschnitt ab. Und dieser Trend

Marktvolumen: Elektroinstallationsmaterial Grafik 12

Umsatz 2006	13,75 Mrd. Euro	100,0 Prozent
Umsatz 2007	14,83 Mrd. Euro	107,9 Prozent
Umsatz 2011	14,20 Mrd. Euro	103,3 Prozent

setzte sich auch im Jahr 2008 fort. Trotz schwacher Baukonjunktur und beginnender Wirtschafts- und Finanzkrise legte er 2008 noch einmal zu, wenn auch nur geringfügig. Eine weitere Besonderheit existiert hinsichtlich der Produkte. Während in den anderen Segmenten des Bausektors die Lebenszeit von Produkten relativ konstant ist, werden im Bereich der Elektroinstallation Hersteller, Handel und Handwerk mit immer kürzer auftretenden Produktlebenszyklen konfrontiert. Ebenfalls charakteristisch für den Elektroinstallationsmarkt sind die ausgeprägten Außenhandelsaktivitäten. So erwirtschaften die deutschen Hersteller inzwischen drei Viertel ihrer Umsätze im – vorwiegend europäischen – Ausland, Tendenz steigend.

Derzeitiges und künftiges Potenzial bieten dem Markt auf Ebene der Produkte vor allem neue Technologien in den Bereichen Energieeffizienz/erneuerbare Energien und Hausautomation. Wie auch in den anderen Teilbereichen im DIY-Geschäftsfeld stellen Renovierung-, Sanierung- und Modernisierungsaktivitäten den Hauptumsatzbringer im Markt dar. Nur noch rund 30 Prozent der Umsätze entfallen auf Neubauten. Vor dem Hintergrund der negativen Entwicklung der Baubranche, dem Auftragsrückgang in der Industrie und der Wirtschafts- und Finanzkrise fällt die Marktprognose für Elektroinstallationsmaterial eher verhalten aus. So ist 2009 und 2010 an die Wachstumsraten der vorherigen Jahre kaum anzuknüpfen. Im Gegenteil, der Markt und seine Teilnehmer müssen sich auf geringfügige Rückgänge einstellen. Mittelfristig ist bis 2011 mit einem Marktvolumen von 14,2 Mrd. Euro zu rechnen (**Grafik 12**).

Hinsichtlich der Distribution von Elektroinstallationsmaterial stellt das größtenteils klein- und mittelständig geprägte Handwerk mit derzeit fast 80 Prozent Marktanteil die dominierende Vertriebsform im Markt dar. Zu beachten ist hierbei, dass es sich bei den Angaben nur um Materialverkäufe handelt. Der hohe Anteil rührt nicht zuletzt daher, dass die gewerbliche Nachfrage einen hohen Stellenwert ein-

Trend zum Gardening: Auch der Gerätemarkt profitiert.

Studien

BBE-RESEARCH: MARKTDATEN & PUBLIKATIONEN ALS GRUNDLAGE FÜR IHREN ERFOLG

Seit mehr als zwei Jahrzehnten analysieren wir kontinuierlich die Entwicklung der wichtigsten Konsumgütermärkte in Deutschland.

Lange Zeitreihen, fundierte Prognosen sowie die wesentlichen Fakten der Branche bieten für Hersteller, Handel und Dienstleistungsunternehmen eine sichere Grundlage für strategische Ausrichtungen.

Neben quantitativen Ergebnissen werden die Marktdaten für mehr als **500 Warengruppen** um wertvolle qualitative Analysen erweitert. Diese bilden die Basis für unsere verschiedenen Studienformate.

Von einer kompakten Kurzanalyse eines speziellen Marktes (**Branchenfokus**) bis hin zu komplexen Analysen von Geschäftsfeldern in Form der **market excellence** reicht das Spektrum unseres Studienangebotes.

KOMPETENZ IN KONSUMGÜTERMÄRKTEN

BranchenInformationsSystem (BIS)
8 Konsumgüterfelder
60 Konsumgütermärkte mit mehr als 500 Warengruppen

Branchenfokus
60 Konsumgütermärkte

Branchenreport & market excellence
> 40 Themen/Märkte/Marktfelder aus dem Konsumgüterbereich

Weitere Informationen & Bezugsmöglichkeiten zu den Studienformaten Branchenfokus, Branchenreport & market excellence erhalten Sie über: **BBE media GmbH & Co. KG**
Am Hammergraben 14 / D-56567 Neuwied
Telefon: +49(0)2631 879-400, Telefax: -403
E-Mail: studien@bbe-media.de

BBE RETAIL EXPERTS
Unternehmensberatung GmbH & Co. KG
Agrippinawerft 30 / D-50678 Köln
www.bbe-retail-experts.de

Markt DIY

Vertriebswege-Indices   Grafik 13
Elektroinstallationsmaterial

- Versender
- Sonstige Fachhandel
- Baumärkte
- Warenhäuser
- SB-WH/V-Märkte

2006	2007	2011
111,3	104,1	100,0
98,7	85,8	60,6

Quelle: BBE RETAIL EXPERTS

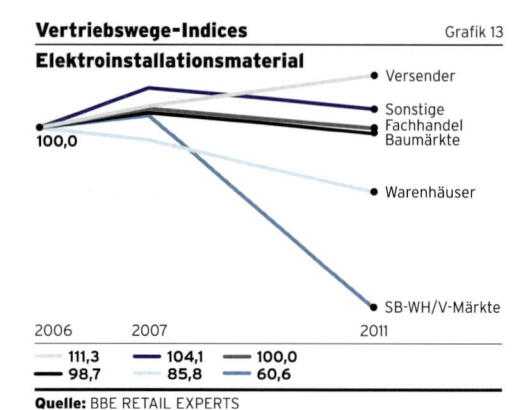

nimmt. So entfallen nur knapp über 30 Prozent der Kunden auf das Segment der privaten Haushalte. Wichtig für die Bedienung der privaten Nachfrage sind die großflächigen Formate, allen voran die Bau- und Heimwerkermärkte. Das Äquivalent auf Fachhandelsseite stellen die Elektro- und Unterhaltungsfachmärkte dar, die den klassischen kleinbetrieblichen Facheinzelhandel schon seit geraumer Zeit stark dezimiert haben. Nichtsdestotrotz besitzt der klassische Fachhandel auf Fachhandelsebene weiterhin die führende Stellung. Insgesamt konnte der Fachhandel im Jahr 2007 mit einem Umsatzplus von 4,3 Prozent aufwarten.

Die Bau- und Heimwerkermärkte als zweitwichtigster Vertriebskanal hinter dem Handwerk forcieren ihre Vertriebs- und Marketingaktivitäten seit einigen Jahren in Richtung professionelles Handwerk. Diese Zielgruppe deckt sich hier für kleine Aufträge ein und/oder weiß die langen Öffnungszeiten sowie die speziell auf das Handwerk zugeschnittenen Serviceleistungen zu schätzen. Branchenfremde Vertriebsformen besitzen neben den Bau- und Heimwerkermärkten keine nennenswerte Marktrelevanz.

Im direkten Vergleich der Prognosewerte für das Jahr 2011 und dem Basisjahr 2006 kann in erster Linie das Handwerk von dem leicht steigenden Umsatzvolumen profitieren, während die Einzelhandelsformate mit Einbußen rechnen müssen. Verantwortlich sind unter anderem die aufgrund der technologischen Weiterentwicklungen und Neuerungen gestiegenen Anforderungen bezüglich des notwendigen Know-hows zur Installation und Inbetriebnahme (**Grafik 13**).

Teilsegment: Garten

Im durch die verhaltenen Bautätigkeiten eher negativ beeinflussten Umfeld stellt der Gartenmarkt eine durchweg erfreuliche Ausnahme dar, denn der Markt wächst. Gardening liegt im Trend und das Umsatzvolumen durchbrach im Jahr 2007 die 14 Mrd. Euro-Marke. Nach schwächeren Jahren gewann der Gartenmarkt 2007 an Dynamik und konnte ein Wachstum von 3,1 Prozent realisieren. Auch die Zukunftsaussichten sehen durchaus rosig aus. Gegenüber 2007 ist bis 2011 mit einem Wachstum von knapp 3 Prozent zu rechnen (**Grafik 14**).

Wachstumsstarker Produktbereich des Gartenmarktes war in 2007 vor allem das Segment Grillen mit einem Plus im zweistelligen Bereich. Denn Garten, Balkon und Terrasse werden zunehmend als verlängertes Wohnzimmer genutzt. Das spiegeln Gartenmöbeltrends aber auch Geräte und Zubehör zum „Outdoor Cooking" wider.

Der hier analysierte Markt umfasst ein breites Spektrum an Produkten. Neben lebendem Grün für Innen und Außen und dem dazu gehörigen biologisch-chemischen Gartenbedarf beinhaltet das Teilsegment Garten Gartengeräte, Garten-/Balkonmöbel, Garten-Ausstattung sowie die für den Garten relevanten Produkte aus den Bereichen Holz, Wasser und Grillen. Markttreiber sind

Marktvolumen: Garten   Grafik 14

Umsatz 2006	13,64 Mrd. Euro	100,0 Prozent
Umsatz 2007	14,06 Mrd. Euro	103,1 Prozent
Umsatz 2011	14,45 Mrd. Euro	105,9 Prozent

DIY **Markt**

betreffs des Indoor-Bereiches die Entwicklung des Wohnungsbestandes und der Wohnfläche (je Wohnung und Einwohner) und hinsichtlich des Outdoor-Bereichs die Entwicklung des Bestandes an Gärten, Terrassen/Balkonen und Wintergärten in Deutschland.

Wichtiger Markttreiber ist aber zudem der Gartenbesitzer selbst – tendenziell älter, überdurchschnittlich häufig verheiratet und häufig mit einem überdurchschnittlichen Haushaltsnettoeinkommen gesegnet. Eine durchaus interessante Zielgruppe also. Allein die als einkommensstark geltende Gruppe der 50- bis 69-Jährigen stellen rund 17 Prozent der Gartenbesitzer. Und der eigene Garten weckt Begehrlichkeiten. Der Garten nimmt aus Sicht der Verbraucher eine wichtige Funktion als Ort der Ruhe und Entspannung ein – oder wird sogar zum zweiten Wohnzimmer. Entsprechend ausgeprägt ist die Ausgabebereitschaft. So wird nach Befragungsergebnissen wieder vermehrt Wert auf Qualität gelegt.

Das spiegeln allerdings die Vertriebswegeverschiebungen nicht unbedingt wider. Die bedeutendsten Vertriebswege im Gartenmarkt waren im Jahr 2007 nach wie vor die Bau- und Heimwerkermärkte mit ihren Gartenabteilungen. Besonders hohe Marktanteile hielten diese bei Düngemitteln/Erden/Pflanzenschutz, Gartengeräte/-maschinen, sonstiger Gartenausstattung/Holz im Garten, Wasser im Garten und Grillen im Garten. Dahinter folgen die Gärtnereien und Blumenfachhändler sowie Gartencenter. Und der Trend geht eindeutig in Richtung preisaggressiver Anbieter; auch im bisher konjunkturstabilen Gartenmarkt greifen Verdrängungswettbewerb und Niedrigpreisstrategien. So werden insbesondere die Gartencenter ihre Marktanteile weiter ausbauen können. Aber auch die Baumärkte mit ihren aktuell fast 1.650 Gartencentern bzw. Gartenabteilungen werden in der Gunst der Verbraucher künftig wohl weiter gewinnen. Diese Entwicklung geht insbesondere zu Lasten von Blumen-Fachhandel/Endverbrauchsgärtnereien und Motoristen/Hausrat- und Eisenwaren-Fachhandel (**Grafik 15**).

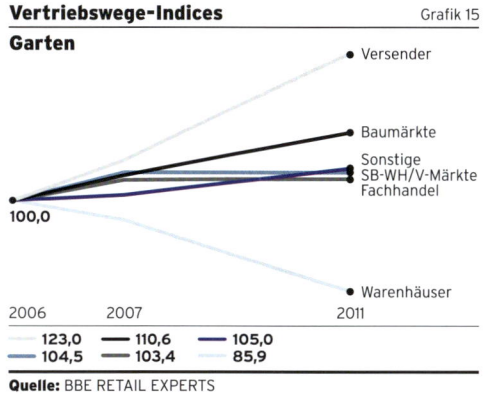

Rosige Zukunftsaussichten mit frischen Blumen.

Vertriebswege-Indices Grafik 15
Garten

- Versender
- Baumärkte
- Sonstige
- SB-WH/V-Märkte
- Fachhandel
- Warenhäuser

2006 2007 2011
123,0 — 110,6 — 105,0
104,5 — 103,4 — 85,9

Quelle: BBE RETAIL EXPERTS

Markt DIY

Foto: Stockxpert

Homing-Effekt: Zeit für Verschönerungen

Der Wunsch der Menschen nach einem gemütlichen und sicheren Zuhause, das die eigene Persönlichkeit widerspiegelt, ist universell. Trendforscher sprechen vom Homing-Effekt, der sich dadurch auszeichnet, dass immer mehr (Freizeit-)Aktivitäten nach Hause verlegt werden und die eigenen vier Wände damit eine verstärkte Aufmerksamkeit erfahren.

Die großflächigen Bau- und Heimwerkermärkte in Deutschland haben im Jahr 2008 insbesondere bei Produkten mit dekorativem Charakter eine gute Umsatzentwicklung erzielt. So sticht beispielsweise das Segment Badausstattung mit dem größten Wertzuwachs hervor. Eine optische Aufhellung des Badezimmers wird damit in vielen Fällen vorerst nicht durch eine komplette Renovierung, sondern mit Hilfe neuer Badtextilien oder Badmöbel erreicht. Auch in den Gartenfachabteilungen, seit vielen Jahren wichtiger Impulsgeber für das Baumarktgeschäft, entwickelte sich das Sortiment Dekoration überdurchschnittlich. Wie der Einzelhandel insgesamt blieb auch der DIY-Handel von einem Dämpfer nicht verschont. Nach einem Jahr mit Höhen und Tiefen erreichten die Bau- und Heimwerkermärkte 2008 einen Bruttogesamtumsatz von 17,6 Mrd. Euro und verfehlten damit den Vorjahreswert um 0,5 Prozent. Die nur schwer einzuschätzenden Auswirkungen der Finanz- und Wirtschaftskrise auf das Konsumverhalten der Menschen ließen den Bundesverband Deutscher Heimwerker-, Bau- und Gartenfachmärkte davon Abstand nehmen, weder zum Jahreswechsel 2009 noch später zur Jahresmitte hin eine Prognose für die Entwicklung im DIY-Handel zu geben. Stattdessen lassen sich einige Trends formulieren: Ungebrochen ist die starke Anziehungskraft der Gartensortimente. Mehr als 20 Prozent des Gesamtumsatzes werden auch in diesem Jahr in den Gartenabteilungen der Baumärkte erzielt. Insgesamt entwickelt sich die Branche deutlich besser als von vielen erwartet.

John W. Herbert, Geschäftsführer, Bundesverband Deutscher Heimwerker-, Bau- und Gartenfachmärkte (BHB).

Einzelhandel 2010

Gesundheit **Markt**

Wellness & Pharma

Gesundheit, Ernährung, Bewegung, Schönheit: Ein ganzheitliches Lebensstilkonzept prägt den Markt der Pharma- und Wellnessprodukte.

Text Jörg Meding, BBE

Der Gesamtumsatz von Gesundheit und Wellness beläuft sich auf mehr als 103 Mrd. Euro und wird bis 2011 voraussichtlich auf rund 105 Mrd. Euro anwachsen (**Grafik 1**). Allerdings werden einige Bereiche stärker wachsen als andere, in manche Teilsegmente ist mit stagnierenden Tendenzen zu rechnen (**Grafik 2**).

Das Gesundheitswesen ist durch ein komplexes Beziehungsgeflecht von Kostenträgern und Leistungserstellern geprägt. Zu den Kostenträgern zählen die öffentlichen Haushalte, die privaten und öffentlichen Arbeitgeber durch ihre Beihilfe und Unterstützungen der Krankenversicherungen und die privaten Haushalte durch ihre Krankenversicherungsbeiträge, ihre Leistungen für Zuzahlungen zu Medikamenten, Krankenhaus- und Kuraufenthalte sowie durch Ausgaben für z. B. Heilpraktiker, Sanitätswaren, Hörgeräte oder Sehhilfen.

Auf der Leistungsebene sind zu nennen: Krankenhäuser, Ärzte und Zahnärzte, Einrichtungen der beruflichen Rehabilitation, der öffentliche Gesundheitsdienst, das Sanitätswesen, der betriebliche Gesundheitsdienst, medizinische Hilfsberufe und medizinische Hilfsdienste, medizinische Forschungseinrichtungen und Apotheken.

Der Bereich Gesundheit ist immer noch mit der Aura von Krankheit und Gebrechen umgeben, worunter nicht wenige Anbieter zu leiden haben oder sich zumindest schwer tun, zu einem anderen und besseren Image zu gelangen. Hingegen üben alle Produkte und Dienstleistungen, die eine Aura von Frische und Gesundheit verbreiten, auf den heutigen Verbraucher eine starke Faszination aus. So hat sich aus einem ursprünglich sektiererisch gefärbten Segment ein neuer Megamarkt entwickelt, der mit dem Begriff Wellness umschrieben wird.

Die steigende Lebenserwartung hat dazu beigetragen, das Streben nach Gesundheit zu beflügeln. Auch die Motivation zur Vorsorge ist gewachsen. Der Mensch möchte das Alter bezwingen, aber nicht erst im Alter. Breite Bevölkerungsmassen werden schon in jungen Jahren von diesem Trend erfasst und leben ein ganzheitliches Lebensstilkonzept: Gesundheit – Ernährung – Bewegung – Schönheit.

Kaum ein Begriff ist in den vergangenen Jahren häufiger im Zusammenhang mit Fitness und Gesundheit genannt worden als Wellness. Als eine Form von Fitness light steht das subjektive körperliche und mentale Wohlergehen im Vordergrund. Wellness wird von jedem Verbraucher letztlich anders umgesetzt. Moderne Entspannungs- und Erholungsmaßnahmen

Marktvolumen: Gesundheit & Wellness — Grafik 1

Umsatz 2006	100,50 Mrd. Euro	100,0 Prozent
Umsatz 2007	103,40 Mrd. Euro	102,9 Prozent
Umsatz 2011	105,60 Mrd. Euro	105,1 Prozent

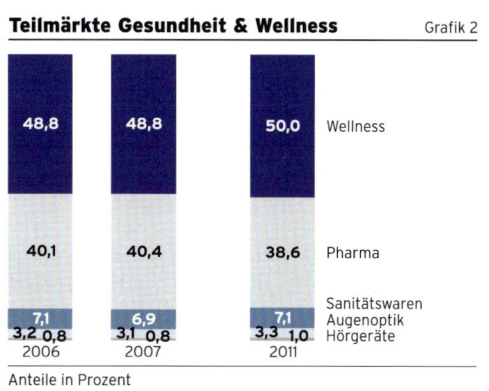

Teilmärkte Gesundheit & Wellness — Grafik 2

	2006	2007	2011
Wellness	48,8	48,8	50,0
Pharma	40,1	40,4	38,6
Sanitätswaren	7,1	6,9	7,1
Augenoptik	3,2	3,1	3,3
Hörgeräte	0,8	0,8	1,0

Anteile in Prozent

Quelle: BBE RETAIL EXPERTS

Markt Gesundheit

laufen heute ebenso unter dem Label „Wellness" wie Produkte in der Lebensmittel-Industrie („Wellness-Drink"; „Wellness-Joghurt" ...). Die wesentlichen Charakteristika von Wellness lassen sich in nachstehenden Punkten zusammenfassen:

Gesundheit wird von Krankheit als zentralem Bezugspunkt abgekoppelt. Gesundheit erscheint nicht mehr in erster Linie nur als Freisein von Krankheit und Gebrechen. Der Gesundheitswissenschaft zuzurechnen sind zum einen Fitness-Aktivitäten wie Joggen, Radfahren oder Schwimmen sowie die Vielzahl der modernen Fun-Sportarten, die sich in immer stärkerem Maße als ein neues eigenständiges Segment im Freizeit- und Tourismusbereich entwickelt haben. Kurorte nehmen in dieser Systematik eine Vermittlerposition zwischen der Krankheits- und Gesundheitswissenschaft ein.

Gesundheit wird damit Gegenstand der Selbstverantwortung jedes einzelnen Menschen. Die Möglichkeiten der Einflussnahme auf Körper und Geist werden bewusster wahrgenommen und stärker thematisiert.

An dieser Stelle und angesichts der nachfolgenden Marktdarstellungen muss darauf hingewiesen werden: Der Wellnessmarkt hat die Besonderheit, dass er häufig Warengruppen umfasst, die teilweise schon in anderen Konsumgütermärkten enthalten sind. Das Teilsegment Ernährung tangiert zum Beispiel den Bereich FMCG und das Segment Fitness- bzw. Fitnessbekleidung wird auch teilweise im Sportmarkt und im Bekleidungssektor, abgebildet. OTC-Produkte (OTC = Over the counter) finden sich auch im Geschäftsfeld Gesundheit/Pharma. Zudem wird die Analyse ergänzt durch die Berücksichtigung der relevanten Dienstleistungsmärkte in den jeweiligen Teilsegmenten.

Gesundheit

Die Teilmärkte unterliegen im Rahmen des Gesundheitsmarktes besonderen Gesetzmäßigkeiten, da der Markt zu großen Teilen staatlich geregelt ist und die Marktgesetze damit nur bedingt Gültigkeit haben. So ist die Entwicklung des Gesundheitsbereiches in den letzten Jahren immer weniger durch Angebot und Nachfrage geprägt, sondern vielmehr von staatlichen Entscheidungen beeinflusst. Dementsprechend sind neben den allgemeinen wirtschaftlichen Rahmenbedingungen sowie den angebots- und nachfrageseitigen Einflussfak-

Marktvolumen: Gesundheit — Grafik 3

Umsatz 2006	51,44 Mrd. Euro	100,0 Prozent
Umsatz 2007	53,00 Mrd. Euro	103,0 Prozent
Umsatz 2011	52,70 Mrd. Euro	102,5 Prozent

Vertriebswege Gesundheit — Grafik 4

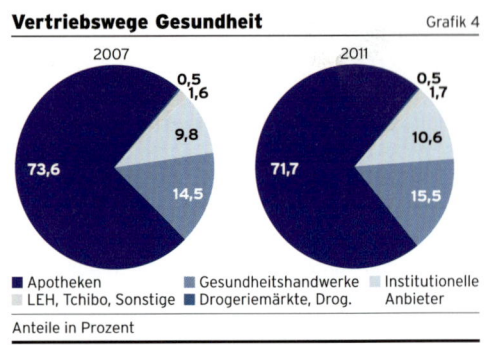

2007: 73,6 / 14,5 / 9,8 / 1,6 / 0,5
2011: 71,7 / 15,5 / 10,6 / 1,7 / 0,5

- Apotheken
- Gesundheitshandwerke
- Institutionelle Anbieter
- LEH, Tchibo, Sonstige
- Drogeriemärkte, Drog.

Anteile in Prozent
Quelle: BBE RETAIL EXPERTS

Vertriebswege-Indices Gesundheit — Grafik 5

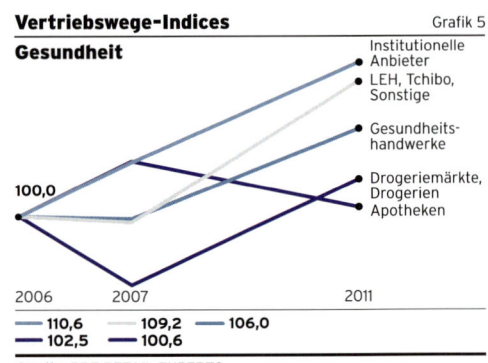

- Institutionelle Anbieter
- LEH, Tchibo, Sonstige
- Gesundheitshandwerke
- Drogeriemärkte, Drogerien
- Apotheken

2006: 100,0 — 2007 — 2011

110,6   109,2   106,0
102,5   100,6

Quelle: BBE RETAIL EXPERTS

Gesundheit Markt

Positive Aussichten: Für Gesundheit und Wohlbefinden geben Verbraucher immer mehr Geld aus.

toren auch eine Reihe von gesetzlichen Bestimmungen und Verordnungen maßgeblich für die Entwicklung der Teilsegmente.

Mit einem Umsatzvolumen von ca. 53 Mrd. Euro ist der Gesundheitsmarkt etwas größer als der Wellnessmarkt (**Grafik 3**). Aufgrund der Gesundheitsreform und zukünftig zu erwartender Einschnitte etwa seitens der Krankenkassen rechnen wir bis zum Jahr 2011 mit einer kurzfristig rückläufigen Tendenz, die sich erst wieder umkehren dürfte, wenn die Zielgruppe der Senioren zahlenmäßig weiter ansteigen wird und damit „automatisch" die Nachfrage innerhalb der jeweiligen Segmente steigen wird (**Grafik 4, 5**).

Teilsegment: Augenoptik

Der Augenoptikmarkt lässt sich im engeren Sinne als Optik-Kernmarkt – Gläser, Fassungen und Kontaktlinsen – verstehen, in einer weiter gefassten Betrachtung werden auch Sonnen- und Schutzbrillen sowie Zusatzsortimente subsumiert. Der Markt stellt im Geschäftsfeld Gesundheit einen eher kleinen, aber durchaus stabilen und zukunftsträchtigen Part dar.

Der Bereich Augenoptik weist seit 2006 ein Marktvolumen von etwa 3,2 Mrd. Euro auf, wird aber bis 2011 auf 3,49 Mrd. Euro zulegen, ein Plus von 9,5 Prozent gegenüber 2006 (**Grafik 6**).

Der Optikmarkt ist in der deutschen Konsumgüterlandschaft prädestiniert als Beispiel für die Einflussnahme des Gesetzgebers auf eine Branche und die daraus abzuleitenden wirtschaftlichen Fol-

Marktvolumen: Gesundheit – Augenoptik Grafik 6

Umsatz 2006	3,180 Mrd. Euro	100,0 Prozent
Umsatz 2007	3,190 Mrd. Euro	100,3 Prozent
Umsatz 2011	3,486 Mrd. Euro	109,6 Prozent

Markt Gesundheit

gen für die Akteure auf Anbieter- und Nachfragerseite. Der aktuelle Stand weist nach allen gesundheitspolitischen Einflussnahmen eine gewisse Qualität auf. Die Bedeutung von Kassenleistungen tendiert klar unter 2 Prozent, vom gut 3 Mrd. Euro schweren Gesamtvolumen des Marktes werden so nur noch knapp 60 Mio. Euro abgewickelt. Mit deutlich nachlassender Regelungsdichte fast bis hin zum Wegfall hat sich der Optikmarkt in einen „normalen" Konsumgütermarkt verwandelt.

In der Umsatzbedeutung geben Brillen und Kontaktlinsen mit einem hohen Anteil von ca. 77 Prozent die Richtung der Branche vor, auf die übrige Optik inklusive Sonnenbrillen entfallen die restlichen ca. 23 Prozent.

Die unverändert gültige Meisterpräsenz qua gesetzlicher Vorgabe erschwert den Markteintritt für Branchenfremde und bewirkt letztendlich, dass auf dem Optikermarkt eine „eintönige" Handelslandschaft vorherrscht; gemessen an der Vielfalt der Vertriebsformen auf allen anderen Konsumgütermärkten wird dies überdeutlich.

Neben den Konkurrenten außerhalb des Handwerks vollzieht sich der Wettbewerb um Brillen- und Kontaktlinsenträger längst innerhalb der Fachanbieter und mit viel größerer Intensität zwischen klein-

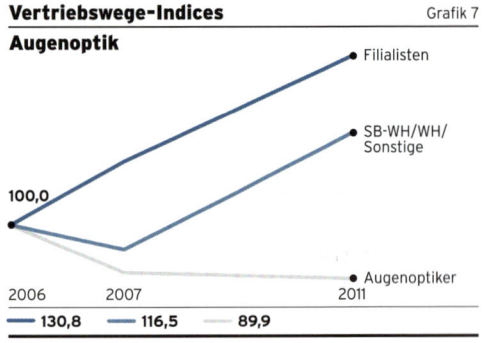

Vertriebswege-Indices Grafik 7
Augenoptik

- Filialisten: 130,8
- SB-WH/WH/Sonstige: 116,5
- Augenoptiker: 89,9

Quelle: BBE RETAIL EXPERTS

Foto: Stockexpert

Augenoptik: Stark expandierende Filialketten.

Gesundheit Markt

betrieblich organisierten Augenoptikern und stark expandierenden Filialketten. Letztere wie die Unternehmen Fielmann und Apollo Optik beherrschen das Umsatzranking wichtiger Anbieter. Insgesamt steht die Tendenz in der Distribution weiter klar im Zeichen der Filialistenexpansion. Deren Wettbewerbshärte ließ den Filialistenmarktanteil erstmals 2007 den der traditionellen Augenoptiker überflügeln (**Grafik 7**). Das Marktsegment Sonnenbrillen sorgt mit seinem Fashion-Charakter in der Regel bei den Haupt-Vertriebswegen Warenhäuser, Versender, Tankstellen und Co. für zufriedene Gesichter.

Insgesamt mutiert die frühere „Sehhilfe" immer mehr zum Lifestyle-Produkt, daneben bestimmen die Bevölkerungsentwicklung und Individualisierungstrends maßgeblich die Nachfrage. Nach einer neuen Brillenstudie des Kuratoriums Gutes Sehen benötigen 62 Prozent der Bundesbürger eine Sehhilfe – insgesamt also rosige Zeiten für die Branche.

Teilsegment: Hörgeräte

Der Markt für Hörgeräte ist das am stärksten wachsende Teilsegment im Bereich des Gesundheitsmarktes. Dieses verwundert nicht, denn Schätzungen gehen davon aus, dass ca. 15 Mio. Menschen in Deutschland Hörprobleme haben, aber bisher nur 2,5 Mio. ein Hörgerät besitzen. Hier sitzen bei vielen Verbrauchern noch bekannte Vorurteile und nicht jedem sind die technischen Fortschritte und Miniaturisierungstendenzen bekannt. Auch sind vielen Hörgeschädigten gar nicht die Einschränkungen bewusst, denen sie unterliegen.

Der Gesamtmarkt setzte in den vergangenen Jahren seine positiven Umsatztendenzen weiter fort.

Hörgeräte: Wachstumstärkstes Segment im Gesundheitsmarkt.

Im Jahr 2007 wurden ca. 600.000 Hörgeräte verkauft, was nach unseren Berechnungen zu einem Marktvolumen von 859 Mio. Euro führt (**Grafik 8**). Für die Berechnungen wurden die Ausgaben der gesetzlichen Krankenversicherungen für Hörhilfen laut destatis herangezogen, zuzüglich einer Hochrechnung des Anteils, den die Endverbraucher etwa für höherwertige Hörgeräte aufbringen. Die Krankenkassen beteiligen sich mit mehreren Hundert Euro an den Hörgeräten, für besonders kleine, leistungsfähige und bedienerfreundliche Hörgeräte können auch schnell mehrere Tausend Euro fällig werden, die dann vom Konsumenten bezahlt werden müssen.

Die Indexbetrachtung von 2006 auf 2011 zeigt die sehr positive Tendenz dieses Geschäftsbereiches; für das Jahr 2011 wird mit einem Marktvolumen von knapp über 1 Mrd. Euro gerechnet. Diese Tendenz wird auch weiter Bestand haben, insbesondere durch den demografischen Wandel nimmt die Zahl der älteren Menschen zu, aber auch jüngere Zielgruppen, die etwa ihr Gehör schon in jungen Jahren geschädigt haben, betreten vermehrt die Geschäfte.

Im weit verbreiteten „qualifizierten" Versorgungsweg werden die Hörsysteme nach der Verordnung durch einen HNO-Arzt durch einen selbstständigen

Marktvolumen: Gesundheit – Hörgeräte			Grafik 8
Umsatz 2006	0,788 Mrd. Euro	100,0 Prozent	
Umsatz 2007	0,859 Mrd. Euro	109,0 Prozent	
Umsatz 2011	1,008 Mrd. Euro	127,9 Prozent	

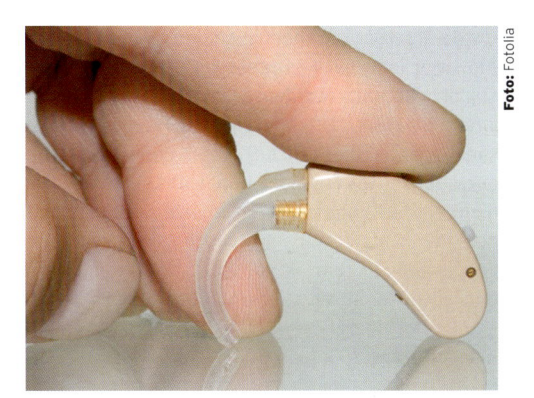

Markt Gesundheit

Hörgeräteakustiker abgegeben und auch durch den Akustiker individuell angepasst. Das Hörgeräteakustikfachgeschäft, von dem es ca. 3.900 in Deutschland gibt, stellt nach wie vor den Hauptvertriebskanal dar. Aber die Branche gerät in Bewegung, denn auch Optiker wie Fielmann haben das lukrative Segment entdeckt und passen Hörgeräte in eigens angelegten Abteilungen an, Ärzte offerieren ihre Leistungen auf dem „verkürzten" Versorgungsweg, und auch Hersteller steigen in den Selbstvertrieb ein. Insofern gerät der klassische Vertriebsweg allmählich etwas in Gefahr.

Bislang ist die Branche der Hörgeräteakustiker zumeist sehr kleinteilig. Den etwa 20 überregional tätigen Filialisten stehen etwa 1.500 Unternehmen mit bis zu drei Filialen und einige wenige große Einkaufsgemeinschaften gegenüber.

Marktvolumen: Gesundheit - Sanitätswaren Grafik 9

Umsatz 2006	7,109 Mrd. Euro	100,0 Prozent
Umsatz 2007	7,180 Mrd. Euro	101,0 Prozent
Umsatz 2011	7,529 Mrd. Euro	105,9 Prozent

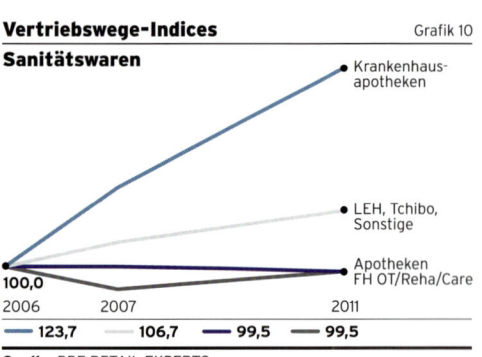

Vertriebswege-Indices Sanitätswaren Grafik 10

- Krankenhausapotheken
- LEH, Tchibo, Sonstige
- Apotheken
- FH OT/Reha/Care

2006: 100,0
2007
2011

— 123,7   — 106,7   — 99,5   — 99,5

Quelle: BBE RETAIL EXPERTS

Teilsegment: Sanitätswaren

Sanitätswaren stellen einen bedeutenden Anteil am Geschäftsfeld Gesundheit. Definiert ist der Markt für Sanitätswaren durch sieben Leistungsbereiche: Orthopädie-Schuhmacherhandwerk, Orthopädie-Handel (Kompressionsstrümpfe, Bandagen, Gehstützen), Sanitätshandel (Alltagshilfen, Bewegungsgeräte, Messgeräte etc.), Orthopädie-Schuhtechnik (Schuhe, Einlagen), Reha (Rollstühle, Mobilitätshilfen, Bade-, Toilettenhilfen, Lagerungshilfen, Sauerstoffversorgung, Betten etc.), Care (Inkontinenzhilfen, Wundversorgung) und Brustprothetik.

Anbieter auf dem Sanitätswarenmarkt sind in erster Linie orthopädietechnische Handwerksbetriebe, die in der Regel auch ein Sanitätshaus als Einzelhandelsvertriebsform führen (Fachbetrieb Orthopädie/Care/Reha) und auch häufig über mehrere Standorte verfügen.

Mit Sanitätswaren sind im Jahr 2007 7,18 Mrd. Euro umgesetzt worden (**Grafik 9**). Durch die Auswirkungen der verschiedenen Gesundheitsreformgesetze und insbesondere durch die Maßnahmen der Neuordnungsgesetze (Festbetrags- und Zuzahlungsregelungen) ist die Abhängigkeit der Sanitätswarenbranche von der Gesundheitsgesetzgebung weiterhin gegeben. Trotz Einschränkungen durch die Gesundheitsreform verspricht das Sanitätshaus in einer alternden Gesellschaft Wachstumspotenzial. Wir rechnen daher für das Jahr 2011 mit einer Umsatzsteigerung auf 7,53 Mrd. Euro.

Durch die Alterstrukturverschiebungen (höhere Lebenserwartung, wachsender Anteil älterer Menschen) und der Korrelation Alter und Art der Erkrankung ergibt sich eine deutliche Zunahme von für die Sanitätswarenbranche relevanten Erkrankungen, die weiterhin nachhaltige Auswirkungen auf die Nachfrage der Sanitätswarenbranche haben werden. Hinzu kommt ein gesteigertes Inanspruchnahmeverhalten der Versicherten nach orthopädischen Hilfsmitteln und anderen Sanitätsprodukten, um möglichst lange aktiv und selbstbewusst am Leben teilhaben zu können.

Diese Produkte werden maßgeblich durch den Sanitäts- bzw. Orthopädie-Fachhandel bereitgestellt

(**Grafik 10**). Daneben stellen die institutionellen Vertriebswege wie Kliniken, Pflegeheime und Pflegedienste die Sanitätsprodukte und -dienstleistungen bereit, außerdem haben Apotheken in zunehmendem Maße Zusatzsortimente gelistet, die ursprünglich nur im klassischen Sanitätsfachhandel zu finden waren. Auch der LEH und andere Anbieter haben den Sanitätswarenmarkt entdeckt und bieten teilweise punktuell, teilweise dauerhaft entsprechende Produkte an. Insofern profitieren zwar alle Vertriebswege vom Gesamtmarktwachstum und die Fachhandelsdominanz ist nicht in Gefahr, aber der Sanitätsfachhandel sollte sorgfältig die Aktivitäten der Apotheken und des Nicht-Fachhandels beobachten. Die meisten Sanitätshäuser kämpfen immer noch mit der Aura von Krankheit und schaffen es nur zögerlich sich als „Gesundheitsanbieter" zu positionieren.

Marktvolumen: Gesundheit – Pharma Grafik 11

Umsatz 2006	40,361 Mrd. Euro	100,0 Prozent
Umsatz 2007	41,777 Mrd. Euro	103,5 Prozent
Umsatz 2011	40,721 Mrd. Euro	100,9 Prozent

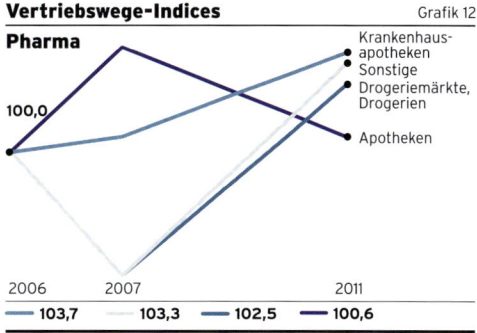

Vertriebswege-Indices Pharma Grafik 12

- Krankenhausapotheken
- Sonstige
- Drogeriemärkte, Drogerien
- Apotheken

2006: 103,7 — 2007: 103,3 — 102,5 — 2011: 100,6

Quelle: BBE RETAIL EXPERTS

Teilsegment: Pharma

Das Teilsegment Pharma stellt den größten Part innerhalb des Gesundheitsmarktes dar. Ein Bereich, der für einige der eingebundenen Marktteilnehmer nicht unerheblich von den gesetzgeberischen Eingriffen abhängt und bestimmten Restriktionen unterworfen ist.

Der größte Part wird durch den Verordnungsmarkt abgedeckt. Hierbei handelt es sich um das Volumen, welches durch verschreibungspflichtige Arzneimittel und durch verordnete, apothekenpflichtige Arzneimittel bestimmt wird. Der Verordnungsmarkt umfasste im Jahr 2007 ca. 32,7 Mrd. Euro und wird in den nächsten Jahren leicht rückläufig sein, da die Gesundheitskosten weiter beschränkt werden sollen und die Eigenverantwortung der Verbraucher weiter voranschreitet (**Grafik 11**).

Neben dem Verordnungsmarkt gibt es den Markt für Selbstmedikation, der im Jahr 2007 ca. 5,8 Euro umfasste. Hierunter fallen apothekenpflichtige und freiverkäufliche Produkte, die in Apotheken erworben werden und Artikel, die in Drogeriemärkten bzw. Drogerien sowie im Lebensmittelhandel bezogen werden. Einige Kooperationen mit in- und ausländischen Versandhändlern lassen hier bereits erkennen, dass neue Marktteilnehmer von dem riesigen Markt profitieren wollen. Tendenziell wird der Markt für Selbstmedikation in den nächsten Jahren Zuwächse erzielen können, da sich die Verbraucher nicht mehr auf eine „Vollkaskoversorgung" verlassen und selbst aktiv etwas für ihre Gesundheit unternehmen.

Des weiteren ist der Arzneimittelmarkt durch Krankenhausapotheken gekennzeichnet, die für ein weiteres Marktvolumen von ca. 4,4 Mrd. Euro stehen. Die Distribution erfolgt zu einem überwiegenden Teil über die Apotheken, die einen Marktanteil von etwas über 91 Prozent besitzen (**Grafik 12**). Dieser wird in den nächsten Jahren nur moderat zurückgehen, da sich andere Vertriebskanäle verstärkt den Gesundheitsprodukten widmen werden oder Produkte aus der Apothekenpflicht befreit werden könnten. Von einer tiefgreifenden Öffnung des Gesamtmarktes kann aber noch lange keine Rede sein, wie das aktuelle Urteil des Europäischen Gerichtshofes zum Fremdbesitzverbot von Apotheken gezeigt hat.

Markt Gesundheit

Wellness

Der Wellnessmarkt, im Jahr 2007 etwa 50,4 Mrd. Euro stark (**Grafik 13**), besteht aus den Teilsegmenten Ernährung, Gesundheit, Schönheit und Fitness, und umfasst neben Produkten auch alle Dienstleistungen.

Marktvolumen: Wellness — Grafik 13

Umsatz 2006	49,04 Mrd. Euro	100,0 Prozent
Umsatz 2007	50,40 Mrd. Euro	102,8 Prozent
Umsatz 2011	52,80 Mrd. Euro	107,7 Prozent

Das Segment Schönheit deckt umsatzmäßig etwas mehr als 41 Prozent des Wellnessmarktes ab (entspricht ca. 20,8 Mrd. Euro) und besteht aus den folgenden Bereichen: Kosmetik und Körperpflege im normalen Freiverkauf, die Dienstleistungen der Kosmetikinstitute sowie die Umsätze von Friseuren und Solarien.

Das Segment Gesundheit umfasst zum einen die klassischen freiverkäuflichen OTC-Produkte (Over The Counter) wie etwa Hautprodukte, Vitamine, Tabletten, Mixturen, Bandagen etc. und zum anderen die Leistungen, die in (Schönheits-)Kliniken angeboten werden (Plastische Chirurgie, Lasikoperationen, Zahnimplantate). Ferner werden die Umsätze der Kurkliniken dem Wellnesspotenzial Gesundheit zugeordnet. 17,8 Mrd. Euro signalisieren die Stärke dieses Bereiches, der bis 2011 mit jährlichen Wachstumsraten zwischen 1,5 und 2,1 Prozent ausgestattet ist.

Der dritte Bereich Fitness steht für einen Marktanteil von 12,6 Prozent innerhalb des Wellnessmarktes. Hierunter fallen die Warengruppen Sportschuhe, Fitnessbekleidung, Fitnessgeräte und Dienstleistungen der Fitnessstudios sowie der Sauna- und Bäderbetriebe. Das Marktvolumen von 6,35 Mrd. Euro 2007 wird sich aufgrund erster Sättigungstendenzen und eines zunehmenden Wettbewerbes bei den Freizeitanbietern bis zum Jahr 2011 auf ca. 6,24 Mrd. Euro verringern. Mit dem vierten Segment Ernährung werden weitere 5,4 Mrd. Euro realisiert, dieses entspricht einem Marktanteil von 10,7 Prozent. Das Marktvolumen wird sich bis 2011 auf ca. 6 Mrd. Euro erhöht haben.

Wellness: Markt mit Wachstumstendenzen.

In der engen Abgrenzung ist nur „Functional Food" subsumiert, im Ernährungsumfeld konnten jedoch gerade die Umsätze für Bioprodukte und Light-Produkte deutlich gesteigert werden. Der Bereich Ernährung wird unter dem Wellness-Aspekt immer bedeutender und auch verstärkt nicht nur von den Food-Anbietern bedient. Typische Produkte, die hierunter fallen, sind probiotische Molkereiprodukte, Alkoholfreie Getränke (Eistee, Schorle, Sport-/Energydrinks), Diät- und Reformwaren sowie Brotprodukte.

Der Wellnessmarkt ist zwar immer noch ein Wachstumsmarkt – bis 2001 wird sich das Marktvolumen auf 52,8 Mrd. Euro erhöhen –, aber die Wachstumsraten sind nicht mehr so stark wie in der Vergangenheit, denn der Markt leidet an der Massenvermarktung. Das betrifft sowohl die Produktangebote (Marktvolumen 2007: 26,7 Mrd. Euro) als auch die offerierten Dienstleistungen (Marktvolumen 2007: 23,7 Mrd. Euro).

Technik **Markt**

CE & Elektro

Zwischen Marktsättigung und Innovation erweist sich der Markt für alles, was einen Stecker hat, als vielfältig und disparat. Der Fachhandel ist insgesamt unter Druck, verlieren wird er seine Pole-Position aber nicht.

Text Uwe Krüger, BBE

Das Geschäftsfeld CE & Elektro umfasst Bild- und Tonträger, Consumer Electronics, Elektro-Groß- und -Kleingeräte, Zubehör und auch den Fotomarkt. Gegenüber früheren Felddefinitionen ist dem Zusammenwachsen der Elektronikmärkte aus Anbieter- und Verbrauchersicht Rechnung getragen worden. Dazu g_____ der nach Abschluss der Digitalisierung g_____ maßen elektronisierte Fotomarkt. Auf der Angebotsseite hat sich schon seit längerem die Zusammenführung von Weißer und Brauner Ware vollzogen, ebenso gehören Digitalkamera und Co.

Marktvolumen: CE + Elektro Gesamt — Grafik 1

Umsatz 2006	42,42 Mrd. Euro	100,0 Prozent
Umsatz 2007	43,01 Mrd. Euro	101,4 Prozent
Umsatz 2011	41,19 Mrd. Euro	97,1 Prozent

zum Standardsortiment der Elektronikmärkte. Die hier zuvor gelisteten Leuchten und Lampen sind – verwendungsnah – dem Geschäftsfeld Home & Interior zugeschlagen worden.

In der Neudefinition des Geschäftsfeldes verdoppelt sich durch die Einbeziehung von CE und Foto das Gesamtvolumen auf 43 Mrd. Euro (**Grafik 1**). Die Struktur ist entsprechend verändert: CE mit gut 18 Mrd. Euro liegt mit deutlichem Abstand vor Weißer Ware (7,2 Mrd. Euro), Elektrozubehör (6,3 Mrd. Euro) und Foto, Tonträger und E-Kleingeräte (**Grafik 2**).

Die Elektro-Distributionssituation ist unverändert fachhandelslastig (**Grafik 3**). Unter Einbeziehung der

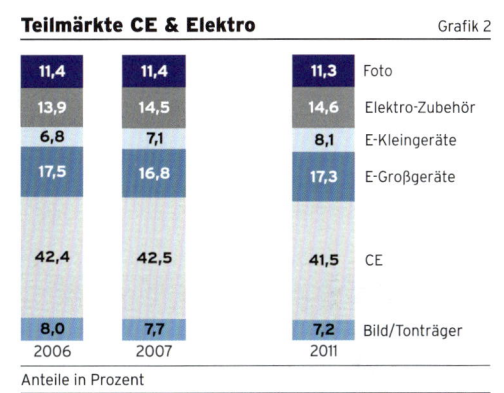

Teilmärkte CE & Elektro — Grafik 2

2006	2007	2011	
11,4	11,4	11,3	Foto
13,9	14,5	14,6	Elektro-Zubehör
6,8	7,1	8,1	E-Kleingeräte
17,5	16,8	17,3	E-Großgeräte
42,4	42,5	41,5	CE
8,0	7,7	7,2	Bild/Tonträger

Anteile in Prozent
Quelle: BBE RETAIL EXPERTS

preisaggressiven Fachmarktlinien laufen hier über 72,3 Prozent des Abverkaufs von CE und Elektroartikeln an den Letztverbraucher. Es herrscht ein hoher Kooperationsgrad unter den CE- bzw. Elektrofachhändlern, die sonst gegenüber Fachmarktbetreibern, Baumärkten und Co. dauerhaft kaum Chancen auf dem Markt hätten.

Außerhalb des Fachhandels sind die Vertriebswege Versender und die sehr gut aufgestellten sonstigen Anbieter zu erwähnen. Versender sind stark bei Weißer Ware und Elektro-Kleingeräten, Unter der Position Sonstige sind (u. a.) Handwerk, E-Commerce und Direktvertrieb zu verstehen. Trotz hohen Verbraucherinteresses sind die Perspektiven des

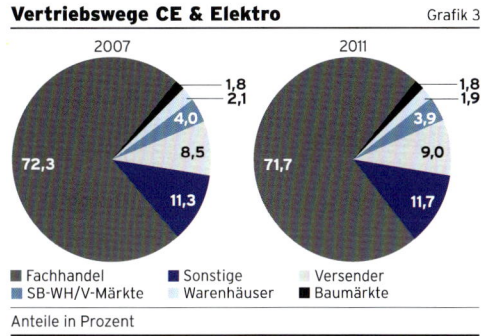

Vertriebswege CE & Elektro — Grafik 3

2007: Fachhandel 72,3; SB-WH/V-Märkte 11,3; Sonstige 8,5; Warenhäuser 4,0; Versender 2,1; Baumärkte 1,8

2011: Fachhandel 71,7; SB-WH/V-Märkte 11,7; Sonstige 9,0; Warenhäuser 3,9; Versender 1,9; Baumärkte 1,8

Anteile in Prozent
Quelle: BBE RETAIL EXPERTS

Markt Technik

Consumer Electronics: Discounter und E-Commerce gewinnen an Bedeutung.

Foto: Apple

Geschäftsfeldes auch unter dem Eindruck der allgegenwärtigen Wirtschaftskrise rückläufig einzuschätzen. Allgemein rezessive Tendenzen, Substitutionsverluste und Preisverfall sind die häufig genannten Ursachen.

Wie schon früher im Aufwind wird der Fachhandel auch bei rückläufiger Gesamtsituation seine überragende Position nicht ganz halten können; verlieren kann er die Pole-Position auch bei für 2011 prognostizierten 71,7 Prozent nicht.

Teilsegment: Bild-/Tonträger

Die Segmentbezeichnung Bild- und Tonträger deckt das weite Feld von CDs, Musikvideos/Downloads, DVD-Kaufcassetten und Videovermietung ab, am Rande existiert (noch) die Nische Leercassetten. Bild- und Tonträger sind das Musterbeispiel für die (bevorstehende?) Obsoleszenz einer gesamten Branche.

Seit Jahren schrumpft der (legale) Abverkauf, kostenlose Downloads und Piraterie übertrumpfen auch in absoluten Dimensionen längst das offizielle Geschäft: 2006 sind nach Verbandsangaben für 6,8 Mrd. Euro (!) Tonträger bezogen/gekauft worden (**Grafik 4**).

Ein Zitat aus der Wirtschaftsfachpresse (FAZ) fasst kurz, knapp und kompromiss-, aber auch nicht grundlegend chancenlos die Lage der Musikwirtschaft zusammen: „Die Technik hat das Geschäft mit Musik von Grund auf verändert. Heimcomputer ersetzen Schallplatte und Compact Disc, Internetplattformen den Plattenladen." Im Trend sind Computer-

Marktvolumen: Bild-/Tonträger		Grafik 4
Umsatz 2006	3,39 Mrd. Euro	100,0 Prozent
Umsatz 2007	3,31 Mrd. Euro	97,8 Prozent
Umsatz 2011	2,95 Mrd. Euro	87,2 Prozent

Technik **Markt**

Vertriebswege-Indices Grafik 5
Bild-/Tonträger

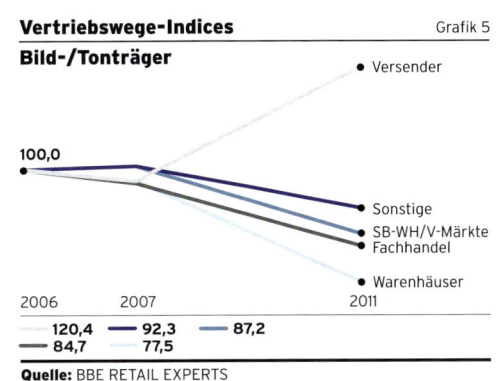

- Versender
- Sonstige
- SB-WH/V-Märkte
- Fachhandel
- Warenhäuser

2006: 100,0 — 120,4 / 84,7
2007: 92,3 / 77,2
2011: 87,2

Quelle: BBE RETAIL EXPERTS

spiele wie neuerdings Guitar Hero, überragende Erfolgsstorys von Livekonzerten, die im Vermarktungsmittelpunkt für die Interpreten stehen und nur als Accessoire den Tonträger-Verkauf ankurbeln.

Die weitere Entwicklung gestaltet sich sogar noch bedrohlicher, denn die Stars im Musikgeschäft wenden dem Tonträgerverkauf verstärkt den Rücken zu und suchen ihr Heil im Veranstaltungsgeschäft. Einige stellen neu produzierte Songs schon kostenlos zum Download zur Verfügung. Eine Trendwende ist also nicht in Sicht. Ähnliches gilt auch für den DVD-Markt. Typisch für Consumer Electronics hat auch der DVD-Boom nicht lange genug angehalten, um den beteiligten Wirtschaftsstufen ein längerfristiges Auskommen zu sichern.

Die Distributionswege für Bild- und Tonträger entziehen sich nicht dem allgemeinen Marktabschwung. Für die beteiligten Absatzkanäle geht es nur noch um das Erreichen einer geringeren Abschwächung als der Allgemeintrend vorgibt (**Grafik 5**).

Teilsegment: Consumer Electronics

Consumer Electronics ist das auch in neuer Abgrenzung mit Abstand umsatzstärkste Segment bei CE & Elektro. Für klassische Unterhaltungselektronik – TV, Video, HiFi, Henkelware, Car-HiFi – und Kommunikationselektronik – kurz KE, worunter Notebooks, Peripherie und Mobilfunk etc. verstanden werden – hatten die Verbraucher wiederum gut 18 Mrd. Euro übrig (**Grafik 6**). Die Ergänzung der „alten" Unterhaltungselektronik mit Kommunikationselektronik und Home-PCs dokumentiert sich auch in der Branchengesamtbezeichnung Consumer Electronics. Alle Produkte und Gerätetypen sind für die private Verwendung gedacht. Professionelle Fernseh- und Wiedergabetechnik, PC-Netzwerke, Großrechneranlagen inklusive zugehöriger Software sind hier nicht relevant.

Die Branche ist auch 2007 unverändert auf Wachstumskurs, aber der weitere Verlauf verdüstert die Lage der Branche. Die Zeiten stürmischen Wachstums sind wohl vorbei, die Substitution alter Gerätegenerationen durch neue ist demnächst per Saldo negativ.

Marktvolumen: CE Grafik 6

Umsatz 2006	18,00 Mrd. Euro	100,0 Prozent
Umsatz 2007	18,28 Mrd. Euro	101,5 Prozent
Umsatz 2011	17,09 Mrd. Euro	94,9 Prozent

CE-Branche: Wachstumskurve flacht ab.

Foto: Varta

Markt Technik

Vertriebswege-Indices — Grafik 7
CE

	2006	2007	2011
Sonstige	100,0		107,7
SB-WH/V-Märkte Versender			97,3
Fachhandel			96,7
			93,6
Warenhäuser			70,0

Quelle: BBE RETAIL EXPERTS

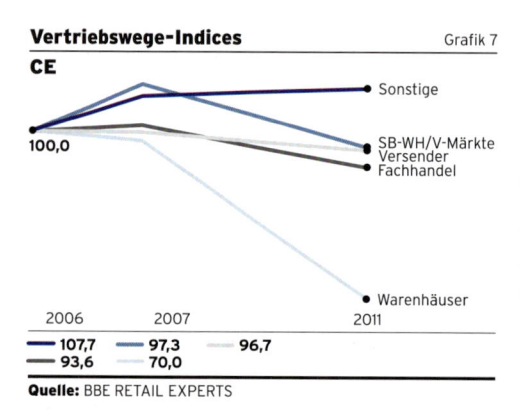

So ist die Zurückdrängung des Röhrenfernsehers mit teilweise weit über 50 Prozent liegenden Reduktionsraten nicht mehr kompensierbar durch LCD- und Plasma-TV. Ähnliches deutet sich im Videosegment an. Hinzu kommt, dass viele neue Produkte den altbekannten Gang des Preisverfalls erleben oder es kommt zu kannibalisierenden Tendenzen wie zwischen Desktop-PC und Notebook, gefolgt von Notebook durch Netbook.

Die Vielzahl der Hauptwarengruppen bei UE (14 Teilmärkte mit weiteren möglichen Splits) und KE mit 6 Warengruppen wird durch eine doch erstaunlich überschaubare Distribution an die Nachfrage gebracht. Bedeutendste Absatzkanäle sind CE-Fachhandel und CE-Fachmärkte (**Grafik 7**), ergänzt um den PC-/BBO-Fachhandel mit Schwerpunkt auf den Home-PC-Bereich, Versender und Discounter. Waren- und Kaufhäuser, SB-Warenhäuser und V-Märkte spielen lediglich eine nachgeordnete Rolle.

Generell erfahren die Perspektiven des Marktes eine eng gesetzte (wertmäßige) Begrenzung durch Substitutionsverluste bei der Verdrängung von alter Technik durch neue Geräte und, besonders hervorzuheben, durch den allgegenwärtigen Preisverfall. Bisher hat es die CE-Branche erfolgreich geschafft, sich diesen Trends, die so neu nicht sind, entgegenzustemmen.

Wenig Neues bietet die CE-Distribution, denn zumeist sonstige Anbietern profitieren. So spielen Discounter und E-Commerce eine immer größere Rolle in der künftigen Distribution. Schließlich sind UE-Geräte, namentlich aber Notebooks, zugehörige Peripherie und Mobiltelefone prädestiniert für den Vertriebsweg Internet. Dass sich der Fachhandel im Marktschnitt halten kann, liegt an den Fachmarktlinien und dem hohen Kooperationsgrad, den der CE-Fachhandel aufweist.

Teilsegment: Elektro-Großgeräte

Elektro-Großgeräte nehmen aufgrund der umsatzstarken Stellung im Elektro-Feld zusammen mit Consumer Electronics eine richtungweisende Funktion ein. Der Markt besteht aus Weißer Ware und Haustechnik einerseits, lässt sich aber innerhalb der Weißen Ware zusätzlich in Solo- und Einbaugeräte unterteilen. Weiß heißt die Ware, weil (früher und heute wieder) die Gerätefronten überwiegend in weiß gehalten wurden. Das Pendant hierzu ist die so genannte Braune Ware, wie man früher Unterhaltungselektronik mit braun gehaltenen Fernsehgeräten und HiFi-Anlagen genannt hat. Unter Haustechnik sind Produkte wie Durchlauferhitzer, sonstige Heißwasserbereiter, Speicherheizgeräte und andere Raumheizer zu verstehen. Sie unterliegen stark dem rechtlichen Rahmen zum Beispiel durch Immissionsvorschriften.

2007 hat der Großgerätemarkt in der Umsatzentwicklung eine Kehrtwende verkraften müssen (**Grafik 8**). Denn verbrauchssteuerbedingte Vorziehungskäufe haben das Einbaugerätegeschäft beeinträchtigt. Da gleichzeitig Sologeräte rückläufig tendierten,

Marktvolumen: E-Großgeräte — Grafik 8

Umsatz 2006	7,41 Mrd. Euro	100,0 Prozent
Umsatz 2007	7,21 Mrd. Euro	97,2 Prozent
Umsatz 2011	7,13 Mrd. Euro	96,1 Prozent

Technik Markt

fehlte die Kompensation, der Markt hatte ein Umsatzminus in Höhe von 3,7 Prozent auf 7,21 Mrd. Euro hinzunehmen.

Die Hausgeräteindustrie ist ein wichtiger Teilbereich des industriellen Paradepferdes Deutschlands, der Elektro-Branche insgesamt. Gekennzeichnet durch eine herausragende Exportquote, die mit steigender Tendenz bei über 70 Prozent liegt, ist die Hausgeräteindustrie stark international verflechtet. Produktionsverlagerungen ins Ausland und anschließende Reimporte prägen so den deutschen Markt. Mit hoher Innovationskraft wird der vom Ersatzbedarf lebende Markt zusätzlich vorangetrieben.

Mit Blick auf die künftige Situation und vor dem Hintergrund gesamtwirtschaftlich rezessiver Tendenzen wird Weißer Ware bis 2011 kein Wachstum, aber auch kein starker Einbruch zugetraut. Im Vergleich 2007 bis 2011 reduziert sich das prognostizierte Umsatzvolumen – unter Einbeziehung bereits angesprochener Rahmenverschlechterungen – um ein knappes Prozent auf 7,13 Mrd. Euro. Krisenkompensierend wirkt hier die Innovationskraft der Hausgeräteindustrie, u. a. die Energieeffizienz der Geräte und das Thema Nachhaltigkeit allgemein.

Die Distribution von Weißer Ware und Haustechnik ist fachhandelsdominiert (**Grafik 9**). Die hier subsumierten Absatzkanäle wie Elektrofachhandel, Fachmärkte und, mit besonderer Bedeutung, Möbel-/Küchenfachhandel beherrschen die Distribution. Anbieter aus den Reihen des Zweitmarktes, hier sind in der Rangfolge ihrer Bedeutung Versender, SB-Warenhäuser inkl. Baumärkte und – mit steigender Tendenz E-Commerce zu nennen, haben nur geringe Spielräume auf dem Markt.

Teilsegment: Elektro-Kleingeräte

Der Markt für Elektro-Kleingeräte umfasst zehn Marktsegmente, die die Produktvielfalt der elektrisch betriebenen kleinen „Haushaltshelfer" widerspiegeln. Dazu zählen neben Staubsaugern Küchenmaschinen, Kaffeeautomaten, Personal Care, Bügeleisen und vieles mehr. Aufgrund der hohen Sättigungsgrade und Mehrfachausstattung in den Privathaushalten – z. B. Staubsauger 97 Prozent, Bügeleisen 98 Prozent, Kaffeemaschinen 95 Prozent – herrscht der Ersatzkauf vor. Erstausstattung tritt – und auch das immer weniger – nur bei Haushalts-

Marktvolumen: E-Kleingeräte — Grafik 10

Umsatz 2006	2,88 Mrd. Euro	100,0 Prozent
Umsatz 2007	3,07 Mrd. Euro	106,7 Prozent
Umsatz 2011	3,35 Mrd. Euro	116,4 Prozent

Vertriebswege-Indices E-Großgeräte — Grafik 9

- Sonstige
- Baumärkte
- SB-WH/V-Märkte
- Fachhandel
- Versender
- Warenhäuser

100,0

2006 / 2007 / 2011
— 118,9 — 99,9 — 99,9
— 96,5 — 91,5 — 48,1

Quelle: BBE RETAIL EXPERTS

gründungen auf. Viel wichtiger sind Design und pfiffig präsentierter Zusatznutzen die treibenden Kaufmotive von Elektro-Kleingeräten.

Der Markt für E-Kleingeräte hat 2007 das Umsatztop des Jahres 1991 (3,078 Mrd. Euro) mit 3,072 Mrd. Euro nur marginal verfehlt (**Grafik 10**). Weil trotz aller Unkenrufe der treibende Espresso-Boom intakt ist, dürfte 2008 eine neue Rekordmarke aufgestellt werden. Die Determinanten des Marktes sind unverändert: Die Vielfältigkeit des Produktangebots mit immer neuen Variationen – denn echte Innovationen sind nach wie vor selten – kommt bei den Konsumenten gut an. Trotzdem

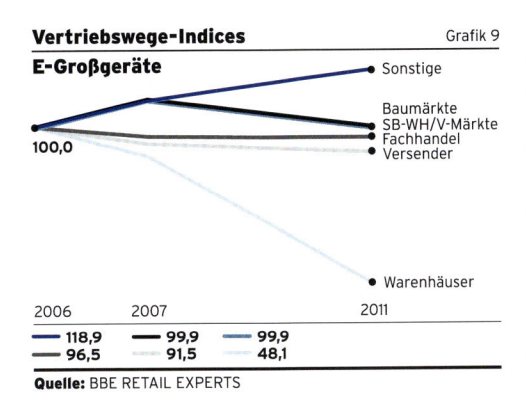

Markt Technik

Foto: Miele

E-Hausgeräte: Profitieren von der Innovationskraft der Hersteller.

wird die Dynamik des Marktes nur von wenigen Auftriebskräften gespeist: Kaffee-, besonders aber Espressoautomaten, Personal Care, das weite Feld sonstiger Kleingeräte, das durch Heterogenität besticht und per Saldo einen (oft) erklecklichen Wachstumsbeitrag leistet. Allerdings kann sich eine solch schmale Auftriebsbasis schnell ins Gegenteil verkehren.

Die an der Kleingeräte-Distribution beteiligten Vertriebswege sind (fast) so heterogen wie das Produktangebot (**Grafik 11**). Allein im Fachhandel lassen sich fünf verschiedene Zweige ausmachen, angefangen vom Elektro- und UE-Handel, über die zugehörigen Fachmarktlinien bis hin zu Hausrat & Eisenwarenfachhandel, Möbel- und Küchenhandel. Über die gesamte Position Fachhandel wird etwa die Hälfte des Marktvolumens abgewickelt.

Die andere Hälfte geht über die hier nach stark in die Distribution eingeschalteten Warenhäuser und Ver-

sender an den Konsumenten. Ebenfalls in nennenswertem Umfang bedienen SB-Warenhäuser und Verbrauchermärkte den Kunden. Eine Besonderheit stellt die ausgeprägte Stellung des Direktvertriebs dar – mit Bezug auf Bodenpflege ist Marktführer Vor-

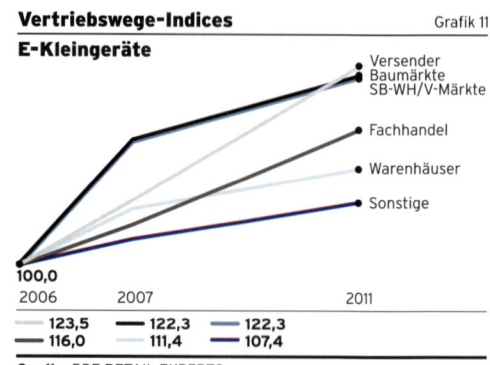

Vertriebswege-Indices Grafik 11
E-Kleingeräte

- Versender: 123,5
- Baumärkte: 122,3
- SB-WH/V-Märkte: 122,3
- Fachhandel: 116,0
- Warenhäuser: 111,4
- Sonstige: 107,4

(2006 = 100,0; 2007; 2011)

Quelle: BBE RETAIL EXPERTS

82 Einzelhandel 2010

Erscheinungstermin: 5.10.2009

Handel aktuell
Struktur, Kennzahlen und Profile des internationalen Handels
Schwerpunkt Deutschland, Österreich, Schweiz
Ausgabe 2009/2010

Mit freundlicher Unterstützung von:
- dlv Netzwerk Ladenbau
- HypZert
- KPMG
- TOMRA
- VISA
- V PAY
- wanzl
- WINCOR NIXDORF

EHI Retail Institute

Handel aktuell 2009 / 2010

▶ Umfassende Strukturdaten des D–A–CH Groß- und Einzelhandels

▶ Aktuellste Daten zu den größten D–A–CH Handelsunternehmen

▶ Profile der größten Handelsunternehmen in den europäischen Ländern

▶ Aktuelle Leistungskennzahlen des deutschen Lebensmitteleinzelhandels

▶ Neueste Ergebnisse aus EHI-Studien zu Sortimentsanalysen, Zahlungssystemen, Sicherheit, Informationstechnologien etc.

▸ DIN A5, broschiert, 384 Seiten
▸ ISBN: 978-3-87257-337-7
▸ € 53,00 inkl. MwSt., versandkostenfrei

Bestellen Sie jetzt! Fax: +49 (0) 2 21 · 5 79 93-45
per Post: EHI Retail Institute · Spichernstraße 55 · 50672 Köln
Kontakt: Claudia Husseck · Mail: husseck@ehi.org
Fon: +49 (0) 2 21 · 5 79 93-64 · www.ehi.org

Name:	Fon/Fax:
Firma:	E-Mail:
Straße, Nr.:	
PLZ, Ort:	Datum Unterschrift

EHI Retail Institute®

Forschung | Konferenzen | **Verlag** | Messen

Markt Technik

werk gut positioniert. Trotz der angesprochenen schmal anmutenden Wachstumsbasis scheint das Aufwärtspotenzial des Marktes noch intakt zu sein. Bis 2011 wird für die Branche ein Indexwert von 116,4 (2006 = 100) prognostiziert – übrigens der einzig nachhaltige positive Trend im CE & Elektro-Geschäftsfeld.

Teilsegment: Elektro-Zubehör

Elektro- und UE-Zubehör ist ein umsatzträchtiges Marktsegment. Allerdings werden die hier relevanten 5 bis 6 Umsatz-Mrd. überwiegend mit Installationsmaterial für die private Verwendung erzielt (**Grafik 12**). Das Zubehörsortiment reicht von der (jetzigen) Marktnische Leercassetten über Audio-Zubehör, Kopfhörer, Mikros, Haus- und Autoantennen, Primärbatterien und Glühlampen bis hin zu Stecker, Kabel,

Vertriebswege-Indices Elektro-Zubehör — Grafik 13

- Sonstige Versender: 124,9 / 100,3
- Baumärkte Fachhandel: 124,5 / 95,4
- Warenhäuser: 101,1 / 89,4
- SB-WH/V-Märkte

Quelle: BBE RETAIL EXPERTS

Marktvolumen: Elektro-Zubehör — Grafik 12

Umsatz 2006	5,90 Mrd. Euro	100,0 Prozent
Umsatz 2007	6,25 Mrd. Euro	106,0 Prozent
Umsatz 2011	6,03 Mrd. Euro	102,3 Prozent

Leitungen etc. im Installationsbereich. Generell gilt, dass Zubehör als margenträchtige Ergänzung zum jeweils relevanten Kernsortiment der einzelnen Handelszweige eine wichtige Rolle spielt und (überwiegend) nicht im Preisfokus steht.

Die Zubehör-Marktentwicklung lässt sich saldiert aufgrund der so unterschiedlichen Produktkategorien nur schwer charakterisieren. Das Spektrum reicht von der mittlerweile unbedeutenden Nische Leercassetten über halbwegs stabile Bereiche wie Batterien bis hin zum milliardenschweren Hauptsegment Installationsmaterial, das von der Baukonjunktur und der Renovierungstätigkeit abhängt. Während Audio- und Video-Leercassetten vom Markt verschwinden werden, führen auf der anderen Seite administrative Eingriffe wie das Glühlampenverbot ab 2009 zu Sonder-

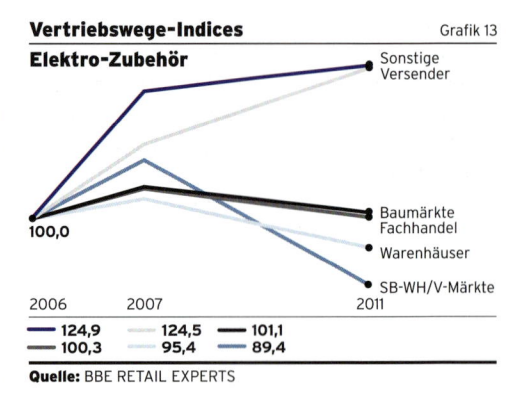

konjunkturen. Dazwischen liegt der DVBT-getriebene Antennenboom, der wiederum in eine ruhige Phase eintaucht und vom tv-tauglichen Breitband-Hochgeschwindigkeitsnetz beeinträchtigt wird.

So heterogen das Zubehörsegment, so verschieden und differenziert ist auch die zugehörige Distribution (**Grafik 13**). Von den nennenswerten Absatzkanälen sind Elektro-/UE-, Möbel- und Leuchtenfachhandel, aber auch HiFi-Spezialisten usw. auf-

Foto: Miele

E-Kleingeräte: Stark fachhandelsorientiert.

Technik **Markt**

zuführen. Zumeist besitzen die einzelnen Kanäle einen Schwerpunkt in einem einzigen Segment. Discounter bestechen durch eine hohe Bedeutung bei Leercassetten und Gerätebatterien, Baumärkte, LEH und Leuchtenhandel bei Leuchtmitteln. Das Installationshandwerk ist ebenfalls über den Materialverkauf vertreten. Die Aussichten für den Zubehörmarkt insgesamt sind durch z. T. gegenläufige Segmenttrends bis 2011 nun etwas angespannter zu sehen, auch wenn man den 2006er-Indexwert von 100 im Jahr 2011 mit 102,3 noch übertrifft. Im Zeitablauf zeigt sich jedoch, dass der Markt seinen Zenit überschritten hat. Außerdem besteht bei einigen Zubehörkategorien (immer wieder) die Gefahr, als Frequenzbringer ohne ausreichende Sortimentspflege vertrieben zu werden.

Teilsegment: Foto

Die Digitalisierung des Fotomarktes ist nahezu abgeschlossen. Der Fotomarkt, bestehend aus den Marktsegmenten Kameras, Zubehör wie Objektive, Blitzgeräte, Dia-Projektoren, aber auch Filme und das so bedeutende, weil margenstarke Finishing nebst Zubehör hat Mitte der neunziger Jahre durch Digitalkameras eine technische Revolution erfahren. Herkömmliche Silberfotografie wurde zunächst zögerlich, dann in atemberaubenden Tempo durch Digitalfotografie verdrängt. Die Umsatzentwicklung explodierte von zuvor etwa 3 Mrd. Euro innerhalb einer Dekade auf 4,9 Mrd. Euro. Der Markt wurde durch entscheidende Produktinnovation wach geküsst.

Die euphorische Beschreibung des innovativ-determinierten Fotomarktgeschehens ist aber zugleich auch Historie. Denn 2005 stellt das vorerst wohl letzte Jahr spürbaren Wachstums dar. Schon 2007 hat sich der Markt auf hohem Niveau konsolidiert; von Wachstum kann seitdem nicht mehr die Rede sein. 2006: minus 0,3 Prozent, 2007: plus 0,7 Prozent, 2008 (voraussichtlich) minus 3 Prozent (**Grafik 14**). Die Digitalisierung hat frische Nachfrage angesprochen, gleichzeitig aber auch neue Konkurrenz angelockt. In bekannter Weise hat sich umgehend und bei technischen Produkten üblich ein Preisverfall in zuvor nicht gekanntem Ausmaß eingestellt. Die Marktentwicklung verläuft seitdem in entsprechender Weise.

Auf der Distributionsseite hat der früher marktbeherrschende Fotofachhandel Konkurrenz bekommen (**Grafik 15**). Die Digitalisierung hat den CE-Fachhandel, besonders aber die CE-Fachmärkte angelockt. Gleichzeitig wurde im Brot- und Buttergeschäft Fotofinishing durch LEH und Drogerien ein Preiskrieg angezettelt, der den Fotospezialisten (fast) die Substanz geraubt hat. Außerdem ist mit dem Zusammenbruch des SLR-Segments die Fachhandelsdomäne Wechselobjektive zusammengebrochen – bis Digital-SLRs den Markt neu belebt haben und fachhandelsaffines Zubehör stimuliert hat. Dazu hat sich durch die Digitalisierung und zeitgleich das Internet als Distributionskanal für Fotoartikel etabliert.

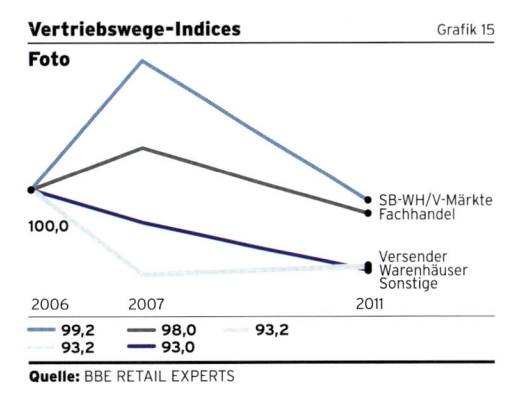

Marktvolumen: Foto — Grafik 14

Umsatz 2006	4,84 Mrd. Euro	100,0 Prozent
Umsatz 2007	4,89 Mrd. Euro	101,0 Prozent
Umsatz 2011	4,64 Mrd. Euro	95,9 Prozent

Vertriebswege-Indices — Grafik 15
Foto

- SB-WH/V-Märkte: 99,2 / 98,0 / 93,2
- Fachhandel
- Versender
- Warenhäuser
- Sonstige: 93,2 / 93,0

Quelle: BBE RETAIL EXPERTS

Einzelhandel 2010   **85**

Markt Technik

In der Gesamtmarktbetrachtung lässt die Marktprognose für die nächsten Jahre per Saldo nur wenig - genauer gesagt weniger - Verteilungsspielraum zu. Bis 2011 reduziert sich der Fotomarkt im Vergleich zum Basisjahr 2006 auf einen Indexwert von nur noch 95,6. Bei dem erreichten Umsatzniveau wäre das auf den ersten Blick und vor dem Hintergrund anderer Konsumgütermärkte, bei denen starke Umsatzverluste prognostiziert werden, kein schlechtes Votum. Aber: Die retrospektive Entwicklung hat gezeigt, dass Fotoprodukte kaum noch über Zusatznutzen, sondern fast ausschließlich über den Preis verkauft werden. Das beinhaltet einen starken Margendruck, dem dann nur kapitalkräftige und gut positionierte Vertriebswege widerstehen können.

Dennoch sind in einzelnen Nischen Lichtblicke zu finden. Digitale Bilderrahmen, Zubehör für digitale SLRs sind nur einige Beispiele. Von den Vertriebswegen profitiert innerhalb des Fachhandels die Linie CE-Fachmärkte, der Fotofachhandel dürfte sein beachtliches Niveau von etwa 27 Prozent stabilisieren.

Chancenmanagement statt Krisenwettbewerb

In der Konsumelektronik lässt ein anhaltendes Interesse der Konsumenten hoffen. Ersatzbedarf, Digitalisierung, Nutzungs-, Vernetzungs- und Kombinationsmöglichkeiten, umweltfreundliche Produkte sowie eine ungebrochene Innovationskraft kennzeichnen die Sortimente und die damit verbundenen Chancen in der Krise. Die Digitalisierung und das Zukunftsfernsehen schreiben Mediengeschichte und bieten für den gesamten Fachhandel enorme wirtschaftliche Potenziale. Die Konsumenten investieren gezielt in eine deutlich bessere Bildqualität und gestiegenen Anwendungsnutzen. 14 Mio. Haushalte besitzen bereits Fernsehgeräte, die HD-Inhalte wiedergeben können. Vor, während und nach der IFA in Berlin dreht sich damit alles um die neuen Bildschirmgenerationen, Blu-ray-Player, HD-Camcorder und Digitalkameras bzw. um die Sortimente der mobilen Unterhaltung, Navigation und Kommunikation. Der Ausbau der Datenübertragungsmöglichkeiten, der Kundenwunsch nach Mobilität sowie die Multifunktionalität der digitalen Technologien schaffen zusätzliche Marktperspektiven.

Elektro-Hausgeräte werden von den Trends Lifestyle, Design, Gesundheit und Wellness gekennzeichnet. Bedienkomfort, intelligente Technologien und der effiziente Umgang mit den Ressourcen Wasser und Energie prägen die Markenprodukte und damit die Marktentwicklung. Während sich der Absatz von Einbauküchen zuletzt eher negativ zeigte, entwickelte sich der Elektrogroß- und -kleingerätebereich positiv. Viele Händler beantworten den Umsatzrückgang bei Einbauküchen mit Angeboten zur Küchenmodernisierung. Elektrogeräte sind grundsätzlich nicht so konjunkturanfällig. Es dominiert der Ersatzbedarf. Kühlschrank oder Waschmaschine sind aus den allermeisten Haushalten nicht mal einen Tag lang wegzudenken. Nachhaltigkeit und Energieeffizienz entwickeln sich in fast allen Sortimentsdisziplinen bis zur Gebäudesystemtechnik zu kaufentscheidenden Faktoren. Dies gilt bei Leuchtmitteln (Energiesparlampen, LED) ebenso wie für die Informationstechnik im klassischen B2B-Geschäft. Mehr Leistung im Büro heißt weniger Maschinen. Investitionen in Leistungsverfügbarkeit, Sicherheit, Energiekostenreduzierung und zukunftssichere Software-Konzepte sowie die Optimierung der Kommunikationssysteme verschaffen den Unternehmen Wettbewerbsvorteile im Markt.

Willi Klöcker, Vorsitzender Bundesverband Technik des Einzelhandels (BVT).

Office **Markt**

Büro & Schreibwaren

Zwischen Goldfeder und Papierlaterne, Büroausstattung und SoHo-Office: Der Büromarkt ist stark von Veränderungen der Arbeitswelt geprägt.

Text Karl Oerder, BBE

Das Geschäftsfeld Office-Equipment & Paper befasst sich mit den Märkten für Büroeinrichtungen und -ausstattungen. Obwohl es nur vier Märkte umfasst, ist es zu den größeren Geschäftsfeldern im Konsumgüterbereich zu zählen (**Grafik 1**). Wesentlich beeinflusst wird der Markt durch die Nachfrage gewerblicher Verwender, die allein im PBS-Segment etwa zwei Drittel des Gesamtumsatzes ausmachen. In den Teilmärkten Büromöbel und Büromaschinen wird der Anteil eher noch höher anzusetzen sein.

Mit einem Umsatzvolumen von rd. 30 Mrd. Euro (annähernd 60 Prozent) ist der PC-Markt mit klarem Abstand größter Bereich des Geschäftsfeldes. Dahinter folgt als zweiter wichtiger Markt PBS-Artikel, der mit mehr als 16 Mrd. Euro Umsatz knapp ein Drittel zum Gesamtwert beisteuert. Somit verbleiben für die beiden kleinen Segmente Büromaschinen (etwa 1,6 Mio. Euro, - 3 Prozent) und Büromöbel (4 Mio. Euro, - 5 Prozent) nur noch einstellige Anteile (**Grafik 2**).

Der Fachhandel aus dem PBS-/BBO-Bereich bleibt der bedeutendste Vertriebsweg in diesem Geschäftsfeld (**Grafik 3**). Allerdings ist die Distributionslandschaft ohne den Absatz des PC-Marktes berechnet, da für diesen keine relevanten Daten vorliegen. Gut die Hälfte des Umsatzes aus der Bürowirtschaft wird über Fachanbieter vertrieben. Einen höheren Anteil, wie er bei Maschinen und Möbeln vom Fachhandel erzielt wird, verhindert der PBS-Markt, bei dem die Sonstigen Anbieter wesentlichen Einfluss auf die Distribution haben (siehe Teilsegment PBS-Artikel).

Der Zweitmarkt (Nicht-Fachhandel) wird im Wesentlichen von den Sonstigen Anbietern dominiert. Lebensmittelhandel, Discounter, Kioske, Buchhandel, Großhandel u. a. können 36 Prozent des Marktvolumens auf sich ziehen. Einen größeren Anteil erzielt noch der Versandhandel, der insbesondere durch die Spezialversender auf eine Umsatzbedeutung von knapp 8 Prozent kommt. Von nachrangigem Markteinfluss sind Warenhäuser mit knapp 3 Prozent und SB-Warenhäuser/Verbrauchermärkte mit etwa 4 Prozent.

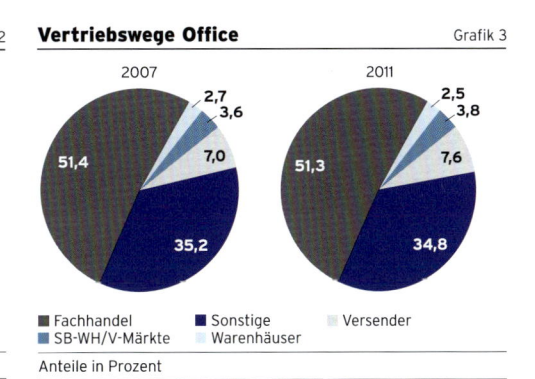

Marktvolumen: Office gesamt — Grafik 1

Umsatz 2006	49,20 Mrd. Euro	100,0 Prozent
Umsatz 2007	51,00 Mrd. Euro	103,7 Prozent
Umsatz 2011	53,24 Mrd. Euro	108,2 Prozent

Teilmärkte Office — Grafik 2

2006	2007	2011	
59,6	59,2	59,5	PC
32,1	32,6	32,3	PBS-Artikel
5,0	5,0	5,1	Büromöbel
3,2	3,2	3,1	Büromaschinen

Anteile in Prozent
Quelle: BBE RETAIL EXPERTS

Vertriebswege Office — Grafik 3

2007:
- Fachhandel: 51,4
- Sonstige: 35,2
- Versender: 7,0
- SB-WH/V-Märkte: 3,6
- Warenhäuser: 2,7

2011:
- Fachhandel: 51,3
- Sonstige: 34,8
- Versender: 7,6
- SB-WH/V-Märkte: 3,8
- Warenhäuser: 2,5

Anteile in Prozent
Quelle: BBE RETAIL EXPERTS

Markt Office

Das Geschäftsfeld Office Equipment & Paper weist für den Zeitraum 2007 bis 2011 nur ein geringes durchschnittliches Wachstum aus, das zudem hauptsächlich aus der Steigerung des PC-Marktes resultiert. Im derzeitigen konjunkturellen Umfeld sind Büroeinrichtungen und Bürobedarf weniger nachgefragt – sowohl von gewerblichen Verwendern als auch aus dem privaten Bereich.

Die Verschiebungen innerhalb der Handelslandschaft fallen in den kommenden Jahren relativ gering aus, zumal der eigentliche Wachstumsmotor (PC-Markt) in der Distributionsbetrachtung ausfällt. Über alle Vertriebswege hinweg sind trotz der schwachen Marktentwicklung nur geringe Veränderungen zu erwarten. Weit über dem Schnitt sind allerdings die Tendenzen der Versender zu sehen. Sie können als einziger Anbieter ihre Bedeutung innerhalb des Geschäftsfeldes ausbauen. Dies geht vor allem zu Lasten des Fachhandels, dessen Anteil um einen halben Prozentpunkt zurückfällt. Die übrigen Vertriebswege werden ihre derzeitige Position knapp halten können.

Teilsegment: Büromaschinen

Den dominierenden Part der Büromaschinen (Umsatzvolumen 2007: 1,6 Mrd. Euro, **Grafik 4**) halten Fotokopiergeräte inne, die mehr als 70 Prozent des Segmentes ausmachen. Die weiteren Warengruppen sind Schreibmaschinen, Rechenmaschinen, Mikrofilmge-

Marktvolumen: Büromaschinen — Grafik 4

Umsatz 2006	1,59 Mrd. Euro	100,0 Prozent
Umsatz 2007	1,63 Mrd. Euro	102,5 Prozent
Umsatz 2011	1,67 Mrd. Euro	105,0 Prozent

räte, Vervielfältigungsmaschinen, Diktiergeräte sowie Sonstige Büromaschinen (Kuvertier- und Frankiermaschinen, Geldzähl- und Abrechnungsgeräte u.a.), die teilweise nur noch ein Nischendasein führen.

Nach einer stürmischen Vergangenheit scheint sich der Markt mit Büromaschinen zu beruhigen. Leider verläuft diese Phase jedoch in einer Zeit, in der nach Überwindung kurzzeitiger Faktoren (Euroeinführung/Jahrtausendwechsel), der Markt durch die derzeitige wirtschaftliche Schieflage in arge Bedrängnis gerät. Nachdem 2008 noch mal relativ gut ausgegangen ist, werden sich in der weiteren Entwicklung die Konjunkturprobleme deutlicher bemerkbar machen.

Für das laufende Jahr rechnet die Branche wenn überhaupt nur mit einem kleinen Umsatzwachstum. Problematisch für den stark gewerblich orientierten Markt mit Büromaschinen ist das derzeitige schwache konjunkturelle Umfeld, das wenig Raum für Investitionen und Neuanschaffungen bietet. Der Abbau von Büroarbeitsplätzen in deutschen Unternehmen und Verwaltungen sorgt weiterhin für wachsende Probleme in den meisten Märkten der Bürowirtschaft.

Foto: Messe Frankfurt

Büromarkt: Stark von gewerblichen Verwendern geprägt.

Office **Markt**

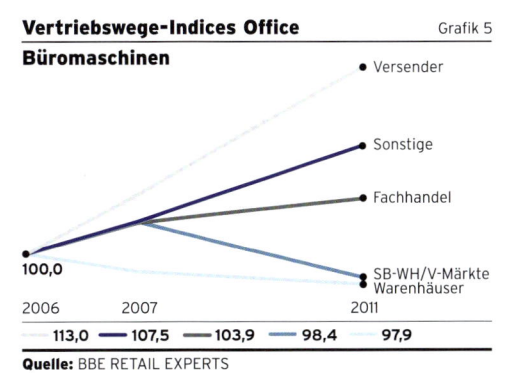

Vertriebswege-Indices Office Grafik 5
Büromaschinen

- Versender
- Sonstige
- Fachhandel
- SB-WH/V-Märkte
- Warenhäuser

2006	2007		2011
113,0	107,5	103,9	98,4	97,9

Quelle: BBE RETAIL EXPERTS

Büromöbel: Auf Wachstumskurs.

Die Dominanz des Fachhandels beim Vertrieb von Büromaschinen bleibt vorerst bestehen. Bei etwa 65 Prozent hat sich der Marktanteil in den letzten Jahren eingependelt (**Grafik 5**). Der Facheinzelhandel muss allerdings – bei immerhin leichten Umsatzzuwächsen – konstant mit Bedeutungsrückgängen auskommen, der nur bedingt von den Fachmärkten aufgefangen werden kann und in der künftigen Entwicklung zu Verlusten der Fachhandelsschiene führt. Trotzdem können Fachmärkte mit weiteren Umsatzgewinnen in diesem für sie schwierigen Markt – ihr Schwerpunkt liegt im PBS-Bereich – ihre Position ständig ausbauen.

Verlierer im weiteren Geschehen sind Warenhäuser und SB-Warenhäuser/Verbrauchermärkte, die von ihrem bereits jetzt geringen Marktanteil um jeweils etwa 3 Prozent weiter abgeben müssen. Als einzige Vertriebswege müssen sie in der künftigen Entwicklung zudem auch Umsatzverluste hinnehmen.

Teilsegment: Büromöbel

Büromöbel ergänzen das Geschäftsfeld Bürowirtschaft, sind aber in absoluter Betrachtung fast so nachrangig einzuschätzen wie das noch kleinere Segment Büromaschinen. Definiert ist der Büromöbelmarkt durch acht Hauptwarengruppen: Sitzmöbel, Schreibtische/Beistelltische, Schränke und sonstige Büromöbel, worunter hauptsächlich Regale und Raumteile fallen. Alle Hauptwarengruppen werden zusätzlich nach Herstellungsmaterial unterschieden, also Büromöbel aus Holz oder aus Metall.

Ein weiteres Charakteristikum des Marktes und natürlich des gesamten Geschäftsfeldes Bürowirtschaft ist die (fast) ausschließliche Bedienung der gewerblichen Nachfrage. Allerdings ist das „fast" immer bedeutender geworden durch den so genannten SoHo-Markt, worunter SmallofficeHomeoffice zu verstehen ist. Verstärkend kommt die Tendenz der Wirtschaft hinzu, Arbeitsplätze via Jobsharing in die Privatwohnungen zu verlagern.

Der Büromöbelmarkt ist seit dem absoluten Tiefpunkt (2004: 2,33 Mrd. Euro) 2007 zum dritten Mal in Folge auf jetzt 2,55 Mrd. Euro gewachsen (**Grafik 6**). Somit hätte die Branche nach zuvor jahrelangem Schrumpfungsprozess wieder nachhaltig auf Wachstum umgeschaltet. Für 2008 dürfte diese Einschätzung auch gültig sein, beim Investitionscharak-

Marktvolumen: Büromöbel Grafik 6

Umsatz 2006	2,47 Mrd. Euro	100,0 Prozent
Umsatz 2007	2,55 Mrd. Euro	103,2 Prozent
Umsatz 2011	2,70 Mrd. Euro	109,3 Prozent

Einzelhandel 2010

Markt Office

ter der Branche und unter dem Eindruck der gegenwärtigen Wirtschaftskrise scheint das mehr als fraglich zu sein.

Übrigens sind alle Angaben inklusive Umsatzsteuer zu verstehen, was für gewerblich geprägte Märkte eigentlich untypisch ist, im Konzert der hier relevanten Geschäftsfelder mit starker Ausrichtung auf die private Nachfrage aus Gründen der Vergleichbarkeit jedoch notwendig ist.

Büromöbel sind auf der Distributionsseite eindeutig fachhandelsbestimmt. Fast drei Viertel des Möbelumsatzes werden hier abgewickelt. Einzelhandelstypische Verkaufskanäle wie Warenhäuser, Versender, SB-Warenhäuser etc. spielen kaum eine Rolle, nennenswert ist aber der Möbelfachhandel, der über den Trend zu Jobsharing und SoHo private Käufer und Kleingewerbetreibende mit Büromöbeln versorgt (**Grafik 7**).

Die weitere Entwicklung wird, die Umsatzdelle 2009/10 ausgeblendet, so schlecht nicht gesehen. Die Kommunen schieben einen gewaltigen Nachholbedarf bei Büroausstattungen vor sich her, auch wenn über entsprechenden Mittel für die Umsetzung aktuell diskutiert wird. Per Saldo dürfte generell eine moderater ausfallende Nachfrage nach Büroausstattungen stattfinden. Weil aber Büroausstattung allgemein und damit auch Büromöbel als konjunkturelles Sparpotenzial gesehen und bei Bedarf auch genutzt werden, ist die künftige Entwicklung störanfällig. Prinzipiell profitieren alle Vertriebswege vom Gesamtmarktwachstum in ähnlicher Weise. Verschiebungen innerhalb der Büromöbeldistribution sind nicht zu erwarten. Die Fachhandelsdominanz bleibt deutlich und oberhalb eines Marktanteils von 70 Prozent angesiedelt.

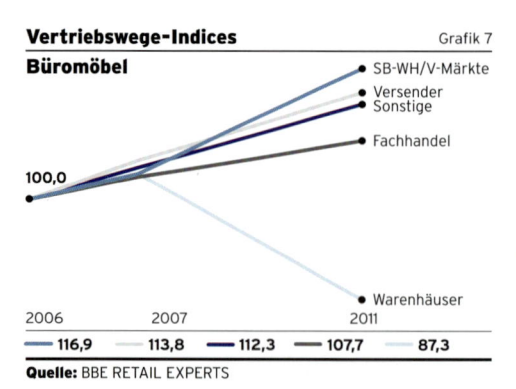

Teilsegment: PBS-Artikel

Der PBS-Markt ist ein Sammelsurium an Produkten und Warengruppen, überspitzt ausgedrückt vom goldenen Füllfederhalter bis zur Papierlaterne. Neben EDV-Zubehör wie Toner und CDs zählen u. a. zum Markt Schreibgeräte, Büro- und Schulzubehör, Hefte, Ordner, Bürokommunikationspapiere, Wand-, Tisch- und Taschenkalender, Geschäftsbücher, Klebematerial, Ansichts- und Grußkarten, Materialien und Zubehör für Ordnen und Archivieren und anderes mehr.

PBS-Artikel haben 2007 ein deutliches Signal setzen können und mit dem Plus von mehr als 5 Prozent den positiven Trend der Vorjahre fortgeführt (**Grafik 8**). Auch für das vergangene Jahr zeichnet sich nochmals ein geringer Umsatzanstieg ab. Der Markt profitiert weiter von der heterogenen Zusammensetzung des Sortimentes und dem damit verbundenen breiten Spektrum der Nachfrager.

Die zunehmende Verwendung von Digitalkameras steigert die Nachfrage nach Papier für den Fotodruck und lässt den Papiermarkt weiter wachsen. Damit einher geht der ständig steigende Verbrauch von Druckerfarben, die immer neue Umsatzhöchstwerte erreichen. Entscheidend für das Erscheinungsbild des PBS-Marktes ist jedoch der Trend bei Bürokommunikationspapieren. Mit einem Umsatzvolumen von rd. 10 Mrd. Euro beeinflusst dieses Segment maßgeblich die Gesamtentwicklung. Erstmals seit Jahren konnten Papiere ihren dynamischen Aufwärtstrend nicht fortsetzen, sondern mussten mit plus 0,1 Prozent lediglich eine Stagnation ihres Umsatzes vermelden.

Vertriebswege-Indices — Grafik 7
Büromöbel

2006	2007		2011	
SB-WH/V-Märkte				116,9
Versender				113,8
Sonstige				112,3
Fachhandel				107,4
Warenhäuser				87,3

Quelle: BBE RETAIL EXPERTS

Office **Markt**

Marktvolumen: PBS-Artikel — Grafik 8

Umsatz 2006	15,79 Mrd. Euro	100,0 Prozent
Umsatz 2007	16,61 Mrd. Euro	105,2 Prozent
Umsatz 2011	17,17 Mrd. Euro	108,7 Prozent

Vertriebswege-Indices PBS-Artikel — Grafik 9

- Versender
- SB-WH/V-Märkte
- Fachhandel
- Sonstige
- Warenhäuser

2006 — 2007 — 2011
124,0 — 111,3 — 108,7 — 106,9 — 97,9

Quelle: BBE RETAIL EXPERTS

Der PBS-/BBO-Facheinzelhandel hält weiterhin den größten Umsatzanteil des PBS-Marktes und trotz einiger Schwächen bleibt die Spitzenposition bestehen. Fachmärkte werden das starke Wachstum der Vorjahre etwas langsamer fortsetzen können, sodass der Marktanteil der Fachanbieter insgesamt in nächster Zeit bei etwa 45 % stagnieren wird (**Grafik 9**).

Foto: Messe Frankfurt

PBS-Artikel: Fortsetzung des positiven Trends.

Ähnlich wie bei Büromaschinen ist es auch im PBS-Markt der Versandhandel, der mit positiven Änderungsraten sowohl in der Vergangenheit als auch in der weiteren Entwicklung zur stabilen Entwicklung des Zweitmarktes beiträgt. Wie dynamisch sich die Umsätze in den nächsten Jahren entwickeln werden, ist aus Grafik 9 deutlich zu erkennen. Mit Service und Lieferschnelligkeit können die Spezialversender kleinere Gewerbetreibende oder Freiberufler erreichen.

Teilsegment: PC

Der hier beschriebene PC-Markt besteht aus dem Hardware-Bereich (Desktop- und Portable-PC sowie Drucker, Monitore und Keyboards) und der Software unterteilt in Standard-Programme und individuellen Softwareprogrammen. Der Gesamtmarkt setzte seine positiven Umsatztendenzen der letzten Jahre fort, und auch die unterschiedliche Entwicklungsrichtung von Hard- und Software zeigte sich weiterhin. Vor allem der Computerbereich, der in den letzten Jahren

Marktvolumen: Personalcomputer — Grafik 10

Umsatz 2006	29,32 Mrd. Euro	100,0 Prozent
Umsatz 2007	30,21 Mrd. Euro	103,0 Prozent
Umsatz 2011	31,70 Mrd. Euro	108,1 Prozent

moderate Rückgängen um 1 Prozent vermeldete, musste in den letzten Jahren ein deutliches Minus hinnehmen (**Grafik 10**).

Das Hauptproblem des Hardware-Bereiches resultiert aus dem seit Jahren rückläufigen Geschäft mit Desktop-PC, das nicht immer von Portables aufgefangen werden konnte. Der starke Verlust des Jahres 2006 wurde nach Branchenmeinung zusätzlich dadurch verstärkt, dass sich das Verbraucherinteresse durch die Fußball-WM mehr auf Fernseher als auf PCs gerichtet hat.

Die Umkehrung der Machtverhältnisse zwischen Hard- und Software hat sich längst vollzogen. Hatten

Markt Office

Foto: Dell

PC-Markt: Gute Umsatzprognosen.

1996 Rechner und Zubehör noch fast 60 Prozent Marktanteil, so erreicht inzwischen Software fast diesen Wert. Das Problem der Hardware liegt weniger im Bereich der abgesetzten Geräte, obwohl auch die Anzahl leicht rückläufig ist, sondern wird viel stärker durch die negative Preisentwicklung verursacht.

Die dynamische Entwicklung, die der PC-Markt 2004 wieder aufgenommen hat, wird er in der künftigen Entwicklung nicht in der bisherigen Größenordnung halten können. Da im Hardware-Segment lediglich Portables nachhaltig Wachstum aufweisen können, sind in diesem Teilmarkt schwarze Zahlen nur schwer wieder zu erreichen.

Ein Spiegelbild der Konjunktur

Unmittelbar zur Büroeinrichtermesse „Orgatec" im Oktober 2008 setzte die Finanzwirtschaftskrise ein. Schon im November reagierte auch die deutsche Wirtschaft, streckte oder strich ihre Investitionen in die Entwicklung ihrer Büroarbeitsplätze. Im 1. Quartal 2009 lag die Nachfrage nach Büroeinrichtungen knapp unter dem schwachen Jahr 2005, 25 Prozent unter Vorjahresniveau. Die Branche kennt diese Achterbahn bereits und weiß, dass es wiederum einen Konsolidierungsschub geben wird, dass Marktteilnehmer ausscheiden werden, bevor es in Folge eines Konjunkturaufschwungs auch hier wieder bergauf geht. Die Bürowirtschaft ist eine Indikatorbranche für die wirtschaftliche Entwicklung. Das spüren meine Kollegen regional sehr unterschiedlich: Wer viele Kunden im Bereich Chemie, Maschinen- und Automobilbau hat, verliert überproportional Umsatz. Wer eine heterogene Kundenstruktur von Branche und Größe bedient, ist relativ stabil.

Anders verändert sich der Sektor der Systemhäuser und des Paper-Outputs. Während der PC-Absatz zurückgeht, steigt die Nachfrage nach Software und Services. Unternehmen, die hier breit aufgestellt sind, stehen stabiler da als reine Maschinenverkäufer. Wobei hier noch hinzukommt, wie man auf der Lieferantenseite aufgestellt ist, denn internationale Konzernentwicklungen schlagen schnell bis auf den deutschen Markt durch. Wir erwarten hier die größten Veränderungen durch eine Verschiebung der Technologie von Toner zu Tinte und damit einschneidende Konsequenzen für den Kundendienst. Weiter wird der Markt durch die seit diesem Jahr geltenden verschärften Vorschriften für das Eigenleasing von Unternehmen maßgeblich beeinflusst. Das Schulgeschäft wiederum korreliert mit der sinkenden Zahl der Einschulungen und der Schülerzahlen. Wobei der Umsatz pro Einschulung und pro Schüler in den vergangenen Jahren durch das professionelle Marketing von Herstellern und durch engagierte Einschulungsaktionen des Handels gesteigert werden konnte. Und das „echte" Privatgeschäft? Hier haben einige Premiummarken zu kämpfen. Vor allem solche mit Kundengeschenk-Produkten, die schon 2008 zusammengestrichen wurden.

Ulf Ohlmer, Präsident Bundesverband Bürowirtschaft (BBW).

Entertainment **Markt**

Freizeit & Unterhaltung

Von Flöte bis Fahrrad: Die vielfältigen Freizeitaktivitäten der Deutschen bilden in der Marktbetrachtung einen losen Verband mit den unterschiedlichsten Konjunkturen.

Text Karl Oerder, BBE

Das Geschäftsfeld Recreation, Sports & Jewellery/Watches umfasst die Konsumgüterbranchen mit Ausrichtung auf Freizeit und Uhren/Schmuck. Im Gefolge dieser vielfältig ausgestalteten Aktivitäten, mit denen sich die Verbraucher in ihrer Freizeit beschäftigen, ergibt sich ein eher loser Branchenverbund zu einem Geschäftsfeld. Viel stärker wirkt ein Verbund mit entsprechend konkurrierenden Produkten wie bei Haus & Garten oder aber Home & Interior. Dennoch besteht aus Sicht der Verwender ein Zusammenhang, wie die „freie Zeit" verwendet wird und welche Produkte dazu benötigt werden. Welche Bedeutung das Geschäftsfeld Recreation, Sports & Jewellery/Watches besitzt, zeigt sich im Gesamtumsatz: Im Jahr 2007 sind hier 26,5 Mrd. Euro umgesetzt worden, davon entfallen allein knapp ein Drittel auf Bücher (**Grafik 1**).

Nach dem bereits erwähnten Spitzenreiter des Geschäftsfeldes Bücher mit einem Anteil von annähernd 33 Prozent, folgen Spielwaren (rund 22 Prozent) und der Sportbereich, der zwischen 18 Prozent und 19 Prozent Umsatzanteil schwankt. Einen zweistelligen Anteil erreicht noch der Schmuckmarkt mit etwa 12 Prozent, während Fahrräder (6,5 Prozent), Uhren (5 Prozent) und Musikinstrumente mit rund 3 Prozent einstellig bleiben (**Grafik 2**). Für die künftige Entwicklung bis 2011 werden keine größeren Verschiebungen zwischen den Märkten erwartet.

Die auf das Geschäftsfeld bezogene Distribution weist, trotz aller Unterschiedlichkeit der relevanten Märkte, eine Gemeinsamkeit auf: Die Produkte sind in der Regel erklärungsbedürftig und deshalb wird der Umsatz mit Artikeln aus dem Gesamtbereich zu fast zwei Dritteln über den Fachhandel distribuiert (**Grafik 3**). Die übrigen Anbieter teilen sich das verbleibende Drittel wie folgt auf: auf Warenhäuser/Kaufhäuser entfallen aufgrund der Innenstadtrelevanz der Produkte (besonders bei Uhren/Schmuck) immerhin noch mehr als ein Zehntel des Marktes, Versender erzielen 8,5 Prozent, SB-Warenhäuser/Ver-

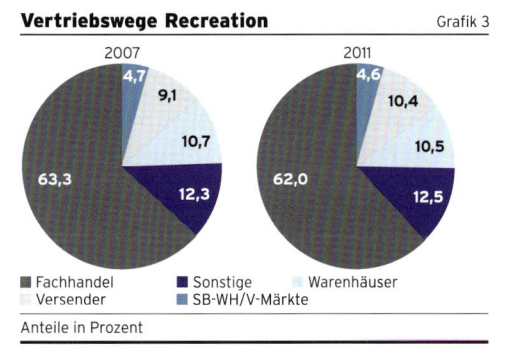

Marktvolumen: Recreation — Grafik 1

Umsatz 2006	25,90 Mrd. Euro	100,0 Prozent
Umsatz 2007	26,62 Mrd. Euro	102,8 Prozent
Umsatz 2011	26,65 Mrd. Euro	102,9 Prozent

Teilmärkte Recreation — Grafik 2

	2006	2007	2011
Uhren	5,0	4,8	4,8
Sport	19,5	19,0	18,3
Spielwaren	22,0	21,9	22,4
Schmuck	11,7	11,9	12,2
Musikinstrumente	3,2	3,1	3,2
Fahrräder	6,3	6,8	6,5
Bücher	32,3	32,6	32,7

Anteile in Prozent
Quelle: BBE RETAIL EXPERTS

Vertriebswege Recreation — Grafik 3

2007: Fachhandel 63,3; Sonstige 4,7; Versender 9,1; Warenhäuser 10,7; SB-WH/V-Märkte 12,3
2011: Fachhandel 62,0; Sonstige 4,6; Versender 10,4; Warenhäuser 10,5; SB-WH/V-Märkte 12,5

Anteile in Prozent
Quelle: BBE RETAIL EXPERTS

Markt Entertainment

Versender: Gewinner im Bereich der Buchdistribution.

brauchermärkte liegen (noch) bei 4,7 Prozent, dürften jedoch im Zuge der negativen Konstellation von nicht preiswert genug - eher einfache Qualitäten - an Marktbedeutung verlieren. Unter Sonstigen Anbietern sind Discounter, E-Commerce und das Direktgeschäft von Buchverlagen, Sportartikelherstellern und Umsätze der Kaffeeröster zu verstehen. Die Bedeutung dieser heterogenen Gruppierung wird mit einem Marktanteil von etwa 12 Prozent beziffert.

Trotz der vermeintlich überragenden Bedeutung von Freizeitbranchen und der angeblichen Konjunkturresistenz der Luxusmärkte zeichnet die Umsatzentwicklung sowohl in der jüngeren Vergangenheit, aber auch mit Blick auf 2011 ein eher ernüchterndes Bild: Von (dynamischer) Marktentwicklung kann man bei einer rechnerischen Jahresrate von 2007 bis 2011 in Höhe von einem Zehntel Prozent nicht sprechen. Die Verbrauchsausgaben unterliegen eben auch hier den finanziellen Zwängen der privaten Haushalte. Sparpotenzial ergibt sich so bei allen Branchen, die verzichtbar sind und auf deren Produkte in der gegenwärtigen Situation auch verzichtet wird.

Die Chancen der einzelnen Absatzkanäle sind in diesem nur schwach wachsenden Geschäftsfeld im Schnitt ähnlich. Größere Verschiebungen sind, abgesehen vom Versandhandel, bis 2011 nicht zu erwarten. Die Versender können als einziger Vertriebsweg ihre Position im Gesamtmarkt - nicht zuletzt durch ihre starke Stellung im Buchhandel - erkennbar ausbauen.

Teilsegment: Bücher

Der Büchermarkt stellt als klassisches Unterhaltungs- und Bildungssegment ein wichtiges Standbein des Geschäftsfeldes Recreation, Sports & Jewellery/Watches. Hier wird mit Fachbüchern, Belletristik, aber auch Sonderauflagen und Mängelexemplaren ein Gesamtvolumen von 8,61 Mrd. Euro umgesetzt (**Grafik 4**).

Marktvolumen: Bücher — Grafik 4

Umsatz 2006	8,37 Mrd. Euro	100,0 Prozent
Umsatz 2007	8,67 Mrd. Euro	103,6 Prozent
Umsatz 2011	8,72 Mrd. Euro	104,2 Prozent

Entertainment Markt

Die Branche zeichnet sich durch eine auf den ersten Blick geordnete Struktur aus, da das Kulturgut Buch schützenswert ist und durch Buchpreisbindung und Remissionsrecht bei Zeitschriften eine stabile Versorgung der Bevölkerung gewährleistet werden soll.

Unter dem Aspekt der Umsatzentwicklung vermittelt der Büchermarkt eine vergleichsweise ruhige, stetige Tendenz. Hier generiert die Branche eine fast konjunkturunabhängige und längerfristig aufwärtsgerichtete Tendenz. Die erzielten Wachstumsraten liegen durchweg in einem moderaten Intervall, starke Abweichungen in beide Richtungen, sonst ein Kennzeichen der volatilen Konsumgütermärkte, sind hier nicht mehr zu sehen; letztmalig gab es von 2002 bis 2004 eine Schwächeperiode. Für die künftige Entwicklung ist wieder mit positiven Einflüssen auf den Markt zu rechnen. Auch wenn im Teilsegment der Fachbücher die Umsatzentwicklung leicht rückläufig ausgerichtet ist, kann die Nachfrage nach belletristischen Büchern dies kompensieren und zu einem leichten Umsatzanstieg führen.

Die Bücherdistribution steht eindeutig unter dem Eindruck der Buchpreisbindung (**Grafik 5**). Der Sortimentsbuchhandel bestreitet mit knapp 55 Prozent den Löwenanteil des Marktes; bezieht man sonstige Verkaufsstellen wie Schreibwarenhandel, Sport-, PC-Handel und weitere mit in die Berechnung ein, erhöht sich die Marktbedeutung auf 64 Prozent. Daneben werden Bücher vom geradezu klassischen Konkurrenten Waren- und Kaufhäuser, mit Abstrichen auch durch den Versandhandel verkauft. Außerdem gibt es mit dem Direktvertrieb der Buchverlage eine starke Konkurrenz im Bereich eines zweistelligen Marktanteils. „Die" Gefahr des vordergründig geregelten Buchmarktes zeigt sich aber im stark wachsenden Online-Geschäft. Schließlich sind Bücher prädestiniert für E-Commerce.

Gewinner in der Buchdistribution sind die Versender, die bereits in der Vergangenheit deutlich zulegen konnten. Dieser Vertriebsweg profitiert von der expandierenden Dynamik der Online-Buchhändler. Mit Riesenschritten haben sie in kurzer Zeit die 1 Mrd.-Euro-Grenze erreicht und überschritten. Auch wenn sich in der nächsten Zeit ihr Wachstum verlangsamen sollte, ist ein Ende noch nicht zu erkennen. Der Versandhandelsweg wird voraussichtlich auch in den künftigen Tendenzen sein Wachstumstempo beibehalten und seine Stellung im Buchvertrieb weiter kräftigen können.

Teilsegment: Fahrräder

Der Fahrradmarkt ist eines der kleineren Marktsegmente im Bereich der Freizeitbranchen. Ohne Einbeziehung von Fahrradzubehör wie Bekleidung, Schutzhelme, Elektronik, Beleuchtung und Ersatzteile werden nur mit Fahrrädern etwa 1,7 Mrd. Euro im

Vertriebswege-Indices Bücher — Grafik 5

- Versender: 149,6
- Sonstige Fachhandel: 101,1
- Warenhäuser: 98,3
- (2011): 90,6

2006 — 2007 — 2011

Quelle: BBE RETAIL EXPERTS

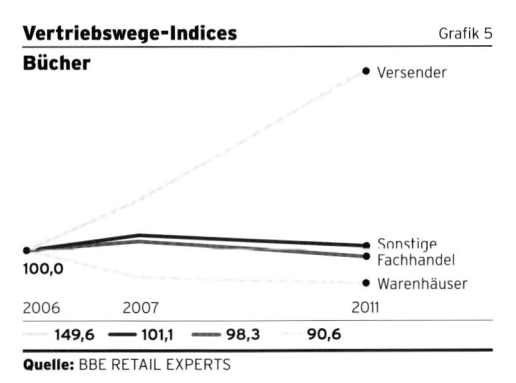

Marktvolumen: Fahrräder — Grafik 6

Umsatz 2006	1,63 Mrd. Euro	100,0 Prozent
Umsatz 2007	1,80 Mrd. Euro	110,4 Prozent
Umsatz 2011	1,74 Mrd. Euro	106,7 Prozent

Jahr umgesetzt (**Grafik 6**). Dabei hat der Markt Höhen und Tiefen erlebt, die in Unter- und Überversorgung der Nachfrage mündeten. Schließlich gibt es in Deutschland mittlerweile einen Fahrradbestand in Höhe von 68 Mio. Stück. Technisch betrachtet hat der Markt Mitte der achtziger Jahre einen Quanten-

Markt Entertainment

sprung verzeichnet. Bevor das Mountainbike aus den USA in Europa auftauchte, sah die Branche mit dem Zehngang-Rennrad den Höhepunkt der Produkttechnik erreicht. Heute gibt es eine Vielzahl von Verbesserungen, und mit dem E-Bike steht eine weitere, stark zu beachtende Verkehrsmittelalternative vor dem Boom.

Das Auf und Ab des Fahrradmarktvolumens ist saisonal- und klimabedingt. Bei zu nassem Frühjahr und anschließendem direkten Übergang in die Ferienzeit haben Industrie und Handel kaum eine Chance, verlorenes Terrain gutzumachen. Die Versorgung des Marktes wird derzeit bei etwa 4,5 Mio. Stück als „normal" gesehen. Verschiebungen in höherwertige Kategorien, beispielsweise vom einfachen Allterrain-Bike unter 200 Euro Endverbraucherpreis von der „Grünen Wiese" hin zum höherwertigen Trekkingrad im Fachhandel in der Preislage ab 750 Euro, beschert dann zusätzliches (Wert-)Wachstum.

E-Bikes haben es derzeit noch relativ einfach hohe Steigerungsraten zu erzielen. 2004 bei Null startend, haben sie bis 2007 bereits eine Umsatzwert von rd. 110 Mio. Euro erreicht. D. h. mit einem Anteil beim Mengenabsatz von etwa 1,5 Prozent verbuchen E-Bikes mittlerweile eine Umsatzbedeutung von sechs bis sieben Prozent. In der künftigen Entwicklung ist in diesem Segment damit noch reichlich Umsatzpotenzial, auch im Vergleich zum europäischen Ausland.

Fahrräder werden überwiegend durch Fachhändler und Fachmärkte verkauft (**Grafik 7**). Die Bedeutung schwankt hier in der Menge zwischen 55 und 60 Prozent, wertmäßig erzielen die Spezialisten eine Marktanteil in Höhe von mehr als 75 Prozent; dies ist die Folge der weitaus höheren Durchschnittspreise, die der Fachhandel erzielt. Weitere Absatzkanäle sind Warenhäuser/Kaufhäuser, Versender und die so genannte „Grüne Wiese" wie SB-Warenhäuser, Verbrauchermärkte und Baumärkte. Zunehmend Bedeutung gewinnt, wie auf zahlreichen anderen Konsumgütermärkten, der Vertrieb per Internet.

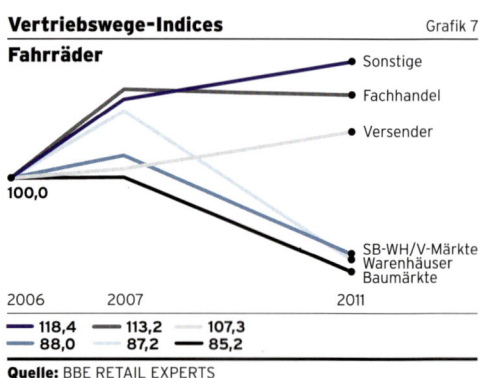

Vertriebswege-Indices Fahrräder — Grafik 7

	2006	2007	2011
Sonstige	100,0		118,4
Fachhandel	100,0		113,2
Versender	100,0		107,3
SB-WH/V-Märkte	100,0		88,0
Warenhäuser	100,0		87,2
Baumärkte	100,0		85,2

Quelle: BBE RETAIL EXPERTS

Die zuvor geschilderte Bedeutung einzelner Vertriebswege – nur noch geringe Bedeutung von Warenhäusern und Versendern, SB-Warenhäusern und Baumärkten – verdeutlicht die Darstellung der Vertriebswege-Indices. Der Fahrradfachhandel kann als einziger Vertriebsweg aus der rückläufigen Marktentwicklung als Umsatzgewinner herausgehen – ein für Konsumgütermärkte wohl einmaliger Trend. Resultierend aus der gestiegenen Nachfrage nach qualitativ höherwertigen Rädern, wie auch dem Anwachsen des E-Bike-Marktes profitieren Fachanbieter von dem damit verbundenen Erklärungsbedarf.

Teilsegment: Musikinstrumente

Das Segment Musikinstrumente bildet den kleinsten Markt im Geschäftsfeld Recreation, Sports & Jewellery/Watches. Einbezogen ist nur der Absatz von Instrumenten und Musikalien (Noten, Partituren u. ä.) jedoch keine Dienstleistungen wie Reparaturen oder Musikunterricht. Das Umsatzvolumen von derzeit etwa 830 Mio. Euro (**Grafik 8**) hat nach

Marktvolumen: Musikinstrumente — Grafik 8

Umsatz 2006	0,83 Mrd. Euro	100,0 Prozent
Umsatz 2007	0,83 Mrd. Euro	100,0 Prozent
Umsatz 2011	0,85 Mrd. Euro	102,4 Prozent

GS1 Germany

Weitere Informationen: www.gs1-germany.de

KNOWLEDGE CENTER

Besuchen Sie uns im GS1 Germany Knowledge Center!

Treffen. Tagen. Trainieren.

Das GS1 Germany Knowledge Center bietet Ihnen neben einem umfangreichen Seminar- und Workshopangebot eine ideale Umgebung für Ihre Veranstaltung:

- >> Multifunktionale Räume für Konferenzen mit bis zu 130 Personen
- >> Zwei Ebenen mit modernster Seminar- und Konferenztechnik
- >> Flexible Raumgestaltung durch bewegliche Wandelemente
- >> Multimediales Erlebnis der Extraklasse: die Value Chain *live*!

Besuchen Sie uns und überzeugen Sie sich selbst!

Value Chain *live*! – Prozesse und Standards auf einen Blick:
- >> Erleben Sie die Wertschöpfungskette hautnah
- >> Begreifen Sie die Theorie
- >> Verstehen Sie den Vorteil von Standards

GS1 Germany – Ihr Partner für effiziente Identifikations-, Kommunikations- und Prozess-Standards

Markt Entertainment

Vertriebswege-Indices Musikinstrumente Grafik 9

- Versender
- Sonstige
- Fachhandel

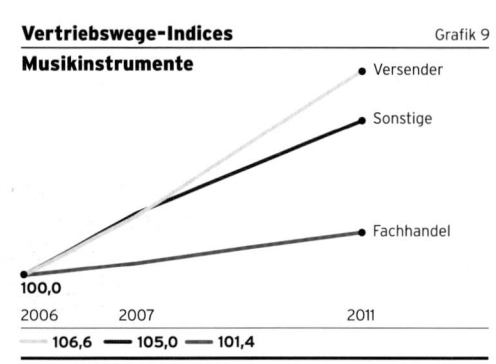

100,0 — 2006
2007
2011
106,6 — 105,0 — 101,4

Quelle: BBE RETAIL EXPERTS

jahrelanger Talfahrt im Jahr 2005 seinen Tiefpunkt erreicht und scheint sich nun langsam wieder zu erholen.

Die Nachfrage nach Musikinstrumenten leidet u. a. unter der starken Konkurrenz zunehmender „passiver" Freizeitbeschäftigungen (TV, PC), aber auch unter dem nachlassenden Interesse aktiver Freizeitmusiker sowie durch die rückläufige Kinderzahl in Deutschland. Impulse erhoffen sich Hersteller und Handel durch einen verstärkten Musikunterricht an den Schulen, um so die möglichen Zielgruppen zu vergrößern bzw. neue zu schaffen. Dies wird zum Teil wiederum durch die zunehmende Diskussion in Städten und Gemeinden über zum Teil kräftige Gebührenerhöhung für den Besuch öffentlicher Musikschulen und dem damit verbundenen Rückgang der Teilnehmer konterkariert.

Wie Grafik 8 erkennen lässt, leidet auch dieser Markt in den kommenden Jahren unter den wirtschaftlichen Problemen des Landes. So wird das Umsatzvolumen von Großmusikinstrumenten (Orgeln, Klaviere), die u. a. von der Nachfrage aus dem öffentlichen Raum abhängig sind, keinen belebenden Einfluss haben können. Als Plusfaktor sind dagegen elektronische Instrumente zu sehen, die wohl eine Trendwende geschafft haben und auch künftig Steigerungsraten erreichen werden und damit den Markt insgesamt leicht anheben können.

Dominiert wird das Handelsgeschehen im Markt mit Musikinstrumenten vom Fachhandel, über den gut Zweidrittel der Instrumente abgesetzt werden. Zusammen mit dem übrigen Fachgeschäften (Buch-, Spielwaren- und CE-Fachhandel) liegt der Anteil dieses Distributionsweges bei rd. 72 Prozent (**Grafik 9**). Mit der Aufwärtsentwicklung des Musikmarktes konnten auch die beteiligten Handelsebenen ihren positiven Trend beibehalten. In den letzten Jahren haben alle Vertriebslinien schwarze Zahlen geschrieben.

Leichte Umsatz- und Anteilssteigerungen werden in der weiteren Entwicklung Versender und Direktvertrieb erreichen, die beide von der ständig wachsenden Online-Gemeinde profitieren können. Allerdings halten sich die Umsatzsteigerungen aufgrund der geringen Gesamtmarktgröße absolut betrachtet auf relativ niedrigem Niveau.

Teilsegment: Schmuck

Der Schmuckmarkt mit einem Gesamtvolumen von 3,17 Mrd. Euro im Jahr 2007 (**Grafik 10**) lässt sich in die vier Hauptsegmente Gold-, Silber-, Phantasie- und Doubléschmuck unterteilen. Der Gold- oder Echtschmuck umfasst aus Gold und/oder Platin gefertigten Schmuck und macht wertmäßig etwa 60 Prozent des Gesamtmarktes aus. Zum Echtschmuck zählen auch Edelstein- und Perlschmuck, da es bei der Zuordnung zu den einzelnen Teilmärkten auf die Art des Fassungsmaterials ankommt.

Neben dem umsatzdominanten Echtschmuck, der trotz tendenziell rückläufiger Bedeutung unverändert die Generalrichtung der Branche ausmacht, hat es in den letzten Jahren einen Wechsel, gemessen am Marktanteil, gegeben. Das zuvor zweitstärkste

Marktvolumen: Schmuck Grafik 10

Umsatz 2006	3,03 Mrd. Euro	100,0 Prozent
Umsatz 2007	3,17 Mrd. Euro	104,6 Prozent
Umsatz 2011	3,24 Mrd. Euro	106,9 Prozent

Entertainment **Markt**

Vertriebswege-Indices — Grafik 11
Schmuck

- Sonstige
- SB-WH/V-Märkte
- Fachhandel
- Warenhäuser
- Versender

100,0 — 2006 | 2007 | 2011

— 130,1   — 106,8   — 105,0
  103,3   100,7

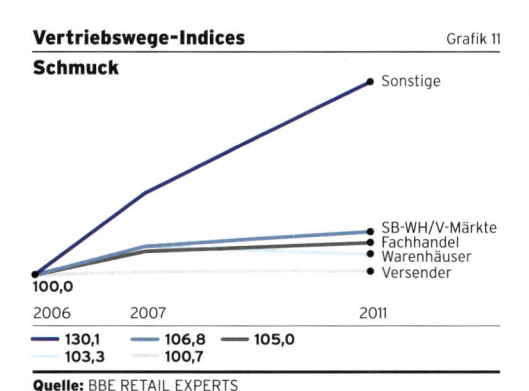

Quelle: BBE RETAIL EXPERTS

Segment Silber ist von Fantasieschmuck (synonym: Modeschmuck) abgelöst worden.

Mit dem Umsatzplus 4,5 Prozent im Jahr 2007 setzt der Schmuckmarkt seinen Wachstumstrend fort. Trotz des deutlichen Anstiegs zeichnen sich in den Folgezeit jedoch erste Probleme ab und die Wachstumskurve bekommt zum Ende des Jahrzehnts hin ein Knick der die Steigung unterbricht. Derzeit zeigt sich, dass in den Zeiten der Wirtschaftskrise Premiumprodukte doch konjunkturanfälliger sind als lange gedacht.

Der Einzelhandel im Schmuckmarkt ist nach wie vor stark mittelständisch geprägt (**Grafik 11**). Das Handelsgeschäft ist im Wesentlichen von beiden Sortimentsbereichen Uhren und Schmuck dominiert. Reine Uhrengeschäfte sind sehr selten, reine Schmuckgeschäfte finden sich dagegen häufig in Verbindung mit hauseigenen Goldschmieden (Handwerk). In ländlichen Gebieten und Vororten findet sich auch oft noch eine Kombination Uhren-Schmuck-Augenoptik (manchmal auch mit Hörgeräten).

Mit Blick auf die Umsatzbedeutung vom Schmuck- und Uhrenfachhandel im Vergleich zum so genannten Zweitmarkt, wo alle übrigen Anbieter außerhalb des Fachhandels gelistet sind, zeigt sich die Fachhandelsdominanz überdeutlich: Bezogen auf den Schmuckmarkt liegt der Marktanteil der Spezialisten bei 70 bis 73 Prozent, in den letzten Jahren aber mit fallender Tendenz.

Teilsegment: Spielwaren

Ein klassischer Bereich von Freizeit und Unterhaltung ist sicherlich der Spielwarenmarkt. In der hier dargestellten Form beinhaltet er nicht nur traditionelles Spielzeug, wie Puzzle, Puppen oder Modellbaukästen, sondern auch Videogames und Hobby- und Bastelartikel. Die Marktentwicklung wird nicht mehr nur noch von den Interessen der Kinder bestimmt, sondern in einigen Warengruppen (bspw. Gesellschaftsspiele, Modelleisenbahnen) ist auch das Interesse der Erwachsenen von Bedeutung.

Trotz der allgemein guten Kauflaune in der jüngeren Vergangenheit sorgen Preisdruck und Verunsicherungen der Verbraucher durch Rückrufaktionen bei Spielwaren, wenn überhaupt, nur für ein mäßiges Wachstum, das im Jahr 2007 zu einem Umsatzvolumen von rd. 5,8 Mrd. Euro führte. Noch vor wenigen Jahren lag der Gesamtmarkt deutlich über 6,5 Mrd. Euro (**Grafik 12**).

In früheren Jahren gehörten Spielwaren zu den wachstumsstärksten Segmenten der Konsumgütermärkte

Marktvolumen: Spielwaren — Grafik 12

Umsatz 2006	5,71 Mrd. Euro	100,0 Prozent
Umsatz 2007	5,82 Mrd. Euro	101,9 Prozent
Umsatz 2011	5,96 Mrd. Euro	104,4 Prozent

Foto: Ravensburger

Gesellschaftsspiele: Beliebt auch bei Erwachsenen.

Einzelhandel 2010   **99**

Markt Entertainment

und konnten sich meist im vorderen Bereich platzieren. Diese Zeiten sind nun vorbei und Spielwaren kämpfen oftmals um ein positives Vorzeichen vor der Änderungsrate. Allein die demografische Entwicklung der kommenden Jahre spricht gegen einen überdurchschnittlich positiven Trend auf dem Spielwarenmarkt. Die Zahl der Nachfrager (Kinder) wird immer geringer. Außerdem setzt das Ende des „Spielalters" immer früher ein. Schon bei Grundschülern machen heute Sportartikel und Unterhaltungselektronik den klassischen Spielwaren zunehmend Konkurrenz.

Die Handelslandschaft bei Spielwaren zeigt noch ein leichtes Übergewicht der Fachanbieter, die etwas mehr als die Hälfte des Umsatzes auf sich ziehen (**Grafik 13**). Dabei ist es in diesem Markt nicht wie so oft, dass der Fachhandel das Schlusslicht der künftigen Umsatzentwicklung bildet. Hier kann er –

Vertriebswege-Indices Spielwaren — Grafik 13

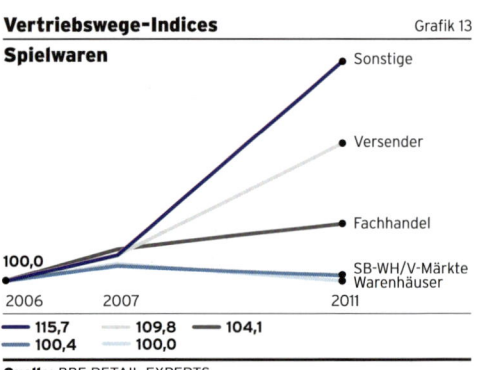

Sonstige 115,7 · Versender 109,8 · Fachhandel 104,1 · SB-WH/V-Märkte Warenhäuser 100,4 / 100,0 (2006 – 2007 – 2011)

Quelle: BBE RETAIL EXPERTS

Stabilität bei Spielwaren

Der Appetit der großen und kleinen Kinder nach neuen und attraktiven Spielwaren ist ungebrochen. So konnte der Spielwaren-Einzelhandel auch im ersten Halbjahr 2009 trotz Wirtschaftskrise seinen Umsatz mit klassischem Spielzeug steigern. Trotzdem macht der Handel seine Hausaufgaben: So setzt er auf Umsatzplus-Sortimente wie Videospiele, Schul- und Schreibwaren, Outdoor sowie Baby- und Kleinkindprodukte. Die Dynamik in den Regalen des Spielwaren-Facheinzelhandels zeigt sich ungebrochen. Strukturverschiebungen in Handel und Industrie bleiben ständige Begleiter der Spielwarenbranche. Um vorn mitzuspielen, investiert der Spielwaren-Facheinzelhandel gezielt in Wertschöpfungsaktivitäten. So stehen weiterhin Kostensenkung und Spannensicherung im Vordergrund. Starke Einkaufskooperationen und Handelszentralen bieten Einzelstandorten dabei die Stärke der Gemeinschaft. Eine Intensivierung aller Kooperationsmodelle zwischen Industrie und Handel von der Lagerhaltung bis zur Leistungshonorierung ist ein weiteres wichtiges Instrument. Klar positionierte Fachhändler setzen mehr denn je auf Standortsicherung durch Flächenrentabilität, Lageroptimierung und Mitarbeiterschulung.

Denn die meisten Erfolgsfaktoren sind neben dem Preisabstand direkt von der Mitarbeiterqualität abhängig. Gute Produktkenntnisse, fachkundige und freundliche Beratung zählen zu den kaufentscheidenden Faktoren. Auch beim Thema Produkt-sicherheit ist die Spielwarenbranche Vorreiter. Wachstum und Rendite sind nur mit den Kunden möglich. Kinder, Jugendliche aber auch Erwachsene gelten zu den klassischen Zielgruppen des Spielwaren-Facheinzelhandels. Entsprechend wichtig sind attraktive Sortimente. Der Konsument von morgen ist 60, sieht aus wie 50 und konsumiert wie mit 40. Diese jung gebliebenen, anspruchsvollen Kunden suchen Qualitätsprodukte und Beratung zum richtigen Preis-Leistungs-Verhältnis. Da hat der gut aufgestellte Handel die Nase vorn.

Wieland Sulzer, Vorsitzender des Bundesverband des Spielwaren-Einzelhandels (BVS).

Anzeige

ediaplanung leicht gemacht

intelligenten Geomarketing-Sytemen ielgruppe treffen

eutsche Post bietet verschiedene Produk-
r optimalen Kundenansprache an. Diese
ndarten können adressiert als Mailing
ost oder Brief), als teiladressierte Post-
-Spezial oder als unadressierte Postwurf-
Einkaufaktuell-Sendung im Direktmarke-
ingesetzt werden.

usforderung für Handelswerbung

ders der stationäre Einzelhandel ist auf
altswerbung zu relativ niedrigen Stückkos-
ngewiesen. Hierbei ist es besonders wichtig,
streuverluste minimal gehalten werden, aber
die Zielgruppe bestmöglich getroffen wird.

esen Spagat hat die Deutsche Post mit ih-
Produkt Einkaufaktuell eine spezielle Lö-
entwickelt. Einkaufaktuell spricht eine brei-
gruppe für den Handel an, bietet eine hohe
llqualität an bis zu 17,6 Millionen Haushal-
n 19 deutschen Ballungsräumen und setzt
iv für die Bedürfnisse von Handelskunden
richtete Geomarketing-Systeme ein.

Mediaplanung bei Einkaufaktuell

Die geografischen Selektionsmöglichkeiten auf Ebene der Zustellbezirke bieten eine feinräumige Ansprache der Zielgruppen. Neben der geografischen Darstellung der Zustellbezirke sind diesen Daten auch soziodemografische oder Strukturdaten wie etwa Kaufkraftklassen, Altersklassen oder Bebauungsstrukturen angehängt.

So kann beispielsweise für einen Baumarkt der Anteil der 1-2 Familienhäuser in einem Zustellbezirk (ca. 600-700 Haushalte) von Interesse sein oder für einen Textildiscounter der Anteil der unteren Kaufkraftklassen. Um Kunden eine schnelle und professionelle Bearbeitung bieten zu können, sind die geografischen Systeme von Einkaufaktuell in der Lage die gängigsten Formate der Branche zu verarbeiten.

Erfolgsbeispiele und Nutzen

Ein Erfolgsfaktor für die Mediaplanung bei Einkaufaktuell ist, dass die Deutsche Post über top-aktuelle Daten von Haushaltszahlen und Werbeverweigerern verfügt und diese ständig in die Systeme einfließen lässt. Auch hier können Streuverluste vermieden werden.

Einkaufaktuell verfügt neben den angesprochenen soziodemografischen- und strukturellen Daten auch über die Standortdaten von Wettbewerben wie zum Beispiel die des Lebensmittel- oder Baumarkthandels. In Kombination mit Standortdaten, wie der Verkaufsfläche, den soziodemografischen sowie strukturellen Daten können auch Attraktivitätsindizes des eigenen Standortes und des Wettbewerbers abgebildet werden. So kann das individuelle Streugebiet optimal ermittelt werden.

Das gute Preis-Leistungsverhältnis, minimierte Streuverluste und vielfältige Selektionsmöglichkeiten machen Einkaufaktuell zu einem innovativen Instrument für den Media-Mix von Handelsunternehmen jeder Betriebsgröße.

* Die Zustellung von Einkaufaktuell ist abhängig von den gebuchten Prospektverteilgebieten, Werbeverweigerer ausgenommen. Bei Belegung mit nur einer Beilage behält sich Einkaufaktuell in einzelnen Zustellbezirken die Beigabe des Trägermediums und die Folierung vor.

Selektionsbeispiel
roter Kreis: Streuung von Einkaufaktuell in unmittelbarer Nähe der Filiale
blaues Erweiterungsgebiet: Streuung nach Attraktivitätsindex unter Berücksichtigung des unmittelbaren Wettbewerbs ▼

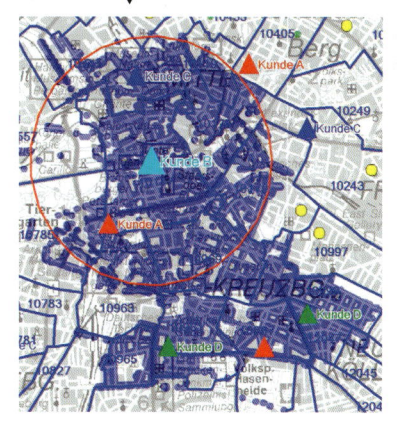

AWA 2009 Platz 1
Reichweite aller wöchentlichen Titel (LpA)**:

12,52 Mio. Leser pro Ausgabe
22,6 % Frauen
19,3 % Bevölkerung ab 14 Jahren
20,9 % junge Familien
20,1 % monatliches HH-Nettoeinkommen
2.500 bis 3.500 EUR

** Die Reichweite von Einkaufaktuell wurde durch Abfrage des Lesers oder Durchblättern des TV-Hefts oder der Prospekte ermittelt. Andere Fragestellung für andere Titel.

Kontakt

Deutsche Post
Vertriebsdirektion Einkaufaktuell
Silke Arnold
Fritz-Erler-Str. 5 , 53113 Bonn
Tel. 0228/182 96335
E-Mail: einkaufaktuell@deutschepost.de
Internet: www.einkaufaktuell.de
oder www.deutschepost.de

Markt Entertainment

auch Dank des positiven Einflusses von Fachmärkten – leicht über dem Marktdurchschnitt tendieren. Sonstige Anbieter, Aufsteiger der letzten Jahre, können ihren Wachstumstrend weiter fortsetzen. Allerdings scheint die expansive Zeit vorbei oder zumindest gebremst zu sein. Eventuell schlagen sich hier die Auswirkungen diverser Rückrufaktionen nieder, da hier die Verbraucher eher niedrigpreisige Importartikel vermuten.

Teilsegment: Sport

Der Sportmarkt liegt mit seiner Umsatzgröße von rund 5 Mrd. Euro im Mittelfeld des Geschäftsfeldes Recreation, Sports & Jewellery/Watches, in etwa gleichauf mit Spielwaren (**Grafik 14**). Betrachtet werden in diesem Teilsegment funktionale Sportbekleidung (keine Sportmode oder sportive Bekleidung), Sportschuhe, Sportgeräte sowie Campingartikel. Auch dieser Markt hat schon bessere Zeiten

Kein Anlass zur Sorge

Es gibt im Augenblick keinen Grund, sich um die Zukunft des deutschen Sportfachhandels ernsthaft Sorgen zu machen. Die im VDS zusammengeschlossenen Händler sind schon seit Jahrzehnten beim Kunden Garanten für eine an Sport und Produkt orientierte individuelle Rundum-Wellnessberatung. Als Sponsoren fördern sie gezielt Schul-, Vereins- und Breitensport. Sie helfen mit, dass sich ganz Deutschland von Jugend an bewegt. Die Marktarbeit trägt Früchte. Als deutscher Sportfachhandel haben wir uns in den letzten zwei Jahren deutlich von der allgemeinen Negativentwicklung im Handel abgekoppelt. Gepunktet haben wir deutlich im Winter-, Teamsport- und Outdoorgeschäft. Hier kommt es auf die Güte der Produkte und die damit verbundene Güte in Beratung und Service an.
Wichtiges Standbein für unsere Erfolge ist unser umfassendes Outdoorangebot. Getragen wird es von den beiden großen Marketingverbundgruppen Intersport Deutschland und Sport 2000, deren mehr als 2.400 Mitgliedsunternehmen auch die Mehrheit der Mitglieder des VDS repräsentieren. Nach den Zahlen von Intersport Deutschland und Sport 2000, die sie in den Mittelpunkt ihrer Marktaussagen zur Outdoor 2009 in Friedrichshafen gestellt haben, wird sich der Outdoormarkt nach einem weiteren Wachstum von 5 Prozent 2009 auf 1,7 Mrd. Euro belaufen. Nach einer Einschätzung der Intersport Deutschland entfallen dabei etwa 560 Mio. Euro auf die eigenen 1.400 Geschäfte, 225 Mio. auf den Anbieter Globetrotter, 150 Mio. auf Sport 2000, 80 Mio. auf Karstadt Sport und 65 Mio. auf Kaufhof Sport. Weitere 560 Mio. Euro erzielen in diesem Markt, Intersport zufolge, „Sonstige", von der Tankstelle bis zum wachsenden E-Bay-Angebot. Die Stärke des im VDS zusammengeschlossenen deutschen Fachhandels, der im Jahr 2008 rund 7 Mrd. Euro an Umsatz erzielte und der jahrelang erfolgreich ausländische Großgruppen bei ihrem Eintritt in den deutschen Markt in Schach hält, bewährt sich besonders in der Finanz- und Wirtschaftskrise. Der deutsche Fachhandel bleibt auch in Zukunft stark. Zwei Gründe: Zum einen feiert der VDS im Jahr 2010 seinen 100-jährigen Geburtstag als Berufs- und Branchenverband, zum anderen werden Mio. von Kunden auch in den kommenden Jahren besonders im Angebotsbereich der funktionellen Sportmode ihrem Sportfachhändler vor Ort in Innenstädten und Einkaufszentren die Treue halten. Als deutscher Sportfachhandel profitieren wir in Zukunft auch davon, dass sich der Anteil der deutschen Bevölkerung der keinen Sport treibt, in den letzten 15 Jahren um rund 20 Prozent verringert hat.

Werner Haizmann, Präsident Verband Deutscher Sportfachhandel (VDS).

Markt Entertainment

Sportmarkt: An Schwung verloren.

gesehen und muss sich nun langsam wieder aus den Niederungen heraufarbeiten.

Der Sportmarkt hat, eigentlich wenig überraschend, nach dem Höhenflug durch die Fußball-WM das hohe Tempo der letzten Jahre nicht durchhalten können. Aber anstatt nach dem dynamischen Wachstum wieder einzubrechen, wie dies in der Vergangenheit oft geschehen ist, konnte der Sportmarkt dieses Mal das erreichte hohe Niveau zumindest halten. Der Sportmarkt wird in der weiteren Entwicklung vorerst den Schwung der letzten Jahre nicht wieder aufnehmen können. Nach einigen Umsatzrückgängen bis zu Beginn des nächsten Jahrzehnts, wird der Sportmarkt eventuell ab 2011/2012 wieder mit schwarzen Zahlen aufwarten. Eine Rückkehr in den Bereich über 5 Mrd. Euro, den der Markt in den Jahren 2006 und 2007 erreichen konnte, ist in den nächsten Jahren nicht erkennbar.

Der Sportfachhandel ist in vielfältigen Formen aufgestellt (**Grafik 15**). Ob er mehr oder weniger Komplettanbieter ist oder ein Nischendasein als Outdoorer, Winterspezialist oder Golfhändler führt, ob Einzelkämpfer oder Filialist – der Sporthandel ist da, wo Sport getrieben wird. Aufgrund des höheren Beratungsbedarfs vieler Sportgeräte und auch im Bereich funktionaler Sportbekleidung, kann der Sportfachhandel seine gute Position in der Handelslandschaft behalten.

Nach den positiven Jahren 2005/06 für alle Beteiligten setzen nun wieder rote Zahlen im Handel ein. Allerdings fallen diese, dort wo sie auftreten, sehr moderat aus. So büßen sowohl Sportfachhandel als auch die übrigen Fachanbieter jeweils etwa ein halbes Prozent Umsatz ein und der Fachhandel in toto fällt auf einen Marktanteil von exakt 60 Prozent zurück. Auch auf dem Zweitmarkt gibt es noch einen Verlierer. Warenhäuser mussten eine Reduzierung ihres Sportumsatzes hinnehmen und setzten damit ihre jahrelange Talfahrt fort.

Vertriebswege-Indices Grafik 15
Sport
- Sonstige: 106,5
- SB-WH/V-Märkte: 103,9
- Versender: 102,7
- Warenhäuser: 95,8
- Fachhandel: 93,8

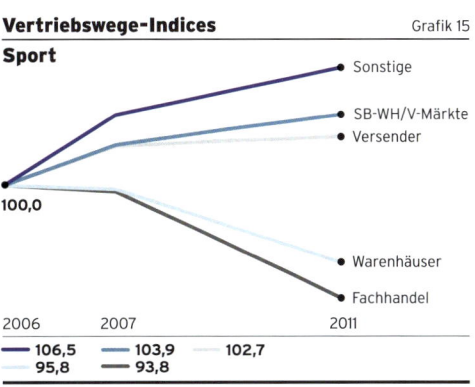

Quelle: BBE RETAIL EXPERTS

Marktvolumen: Sport Grafik 14

Umsatz 2006	5,05 Mrd. Euro	100,0 Prozent
Umsatz 2007	5,07 Mrd. Euro	100,4 Prozent
Umsatz 2011	4,87 Mrd. Euro	96,4 Prozent

Foto: Stockxpert

Markt Entertainment

Teilsegment: Uhren

Der Uhrenmarkt besteht aus den beiden Teilmärkten Kleinuhren und Großuhren, wobei sowohl in Menge als auch im Wert die Kleinuhren dominieren. Etwa 90 Prozent des Branchenumsatzes entfallen auf Armbanduhren, andere Kleinuhren wie beispielsweise Stopp- oder Taschenuhren spielen kaum noch eine Rolle. Auf Großuhren entfallen die restlichen 10 Prozent. Hierunter versteht man Uhren, deren Zifferblatt einen Durchmesser von mehr als 7 cm hat, also Wecker, Wanduhren, Stand- und Tischuhren uvm. Großuhren werden im Zusammenhang mit Einrichtungen gesehen und verlieren aus Verbrauchersicht immer mehr an Bedeutung als Einrichtungsaccessoire.

Wa(h)re Werte

In schwierigen wirtschaftlichen Zeiten haben Pessimisten Konjunktur. Danach schaltet der Verbraucher in der Krise blitzschnell auf billig um, kauft nur noch preisorientiert und schiebt alle Anschaffungen, die nicht zum täglichen Bedarf gehören, auf die lange Bank? Das haben wir in der Branche jedenfalls alle gedacht. Das Gegenteil ist eingetreten. Bis zur Jahresmitte 2009 reagierte der Deutsche nicht auf die Banken-Krise und bescherte den Juwelieren, Schmuck- und Uhrenfachgeschäften weiteres Wachstum.

Wählerisch, anspruchsvoll und sehr zielgerichtet ist das Kaufverhalten geworden. Nach dem Motto „wenn, dann auch wertig" führt das aber nicht zu Verzicht: Qualität, hochwertige Markenprodukte und Exklusivität liegen im Trend. Das Geld ist da und es wird auch ausgegeben, weil der Großteil der Bevölkerung faktisch noch nicht von den Auswirkungen der Banken- und Finanzkrise betroffen ist, sondern sogar entlastet wird. Nicht nur die oberen Einkommensschichten fokussieren sich auf Qualität und Marke, auch der „Durchschnittsdeutsche" sucht verstärkt die Sicherheit der Marke und investiert in den bleibenden Wert von Gold, Silber, Platin, Diamanten und Edelsteinen.

In der Mitte eines Europas in der Krise ist Deutschland zusammen mit Österreich ein Fels in der Brandung der Konjunktur. Das erkennt auch die Markenartikelindustrie. Die Hersteller von hochwertigen Uhren und Schmuck haben sich lange auf den nordamerikanischen und asiatischen Raum konzentriert und Deutschland stiefmütterlich behandelt.

Einige deutsche Anbieter hat das den Kopf gekostet, weil sie die wegbrechenden Exporte in die Insolvenz trieben. Diese Entwicklung bereitet den Juwelieren Sorge, weil wir starke Marken brauchen. Jetzt ist Deutschland wieder Ziel von Marketing-Investitionen, die der heimischen Branche helfen.

Der Trend zum Höherwertigen bleibt nicht ohne Auswirkungen auf die Vertriebsstruktur: Der Fachhandel mit gut geschultem Fachpersonal, hoher Markenkompetenz und starker Kundenbindung profitiert von der aktuellen Entwicklung. Luxusartikel und Imageprodukte brauchen ein angemessenes Umfeld von Präsentation, Beratung und Service. Aber auch in den mittleren Preislagen legt der Käufer wieder Wert auf Einkaufsatmosphäre und die Kompetenz des Fachhändlers, der ihm beim Kauf und danach die Sicherheit gibt, die richtige Wahl getroffen zu haben. Diese Suche der Konsumenten nach Verlässlichkeit spielt sich ausschließlich auf der emotionalen Ebene ab, was unseren Produkten sehr entgegenkommt. Die Krisen von heute sind auch nicht mehr, was sie mal waren. Schön, wenn das so bliebe.

Karl-Eugen Friedrich, Präsident Bundesverband der Juweliere, Schmuck- und Uhrenfachgeschäfte (BVJ).

Entertainment Markt

Marktvolumen: Uhren — Grafik 16

Umsatz 2006	1,29 Mrd. Euro	100,0 Prozent
Umsatz 2007	1,27 Mrd. Euro	98,4 Prozent
Umsatz 2011	1,29 Mrd. Euro	100,0 Prozent

Vertriebswege-Indices — Grafik 17
Uhren

	2006	2007	2011
Sonstige	100,0	100,6	120,0
Warenhäuser / Versender / Fachhandel	100,0		100,0
SB-WH/V-Märkte		99,0	83,3

Quelle: BBE RETAIL EXPERTS

Im Gegensatz Schmuckmarkt ist die Uhrennachfrage zwar nicht eingebrochen, aber mit einem Umsatzrückgang von 1,5 Prozent doch sehr schwach (**Grafik 16**). Der Uhrenmarkt hat somit die – möglicherweise umsatzsteuerbedingte – Erholung nicht bestätigen können und ist in die vorherige, langjährige Schwächephase zurückgefallen. Der Rückschlag ist zwar nicht unerwartet eingetreten, hat aber doch etwas überrascht.

Der Uhrenmarkt weist viele Parallelen zum eng verwandten Schmuckmarkt auf. Beide Märkte zählen zum Geschäftsfeld Recreation, Sports & Jewellery/Watches und nehmen dort eine Accessoirefunktion ein. Außerdem ist die Distributionsstruktur sehr ähnlich (**Grafik 17**); reine Uhrenfachgeschäfte gibt es kaum, kombinierte Uhren- und Schmuckfachgeschäfte sind die Regel.

In Analogie zum Schmuckmarkt zeigt sich auch die Uhrendistribution ähnlich strukturiert. Der originäre Fachhandel in den beiden Ausprägungen kleinbetriebliche bzw. gering filialisierte Anbieter und Filialunternehmen hat einen Marktanteil in Höhe von 70 Prozent. Für übrige Anbieter aus dem Zweitmarkt verbleibt so nur wenig Spielraum. Hier sind in erster Linie die Fachabteilungen der Warenhauskonzerne zu nennen, die in den Einstiegs- und Mittelpreislagen gut positioniert sind. Die Bedeutung Sonstiger Anbieter ist niedriger als bei Schmuck, da es in der Uhrendistribution u.a. an der starken Stellung der TV-Verkaufskanäle mangelt.

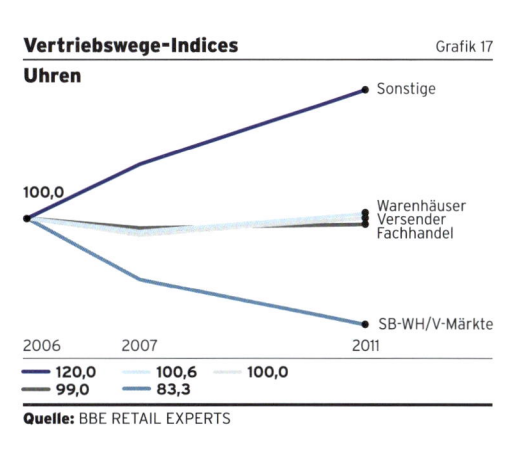

Foto: Pilgrim

Uhren-Umsatz: Rund 90 Prozent entfallen auf Armbanduhren.

Einzelhandel 2010

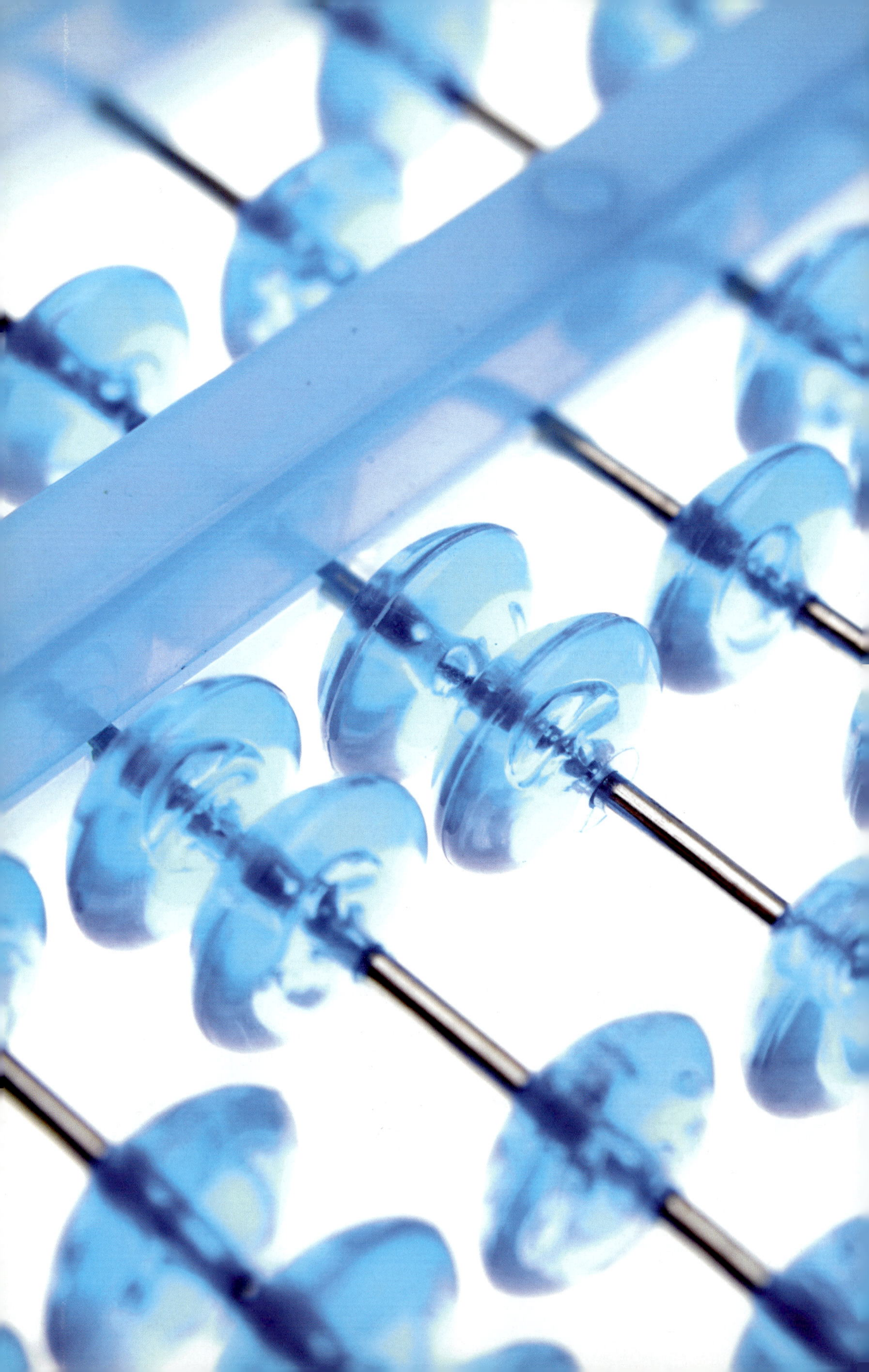

Profitieren von den Besten

Produktivität von Mitarbeitern und Fläche, Spanne und Rohertrag: Der Vergleich zentraler Branchenkennziffern zeigt, wie erfolgreich sie sind.

Text Hans-Rainer Glaeser, Klaus Peter Teipel, BBE

Die verschiedenen Einzelhandelsbranchen sind in ihrer Rentabilitätsstruktur häufig sehr ähnlich, doch es gibt es Unterschiede im wirtschaftlichen Erfolg. Sie lassen sich aus den betriebswirtschaftlichen Kennziffern für eine bestimmte Branche ablesen. Aussagekräftige Benchmarks für die wichtigsten Einzelhandelsbranchen geben über deren Leistungsfähigkeit Auskunft. Zu unterscheiden sind Branchen-Durchschnitt und Branchen-Benchmarks. Letztere sind keine Durchschnittswerte, sondern positive Grenzwerte, die die Top-Betriebe der Branche erreichen und die damit Maßstab für eine ungewöhnlich erfolgreiche Unternehmensführung sind.

Als wesentliche Kennziffern gelten:
- **Personalleistung:** Jahresumsatz je Mitarbeiter, hierbei werden die Mitarbeiter bewertet und auf Vollzeitkräfte umgerechnet,
- **Flächenproduktivität:** Jahresumsatz je qm Verkaufsfläche,
- **Rohertrag/Handelsspanne:** (Bruttoumsatz minus Mehrwertsteuer und Wareneinsatz), ausgedrückt in Prozent vom Bruttoumsatz,
- **Betriebskosten:** alle Kosten einschließlich kalkulatorischer Kosten wie Unternehmerlohn, kalkulatorischer Eigenmiete und Eigenkapitalverzinsung, ausgedrückt in Prozent vom Bruttoumsatz,
- **Betriebswirtschaftliches Ergebnis** (Rohertrag minus Betriebskosten): ausgedrückt in Prozent vom Bruttoumsatz.

Die Auswahl der Branchen beschränkt sich auf den stationären Einzelhandel. Die Kennziffern für die Fachhandelsbranchen beziehen sich auf mittelständische, inhabergeführte Fachgeschäfte. Großfilialisten oder Einzelhandelgeschäfte vertikalisierender Hersteller unterliegen vielfach anderen Kriterien und Strategieansätzen und sind daher häufig in ihren wirtschaftlichen Strukturen nicht vergleichbar.

Marktsegment: Großfläche

Warenhäuser: Warenhäuser sind großflächige Einzelhandelsbetriebe mit breiten und tiefen Sortimenten mehrerer Branchen (vorwiegend Non-Food) an Standorten in der Innenstadt oder in Einkaufszentren. Die amtliche Statistik unterstellt für diese Betriebsform eine Verkaufsfläche von mehr als 3.000 qm. Das Warenhausgeschäft in Deutschland wird dominiert von den beiden Anbietern Karstadt (Teil der Arcandor-Gruppe, in Insolvenz) und Kaufhof (Teil der Metro-Gruppe). Daher sollen hier exemplarisch einige Kennziffern dieser beiden Konzern-Filialunternehmen angegeben werden. Da diese den Geschäftsberichten entnommen sind, basieren sie im Gegensatz zu den ansonsten untersuchten Branchen auf dem Nettoumsatz d. h. auf dem Umsatz ohne Mehrwertsteuer.

Die Umsätze dieser Vertriebsform sind in den letzten Jahren kontinuierlich zurückgegangen. Die beiden Großkonzerne konzentrieren ihr Geschäft auf größere Einheiten. Die jeweiligen Niedrigpreisschienen (Kaufhalle bzw. Karstadt kompakt) wurden aufgegeben bzw. verkauft. Wachsende Konkurrenz am Markt sind expansive Textil-Kaufhäuser und Einkaufszentren. Lifestyle-Konzepte werden auch auf kleinere Filialen umgesetzt. Trading-up, Lifestyle-

WARENHÄUSER	Karstadt	Kaufhof
Personalleistung (in Euro je Mitarbeiter)	150.000 Euro	179.000 Euro
Flächenproduktivität (in Euro je qm Verkaufsfläche)	2.900 Euro/qm	2.400 Euro/qm
Handelsspanne/Rohertrag (in Prozent vom Nettoumsatz)	42,3 Prozent	k. A.
EBITDA (in Prozent vom Nettoumsatz)	- 1,2 Prozent	5,9 Prozent

Quelle: Geschäftsberichte

Benchmarks Daten & Fakten

KAUFHÄUSER	Durchschnittliche Leistungskennziffern	Benchmarks
Personalleistung (in Euro je Mitarbeiter)	155.000 Euro	180.000 bis 190.000,- Euro
Flächenproduktivität (in Euro je qm Verkaufsfläche)	2.100 Euro/qm	2.500 bis 3.000 Euro/qm
Handelsspanne/ Rohertrag (in Prozent vom Bruttoumsatz)	33 bis 35 Prozent	37 bis 38 Prozent
Betriebskosten (in Prozent vom Bruttoumsatz)	32 bis 34 Prozent	33,0 bis 34,0 Prozent
Betriebswirtschaftliches Ergebnis (in Prozent vom Bruttoumsatz)	0,5 bis 1,0 Prozent	3,0 bis 5,0 Prozent

Quelle: BBE RETAIL EXPERTS

SB-WARENHÄUSER/ VERBRAUCHERMÄRKTE	Durchschnittliche Leistungskennziffern	Benchmarks
Personalleistung (in Euro je Mitarbeiter)	250.000 bis 300.000 Euro	350.000 bis 400.000 Euro
Flächenproduktivität (in Euro je qm Verkaufsfläche)	4.000 bis 5.000 Euro/qm	6.000 bis 6.500 Euro/qm
Handelsspanne/ Rohertrag (in Prozent vom Bruttoumsatz)	23 bis 25 Prozent	24 bis 26 Prozent
Betriebskosten (in Prozent vom Bruttoumsatz)	21 bis 23 Prozent	17 bis 18 Prozent
Betriebswirtschaftliches Ergebnis (in Prozent vom Bruttoumsatz)	1,5 Prozent	5,0 Prozent

Quelle: BBE RETAIL EXPERTS, EHI

Marken und Shop-in-Shop-Konzepte prägen zunehmend den Auftritt und die Sortimentsstrategie (Kaufhof: „Vom Generalisten zum modernen Multispezialisten"). Gerade Galeria Kaufhof nutzt offensiv die Möglichkeiten verlängerter Ladenöffnungszeiten. Handelsmarken stärken die Handelsspanne. Überdurchschnittliche Umsatzentwicklungen sind im Premium-Bereich und im Online-Geschäft festzustellen.

Kaufhäuser: Kaufhäuser sind größere Einzelhandelsbetriebe, die in Bedienung Waren aus zwei oder mehr Branchen anbieten, wobei einzelne Branchen (z. B. Textilien) in der Regel dominieren. Im Gegensatz zum Warenhaus sind nicht nur die Flächen kleiner, der Fokus liegt stärker auf einer Nahversorgungsfunktion. Dementsprechend sind sie häufig auch in Mittelstädten oder Vorortlagen zu finden. Neben Filialunternehmen wie Strauss Innovation finden sich unter den Kaufhäusern auch zahlreiche mittelständische Einzelunternehmen. Mit Woolworth ist ein erster namhafter Niedrigpreisanbieter in dieser Vertriebsform in die Insolvenz gegangen. Erfolgspotenziale dieser Handelsform liegen künftig in der Verbesserung von Präsentation und Flächenkonzepten. Sie müssen eine klare Ausrichtung des Unternehmens erkennbar machen, konsequente Nahversorgung oder Erlebnis und Emotionen anbieten. Im Marken-Mix sind zielgruppenspezifische Aspekte stärker zu beachten. Betriebswirtschaftliche Steuerungsinstrumente müssen vielfach noch implementiert oder ausgebaut werden. In familiengeführten Unternehmen müssen gewachsene Organisationsstrukturen überdacht und gegebenenfalls neu geordnet werden. Im Marketing wie auch im Wareneinkauf sollte auf systematische Hilfestellungen durch Kooperationen zurückgegriffen werden.

SB-Warenhäuser / Verbrauchermärkte: SB-Warenhäuser und Verbrauchermärkte sind großflächige Einzelhandelsbetriebe mit gemischtem Sortiment, wobei der Schwerpunkt auf Lebensmitteln und Gütern des kurzfristigen Bedarfs liegt. Der Absatz erfolgt in Selbstbedienung, das Marketing ist in der Regel preis- und werbeaggressiv, die Standorte meist autokundenorientiert. Beide Betriebsformen unterscheiden sich vor allem durch die Fläche. Bei Verbrauchermärkten beginnen die Verkaufsflächen bei ca. 1.500 qm, SB-Warenhäuser haben je nach Definition Mindestverkaufsflächen von 3.000 bis 5.000 qm. Mit zunehmender Verkaufsfläche steigt in der Regel auch der Non-Food-Anteil am Gesamtsortiment. Nach EHI-Angaben gibt es in Deutschland 3.233 SB-Warenhäuser und Verbrauchermärkte, die Anzahl steigt jährlich immer noch. Ein wesentliches Erfolgskriterium ist der Standort und das damit ansprechbare Einwohnerpotenzial. Tragfähige Standorte sind inzwischen weitestgehend besetzt, Expansionen in Deutschland werden damit immer schwieriger, zumal viele Gemeinden auch planungsrechtlich restriktiv agieren. Der Marketingfaktor Preis ist nach wie vor wichtig, verliert aktuell jedoch gegenüber Dienstleistungen und Convenience etwas an Bedeutung. Aufgrund ihres Alters haben viele Märkte Investitionsbedarf.

Marktsegment: Home & Interior

Traditioneller Möbelhandel: Laut Umsatzsteuerstatistik tätigen im Bereich Möbel 9.345 Einzelhandelsunternehmen einen Bruttoumsatz von 18,6 Mrd. Euro, die durchschnittliche Betriebsgröße liegt damit bei knapp 2 Mio. Euro je Betrieb. Der Absatz ist damit in erheblichem Maße von Großbetrieben geprägt. Großflächige Betriebe benötigen ein großes Einzugsgebiet mit entsprechender Kaufkraft und einen verkehrsorientierten Standort. In Ballungsgebieten verhalten sich Möbeleinzelhändler in ihrer Standortpolitik vielfach konkurrenzsuchend, d. h. sie suchen die Nachbarschaft eines Großanbieters – dann in der Regel mit spezialisierten Sortimenten – oder bilden Angebotsagglomerationen mit anderen Geschäften der Einrichtungsbranche. Ein wesentlicher Erfolgsfaktor ist der Anschluss an eine Verbundgruppe der Branche. Kleinere Geschäfte müssen sich zudem auf bestimmte Sortimente, Marken oder Zielgruppen spezialisieren. Einer bedarfsorientierten Präsentation und einem entsprechend angepassten Randsortiment (Accessoires, Heimtex, Leuchten) kommt eine hohe Bedeutung zu. Ebenfalls wichtig für den Geschäftserfolg ist die Werbung, hierfür werden in der Branche im Durchschnitt 4 - 5 Prozent vom Umsatz ausgegeben, Spitzenwerte liegen bei 8 Prozent vom Umsatz.

Heimtextilien: Die Umsatzsteuerstatistik weist in dieser Branche 3.346 Unternehmen mit einem Bruttoumsatz von 1,6 Mrd. Euro aus. Die Branche polarisiert sich zwischen dem klassischen Fachgeschäft einerseits und Fachmärkten andererseits. Die Höhe der Handelsspanne hängt in entscheidendem Maße vom Umfang der handwerklichen Dienstleistungen (Teppichbodenverlegung, Gardinennäherei) ab. Je höher der Handwerksanteil am Gesamtumsatz, desto höher ist auch die Handelsspanne, aber auch die Personalkosten. Fachmärkte unterscheiden sich – obwohl auch hier meist Handwerksleistungen ange-

MÖBEL-Fachhandel (konventionell)	Durchschnittliche Leistungskennziffern	Benchmarks
Personalleistung (in Euro je Mitarbeiter)	214.000 Euro	240.000 Euro
Flächenproduktivität (in Euro je qm Verkaufsfläche)	1.300 Euro/qm	1.500 Euro/qm
Handelsspanne/ Rohertrag (in Prozent vom Bruttoumsatz)	35,9 Prozent	35,0 bis 41,0 Prozent
Betriebskosten (in Prozent vom Bruttoumsatz)	33,8 Prozent	31,0 bis 35,0 Prozent
Betriebswirtschaftliches Ergebnis (in Prozent vom Bruttoumsatz)	2,1 Prozent	6,0 Prozent

Quelle: BBE RETAIL EXPERTS, IfH

HEIMTEXTILIEN-Fachhandel	Durchschnittliche Leistungskennziffern	Benchmarks
Personalleistung (in Euro je Mitarbeiter)	110.000 Euro	135.000 Euro
Flächenproduktivität (in Euro je qm Verkaufsfläche)	3.400 Euro/qm	6.000 Euro/qm
Handelsspanne/ Rohertrag (in Prozent vom Bruttoumsatz)	47,3 Prozent	46,0 bis 49,0 Prozent
Betriebskosten (in Prozent vom Bruttoumsatz)	45,4 Prozent	41,0 bis 43,0 Prozent
Betriebswirtschaftliches Ergebnis (in Prozent vom Bruttoumsatz)	1,9 Prozent	5,0 bis 6,0 Prozent

Quelle: BBE RETAIL EXPERTS

Benchmarks Daten & Fakten

MÖBEL-MITNAHME-MÄRKTE/-DISCOUNT	Durchschnittliche Leistungskennziffern	Benchmarks
Personalleistung (in Euro je Mitarbeiter)	240.000 Euro	270.000 Euro
Flächenproduktivität (in Euro je qm Verkaufsfläche)	1.000 Euro/qm	1.300 Euro/qm
Handelsspanne/Rohertrag (in Prozent vom Bruttoumsatz)	34,0 Prozent	37,0 bis 38,0 Prozent
Betriebskosten (in Prozent vom Bruttoumsatz)	33,0 Prozent	33,0 bis 35,0 Prozent
Betriebswirtschaftliches Ergebnis (in Prozent vom Bruttoumsatz)	1,0 Prozent	3,0 Prozent

Quelle: BBE RETAIL EXPERTS

GPK-/HAUSRAT-Fachhandel	Durchschnittliche Leistungskennziffern	Benchmarks
Personalleistung (in Euro je Mitarbeiter)	120.000 Euro	140.000 Euro
Flächenproduktivität (in Euro je qm Verkaufsfläche)	2.500 Euro/qm	2.800 Euro/qm
Handelsspanne/Rohertrag (in Prozent vom Bruttoumsatz)	38,0 bis 39,0 Prozent	42,0 bis 44,0 Prozent
Betriebskosten (in Prozent vom Bruttoumsatz)	40,0 bis 41,0 Prozent	38,0 bis 40,0 Prozent
Betriebswirtschaftliches Ergebnis (in Prozent vom Bruttoumsatz)	- 2,0 Prozent	4,0 Prozent

Quelle: BBE RETAIL EXPERTS

boten werden – vom klassischen Fachhandel durch eine um 2 bis 3 Prozentpunkte niedrigere Handelsspanne und eine Verkaufsflächenleistung, die mit etwa 1.200 Euro pro qm signifikant niedriger als im klassischen Fachhandel liegt.

Möbel: Mitnahme/Discount: Der Hauptwettbewerbsfaktor ist hier der Preis. Werbung und Ambiente müssen die Signale setzen. Die Aufwendungen für Werbung sind in der Regel noch höher als im konventionellen Möbelhandel. Die Niedrigpreisoptik wird meistens durch eine Beschränkung des Angebotes auf ein niedriges Sortimentsgenre dargestellt, in Einzelfällen auch durch ausdrückliche Postenangebote hochwertiger Möbel. Die Randsortimente in erheblichem Maße zum Umsatz- und Ertragserfolg bei.

GPK/Hausrat: Laut Umsatzsteuerstatistik wird die Branche von 4.861 Unternehmen mit einem Bruttoumsatz von 2,5 Mrd. Euro vertreten. Zunehmend setzt sich eine Spezialisierung durch, z.B. klassisches Porzellan- oder Hausrat-Fachgeschäft, teilweise mit Elektrokleingeräten, Geschenkartikeln, Fachhandel für Kochzubehör, Monolabel-Shop. Da die Sortimente in starkem Maße auch von Großbetriebsformen wie Warenhäusern, SB-Warenhäusern oder Möbelhandel angeboten werden, ist für den Facheinzelhandel entweder eine Spezialisierung oder ein Trading-up anzuraten. Für den Fachhandel haben sich folgende Erfolgsfaktoren herausgebildet: Intensive Beratung und Kundenpflege, Innenstadtstandorte, bedarfsorientierte Präsentation und Dekoration im Sinne einer Wareninszenierung. Im gehobenen Sortiment empfiehlt sich eine eindeutige Markenorientierung des Sortimentes.

Marktsegment: Fast Moving Consumer Goods (FMCG)

Supermärkte: Nach Erhebungen des EHI gibt es in Deutschland 8.137 Supermärkte, d. h. Lebensmittelgeschäfte mit Vollsortiment zwischen 400 und 1.500 qm Verkaufsfläche, mit einem Branchenumsatz von 29,5 Mrd. Euro. Diese werden teilweise als Filialen der großen Lebensmittelanbieter, teilweise von selbstständigen Kaufleuten betrieben, wobei der Anschluss an eine Verbundgruppe unabdingbar ist. In Abgrenzung zu den Discountern ist ein ausgeprägtes Frischeangebot für Supermärkte zwingend. Auch Bio-Lebensmittel sind immer häufiger in Supermärkten zu finden. Bedienungstheken für Frischfleisch, Wurst, Käse und teilweise Fisch erhöhen die Attraktivität und damit die Kundenfrequenz. Fleischerei und Bäckerei werden häufig an lokale Betriebe des Lebensmittelhandwerks untervermietet, da diese über ein höheres Kompetenzniveau in diesen Artikeln verfügen. Von der Fläche her geht die Tendenz zu wachsenden Betriebsgrößen, die sich häufig nur noch in verkehrsorientierten Stadtrandlagen – manchmal sogar in unmittelbarer Nachbarschaft zu einem Discounter – realisieren lassen. Die Nachbarschaft zu einem Discounter erweist sich für Supermärkte vielfach als erfolgreich, beide Betriebsformen gehen hier eine Symbiose ein. Neuerdings kommt es aber auch zu einer Rückbesinnung auf die notwendige Nahversorgungsfunktion der Supermärkte, sodass auch kleinere Einheiten in zentralen oder wohnortnahen Lagen wieder reaktiviert werden. Derartige Projekte werden häufig von den Kommunen im Sinne einer Daseinsvorsorge für die örtliche Bevölkerung unterstützt.

Lebensmittel-Discount: Laut EHI tätigen 15.219 Verkaufsstellen der Discounter einen Jahresumsatz von 55,2 Mrd. Euro. Auf 5.400 Einwohner kommt damit eine Discounterfiliale, sodass diese Betriebsform praktisch flächendeckend eine Nahversorgungsfunktion ausübt. Alle Discounter zeigen hinsichtlich der Erfolgsfaktoren ein recht einheitliches Verhalten: Sie befinden sich an einem Standort mit ausreichendem Einzugsgebiet in verkehrsgünstiger Lage mit großzügigen Parkflächen. Bauweise und Ladeneinrichtung sind einfach, das Lebensmittelsortiment ist beschränkt und wird mit wechselnder Aktionsware aufgewertet. Der Preis ist das Hauptwerbeargument. Ein hoher Werbeetat steht einer extrem sparsamen Kostenpolitik gegenüber.

Naturkost: Der Bio-Markt wird aktuell auf 4,6 Mrd. Euro eingeschätzt. Ca. 2.000 Naturkostfachgeschäfte halten hieran einen Marktanteil von 22 Prozent. Der klassische Lebensmitteleinzelhandel ist mit einem Marktanteil von 50 Prozent in zunehmendem Maße die Absatzquelle für Bio-Lebensmittel, selbst die Discounter bauen dieses Segment aus. Die Vertriebsform des inhabergeführten Naturkostfachgeschäftes mit Verkaufsflächen bis etwa 200 qm wird zunehmend ergänzt durch Bio-Supermärkte (200 – 1.000 qm Verkaufsfläche), die inzwischen meist als kleinere Filialsysteme geführt werden.

Kaufmotive für Bio-Lebensmittel beim Verbraucher sind das Interesse an regionalen Produkten, Gesundheitsbewusstsein, Individualität in der Ernährung. Die Kernkompetenz des Naturkostfachhandels liegt in der Inhaberpersönlichkeit, der hieraus erwachsenden

LEBENSMITTEL-Fachhandel/Supermärkte	Durchschnittliche Leistungskennziffern	Benchmarks
Personalleistung (in Euro je Mitarbeiter)	160.000 bis 180.000 Euro	200.000 Euro
Flächenproduktivität (in Euro je qm Verkaufsfläche)	3.800 Euro/qm	4.000 bis 4.200 Euro/qm
Handelsspanne/Rohertrag (in Prozent vom Bruttoumsatz)	20,5 Prozent	22,0 Prozent
Betriebskosten (in Prozent vom Bruttoumsatz)	23,5 Prozent	20,0 Prozent
Betriebswirtschaftliches Ergebnis (in Prozent vom Bruttoumsatz)	- 3,0 Prozent	3,0 Prozent

Quelle: BBE RETAIL EXPERTS, IfH, EHI

LEBENSMITTEL-Discounter	Durchschnittliche Leistungskennziffern	Benchmarks
Personalleistung (in Euro je Mitarbeiter)	400.000 Euro	k. A.
Flächenproduktivität (in Euro je qm Verkaufsfläche)	5.000 Euro/qm	7.000 Euro/qm
Handelsspanne/Rohertrag (in Prozent vom Bruttoumsatz)	15,0 bis 16,0 Prozent	k. A.
Betriebskosten (in Prozent vom Bruttoumsatz)	13,2 Prozent	k. A.
Betriebswirtschaftliches Ergebnis (in Prozent vom Bruttoumsatz)	1,8 bis 2,8 Prozent	k A

Quelle: BBE RETAIL EXPERTS, EHI

Benchmarks Daten & Fakten

NATURKOST-Einzelhandel	Durchschnittliche Leistungskenn-ziffern	Benchmarks
Personalleistung (in Euro je Mitarbeiter)	137.000 Euro	150.000 Euro
Flächenproduktivität (in Euro je qm Verkaufsfläche)	4.500 Euro/qm	5.000 Euro/qm
Handelsspanne/Rohertrag (in Prozent vom Bruttoumsatz)	31,1 Prozent	32,0 Prozent
Betriebskosten (in Prozent vom Bruttoumsatz)	29,9 Prozent	28,0 Prozent
Betriebswirtschaftliches Ergebnis (in Prozent vom Bruttoumsatz)	1,2 Prozent	4,0 Prozent

Quelle: BBE RETAIL EXPERTS, IfH

PARFÜMERIE-Fachhandel	Durchschnittliche Leistungskenn-ziffern	Benchmarks
Personalleistung (in Euro je Mitarbeiter)	155.000 Euro	180.000 Euro
Flächenproduktivität (in Euro je qm Verkaufsfläche)	7.600 Euro/qm	8.500 Euro/qm
Handelsspanne/Rohertrag (in Prozent vom Bruttoumsatz)	40,8 Prozent	42,0 bis 43,0 Prozent
Betriebskosten (in Prozent vom Bruttoumsatz)	40,3 Prozent	37,0 bis 39,0 Prozent
Betriebswirtschaftliches Ergebnis (in Prozent vom Bruttoumsatz)	0,5 Prozent	4,0 bis 5,0 Prozent

Quelle: BBE RETAIL EXPERTS, IfH

Kundenbindung, dem Verbrauchervertrauen und der Sortimentsklarheit. Der Bio-Supermarkt qualifiziert sich durch Sortimentsbreite und -tiefe, begünstigt durch deutlich größere Flächen, ein höherwertiges Ambiente als Einkaufsstätte auch für Genuss und Konsumwelt und Preiswürdigkeit, was keineswegs mit „billig" gleichzusetzen ist.

Parfümerie: Nach Informationen des Verbandes Deutscher Drogisten setzen 2.080 Parfümerien ca. 2 Mrd. Euro um (zum Vergleich: 14.210 Drogeriemärkte erreichen einen Umsatz von 12,4 Mrd. Euro). Während die Anzahl der Parfümerien in den letzten Jahren relativ konstant war, hat die Anzahl der mittelständischen Fachdrogerien seit 2002 um 40 Prozent dramatisch abgenommen. Aktuelle Wachstumssegmente sind Herrenkosmetika und Dienstleistungen. Accessoires, Boutiqueartikel und ausgewählte Textilien können das klassische Parfümeriesortiment ergänzen. Parfümerieartikel sind Luxusgüter, Parfümerien benötigen also kaufkräftige Standorte. Hierbei stehen vor allem die 1-a-Lagen im Vordergrund, Vorort- und Kleinstadtlagen können Probleme bringen. Existenziell notwendig ist eine gewisse Mindestumsatzgröße, damit das Führen gefragter Kosmetik-Depots möglich ist. Als ausgesprochener Fachhandelsschiene kommt der Kundenberatung ein hoher Stellenwert zu. Fachwissen bei den Mitarbeitern ist ebenso notwendig wie die emotionale Kompetenz im Umgang mit anspruchsvollen Kunden. Dienstleistungen wie Kosmetikstudio, Maniküre und Pediküre ergänzen zunehmend erfolgreich das Handelssortiment.

Marktsegment: Fashion & Accessoires

Damenoberbekleidung: Die Umsatzsteuerstatistik weist 15.731 Einzelhandelsunternehmen mit Bekleidung (ohne ausgeprägten Schwerpunkt) und 6.956 Spezialisten für DOB aus. Beide Gruppen realisieren einen Gesamtumsatz in Höhe von 27,9 Mrd. Euro (inkl. MwSt.). Geschäfte mit DOB sind weit verbreitet und in allen Zentrentypen vertreten. Mit wachsender Ortsgröße steigen die Anforderungen an die modische Aktualität des Angebotes. Die Leistungskennziffern sind auch von dem geführten Genre abhängig, je hochwertiger das Angebot, desto bessere Leistungskennziffern können erreicht werden. Für das Fachgeschäft ist ein Preiskampf mit Textil-Discountern oder preisaggressiv agierenden Großfilialisten meist sinnlos. Die modische Ausrichtung der Branche stellt hohe Anforderungen an die Präsentation und Ladengestaltung. Hier sind permanente Investitionen oder Neueinrichtungen in relativ kurzen Abständen erforderlich, um das Ambiente zu aktualisieren. Standort- und zielgruppengerecht sind Markenartikel in das Sortiment zu integrieren. Gerade kleinere Geschäfte müssen sich um eine hohe Kundenbindung bemühen, Stammkundschaft baut sich vielfach durch gutes Kommunikationsverhalten auf. Wesentlicher Erfolgsfaktor für die Handelsspanne ist die Reduzierung der erforderlichen Preisänderungen und eine Limitierung des Wareneinkaufs. Hierzu bedarf es der betriebswirtschaftlichen Controllinginstrumente wie WWS, KER und Limitplanung.

Herrenkonfektion: Neben den oben bereits angesprochenen 15.731 Einzelhandelsunternehmen mit Bekleidung ohne ausgeprägten Schwerpunkt weist die Umsatzsteuerstatistik noch 1.699 Einzelhandelsunternehmen mit Spezialisierung auf Herrenkonfektion (Haka) aus. Letztere tätigen einen Gesamtumsatz in Höhe von 1,5 Mrd. Euro (inkl. MwSt.). Die relativ geringe Anzahl von Haka-Spezialisten weist darauf hin, dass sich diese fast ausschließlich in Mittel- und Oberzentren, hier vor allem in 1-a-Lage, befinden. Haka-Spezialisten, im gehobenen Genre auch als Herrenausstatter beschrieben, sind vor allem in Regionen mit hoher Kaufkraft erfolgreich. Auch bei ihnen muss in starkem Maße der Markengedanke gepflegt werden.

Kinderbekleidung/Babyausstattung: Die Umsatzsteuerstatistik weist für den Einzelhandel mit Kinderbekleidung 1.752 Fachhandelsbetriebe mit einem Umsatz von 630 Mio. Euro (inkl. MwSt.) aus. Die durchschnittliche Umsatzgröße pro Betrieb liegt damit bei 360.000 Euro im Jahr. Kinderbekleidung kaufen die Kunden vor allen bei große Textilfilialisten wie etwa C&A, in Warenhäusern und SB-Warenhäusern. Die geringe durchschnittliche Betriebsgröße macht deutlich, dass sich das Angebot in der Branche stark polarisiert. Einerseits gibt es einige relativ großflächige Fachmärkte, andererseits eine Fülle von kleinen und kleinsten Unternehmen der Branche. Fachmärkte erzielen wegen des hohen Hartwarenanteils am Gesamtumsatz insgesamt meist einen unterdurchschnittlichen Rohertrag, aber auch eine unterdurchschnittliche Kostenbelastung. Die Klein- und Kleinstunternehmen der Branche leben vom persönlichen Engagement der – zumeist weiblichen – Inhaber. Ihre Kommunikationsstärke und ein persönliches Netzwerk

Fachhandel mit Schwerpunkt DAMENOBERBEKLEIDUNG (DOB)	Durchschnittliche Leistungskennziffern	Benchmarks
Personalleistung (in Euro je Mitarbeiter)	150.000 Euro	180.000 Euro
Flächenproduktivität (in Euro je qm Verkaufsfläche)	3.600 Euro/qm	4.500 Euro/qm
Handelsspanne/ Rohertrag (in Prozent vom Bruttoumsatz)	37,7 Prozent	42,0 Prozent
Betriebskosten (in Prozent vom Bruttoumsatz)	38,3 Prozent	36,0 Prozent
Betriebswirtschaftliches Ergebnis (in Prozent vom Bruttoumsatz)	- 0,6 Prozent	6,0 Prozent

Quelle: BBE RETAIL EXPERTS, FfH

Fachhandel mit Schwerpunkt HERRENKONFEKTION (HAKA)	Durchschnittliche Leistungskennziffern	Benchmarks
Personalleistung (in Euro je Mitarbeiter)	165.000 Euro	200.000 Euro
Flächenproduktivität (in Euro je qm Verkaufsfläche)	4.700 Euro/qm	6.000 Euro/qm
Handelsspanne/ Rohertrag (in Prozent vom Bruttoumsatz)	41,5 Prozent	43,0 Prozent
Betriebskosten (in Prozent vom Bruttoumsatz)	37,4 Prozent	35,0 Prozent
Betriebswirtschaftliches Ergebnis (in Prozent vom Bruttoumsatz)	4,1 Prozent	8,0 Prozent

Quelle: BBE RETAIL EXPERTS, IfH

Benchmarks Daten & Fakten

Fachhandel mit Schwerpunkt KINDERBEKLEIDUNG/BABYAUSSTATTUNG	Durchschnittliche Leistungskennziffern	Benchmarks
Personalleistung (in Euro je Mitarbeiter)	138.000 Euro	160.000 Euro
Flächenproduktivität (in Euro je qm Verkaufsfläche)	3.700 Euro/qm	4.500 Euro/qm
Handelsspanne/ Rohertrag (in Prozent vom Bruttoumsatz)	38,8 Prozent	40,0 Prozent
Betriebskosten (in Prozent vom Bruttoumsatz)	36,7 Prozent	35,0 Prozent
Betriebswirtschaftliches Ergebnis (in Prozent vom Bruttoumsatz)	2,1 Prozent	5,0 Prozent

Quelle: BBE RETAIL EXPERTS, FfH

SCHUH-Fachhandel	Durchschnittliche Leistungskennziffern	Benchmarks
Personalleistung (in Euro je Mitarbeiter)	120.000 Euro	170.000 Euro
Flächenproduktivität (in Euro je qm Verkaufsfläche)	3.400 Euro/qm	4.000 bis 6.000,- Euro/qm
Handelsspanne/ Rohertrag (in Prozent vom Bruttoumsatz)	37,6 Prozent	42,0 Prozent
Betriebskosten (in Prozent vom Bruttoumsatz)	41,7 Prozent	38,0 Prozent
Betriebswirtschaftliches Ergebnis (in Prozent vom Bruttoumsatz)	- 4,1 Prozent	4,0 Prozent

Quelle: BBE RETAIL EXPERTS, IfH

zu Entbindungsstationen, Kindergärten und ähnlichen Institutionen ist hier wesentlicher Erfolgsfaktor. Modespezialisten, die auch markenorientiert aufgestellt sind, finden sich nur in guten Lagen von Mittel- und Oberzentren, insbesondere in Regionen mit hoher Kaufkraft.

Schuhe: Laut Umsatzsteuerstatistik tätigen 5.588 Schuhfachhandelsunternehmen einen Umsatz von 6,8 Mrd. Euro (inkl. MwSt.). Die vergleichsweise schlecht betriebswirtschaftliche Verfassung vieler Schuhgeschäfte resultiert sowohl aus Schwächen in der Handelsspanne als auch aus überhöhten Betriebskosten. Schwächen in der Handelsspanne sind auf Konkurrenzdruck durch SB-Schuhfachmärkte auf der einen und überhöhte Warenlägern auf der anderen Seite. Der Druck, die Preise zu reduzieren, steigt dadurch erheblich.

Ein Erfolgsfaktor für den Fachhandel ist daher die konsequente mengen- und lieferantenmäßige Beschränkung des Warenlagers. Erfolgreiche mittelständische Betriebe reduzieren ihr Angebot auf vier bis fünf starke Marken oder treten sogar als Monolabelstore auf. Um Kosten zu reduzieren, greifen die Unternehmen häufig auch in den Personalstamm ein.

Starke Marken sind in der Präsentation plakativ herauszustellen, werden nur wenige oder eine Marke angeboten, können Accessoires dieser Marke(n) das traditionelle Schuhsortiment ergänzen.

Marktsegment: DIY / Garden / Construction

Baumärkte: Baumärkte sind großflächige Betriebe des Einzelhandels, die in verkehrsorientierten Lagen und in weitgehender Selbstbedienung Waren verschiedener Art mit dem Verwendungsschwerpunkt Bauen und Renovieren anbieten. Häufig ist auch ein Gartencenter angeschlossen. 3.000 qm sind heute fast die Minimalgröße, viele Märkte verfügen inzwischen aber schon über 10.000 qm und mehr. Laut EHI gibt es in Deutschland 2.695 Bau- und Heimwerkermärkte. Aufgrund starker Konkurrenzsituation in der Branche ist die Anzahl der Betriebe in Deutschland seit dem Jahr 2000 leicht rückläufig, die Expansion der großen Baumarktbetreiber konzentriert sich vor allem auf das osteuropäische Ausland. Der scharfe Wettbewerb und in Deutschland stagnierende Umsätze zwingen alle Unternehmen der Branche zu einer Verbesserung der Handelsspanne. Maßnahmen hierzu sind verstärkte Importe und der Aufbau eigener Handelsmarken. Der Zwang zur Kostensenkung betrifft die Prozessoptimierung, vor allem in der Logistik.

Über Kundenkarten mit Rabattvorteilen oder Drive-In-Konzepten sollen auch professionelle oder semiprofessionelle Kunden angesprochen werden, die ansonsten eher im Baustoffgroßhandel kaufen würden.

Gartencenter: Gartencenter sind auf Gartenbedarf spezialisierte großflächige Einzelhandelsbetriebe, die meistens ihren Standort in Randlagen der Städte haben. Teilweise sind sie an Baumärkte angeschlossen. Handelsspanne und Betriebskosten zeigen eine erhebliche Spannbreite, sie sind abhängig vom Anteil lebender Pflanzen am Gesamtumsatz. Baumarkt-Gartencenter und einzelne Filialisten stellen Menge und Preis in den Vordergrund ihrer Marketingaussage.

Erfolgreiche Unternehmen setzen in zunehmendem Maß auf den Erlebnischarakter ihrer Präsentation. Sie geben – auch über jahreszeitlich wechselnde Aktionen – ihren Kunden Ideen und Anregungen für die Gartengestaltung und die Dekoration des eigenen Heims mit Pflanzen. Die Präsentation ausgewachsener, dekorativer Pflanzen kann die erzielten Durchschnittspreise und damit letztlich den Rohertrag deutlich steigern. Ein wesentlicher Erfolgsfaktor ist letztlich auch eine hohe Kaufkraft und ein hoher Eigenheimanteil im Einzugsgebiet.

Marktsegment: Elektro & Consumer Electronics

Laut Umsatzsteuerstatistik repräsentieren 25.447 Unternehmen mit einem Bruttoumsatz von 28,1 Mrd. Euro den Facheinzelhandel mit elektrischen Haushaltsgeräten und Unterhaltungselektronik (CE = Consumer Electronics). Der Facheinzelhandel mit Computern und Telekommunikationsgeräten ist hierin nicht enthalten. Den Elektro-Fachhandel prägen sehr unterschiedliche Spezialisierungsformen, es gibt ebenso Vollsortimenter wie Fachgeschäfte für Haushaltsgeräte/Haustechnik, Unterhaltungselektronik, Telekommunikation und EDV-Geräte inkl. Zubehör.

Telekommunikation und EDV-Geräte haben normalerweise niedrigere Handelsspannen als die übrigen Sortimente, dementsprechend müssen diese Betriebstypen sehr kostenbewusst geführt werden. Bei Vollsortimentern bedürfen gerade diese Sortimentsbereiche einer kontinuierlichen Spannenkontrolle.

BAU- UND HEIMWERKERMÄRKTE	Durchschnittliche Leistungskennziffern	Benchmarks
Personalleistung (in Euro je Mitarbeiter)	240.000 Euro	290.000 Euro
Flächenproduktivität (in Euro je qm Verkaufsfläche)	1.500 Euro/qm	2.000 Euro/qm
Handelsspanne/Rohertrag (in Prozent vom Bruttoumsatz)	27 bis 29 Prozent	30 bis 32 Prozent
Betriebskosten (in Prozent vom Bruttoumsatz)	26 bis 28 Prozent	28 bis 30 Prozent
Betriebswirtschaftliches Ergebnis (in Prozent vom Bruttoumsatz)	0,5 bis 1,5 Prozent	2 bis 4 Prozent

Quelle: BBE RETAIL EXPERTS, EHI, Geschäftsberichte

GARTENCENTER	Durchschnittliche Leistungskennziffern	Benchmarks
Personalleistung (in Euro je Mitarbeiter)	220.000 Euro	270.000 Euro
Flächenproduktivität (in Euro je qm Verkaufsfläche)	1.200 Euro/qm	1.800 Euro/qm
Handelsspanne/Rohertrag (in Prozent vom Bruttoumsatz)	30 bis 36 Prozent	36 bis 38 Prozent
Betriebskosten (in Prozent vom Bruttoumsatz)	29 bis 35 Prozent	25 bis 30 Prozent
Betriebswirtschaftliches Ergebnis (in Prozent vom Bruttoumsatz)	0,5 bis 1,0 Prozent	4,0 bis 5,0 Prozent

Quelle: BBE RETAIL EXPERTS

Benchmarks Daten & Fakten

ELEKTRO- UND UNTERHALTUNGS- ELEKTRONIK-Fachhandel	Durchschnittliche Leistungskennziffern	Benchmarks
Personalleistung (in Euro je Mitarbeiter)	148.000 Euro	168.000 Euro
Flächenproduktivität (in Euro je qm Verkaufsfläche)	5.300 Euro/qm	8.500 Euro/qm
Handelsspanne/ Rohertrag (in Prozent vom Bruttoumsatz)	30,5 Prozent	31,0 Prozent
Betriebskosten (in Prozent vom Bruttoumsatz)	30,2 Prozent	28,0 Prozent
Betriebswirtschaftliches Ergebnis (in Prozent vom Bruttoumsatz)	0,3 Prozent	3,0 Prozent

Quelle: BBE RETAIL EXPERTS, FfH

PBS-Fachhandel (vorwiegend private Endkunden)	Durchschnittliche Leistungskennziffern	Benchmarks
Personalleistung (in Euro je Mitarbeiter)	120.000 Euro	140.000 bis 160.000 Euro
Flächenproduktivität (in Euro je qm Verkaufsfläche)	4.000 Euro/qm	4.500 bis 5.000 Euro/qm
Handelsspanne/ Rohertrag (in Prozent vom Bruttoumsatz)	35,0 Prozent	38,0 bis 40,0 Prozent
Betriebskosten (in Prozent vom Bruttoumsatz)	34,5 Prozent	33,0 bis 35,0 Prozent
Betriebswirtschaftliches Ergebnis (in Prozent vom Bruttoumsatz)	0,5 Prozent	5,0 Prozent

Quelle: BBE RETAIL EXPERTS

Die starke Konkurrenz durch Fachmarktketten und Internet in Verbindung mit einem weitgehend auf Markenartikel ausgerichtetem Sortiment hält die Handelsspannen permanent unter Druck. Der Markenauswahl kommt also eine hohe Bedeutung für den Erfolg zu. Der Anschluss an eine Verbundgruppe ist in der Branche praktisch zwingend notwendig. Die Fachbetrieben der Branche bieten vielerlei Services an, Reparaturen, Vermittlungsprovisionen und Finanzierungen sind nur einige Beispiele. Die erfolgreiche Vermarktung von Dienstleistungen aller Art erhöht die Handelsspanne deutlich und trägt damit oft entscheidend zum Unternehmenserfolg bei. Die demografische Entwicklung begünstigt Fachhandelsbetriebe, die Ware inklusive notwendiger Dienstleistungen im Sinne einer gebrauchsfertigen Problemlösung anbieten können und dieses Geschäft bewusst forcieren.

Marktsegment: Office & Equipment

Der PBS-Fachhandel nimmt eine Zwischenstellung zwischen Groß- und Einzelhandel ein, da ein nicht unbeträchtlicher Teil des Marktvolumens an gewerbliche Verwender abgesetzt wird, damit definitorisch eigentlich Großhandel ist. Ferner gibt es Überschneidungen zum BBO-Fachhandel (Büromaschinen, Büromöbel, Organisationsmittel), der inzwischen häufig bereits in den IT-Bereich eindringt. Die folgenden Leistungskennziffern beziehen sich auf das Papier- und Schreibwarengeschäft mit privaten Verwender.

7.242 Unternehmen erzielen lt. Umsatzsteuerstatistik einen Bruttoumsatz von 2,8 Mrd. Euro. Im Geschäft mit dem privaten Kunden polarisiert sich das Angebot. Citygeschäfte in größeren Zentren wählen vielfach den Weg des Trading-up und bieten in hochwertigem Ambiente hochwertige Ware an. Auf der anderen Seite steht der kleine, wohnortnahe Nahversorger, der aus Renditegründen vielfach zum Convenience-Store mit Zusatzangeboten wie Büchern, Zeitungen, Tabakwaren, Lottoannahme und Paketdienst wird.

Marktsegment: Recreation

Buchhandel: An dieser Stelle wird nur der klassische Sortimentsbuchhandel angesprochen, SB-Buchshops und Bahnhofsbuchhandlungen haben abweichende Leistungsstrukturen. Der Einzelhandel mit Büchern umfasst in Deutschland laut Umsatzsteuer-

LP_ medien, meeting, services, sales.

Jetzt neu!

Der deutsche Lebensmittelhandel 2010

>> Topaktuelle Informationen für Alle, die sich im Lebensmittel-Handel auskennen müssen
>> Alle Fakten zu den Zentralen, den Vertriebsstrukturen, den Verflechtungen und natürlich zum Umsatz
>> inkl. Rankings zu Anzahl und Fläche der Outlets

☐ senden Sie mir _____ Exemplar/e **DIN-A-0-Poster**
Preis jeweils 39,59 Euro inkl. 7% Mwst. zzgl. Versand.

☐ senden Sie mir _____ Exemplar/e **Foliensatz**
Preis jeweils 44,03 Euro inkl. 19% Mwst. zzgl. Versand.

☐ senden Sie mir _____ Exemplar/e als **PDF-Datei**
Preis jeweils 44,03 Euro inkl. 19% Mwst. zzgl. Versand.

Mengenrabatt: ab 5 Stück: -5%
ab 11 Stück: -10%
ab 16 Stück: -15%

_____
Umsatzsteuer-Ident-Nr. bei EU Ausland

Name _____ Vorname _____

Firma (bei Geschäftsadresse) _____

Straße _____ PLZ/Ort _____

Telefon _____ Telefax _____

Datum _____ Unterschrift _____

x an: 02631 / 879-123 oder E-Mail: j.schuhmacher@lpv-verlag.de

LEBENSMITTEL PRAXIS einfach mehr

Benchmarks Daten & Fakten

BUCHHANDEL	Durchschnittliche Leistungskennziffern	Benchmarks
Personalleistung (in Euro je Mitarbeiter)	150.000 Euro	170.000 Euro
Flächenproduktivität (in Euro je qm Verkaufsfläche)	3.500 Euro/qm	4.700 Euro/qm
Handelsspanne/ Rohertrag (in Prozent vom Bruttoumsatz)	31,8 Prozent	33,0 Prozent
Betriebskosten (in Prozent vom Bruttoumsatz)	32,6 Prozent	29,0 bis 31,0 Prozent
Betriebswirtschaftliches Ergebnis (in Prozent vom Bruttoumsatz)	- 0,8 Prozent	2,0 bis 4,0 Prozent

Quelle: BBE RETAIL EXPERTS, IfH

SPORTARTIKEL-/ CAMPING-Fachhandel	Durchschnittliche Leistungskennziffern	Benchmarks
Personalleistung (in Euro je Mitarbeiter)	140.000 Euro	150.000 bis 170.000 Euro
Flächenproduktivität (in Euro je qm Verkaufsfläche)	3.300 Euro/qm	3.400 bis 3.800 Euro/qm
Handelsspanne/ Rohertrag (in Prozent vom Bruttoumsatz)	32,0 Prozent	35,0 Prozent
Betriebskosten (in Prozent vom Bruttoumsatz)	31,9 Prozent	30,0 bis 31,0 Prozent
Betriebswirtschaftliches Ergebnis (in Prozent vom Bruttoumsatz)	0,1 Prozent	4,0 bis 5,0 Prozent

Quelle: BBE RETAIL EXPERTS, Datev

statistik 5.028 Unternehmen mit einem Bruttoumsatz von 4,7 Mrd. Euro. Neben dem klassischen Sortimentsbuchhandel und den oben bereits erwähnten Sonderformen gibt es so genannte Fachbuchhandlungen, die sich mit einem sehr tiefen Sortiment in einem oder wenigen Fachgebieten spezialisiert haben und hier auch gewerbliche Verwender beliefern. Kleinere Buchhandlungen finden ihre Existenz in Unter- und Mittelzentren oder in Vorstadtlagen der Großstädte. Wichtig ist hier ein zentraler Standort und eine gute Beratung. Große Buchhandlungen finden sich in Mittel- und Großstädten, meist in 1-a- oder 1-b-Lagen. Neben einer guten Beratung liegt das Kompetenzfeld hier bei einer großen Auswahl an verfügbaren Titeln, häufig auch im Fachbuchbereich.

In der Titelvielzahl liegt allerdings auch ein Risikopotenzial: Warenlager und Verkäuflichkeit binden oft viel Kapital. Bei Büchern existiert nach wie vor die Preisbindung, sodass die Handelsspanne aktiv nur bei nicht preisgebundenen Randsortimenten aktiv gestaltet werden kann. Rentabilitätsverbesserungen müssen daher vor allem im Kostenbereich ansetzen. Kundenbindung und Aufmerksamkeit wird im Buchhandel auch über Aktionen wie Lesungen oder Teilnahme an örtlichen kulturellen Veranstaltungen erreicht.

Sport & Camping: Der Sportartikel-Fachhandel (ohne Fahrradhandel) umfasst laut Umsatzsteuerstatistik 4.499 Unternehmen mit einem Umsatz von 2,8 Mrd. Euro. Im Facheinzelhandel dominieren nach wie vor kleine und mittlere Unternehmen. Das Interesse an einzelnen Fitness-Trends wechselt beim Verbraucher sehr schnell. Von Bedeutung ist es also, ein Gespür für aktuelle Trends zu entwickeln und das Sortiment flexibel zu gestalten. Stabile Umsatzträger sind aktuell Outdoor- und Trekking-Kleidung und -Zubehör sowie Laufschuhe und Bademode. Fußball, Handball und Basketball sind stabile Dauerthemen. Je nach Standort können zusätzliche Spezialisierungen, z. B. auf Tennis, Golf, Wasser- oder Wintersport hinzukommen. Der Anschluss an eine Verbundgruppe ist als Erfolgsfaktor unbedingt empfehlenswert.

Sportbekleidung macht etwa 50 Prozent des Umsatzes aus, unter Spannengesichtspunkten ist dieser Bereich zu forcieren, wobei nicht nur auf Markenartikel geachtet werden sollte. Kleinere Händler mit entsprechendem Know-how können sich auf Rand- oder Abenteuersportarten spezialisieren.

Daten & Fakten Benchmarks

Foto: Die Umsatzsteuerstatistik weist für die Branche 2.437 Unternehmen mit einem Bruttoumsatz von 2 Mrd. Euro aus. Der inhabergeführte Fotofachhandel findet im Gerätemarkt seine schärfste Konkurrenz in den Elektrofachmärkten. In dieser Konkurrenzsituation bleibt die Handelsspanne bei Geräten sehr schmal. Wesentlicher Erfolgsfaktor für den Fotofachhandel ist daher die Fachkompetenz in Randsortimenten und Dienstleistungen. Fotoatelier und Minilab können zusätzliche Erträge erwirtschaften. Das Zusammenwachsen von Foto und Unterhaltungselektronik macht auch im Fotofachhandel eine Kompetenz in Elektronik, Video- und Digitaltechnik erforderlich.

Zielgruppe des Fachhandels ist in der Regel der ambitionierte Amateur. Digitale Spiegelreflexkameras inklusive Zubehör sind damit ein wesentlicher Umsatzträger. Der scharfe Wettbewerb in der Branche macht den Anschluss an eine Verbundgruppe, die Beschaffungsvorteile und Marketingunterstützung bietet, dringend empfehlenswert.

Spielwaren: Der Spielwaren-Einzelhandel umfasst laut Umsatzsteuerstatistik 3.695 Unternehmen mit einem Bruttoumsatz von 2 Mrd. Euro. Stark vertreten ist die Umsatzgrößenklasse unter 250.000 Euro Jahresumsatz. 30 Prozent des Jahresumsatzes werden in den beiden letzten Monaten des Jahres erzielt. Nachorder oder Umsortierungen im Sortiment sind dann nur noch schwer möglich. Die niedrige Geburtenrate in Deutschland beeinträchtigt die Umsatzchancen des Spielwarenhandels. Insbesondere traditionelles Spielzeug ist im Markt rückläufig, elektronisches Spielzeug wie Spielekonsolen und Videospiele hat stark zugenommen, wird aber überwiegend im Unterhaltungselektronikhandel gekauft. Der demografische Wandel mit einer zunehmenden Zahl aktiver und kaufkräftiger Senioren begünstigt den Absatz von Gesellschaftsspielen für Erwachsene.

Spielwarenaffine und profitable Ergänzungssortimente können Schreibwaren, Sportartikel oder Baby- und Kinderbekleidung sein. Trotzdem bleiben Kinder die Hauptzielgruppe des Spielzeughandels. Bei neuen Standorten sollte daher unbedingt die Altersstruktur im Einzugsgebiet erhoben werden. Kinderärzte, Kindergärten und Schulen in der Umgebung des Geschäftes können den Umsatz fördern. Auch im Spielwareneinzelhandel sollten die Leistungen der Verbundgruppen genutzt werden.

FOTO-Fachhandel	Durchschnittliche Leistungskennziffern	Benchmarks
Personalleistung (in Euro je Mitarbeiter)	130.000 Euro	150.000 bis 200.000 Euro
Flächenproduktivität (in Euro je qm Verkaufsfläche)	4.500 Euro/qm	5.000 bis 6.000 Euro/qm
Handelsspanne/Rohertrag (in Prozent vom Bruttoumsatz)	37,1 Prozent	38,5 Prozent
Betriebskosten (in Prozent vom Bruttoumsatz)	37,0 Prozent	36,0 Prozent
Betriebswirtschaftliches Ergebnis (in Prozent vom Bruttoumsatz)	0,1 Prozent	2,5 Prozent

Quelle: BBE RETAIL EXPERTS, Datev

SPIELWAREN-Fachhandel	Durchschnittliche Leistungskennziffern	Benchmarks
Personalleistung (in Euro je Mitarbeiter)	120.000 bis 160.000 Euro	180.000 Euro
Flächenproduktivität (in Euro je qm Verkaufsfläche)	2.900 Euro/qm	3.500 bis 4000 Euro/qm
Handelsspanne/Rohertrag (in Prozent vom Bruttoumsatz)	31,0 bis 32,0 Prozent	34,0 bis 36,0 Prozent
Betriebskosten (in Prozent vom Bruttoumsatz)	32,0 bis 33,0 Prozent	30,0 bis 32,0 Prozent
Betriebswirtschaftliches Ergebnis (in Prozent vom Bruttoumsatz)	-1,0 Prozent	4,0 Prozent

Quelle: BBE RETAIL EXPERTS, Datev, BVS

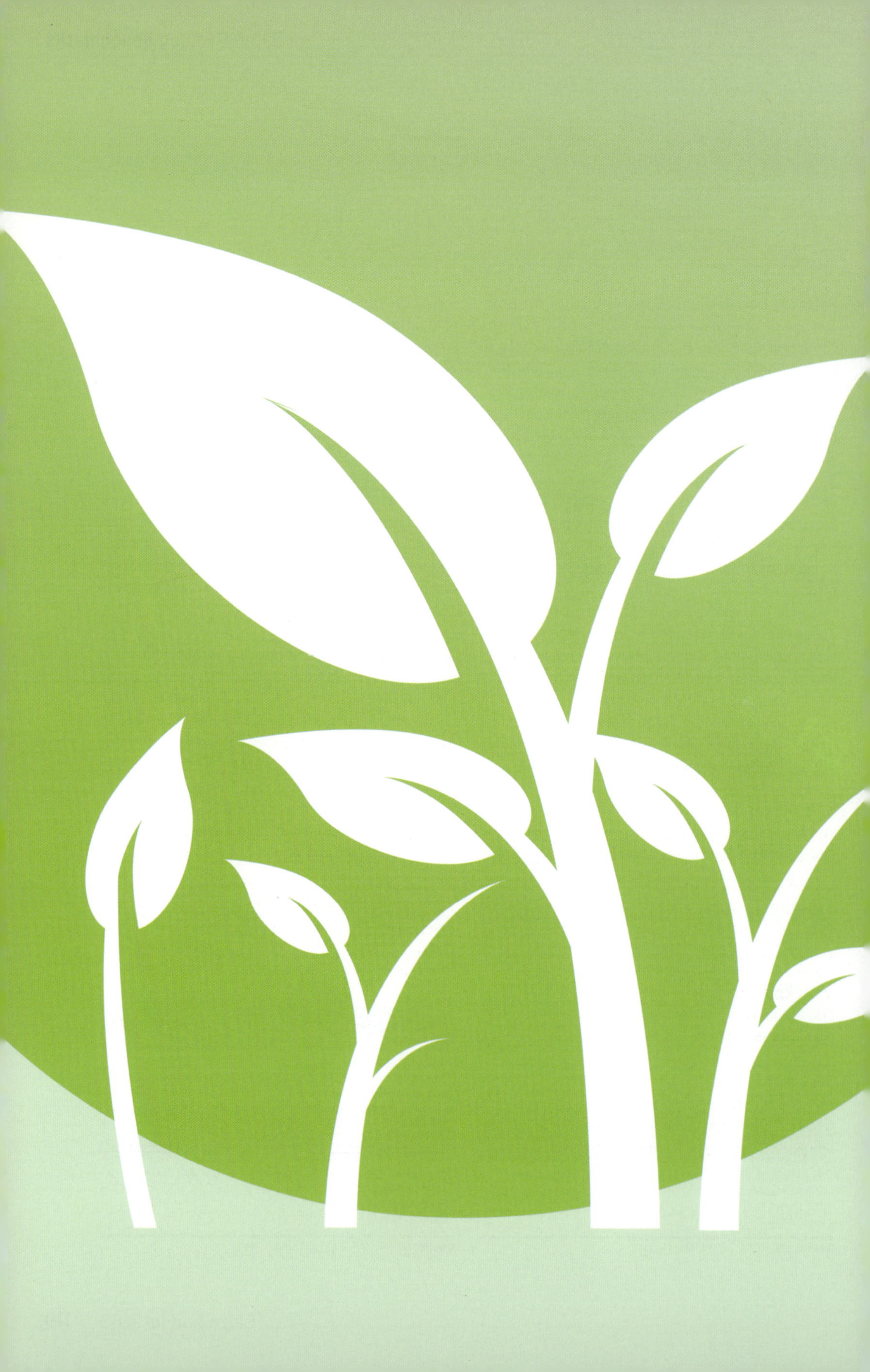

CSR **Strategie**

Verantwortlich handeln

Deutsche Einzelhandelsunternehmen engagieren sich für Umwelt und Gesellschaft – oft im Dialog mit Gesellschaft und Politik sowie in Kooperationen.
Text Beat Späth, HDE

Verantwortung, Nachhaltigkeit, Corporate Social Responsibility (gesellschaftliche und soziale Verantwortung der Unternehmen): Hinter solchen Schlagworten steht eine Vielfalt ganz konkreter Initiativen und Maßnahmen. Der Einzelhandel ist größter Spender der Tafelbewegung, die in Deutschland regelmäßig rund 1 Mio. Bedürftige mit Lebensmitteln versorgt. Um die Arbeitsbedingungen bei Zulieferern etwa in Fernost zu verbessern, haben inzwischen 300 europäische Unternehmen – darunter viele deutsche Handelshäuser – ihre Kräfte gebündelt. Fairtrade-Waren gibt es inzwischen nicht mehr nur im Weltladen, sondern selbst als Eigenmarken beim Discounter. Eine besonders große Dynamik entwickelt der Handel in seinem Umweltengagement. Ob umweltfreundliche Produkte, sparsamer Transport, energieeffiziente Gebäude und Lebensmittelkühlung: Zu jedem Thema gibt es Initiativen gleich mehrerer Unternehmen. Bei vielen dieser Initiativen spielen Kooperationen eine ausschlaggebende Rolle.

Wettbewerb oder Vorsorge

Freiwillige Aktivitäten werden die meisten Unternehmen nur entfalten, wenn sie sich auch etwas davon versprechen – zum Beispiel ein besseres Image oder die Ansprache neuer Kundengruppen. Oder schlicht Kostenvorteile. Jedes Unternehmen hat ein Interesse, seine Kunden von seinen Qualitäten zu überzeugen – das gilt ganz besonders für den Einzelhandel als Branche mit täglichem Kontakt zu Millionen von privaten Endverbrauchern. Mit guten Ideen kann ein Unternehmen beispielsweise seine Umweltaktivitäten auch zum Wettbewerbsvorteil machen. Energiesparmaßnahmen verbinden elegant das Allgemeininteresse (Umweltschutz) mit dem Unternehmensinteresse (Kostenersparnis).

Neben den Erwartungen der Kunden spielen jedoch auch die Erwartungen weiterer Stakeholder eine immer wichtigere Rolle. Gerade große Einzelhandelsunternehmen stehen besonders im Fokus der öffentlichen Aufmerksamkeit. Deshalb ist neben der Platzierung im Wettbewerb auch die Absicherung gegen Reputationsrisiken ein Faktor für CSR-Maßnahmen. Wer möchte schon gern in den Massenmedien mit Kinderarbeit in Verbindung gebracht werden?

Gemeinsam gegen Kinderarbeit

Die Arbeitsbedingungen bei Zulieferbetrieben in Fernost sind eine Herausforderung, die ein einzelnes Handelsunternehmen kaum allein in den Griff bekommen kann. Obwohl es auch in China und Indien Arbeitsschutzgesetze gibt, werden die Regelungen von staatlicher Seite oft nur mangelhaft durchgesetzt. Viele Handelsunternehmen gehen daher den Weg über vertraglich festgelegte Sozialstandards. Doch auch hierbei stellt sich die Frage nach der Umsetzung. Um mehr Sicherheit über die Produktionsbedingungen zu erlangen, werden Audits bei den Zulieferern durchgeführt. Unterschiedliche Sozialstandardanforderungen verschiedener Handelshäuser und Doppel-Audits führen jedoch zu unzweckmäßigem Mehraufwand. Die Aufgabe kann nur mit vereinten Kräften

Energiesparen: Gut für die Allgemeinheit und die Bilanz.

Strategie CSR

Fair: Viele Produkte haben inzwischen das Fair-Trade-Siegel.

Foto: TransFair

sinnvoll angegangen werden. Die Business Social Compliance Initiative (BSCI) wurde im Jahr 2003 unter anderem von deutschen Handelsunternehmen angestoßen und hat inzwischen gut 300 Mitgliedsunternehmen. Inzwischen halten laut BSCI die Mitgliedsunternehmen die Verbesserung der Sozialstandards in den Lieferländern nicht für ein Extra, sondern für einen festen Teil ihrer Einkaufspolitik in Entwicklungsländern.

Handel unterstützt Tafeln

Aber auch die sozialen Probleme vor Ort in den deutschen Städten lassen den Handel nicht kalt. Als standortgebundene Branche ist der Einzelhandel ein wichtiger Teil des städtischen Lebens. Obwohl es in Deutschland Lebensmittel im Überfluss gibt, haben doch nicht alle Menschen ihr täglich Brot. Da ist es für viele Unternehmen des Lebensmitteleinzelhandels selbstverständlich, Bedürftige im lokalen Umfeld zu unterstützen. Dies geschieht vor allem über Lebensmittelspenden, aber auch Geld- und Sachspenden an die Tafelvereine vor Ort.

Die Tafeln sammeln qualitativ einwandfreie Lebensmittel, die aus verschiedenen Gründen nicht mehr im Verkauf bleiben, und geben sie an mehr als eine Million Bedürftige weiter. Die Verteilung übernehmen Tausende ehrenamtliche Helferinnen und Helfer. Ein Großteil der Spenden für die Tafelbewegung kommt laut Bundesverband Deutsche Tafel aus dem Lebensmittelhandel; die Spendenbereitschaft sei auch während der gegenwärtigen Wirtschaftskrise anhaltend.

Fair Trade

Auch in der Sortimentspolitik engagiert sich der Handel mehr und mehr. Der Umsatz mit Fair-Trade-Produkten in Europa beträgt beispielsweise mittlerweile rund 1,5 Mrd. Euro pro Jahr – mit stark steigender Tendenz. In Deutschland hat sich der Umsatz von 2003 auf 2008 vervierfacht. Neben den Weltläden als Pionieren der Bewegung hat hierzu der traditionelle Lebensmittelhandel enorm beigetragen. Heute sind Fair-Trade-Produkte in den Regalen praktisch aller Supermarkt- und Discountketten vorhanden, teils auch als Eigenmarken.

Der Verein TransFair verwaltet das System von Mindestpreisen und Aufschlägen für Produktionskosten, die beispielsweise das Existenzminimum von Kaffeebauern in Costa Rica sichern. Er vergibt auch das bewährte und bekannte Fair-Trade-Siegel. Der Geschäftsführer von TransFair, Dieter Overath, sieht sich angesichts der Verkaufszuwächse „auf dem Weg von der Mitleidsbohne zur Lifestylebohne".

„Das handelsjournal bringt die Brancheninteressen auf den Punkt."

Josef Sanktjohanser,
Präsident des HDE

PREIS DER DEUTSCHEN FACHPRESSE
FACHMEDIUM DES JAHRES 2009
Kategorie: Handel
Deutsche Fachpresse

Das handelsjournal bündelt Monat für Monat praxisorientiert alle wirtschaftlichen und politischen Themen, die den Handel bewegen. Bei uns kommen der Hauptverband des Deutschen Einzelhandels (HDE), seine Mitglieder und Experten zu Wort.
Das „Wirtschaftsmagazin für den Einzelhandel" ist die Plattform für den engen Dialog zwischen Einzelhandelsunternehmen aller Betriebsgrößen und Branchen, Lieferanten und Dienstleistern.
Jetzt für 34 € abonnieren. Telefon: 02631/879-133, Fax: 02631/879-175, E-Mail: c.bock@lpv-verlag.de oder www.handelsjournal.de

handelsjournal - wir verbinden die Branche

Strategie CSR

Beispiel CO_2-Kennzeichung

Besonders im Umweltbereich hat sich ein starker Wettbewerb um freiwillige Initiativen herausgebildet. Eine Reihe von Unternehmen hat beispielsweise begonnen, verschiedene Produkte auf ihre Umweltauswirkungen hin zu untersuchen. Spätestens die Ankündigung der britischen Einzelhandelskette Tesco, bei ihren Eigenmarkenprodukten den CO_2-Fußabdruck (Carbon Footprint) zu kennzeichnen, machte das Thema wettbewerbsrelevant. Obwohl nur eine Minderheit der Verbraucher ihr Kaufverhalten tatsächlich an Nachhaltigkeitskriterien orientiert, und obwohl Tesco angesichts der selbst gestellten Herkulesaufgabe bald zurückrudern musste, beschleunigte die Initiative die Diskussion um die Messung der Nachhaltigkeit von Produkten. Wieder eine Aufgabe, die für ein einzelnes Unternehmen kaum zu stemmen ist.

In Deutschland machte sich die Product-Carbon-Footprint-Initiative unter Beteiligung mehrerer Handelsunternehmen an die Aufgabe, eine Methode zu entwickeln, um den CO_2-Fußabdruck zu messen. Dabei bildete sich schnell ein Konsens heraus, dass die Messung zwar zur Identifizierung von Optimierungspotenzial in der Produktionskette geeignet sei, dass aber eine Produktkennzeichnung aus deutscher Sicht nicht zielführend sei.

Die Politik erkennt nach und nach, dass die Wirtschaft mit ihrem Engagement freiwillig zu politischen Zielen beiträgt. Also wird überlegt, wie man diese Synergien noch ausweiten kann. So ist auf EU-Ebene ein Forum eingerichtet worden, das unter Beteiligung der EU-Kommission Wege zu mehr Nachhaltigkeit im Einzelhandel aufzeigen soll. Die deutsche Bundesregierung hat ein CSR-Forum eingerichtet, das bei der Entwicklung einer nationalen CSR-Strategie helfen soll.

Die neue Aufmerksamkeit der Politik birgt für die Branche Chancen und Risiken, denn die Bandbreite der politischen Forderungen reicht von Bürokratieabbau, damit die Unternehmen mehr Spielräume für ihr Engagement haben, bis hin zu neuen Pflichten. Beispielsweise werden immer wieder Forderungen nach staatlich verordneten CSR-Kennzeichnungssystemen und erweiterten Berichtspflichten vorgetragen. Zusätzlich droht die Gefahr, dass die Politik auf der Suche nach vermeintlich einfachen Lösungen Initiativen einzelner Unternehmen per Gesetz zum Standard für alle macht und dies als politischen Erfolg verkauft. Andererseits kann politische Unterstützung für verantwortliches Handeln gegebenenfalls zu mehr Sichtbarkeit und Glaubwürdigkeit beitragen.

Europaweites Bündnis

In einer neuartigen europaweiten Kooperation zu Gunsten der Umwelt haben sich zwanzig führende europäische Einzelhandelsunternehmen zusammengeschlossen. Gemeinsam mit der EU-Kommission wurde das neue EU-Einzelhandelsforum zu Nachhaltigkeitsfragen REAP (Retailers Environmental Action Program) im März 2009 eröffnet. Eine der zentralen Fragen dabei ist: Welchen Einfluss kann und soll der Handel gegenüber seinen Kunden und Zulieferern geltend machen? Der europäische Handel und die EU-Kommission haben dieses Forum gemeinsam ins Leben gerufen und teilen sich auch den Vorsitz. Die Mitglieder aus Einzelhandel, EU-Institutionen, Nichtregierungsorganisationen und Wissenschaft wollen gemeinsam das Umweltengagement des Handels und den nachhaltigen Konsum vorantreiben.

Am Aktionsprogramm und am Forum beteiligen sich derzeit sechs deutsche Einzelhandelsunternehmen (C&A, Kaufland, Lidl, Metro Group, Quelle und Rewe Group) sowie zwei weitere in Deutschland aktive Einzelhandelsunternehmen (Ikea und Inditex). Damit ist der deutsche Einzelhandel im europäischen Vergleich Vorreiter. Das Aktionsprogramm enthält auch eine Liste zahlreicher unternehmensspezifischer Umweltverpflichtungen. Einige Beispiele: Kaufland hat ein Logistik-Konzept eingeführt, mit dem der Lieferverkehr der Kaufland-Märkte bereits um 25 Prozent reduziert werden konnte. Der Discounter Lidl hat eine umweltfreundliche Einkaufstüte eingeführt und erwartet eine jährliche CO_2-Reduktion von 8.800 t. Die Metro Group hat sich zum Ziel gesetzt, den Energie-

CSR Strategie

Umweltfreundlich: Der Tengelmann-Klimamarkt.

verbrauch für das Jahr 2009 in allen Märkten um 3,5 Prozent zu senken. Auch die Rewe Group strebt für ihre Supermärkte eine Steigerung der Energieeffizienz und eine Minderung der CO_2-Emmissionen an. Quelle will die Recycling-Quote von anfallenden Abfällen auf 97 Prozent zu erhöhen, während Ikea auf lange Sicht Wärme und Elektrizität zu 100 Prozent aus erneuerbaren Energien erzeugen möchte.

Die Aktivitäten des Einzelhandels sollen einen wesentlichen Beitrag zur EU-Nachhaltigkeitsstrategie leisten. Mit neuer Gesetzgebung auf EU-Ebene will man für mehr Nachhaltigkeit auf der Angebotsseite sorgen. Verschiedene Gesetzgebungsverfahren wurden zuletzt in Gang gebracht oder beschleunigt, unter anderem das viel diskutierte Glühbirnenverbot. Die EU-Kommission hat sich aber ebenfalls die Förderung des nachhaltigen Konsums auf die Fahnen geschrieben – ein schwierig zu definierendes Feld, bei dem es kaum Patentlösungen und noch weniger Gesetzgebungsmöglichkeiten gibt. Deshalb setzt die EU-Kommission sehr stark auf den Einfluss des Handels. Die Grundidee: Der Handel soll die Verbraucher zu nachhaltigerem Konsum und am besten gleichzeitig die Zulieferindustrien zu nachhaltigerer Produktion erziehen.

Obwohl der Einzelhandel zweifellos seinen Einfluss geltend machen kann und soll, kann er keinesfalls allein alle Probleme lösen. Der Absatz nachhaltiger Waren sei nur bedingt von den Handelsunternehmen beeinflussbar, meint dazu der HDE. Die Verbraucher seien mündig und würden selbst entscheiden, was sie wo für welchen Preis kaufen wollen. Der Einzelhandel sieht sich nicht der Schulmeister der Nation, einen nachhaltigen Bewusstseinswandel in der Gesellschaft zu erreichen, liegt nicht in seiner Macht. Deshalb spricht sich der Verband dafür aus, die Konsumenten stärker für das Thema „Nachhaltiger Konsum" zu sensibilisieren – gemeinsam mit Politik, Verbrauchern und Herstellern. Gemeinsam mit dem europäischen Dachverband des Handels, EuroCommerce, und Vertretern einiger beteiligter Unternehmen hat der HDE in einer Reihe von Gesprächen mit hochrangigen Vertretern der EU-Kommission das verzerrte Bild des Handels zumindest teilweise zurechtrücken können.

Die Erwartungen an den Einzelhandel sind hoch und sehr breit gefächert. In vielen Bereichen sind einzelne Unternehmen überfordert, weil sie allein wenig verändern können oder auch weil die Herausforderungen zu vielfältig und komplex sind. Der Einzelhandel stellt sich seiner Mitverantwortung und ist auf die gute Zusammenarbeit mit Politik, Industrie, Verbrauchern und weiteren Stakeholdern angewiesen. Auch der HDE leistet seinen Beitrag, indem er einen immer engeren Austausch mit maßgeblichen Interessengruppen pflegt und sich beispielsweise beim EU-Einzelhandelsforum, im nationalen CSR-Forum und in einem vom Bundesministerium für Ernährung, Landwirtschaft und Verbraucherschutz moderierten Gesprächsprozess zum Thema nachhaltiger Konsum engagiert.

Weitere Informationen:

- CSR-Initiativen der deutschen Handelshäuser: **www.einzelhandel.de/csr**
- Klimaschutz-Initiativen deutscher Einzelhandelsunternehmen: **www.einzelhandel.de/klimaschutz**
- EU-Einzelhandelsforum: **www.einzelhandel.de/reap**

Strategie Online

Ohne Internet geht nichts

Auch wenn eigene Online-Shops im Handel noch nicht die Regel sind, eine Präsenz im Netz ist für Geschäfte fast schon eine Selbstverständlichkeit.

Text Kai Hudetz, Sonja Rodenkirchen, ECC

Das Internet hat sich innerhalb kürzester Zeit zu einem zentralen Informations-, Kommunikations- und Transaktionsmedium entwickelt. Längst hat es in die privaten Haushalte und Unternehmen in Deutschland Einzug gehalten. Auch bei kleinen und mittleren Unternehmen ist die Nutzung des Internets mittlerweile absolute Normalität. Eine aktuelle Umfrage des E-Commerce Center (ECC) Handel bei mehr als 2.500 kleineren Unternehmen bestätigt, dass mehr als 98 Prozent der Unternehmen mit weniger als 250 Mitarbeitern über einen Internetzugang verfügen. Dies gilt auch für den Handel. Das am Institut für Handelsforschung an der Universität zu Köln (IfH) angesiedelte ECC Handel wurde 1999 gegründet und beschäftigt sich im Rahmen von Auftragsprojekten mit den vielfältigen Aspekten des E-Commerce. Es betreibt unter **www.ecc-handel.de** eine umfangreiche Informationsplattform. Das ECC Handel ist Teil des vom Bundesministerium für Wirtschaft und Technologie geförderten Netzwerks Elektronischer Geschäftsverkehr.

Die Einsatzmöglichkeiten des Internets für (Handels-)Unternehmen sind vielfältig. Durch die Nutzung des Internets können die Geschäftsbeziehungen sowohl zu Lieferanten als auch zu Kunden optimiert sowie die internen Geschäftsprozesse verbessert werden. Derzeit wird das Internet noch überwiegend als Informations- und Kommunikationsmedium sowie zum Online-Banking genutzt. Etwas mehr als die Hälfte der vom ECC Handel Befragten setzt jedoch das Internet bereits zum Online-Verkauf ein – laut eigener Aussage wird dieser Wert auch in den nächsten Jahren weiter zunehmen. Besonders hohe Zuwächse werden außerdem in den nächsten zwei Jahren für die Nutzungsmöglichkeiten „Mobile Business", „Online-Verkauf", „Online-Kundenservice" und „Online-Werbung" prognostiziert. Dies verdeutlicht, dass viele Unternehmen das Internet als Erfolgsfaktor für verbesserten Kundenkontakt und als zusätzlichen Vertriebskanal erkannt haben, was nicht zuletzt an der hohen Reichweite des Mediums liegt. Inzwischen nutzen zwei Drittel der Deutschen das Internet, und das zumeist täglich. Diese weite Verbreitung des Internets hat erheblichen Einfluss auf das Einkaufsverhalten vieler Konsumenten: Quasi alle Onliner informieren sich im Internet über Produkte (97,2 Prozent) und 85,2 Prozent der Internetnutzer haben in den vergangenen zwölf Monaten bereits Waren im Internet gekauft. Die beliebtesten Waren und Dienstleistungen im Online-Shop sind Bücher, Eintrittskarten, Musik-CDs, Damenbekleidung sowie Hotelbuchungen.

E-Commerce stellt folglich eine Chance für Händler dar, ihren Vertrieb auszuweiten und zusätzliche Umsätze zu generieren. Es gibt jedoch kein Patentrezept dafür, wie die Potenziale genutzt werden können. On-

Foto: Stockxpert

Online-Handel: Dynamische Entwicklung.

line-Vertrieb ist auch nicht für jeden stationären Händler gleichermaßen geeignet. Die Alternative heißt jedoch nicht, dass das Internet ignoriert werden darf, denn mindestens ein Online-Auftritt mit der Darstellung der angebotenen Leistungen bzw. Produkte ist heutzutage unumgänglich. Darüber hinaus nimmt das Internet für den Handel eine immer wichtigere Rolle ein, wenn man die Hindernisse zu überwinden und die Chancen zu nutzen weiß.

Es sind stets die Online-Aktivitäten der großen und bekannten Handelsunternehmen, wie Amazon, Otto, Quelle, Tchibo und insbesondere auch des Online-Marktplatzes eBay, die im Blickpunkt der öffentlichen Diskussion stehen. Über die Aktivitäten von kleinen und mittelständischen Handelsunternehmen wird hingegen naturgemäß selten berichtet. Doch auch hier ist das Internet angekommen: Das ECC Handel führt seit 1999 regelmäßig mit „Internet im Handel" eine empirische Untersuchung zur Nutzung in kleineren und mittleren Handelsunternehmen mit jeweils mehreren Tausend befragten Händlern durch. Bereits 2004 zeigte diese Erhebung, dass sich der Online-Vertrieb auch in kleineren Handelsunternehmen mehr und mehr zur Selbstverständlichkeit entwickelte. Viele Unternehmen konnten damals bereits nennenswerte Umsatzanteile über das Internet realisieren. Die erneuten Erhebungen in den Jahren 2006 und 2008 haben die prognostizierte Entwicklung bestätigt. Handelsunternehmen haben erkannt, dass Konsumenten das Internet zunehmend zur Kaufvorbereitung, aber auch tatsächlich zum Kauf nutzen. Im Jahr 2007 realisierten die vom ECC Handel befragten Unternehmen durchschnittlich 9,2 Prozent ihres Umsatzes online, im Jahr 2005 waren es noch 6 Prozent (**Grafik 1**). Auch wenn diese Zahlen nicht für den gesamten Handel repräsentativ sind, so machen sie doch die dynamische Entwicklung des Online-Handels deutlich.

Über den Online-Vertrieb hinaus nutzen inzwischen auch kleinere Handelsunternehmen das Internet in vielen weiteren Geschäftsbereichen, beispielsweise für den Einkauf oder das Marketing. Auch wenn dabei häufig durchaus Erfolge zu verzeichnen sind, können doch die Zielsetzungen für die Internetnutzung noch bei weitem nicht erreicht werden. Das Internet entwickelt sich permanent weiter und stellt immer wieder neue Herausforderungen an die Akteure, wie die aktuellen Diskussionen zeigen – zum Beispiel um den Micro-Blogging-Dienst Twitter, über den Kurznachrichten verbreitet werden können. Erfolgreich ist im Netz derjenige, der die Präferenzen und Vorstellungen der Online-Shopper am besten trifft und diese mit geeigneten Maßnahmen zum Verbleib und – im besten Fall – auch zum Kauf auf der eigenen Webseite verführt.

Online-Händler sehen sich neuen Herausforderungen gegenüber und werden mit einer Vielzahl an Aufgaben und Fragen konfrontiert. Neben strategische Erwägungen, zu denen beispielsweise die Festlegung des zu bedienenden Marktsegments zählt, treten operative Tätigkeiten, beispielsweise die kontinuierliche Gewinnung von Besuchern für den Online-Shop. Sowohl von strategischer als auch von operativer Bedeutung ist ein Aspekt, dem im E-Commerce eine besondere Relevanz zukommt: Bildung, Erhaltung und Erweiterung des Vertrauens der Konsumenten. Die besondere Bedeutung von Vertrauen für den E-Commerce resultiert einerseits durch die spezifische Situation im Distanzhandel, bei dem Anbieter und Nachfrager nur unpersönlich miteinander interagieren. Andererseits bringt die Abwicklung des Distanz-

Online-Anteil am Gesamtumsatz — Grafik 1

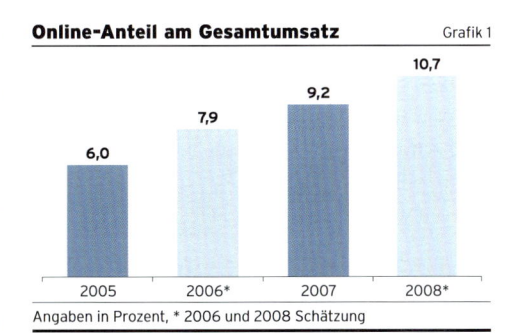

- 2005: 6,0
- 2006*: 7,9
- 2007: 9,2
- 2008*: 10,7

Angaben in Prozent, * 2006 und 2008 Schätzung
Quelle: ECC Handel

Strategie Online

handels über das Internet Besonderheiten mit sich, zumal viele Konsumenten diesem Medium nicht zuletzt aufgrund kritischer Medienberichte mit einem gewissen Misstrauen begegnen. Doch auch wenn es eine nachvollziehbare Grundlage hat, ist dieses Misstrauen nicht per se angebracht.

Online-Shop-Betreiber sind bestrebt, den Wünschen ihrer Kunden zu entsprechen – zumal eine starke Kundenbindung für die meisten Unternehmen die Grundlage langfristigen wirtschaftlichen Erfolgs ist. Doch als Konsument kann man sich insbesondere beim ersten Kauf in einem Online-Shop häufig nicht sicher sein, ob der Betreiber willens und fähig ist, den Kauf zur beiderseitigen Zufriedenheit abzuwickeln. Zwischen Anbietern und Nachfragern besteht somit eine Hürde, die es zu überwinden gilt. Vertrauensbildende Maßnahmen tun also Not. Zu diesen zählen beispielsweise die hochwertige Gestaltung des Online-Shops, Gütesiegel, die Transparenz des Bestell- und Zahlungsprozesses und die Einrichtung einfacher Kontaktmöglichkeiten.

Das ECC Handel hat in einer experimentellen Studie mit knapp 15.000 Testkäufen untersucht, inwieweit Gütesiegel und Zahlungsverfahren Vertrauen schaffen und zu Mehrkäufen führen können. Auch wenn die Ergebnisse eines Experiments nicht einfach auf die Realität übertragen werden können, so zeichnen die Untersuchungsergebnisse doch ein eindeutiges Bild: Online-Händler, die keine vertrauensbildenden Maßnahmen einsetzen, verzichten auf teilweise deutliche mögliche Umsatzerhöhungen. Die Einbeziehung einer vertrauensbildenden Maßnahme bewirkt im Experiment durchschnittlich eine Erhöhung der Anzahl der Käufe um ein Drittel (**Grafik 2**). In der Realität fallen die Effekte im Normalfall jedoch deutlich geringer aus. Ist das Vertrauen der Kunden einmal aufgebaut, müssen die unterschiedlichen Distributionskanäle optimal aufeinander abgestimmt werden, um Kunden auch künftig zu halten und bestmögliche Synergien zu erzeugen.

Auf der Suche nach Wachstum in weitgehend gesättigten Märkten stellt sich für Handelsunternehmen verstärkt die Frage nach dem optimalen Distributionssystem und nach ungenutzten Vertriebspotenzialen. In vielen Fällen werden dabei lukrative Lücken identifiziert – und immer mehr Unternehmen gehen dazu über, ihr Angebot auf verschiedenen Wegen zugänglich zu machen.

In einer für deutsche Internetnutzer repräsentativen Erhebung, die von Karstadt.de unterstützt wurde, hat das ECC Handel untersucht, in welchen Kanälen sich Konsumenten vor einem Kauf informieren und wie dies ihre Kaufentscheidung beeinflusst. Es stellte sich heraus, dass zwischen den Vertriebskanälen des Handels sehr intensive informationsbezogene Wechselwirkungen bestehen, von denen der stationäre Einzelhandel auch profitieren kann: Bei fast jedem vierten Kauf in stationären Geschäftsstellen holen Konsumenten vorab Informationen in Online-Shops ein.

Der Online-Shop eines stationären Einzelhändlers stellt dabei eine wichtige Anlaufstelle dar: Bei fast 12 Prozent der Käufe wird der Online-Shop des Anbieters, in dessen Geschäftsstelle der Kauf letztlich durchgeführt wird, aufgesucht; bei über 6 Prozent der Käufe liefert der Online-Shop den Impuls zur Wahl des Anbieters im stationären Handel. Kanalwechsel innerhalb von Transaktionen können zahlreiche

Vertrauensbildende Maßnahmen — Grafik 2
Relative Veränderung der Anzahl der Käufe

Trusted Shops	Geprüfter Online-Shop	Giropay	Clickandbuy	Gesamt
43,4	22,8	15,4	51,3	33,2

Angaben in Prozent
Quelle: ECC Handel

* CONSULTING   * SERVICES   * MEETINGS

*Zeit zum Fischen?

Als modernes Kompetenz-Zentrum
schaffen wir für Sie neue Freiräume – Fordern Sie uns!

BBE media
Erfolgreich handeln

www.bbe-media.de – Tel. 02631-879-400 – Fax 02631-879-403

Strategie Online

Gründe haben, die die persönliche Situation der Konsumenten widerspiegelt. Beispielsweise wird die Bestellung in Online-Shops von vielen als besonders einfach eingeschätzt, während der Kauf in einer stationären Geschäftsstelle die Möglichkeit zur unmittelbaren Produktinspektion mit sich bringt. Jeder der Kanäle erfüllt unterschiedliche Bedürfnisse der Konsumenten (in unterschiedlichen Situationen); kein Kanal ist anderen per se überlegen. Die Suche nach niedrigen Preisen verleitet tendenziell dazu, nach der Recherche in einem anderen Kanal in einem Online-Shop zu bestellen. Auch die direkte Lieferung nach Hause und die genaueren Informationen über Produkteigenschaften führen dazu, dass Kunden nach dem Besuch im stationären Geschäft den Artikel im Online-Shop des Anbieters kaufen (**Grafik 3**).

Je stärker die Vertriebskanäle eines Anbieters aus Kundensicht harmonisiert sind, desto stärker erhöhen kanalübergreifende Impulse gegenseitig die Umsätze; darüber hinaus steigt mit zunehmender Harmonisierung die Kundenloyalität. Gleichzeitig wird jedoch der Kannibalisierungseffekt zwischen den Vertriebskanälen stärker, wenn ihre Harmonisierung erhöht wird, d. h. Umsätze werden dann verstärkt zwischen den Kanälen verschoben. Die Befürchtung, dass Umsätze eines neuen Online-Shops für den stationären Händler lediglich den stationären Umsatz kannibalisieren, werden aber durch die Studienergebnisse entkräftet: Durchschnittlich 85 Prozent des Online-Umsatzes stellen Mehrumsatz dar.

Online-Shops stellen bei der Internetnutzern einen häufig zur kaufvorbereitenden Informationssuche eingesetzten Vertriebskanal dar. Der Ausbau dieses Vertriebskanals und seine Verknüpfung mit anderen Kanälen stellt somit für Handelsunternehmen eine zentrale Herausforderung dar. Online-Shops können in erheblichem Umfang Kaufimpulse für ihre anderen Vertriebskanäle auslösen: Etwa jeder zehnte Euro Umsatz in stationären Geschäftsstellen und mehr als jede fünfte Euro Umsatz aus Print-Katalogen wird im Online-Shop desselben Unternehmens ausgelöst. Gerade Bequemlichkeitsaspekte lassen sich jedoch nicht verallgemeinern, da sich diesbezügliche Beurteilungen insbesondere von Konsument zu Konsument und von Situation zu Situation deutlich unterscheiden. Für den einen mag der Kauf in einer stationären Geschäftsstelle bequemer sein, für den anderen die Online-Bestellung von zuhause aus.

Es lässt sich nicht mehr übersehen: Das Internet hat das Konsumentenverhalten nachhaltig verändert. Immer mehr Deutsche bestellen (auch) online, nahezu alle Internetnutzer informieren sich vor größeren Käufen über dieses Medium. Dies stellt den traditionellen Einzelhandel vor große Herausforderungen. In zumeist stagnierenden oder gar schrumpfenden Märkten gilt es, die Option des Online-Vertriebs kritisch zu prüfen und energisch auszubauen. Von zentraler Bedeutung ist jedoch vor allem, im Internet so präsent zu sein, dass man von potenziellen Kunden bei der Informationssuche in der Kaufanbahnungsphase wahrgenommen wird. Denn immer stärker werden Konsumenten nur die Händler berücksichtigen, die im Internet präsent sind – egal ob sie online kaufen oder doch den Gang in die stationäre Verkaufsstelle vorziehen. Die Verknüpfung von Online-Shops mit stationärem Ladengeschäft wird für den Einzelhandel zum zentralen Erfolgsfaktor.

Warum Kunden online einkaufen — Grafik 3

Grund	Prozent
Ich wollte das Produkt nach Hause geliefert bekommen.	76,4
Ich wollte mich im Online-Shop noch über Produkteigenschaften informieren und habe dann auch gleich dort gekauft.	73,6
Es ist einfacher.	69,4
Ich wollte im Online-Shop nach besonderen Konditionen schauen.	63,9
Es geht schneller.	58,3
Gewünschte Produkte waren im Ladengeschäft nicht verfügbar.	54,2
Sonstiges.	44,4
Ich wollte das Produkt nicht direkt mitnehmen.	41,7

Angaben in Prozent
Quelle: ECC Handel

Franchising **Strategie**

Markenstärke und Expansion

Als Vertriebssystem ist Franchising längst etabliert; vertreten sind in der Handelslandschaft alle Branchen, Betriebsgrößen und Trend-Konzepte.

Text Birte Lindstädt, Nina Kleber, IfH

Die Durchsetzungsfähigkeit des Franchising hat sich auch im letzten Jahr bestätigt. Das vertikale Kooperationskonzept zwischen Franchise-Zentrale und selbstständigen Franchise-Nehmern befindet sich wie in den vergangenen zehn Jahren auch 2008 weiterhin im Aufwärtstrend. Dies belegen steigende Zahlen im Hinblick auf den Franchise-Umsatz, die Zahl der Franchise-Nehmer und der Beschäftigten. Demnach haben die 950 in Deutschland aktiven Franchise-Systeme 47 Mrd. Euro umgesetzt und damit gegenüber 2007 eine Umsatzsteigerung von rund 13 Prozent erreicht (**Grafik 1**).

Neben einer steigenden Zahl von Franchise-Nehmern innerhalb eines Franchise-Systems wird das Wachstum dadurch bestimmt, dass traditionelle Filialisten bei der Expansion immer häufiger auf Franchise-Partner setzen. Bei dieser Form des so genannten Konversions-Franchising werden vorab in Eigenregie betriebene Filialen an selbstständige Franchise-Nehmer vergeben, oftmals an den aktuellen Filialleiter. Diese Strategie bedient sich der Tatsache, dass das Engagement eines selbstständigen Unternehmers höher ist als das eines Angestellten.

In der Branchenbetrachtung hält der Trend zu Dienstleistungen und hier insbesondere der Systemgastronomie an. Franchise-Systeme im Handel und im Handwerk dagegen sind eher rückläufig. Der Erfolg eines Franchising-Systems ist dabei insbesondere von den zwei Faktoren Markenstärke und Expansionsgeschwindigkeit abhängig. Es lässt sich beobachten, dass besonders diejenigen Franchise-Systeme erfolgreich sind, die es schaffen, eine Marke aufzubauen, sodass sie über einen hohen Wiedererkennungswert verfügen und stets mit einem bekannten Preis-Leistungsverhältnis auffindbar sind. Die Schaffung dieses hohen Wiedererkennungswerts, gepaart mit dem zunehmenden Convenience-Gedanken im Konsumentenverhalten, ist sicherlich ein Grund für den Erfolg und das Wachstum von Franchise-Systemen insbesondere im Bereich der Systemgastronomie. Aber auch Franchise-Systeme anderer Dienstleistungs- und Handelsbranchen verfügen über eine hohe Markenstärke. Erreicht wird diese insbesondere durch einen einheitlichen Marktauftritt. Um die notwendige Systemkonformität zu erreichen, sind vom Franchise-Geber klare Vorgaben hinsichtlich des Marktauftritts der Franchise-Nehmer zu formulieren, die von den diesen auch konsequent eingehalten werden müssen. Die Vorgaben beziehen sich auf folgende Aspekte:

■ Standortkriterien (z. B. 1-a-Lagen von Innenstädten): Die Vorgaben zu den Standortkriterien wurden in der Vergangenheit kontinuierlich straffer formuliert, um den Geschäftserfolg auch langfristig zu sichern. Der Franchise-Geber behält sich hier in der Regel ein endgültiges Veto-Recht vor, das zur Ablehnung von Franchise-Nehmer-Bewerbern führen kann, falls dessen vorgeschlagener Standort nicht in das Standortprofil passt. Im Hinblick auf Standortanalysen, die im Vorfeld einer Geschäftseröffnung erfolgen, gibt es unterschiedliche Herangehensweisen der Franchise-Ge-

Franchise-Umsatz 1998-2008 — Grafik 1

Jahr	Umsatz (Mrd. Euro)
1998	17,9
1999	19,4
2000	22,0
2001	22,7
2002	23,8
2003	25,4
2004	28,0
2005	32,3
2006	37,6
2007	41,5
2008	47,0

Quelle: Deutscher Franchiseverband

Strategie Franchising

Branchen-Verteilung — Grafik 2

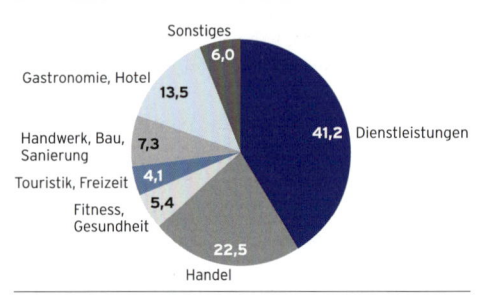

- Dienstleistungen: 41,2
- Handel: 22,5
- Gastronomie, Hotel: 13,5
- Handwerk, Bau, Sanierung: 7,3
- Sonstiges: 6,0
- Fitness, Gesundheit: 5,4
- Touristik, Freizeit: 4,1

Anteile in Prozent
Quelle: Deutscher Franchiseverband

ber. Diese folgen entweder allgemeingültigen und standardisierten Kriterien oder erfolgen eher individuell. So gibt es Unternehmen, die klare Standortvorgaben machen und eigene Geo-Informationssysteme zur Standortanalyse und -prüfung unterhalten. Daneben gibt es Unternehmen, die sich an anderen Frequenzbringern (z. B. Kauf- und Warenhäuser, Lebensmitteldiscounter) orientieren, da sie auf Laufkundschaft und damit frequenzreiche Lagen angewiesen sind (**Grafik 2**). Wiederum andere gehen nicht strategisch vor, sondern treffen Standortentscheidungen im Einzelfall und je nach Möglichkeit, Franchise-Nehmer zu gewinnen. Falls ein Franchise-System einen so genannten Gebietsschutz für die Franchise-Nehmer vorsieht, wird der Wettbewerb dadurch eingeschränkt, dass sich Einzugsgebiete nicht oder kaum überlappen. Allerdings gewähren nicht alle Franchisegeber ihren Mitgliedern Gebietsschutz, sodass diese im Wettbewerb zueinander stehen können.

■ Betriebstyp (z. B. Fachgeschäft oder Fachmarkt)

■ Sortimentsgestaltung/Warenbezug von der Systemzentrale: Hinsichtlich der Sortimentsbildung wird zumeist ein fester Anteil des Kernsortiments vorgeschrieben, während alle darüber hinausgehenden Produkte vom Franchise-Nehmer frei eingekauft werden können. Als Faustregel gilt, dass rund 80 Prozent der Sortimente vorgegeben werden und 20 Prozent durch den Franchise-Nehmer zu bestimmen sind. Zusätzlich ist auch die Vorgabe von Lieferanten Gegenstand der Vereinbarungen. Manche Franchise-Geber schreiben hierbei eine Auswahl von Lieferanten vor, bei denen die Bestellungen zu tätigen sind. In diesem Fall ist auch der von der Zentrale zu beziehende Anteil der Ware festgelegt. Dieser liegt in der Regel zwischen 50 und 100 Prozent. Es gibt allerdings auch Systeme, die keine Vorgaben hinsichtlich der Lieferantenwahl machen und lediglich definieren, was genau eingekauft werden muss bzw. darf, jedoch nicht von wem.

■ Kommunikationspolitik: Besonders bei großen (überregional tätigen) Systemen ist eine einheitliche Kommunikationspolitik unbedingt erforderlich. In diesem Fall konzipiert und steuert die Franchise-Zentrale die Werbemaßnahmen. Auch das Angebot bzw. die Vorgabe von Investitions- und/oder Sponsoring-Konzepten durch die Franchise-Zentrale (z. B. ein Sponsor für das gesamte Franchise-System) trägt zur Steigerung des Bekanntheitsgrades des Systems bei. Bei kleineren Systemen können Prozentsätze vom Umsatz festgelegt werden, die in lokale und regionale

Foto: Vom Fass AG

Franchise-Systeme: Zweistellige Umsatzzuwächse.

Franchising Strategie

PR zu investieren sind, sodass auch lokale Besonderheiten berücksichtigt werden. Dabei muss die Einheitlichkeit im Werbeauftritt jedoch beibehalten werden.

- Warenpräsentation/Ladenlayout

- Personalauftritt: Um einen einheitlichen Marktauftritt sicherzustellen, können auch im Hinblick auf die Mitarbeiter entsprechende Vorgaben zur Vereinheitlichung gemacht werden. Diese beziehen sich unter anderem auf die Kundenansprache, die Kleidung (u. a. Tragen von Namensschildern), den Personalausbildungsgrad (z.B. abgeschlossene Ausbildung) oder die Beratungskompetenz.

- Preissetzungen bzw. -empfehlungen: Hinsichtlich der Verkaufspreise wird in den meisten Fällen die Einhaltung eines bestimmten Preisniveaus vom Franchise-Geber empfohlen. Die Bindung an eine Preisvorgabe ist allerdings gesetzlich verboten. Um jedoch die Profilierung des Systems bzw. die Franchisemarke nicht zu gefährden, werden in der Praxis häufig Preise empfohlen und versucht, sie einheitlich durchzusetzen. Dies gelingt insbesondere Franchise-Gebern, die bereits eine hohe Marktmacht haben oder eine starke Marke aufgebaut haben, sodass die Franchise-Nehmer nicht ausscheren wollen oder können.

In der Praxis sind die Vorgaben der Franchise-Zentralen sowie deren Detaillierungsgrad in den genannten Punkten sehr unterschiedlich. Dies betrifft zum einen die Frage, ob überhaupt Vorgaben gemacht werden, zum anderen bestehen Unterschiede im Hinblick auf Auswahl und Anzahl der Bereiche, in denen es Vorgaben gibt. Insbesondere die Sortimentsgestaltung, die Warenpräsentation und das Ladenlayout gehören dabei zu den Bereichen, in denen in der Regel Vorgaben existieren. Diese Faktoren werden offensichtlich als wesentlich zur Markenbildung und Systemkonformität angesehen.

Ein Faktor, der in engen Zusammenhang mit der Markenstärke zu sehen ist, ist die schnelle Expansion, die notwendig ist, da die Größe effizienzsteigernd wirkt, vor allem im Einkauf und im Marketing – hier insbesondere in der Kommunikation. Durch eine Vielzahl von Verkaufsstellen steigt der Bekanntheitsgrad, der entscheidend zur Markenbildung und -stärke und damit zum Erfolg des Systems beiträgt. Zwar ist die Bedeutung einer intensiven Test- und Optimierungsphase des Systems nicht zu unterschätzen, grundsätzlich ist Wachstum aber von Anfang an notwendig. Nur auf diese Weise können die Vorteile eines standardisierten – aber auch erprobten und ausgereiften – Systems schnell genutzt werden. Als Faustregel gilt hier, dass in den ersten drei Jahren bereits etwa 25 Franchise-Nehmer gewonnen werden sollten.

Einhergehend mit dem quantitativen Wachstum muss sich das System auch qualitativ weiterentwickeln. So müssen auch die Betreuungsleistungen der Franchise-Zentrale ausgeweitet werden. Eine kritische Systemgröße wird dann erreicht, wenn keine weiteren Marktanteile mehr gewonnen werden können und der Franchise-Geber die Verwaltungsfunktionen nicht mehr ausreichend beziehungsweise in wirtschaftlich vertretbarem Ausmaß anbieten kann.

Erfolgsbaustein: Einheitliches Ladenlayout.

Einzelhandel 2010

Strategie Dienstleistung

Service bringt Mehrwert

Der Kunde von heute erwartet von seinen Stammgeschäften mehr als breite und tiefe Sortimente oder ein ansprechendes Ambiente. Service ist gefragt.

Text Hans Rainer Glaeser, BBE

Die Absatzaktivitäten des Einzelhandels sind auf den Endverbraucher gerichtet, also letztendlich auf das jeweils erreichbare Bevölkerungspotenzial. Dieses stellt sich je nach Branche, Vertriebskonzept und Unternehmensgröße sehr unterschiedlich dar. Während Großbetriebe des Einzelhandels ganz Deutschland – und vielfach in zunehmendem Maße auch andere Länder – abdecken, erreichen kleine, mittelständische Einzelhändler oft nur einen Umkreis von wenigen Kilometern um ihren Standort herum. Aber auch Absatzabdeckung großer Regionen durch Filialunternehmen ist letztlich eine Addition der Umsätze aus vielen kleinräumigen Standorten.

Der Konsum der Zukunft hängt damit zunächst von der demografischen Entwicklung der Bevölkerung ab. Zwei große Trends lassen sich hier festmachen und sind in den letzten Jahren auch zunehmend in die öffentliche Diskussion gerückt: Die Bevölkerung in Deutschland wird in den nächsten Jahrzehnten deutlich sinken. Deutschland wird immer älter, der Anteil der älteren Bevölkerung nimmt stark zu.

Der Bevölkerungsrückgang stellt sich regional sehr unterschiedlich dar. Nach Prognosen des Statistischen Bundesamtes werden die Stadtstaaten in Deutschland im Zeitraum 2010 bis 2020 ihre Bevölkerung halten können, in den westliche Flächenländern wird die Bevölkerung in diesem Zeitraum um 1,5 Prozent zurückgehen, in den östliche Flächenländern hingegen um 7 Prozent. Dies mag sich insgesamt noch als moderat darstellen, kleinräumlich wird es zu erheblich stärkeren Verwerfungen kommen. Einige Regionen, insbesondere in den neuen Bundesländern, werden von den Statistikern bereits mit dem unschönen Begriff „Entleerungsgebiete" belegt. Sinkende Bevölkerung in regionalen Versorgungsgebieten bedeutet für den Einzelhandel sinkende Nachfrage und damit letztlich sinkende Ertragschancen bis hin zur Existenzgefährdung.

Der Anteil der über 60-Jährigen an der Gesamtbevölkerung steigt von derzeit 25 Prozent auf 31 Prozent im Jahre 2020. Bezogen auf absolute Werte erhöht sich damit die Zahl der über 60-Jährigen um 21 Prozent. Senioren haben andere Konsumgewohnheiten. Die Nachfrage nach klassischen Einzelhandelsgütern wird geringer, Dienstleistungen werden für sie infolge gesicherter Einkommen, zunehmender Bequemlichkeit, aber auch körperlicher Gebrechen immer wichtiger. Reisen und Wellness sind wachsende Märkte für die ältere Generation.

Aber nicht nur der demografische Wandel, sondern auch geänderte Konsumgewohnheiten lassen den Einzelhandelsumsatz stagnieren. Auch die jüngere Generation verschiebt ihr Ausgabevolumen hin zu den Dienstleistungen, zum Beispiel in den Telekommunikations- und Gastronomiebereich. Auch die Ausgaben für Freizeit sind zunehmend dienstleistungsgeprägt (**Grafik 1**).

Struktur des privaten Verbrauchs Grafik 1

	1991	Veränderungsrate	2008
Nahrungsmittel, Getränke, Tabakwaren	17,8	-3,3	14,5
Bekleidung und Schuhe	8,0	-2,8	5,2
Wohnung, Wasser, Strom, Gas u.a. Brennstoffe	19,2	+5,6	24,8
Einrichtungsgegenstände, Geräte f. d. Haushalt	8,4	-1,6	6,8
Verkehr, Nachrichtenübermittlung	16,7		16,7
Freizeit, Unterhaltung und Kultur	9,4		9,4
Beherbergungs- und Gaststättendienstleistungen	5,7	-0,1	5,6
übrige Verwendungszwecke	14,8	+2,3	17,1

Anteile in Prozent; Veränderungsrate in Prozentpunkten

Quelle: Destatis

Dienstleistung Strategie

Der Einzelhandel verliert Grafik 2
Anteil des Einzelhandels an den Konsumausgaben der privaten Haushalte im Inland

Jahr	Einzelhandel inkl. KFZ, Tankstellen	Einzelhandel i.e.S.
1991	48,2	42,1
1992	47,1	40,6
1993	45,1	39,5
1994	44,2	37,9
1995	43,4	37,1
1996	43,3	36,1
1997	42,5	34,8
1998	42,4	34,5
1999	41,9	33,7
2000	42,6	33,3
2001	42,0	32,5
2002	41,1	31,8
2003	40,5	31,1
2004	40,6	31,3
2005	40,2	31,0
2006	40,4	30,4
2007	39,8	30,3
2008	38,9	30,0
2009*	38,5	29,2

Angaben in Prozent; * geschätzt
Quelle: Destatis

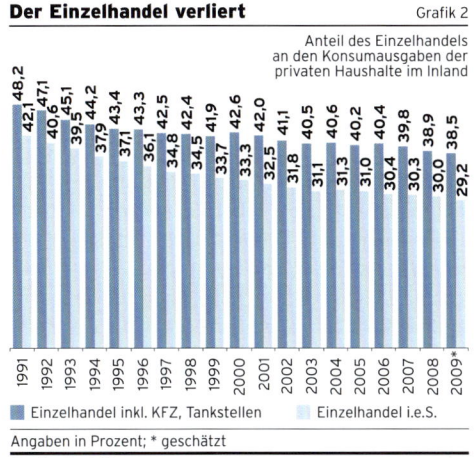

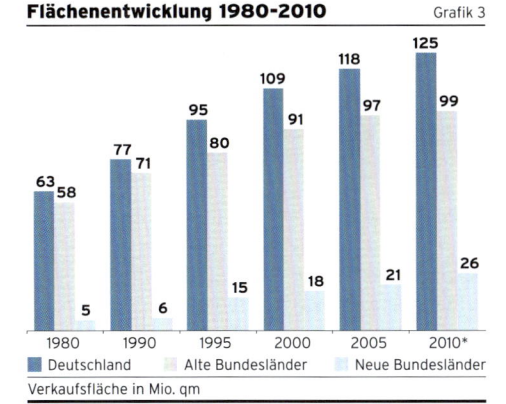

Flächenentwicklung 1980-2010 Grafik 3

Jahr	Deutschland	Alte Bundesländer	Neue Bundesländer
1980		63	
1980		58	
1990		77	
1990		71	
1995		95	
1995		80	5
2000	109	91	6
2005	118	97	15
2010*	125	99	18

(Werte: 1980: 63/58; 1990: 77/71; 1995: 95/80/5; 2000: 109/91/6; 2005: 118/97/15; 2010*: 125/99/18; zusätzlich 21 und 26)

Verkaufsfläche in Mio. qm
Quelle: HGZ 93, Metro, HDE-Prognose nach HDE Zahlenspiegel

Die Entwicklung zur Dienstleistungsgesellschaft ist nicht neu. In zunehmendem Maße geht der private Konsum nicht mehr über die Theken des Einzelhandels, sondern in andere Ausgabenkategorien. Wohnen, Energie und Dienstleistungen sind die Gewinner im Kampf um die Verbrauchsausgaben. Dementsprechend ist der Anteil des Einzelhandelsumsatzes am privaten Verbrauch bereits in der Vergangenheit deutlich abgesunken (**Grafik 2**). Während im Zeitraum 1991 bis 2008 die Konsumausgaben in Deutschland um 57,2 Prozent stiegen, konnte der Einzelhandel im gleichen Zeitraum seine Umsätze nur um 12,2 Prozent steigern.

Auch Strukturveränderungen in der Handelslandschaft lassen Umsätze und Erträge des klassischen Einzelhandels sinken, zum Beispiel: Ständige Ausweitungen der Verkaufsflächen in Deutschland bei fast konstanten Umsätzen lassen hier zunehmend schwächer ausgelastete Einzelhandelsflächen entstehen (**Grafik 3**). Die erzielte Handelsspanne im Warengeschäft steht immer stärker unter Druck. Das Internet gewinnt als Absatzkanal für klassische Einzelhandelsgüter zunehmend an Bedeutung. Im Rahmen der Vertikalisierung rücken Hersteller über eigene Shops in 1-a-Lagen einerseits und Factory Outlets andererseits näher an den Letztverbraucher heran und umgehen damit zumindest in Teilbereichen den klassischen Einzelhandel.

Vor dem Hintergrund dieser vielfältigen Entwicklungen, die an dieser Stelle keinen Anspruch auf Vollständigkeit erheben, hat die BBE einige Grundpositionen für mögliche Strategieansätze für den Einzelhandel entwickelt. Die Stichworte Problemlösungskompetenz, Bedarfsbündelung, Erlebnis, Systembildung und Service weisen deutlich auf die deutlich wachsende Bedeutung einer Dienstleistungsorientierung im Einzelhandel hin.

Die vom Einzelhandel angebotenen Services und Dienstleistungen lassen sich wie folgt unterscheiden: kostenlose Serviceleistungen des Unternehmens vor und während des Verkaufsvorganges (Annehmlichkeiten für den Kunden), kostenpflichtige Dienstleistung im Zusammenhang mit dem Verkaufsvorgang (im Sinne einer Problemlösung für den Kunden, häufig nur teilkalkuliert), kostenpflichtige Dienstleistung unabhängig vom Kauf einer Ware (häufig handwerklicher Art oder in Kooperation mit anderen Unternehmen).

Die kostenlosen Serviceleistungen sind je nach Branche sehr unterschiedlich, hängen aber auch vom Ver-

Strategie Dienstleistung

Foto: Media-Saturn-Holding

Testfall: Kunden wollen nicht nur kaufen.

triebsformat ab. Je hochwertiger ein Geschäft im Genre aufgestellt ist, desto umfangreicher sind in der Regel auch die kostenlos angebotenen Serviceleistungen. Serviceleistungen, die in preiswert aufgestellten Geschäften nicht oder nur kostenpflichtig angeboten werden, werden vom Kunden in hochwertigen Geschäften als selbstverständlich angesehen. Das Kürzen einer neu gekauften Hose kann kostenpflichtige Dienstleistung sein, bei einem hochwertigen Ausstatter wird dies als kostenlose Serviceleistung erledigt. Hier ist der absolute Rohertrag des Stückes in der Regel auch höher.

Kaufbegleitende Dienstleistungen, die berechnet werden können, dienen dazu, die gekaufte Ware im Sinne einer Problemlösung für den Kunden gebrauchsfertig zu machen. Je zielgruppenadäquater und detaillierter eine derartige Dienstleistung angeboten wird, desto besser kann sich das anbietende Unternehmen vom Wettbewerb abgrenzen und Hemmschwellen bei der Zielgruppe abbauen. Der Preis der Dienstleistung steht dann häufig nicht mehr als kaufentscheidendes Kriterium im Vordergrund. Als Beispiel mag hier das werblich herausgestellte Angebot eines Raumausstatters zur seniorengerechten Wohnungsrenovierung sein. Neben der reinen Ware und der branchenüblichen Verarbeitung wie Streichen, Tapezieren und Verlegen werden explizit folgende – für die Zielgruppe Senioren wichtige – Dienstleistungen herausgestellt: Aufmaß im Haus des Kunden, Warentransport, Abdecken der Möbel oder Ausräumen der Zimmer, Abnehmen der Gardinen, nach Beendigung der Arbeiten Säubern der Wohnung, Einräumen der Möbel, Aufhängen der Gardinen, Mitnahme des Verpackungsmaterials und umweltgerechte Entsorgung der Abfälle. Fachleute werden diese Dienstleistungen, zumindest teilweise, für selbstverständlich halten, Senioren wird durch die detaillierte Aufzählung dieser Leistungen die Angst vor einer Renovierung genommen. Die Leistung steht damit im Vordergrund des Interesses, nicht der Preis.

Kaufbegleitende oder sortimentsergänzende Dienstleistungen werden vom Einzelhandel häufig in Kooperation mit anderen Unternehmen oder Institutionen angeboten. Der Einzelhandel profitiert hierbei durch Provisionen oder zusätzliche Roherträge bei weiterberechneten Subunternehmerleistungen, aber auch durch Kundenbindung durch Imagegewinn. So bietet der Tierfutter-Spezialist Fressnapf durch Kooperationen u. a. folgende Dienstleistungen für den haustieraffinen Kunden an: Reisen für Familien mit Haustieren, Haustierversicherungen, Tiersitterservice, Chipping, Haustiervermittlung aus Tierheimen, Tierarztberatung, Fotoservice, Hundetraining.

Auch das Lebensmittelsortiment lässt sich durch Dienstleistungen attraktiver und rentabler gestalten. Die Firma Zurheide Feine Kost in Düsseldorf hat in einen neuen Supermarkt neben den Konzessionären Bäckerei, Blumen, Lotto/Toto und Reinigung folgende sortimentsergänzende Dienstleistungsbereiche in den Supermarkt integriert: Weinabteilung mit angeschlossenem Bistro, Convenience-Angebote wie frische Salate, frisch belegte Pizzen und vorgefertigte Menüs, Metzgerei mit angeschlossenem Grill-Point für Fleisch und Fisch, Fischtheke mit eigener Räucherei, Patisserie mit Café-Lounge und Kaffeerösterei, Pasta-Produktion. Dieses Beispiel weist auf die Bedeutung der Handelsgastronomie als angeschlosse-

Dienstleistung **Strategie**

nen Dienstleistungsbetrieb hin. In innerstädtischen Kaufhäusern, aber auch in Großbetrieben auf der Grünen Wiese (Beispiel Ikea) ist das Restaurant Frequenz- und Renditebringer zugleich. Auch in neueren Supermärkten findet sich in der Regel ein mehr oder weniger ausgeprägtes gastronomisches Angebot in der Vorkassenzone. Das Kaufhaus Breuninger in Stuttgart öffnet neuerdings seine Confiserie bereits ab 8 Uhr morgens mit einem Coffee-to-go-Angebot. Der Charme der Gastronomie ist aber auch bei kleineren Betrieben zu finden. Schmuckgeschäfte mit angeschlossenem Café gibt es ebenso wie den Berliner Szeneladen Kauf Dich Glücklich, der ein Eiscafé mit einem Einzelhandel für Möbel und Accessoires, in weiteren Geschäften auch für Mode, verbindet.

Nach einer Umfrage der YouGovPsychonomics AG haben bereits 17 Prozent der Befragten derartigen Dienstleistungen im Einzelhandel in Anspruch genommen, Trend steigend. Teilweise sind hier zielgruppenspezifische Unterschiede im Angebot festzustellen. Während die Reiseangebote der Discounter typischerweise auf Billigangebote ausgerichtet sind, hat sich das Stuttgarter Unternehmen „Breuninger" im Schwerpunkt auf Golf-, Hochzeits- und Clubreisen sowie Kreuzfahrten spezialisiert. Der Outdoor-Spezialist Globetrotter verbindet ähnlich wie Sport-Scheck"in München die angebotenen Reisen mit Kursangeboten zu vielfältigen Freizeitaktivitäten.

Im Hinblick auf den oben bereits angesprochenen demografischen Wandel ist an dieser Stelle anzumerken, dass der Marktanteil der Generation 60 plus nach Erhebungen der GfK in den Verwendungskategorien Reisen und Restaurantbesuche in den letzten Jahren kontinuierlich gestiegen ist. Ein weiteres Wachstum erscheint daher programmiert. Vertrauensbildung und Erfüllung der Sicherheitsbedürfnisse älterer Menschen sind die Voraussetzungen für eine erfolgreiche Vermarktung dieser Dienstleistungen durch den Einzelhandel.

Im kleinbetrieblichen Bereich finden sich in zunehmendem Maße so genannte Nutzungskoppelungen. Hierbei handelt es sich um Konzepte, bei denen unterschiedliche Sortimente oder Dienstleistungsangebote in einem Betrieb gekoppelt werden. Diese Kopplungen können unterschiedliche Zielrichtungen haben:

- Erhaltung der Unternehmensexistenz und Sicherung der Nahversorgung in schwach besiedelten Regionen durch Kombination von Lebensmittel-Markt mit Dienstleistungen wie Postagentur, Bankdienstleistungen, Lotto/Toto, Handykarten, Annahmedienste (Foto, Reinigung, Schuhe), Lieferservice, Catering und Gastro-

Foto: Media-Saturn-Holding

Beratungsfall: Serviceleistungen sind unabdingbar.

Dienstleistung Strategie

nomie. Beispiele: Markt-Treffs in Schleswig-Holstein, ShopTreffs der Raiffeisenbank Rheinbach-Voreifel eG.

- Ergänzung des Sortimentes bei identischer Zielgruppe. Beispiel: Fachbuchhandlung für Landkarten und Reiseliteratur in Kombination mit Reisebüro oder Kombination von Goldschmiede mit Kunstgalerie.

- Lifestyleorientierte Angebotskopplungen, Motto: Nur den Kunden nicht langweilen! Beispiele Curry und Kunst, Berlin (Imbiss und Kunstgalerie), Meilenwerk (Oldtimer-Autohandel in Verbindung mit entsprechenden Dienstleistungen und Gastronomie/Eventveranstaltungen), A. D. Deertz, Berlin (Mode-Flagshipstore mit zusätzlichen Räumlichkeiten für kulturelle Veranstaltungen und Events). Handelsunternehmen, die sich stärker im Dienstleistungsbereich engagieren wollen, sollten sich hinsichtlich einer Konzeptentwicklung eine Reihe von Fragen stellen, um die notwendigen Voraussetzungen und die Zielrichtungen besser bestimmen zu können:

- Ist die geplante Dienstleistung eine branchenübliche Basisleistung, wenn ja, wie kann sie im Wettbewerbsvergleich besser ausgestaltet sein?

- Ist die geplante Aktivität eine einzigartige Dienstleistung, die die Kunden begeistert und faszinieren kann?

- Ist diese Dienstleistung vom Wettbewerb leicht zu kopieren?

- Stimmt diese Dienstleistung mit der bestehenden Zielgruppe und dem Unternehmensimage überein?

- Ist die Kompetenz zur Erbringung dieser Dienstleistung im Unternehmen vorhanden?

- Welche Kooperationspartner kommen gegebenenfalls in Betracht?

- Erhöht diese Dienstleistung die Kundenbindung im Unternehmen?

Foto: Globetrotter

Angebotskopplung: Von Synergieeffekten profitieren.

- Erhöht die Dienstleistung die Möglichkeit von Preiserhöhungen bei Standardleistungen?

- Können durch diese Dienstleistung neue Kunden gewonnen werden?

- Ergeben sich für den bestehenden Handelsbetrieb Synergieeffekte?

- Wie kann das Dienstleistungsangebot bekanntgemacht/beworben werden?

- Welche Sachinvestitionen sind zum Aufbau dieser Dienstleistung erforderlich?

- Wie ist die Dienstleistung unter Kosten- und Wettbewerbsgesichtspunkten zu kalkulieren?

- Welche rechtlichen Voraussetzungen müssen gegebenenfalls erfüllt werden?

Tatsache ist, dass Dienstleistungen im Einzelhandel bereits vielfach erbracht werden. Stark verbesserungsbedürftig ist vielfach auch die Kommunikation des Dienstleistungsangebotes gegenüber den Kunden.

Finanzierung **Strategie**

Es bleibt schwierig

Kreditklemme oder nicht: Fakt ist, dass die Banken bei der Vergabe von Krediten an Mittelständler im Handel zunehmend strengere Kriterien anlegen.

Text Kathrin Andrae, Monika Dürrer, HDE

Die internationale Finanzkrise hat mit einiger zeitlicher Verzögerung auch den deutschen Mittelstand und damit teilweise auch den Handel erfasst. Nachdem es zunächst so aussah, als könnten sich die mittelständischen Unternehmen dem Abwärtstrend entziehen, treffen die Einschläge nun auch vermehrt diese Unternehmen. Dabei stehen die binnenmarktorientierten Branchen immer noch etwas besser da als die exportorientierten. Diese zeitlich versetzte Reaktion entspricht allerdings im Wesentlichen dem gewohnten Konjunkturverlauf. Die privaten Haushalte, von denen die Binnenwirtschaft maßgeblich abhängt, reagieren erst auf merkliche Veränderungen ihrer Situation mit entsprechenden Verhaltensänderungen. Entwicklungen am Arbeitsmarkt wie verstärkte Kurzarbeit, Arbeitslosigkeit, geringere Einkommenssteigerungen, aber auch psychologische Faktoren zeigen erst verzögert Wirkung. Die Bundesregierung hat schnell und richtig reagiert, um die Krise abzufedern. Sie hat Maßnahmen ergriffen, um die Finanz- und Auftragslage von im Kern gesunden Unternehmen zu stabilisieren, Investitionen zu stimulieren und damit Arbeitsplätze zu sichern.

Die aktuelle Lage wirklich richtig einzuschätzen, ist eine Herausforderung, mit der sich auch Ökonomen zurzeit schwer tun. In Sachen Finanzierung stehen die Zeichen weiterhin auf Verschlechterung. Gründe hierfür sind die sehr restriktive Kreditvergabe der Banken. Die Banken trauen sich auch trotz der staatlichen Rettungsmaßnahmen kaum, Finanzierungen zu übernehmen. Außerdem geben sie die Zinssenkungen der Europäischen Zentralbank nicht an die ihre Kunden weiter. Hinzu kommt, dass die staatliche Hilfe über die Programme von KfW und Bürgschaftsbanken erst mit zeitlicher Verzögerung ihre Wirkung entfaltet haben. Die Anträge aus den Unternehmen kamen zunächst nur zögerlich. Jetzt, bei deutlich gestiegenen Antragszahlen, droht die Bearbeitungszeit zum Flaschenhals zu werden.

Einen umfassenden Überblick über die Finanzierungssituation im Einzelhandel liefert die Unternehmensumfrage, die der Hauptverband des Deutschen Einzelhandels (HDE) zusammen mit der KfW und mehr als 20 weiteren Fachverbänden jedes Frühjahr

Foto: Stockxpert

Banken: Zurückhaltend bei Kreditvergabe.

durchführt. Das Ergebnis der jüngsten Befragung zeigt insgesamt, dass sich die Finanz- und Konjunkturkrise deutlich negativ auf die Finanzierungsbedingungen ausgewirkt hat. Eine Verschlechterung der Finanzierungssituation ist dabei insgesamt über alle Größenklassen festzustellen. Allerdings sind große Unternehmen mit einem Jahresumsatz von mehr als 50 Mio. Euro und kleine Unternehmen bis zu 1 Mio. Euro Jahresumsatz deutlich häufiger negativ betroffen. Auch Unternehmen des Handels und der Dienstleistungen haben öfter mit Erschwernissen zu kämpfen als Unternehmen anderer Branchen.

Strategie Finanzierung

Die Ergebnisse des Einzelhandels belegen die branchen- und größenabhängigen Finanzierungsschwierigkeiten. Insgesamt haben 472 Unternehmen aus dem Handel an der Befragung teilgenommen. Das entspricht einem Anteil von knapp 16 Prozent aller befragten Unternehmen. 47 Prozent der Unternehmen firmieren als Einzelunternehmen, 32 Prozent als GmbH und 19 Prozent als Personengesellschaften. Aktiengesellschaften und andere Rechtsformen sind entsprechend ihrer zahlenmäßigen Bedeutung im Handel kaum repräsentiert. Bei der Umsatzverteilung zeigt sich, dass sich überwiegend kleine und mittlere Unternehmen an der Umfrage beteiligt haben. Die Umsatzgrößen zwischen 2,5 und 10 Mio. Euro kommen am häufigsten vor (46 Prozent). Einen höheren Umsatz haben nur noch gut 16 Prozent der Unternehmen. Rund 24 Prozent haben einen Umsatz von weniger als 500.000 Euro.

Knapp 40 Prozent der befragten Handelsunternehmen geben an, dass sich die Bedingungen für die Kreditvergabe erheblich erschwert haben. Der Handel hat sowohl im Vergleich zum Vorjahr (36 Prozent) als auch im Vergleich zu anderen Wirtschaftszweigen (36 Prozent) deutlich größere Schwierigkeiten bei der Finanzierung. Gründe für diese Benachteiligung liegen vor allem in der Struktur des Einzelhandels, der überwiegend aus kleinen und mittelständischen Unternehmen besteht. Ein hoher Finanzierungsbedarf für Miete, Ausstattung und Warenbestand geht im Handel zumeist mit einer vergleichsweise geringen Eigenkapitalausstattung einher. Somit sind Einzelhandelsunternehmen überproportional stärker von der Krise betroffen und haben wenig Alternativen, um an Finanzierungsmittel zu kommen. Immerhin berichten 56 Prozent der Einzelhandelsunternehmen aber noch von gleichbleibenden Bedingungen für die Kreditvergabe. Hier ist allerdings davon auszugehen, dass sich dieser Wert seit dem Befragungszeitraum weiter verschlechtert (**Grafik 1, 2**).

Als Gründe für die Schwierigkeiten bei der Kreditaufnahme werden von den Unternehmen vor allem gestiegene Anforderungen an die Dokumentation des Vorhabens (49 Prozent) und an die Offenlegung von Geschäftszahlen und -strategien (47,5 Prozent) genannt. Es folgen höhere Zinsen (46 Prozent) und höhere Forderungen nach Sicherheiten (41 Prozent) als weitere Gründe. Dabei ist auffällig, dass der Einzelhandel im Vergleich zu anderen Branchen signifikant häufiger als andere über steigende Zinsen als Erschwernis beim Kreditzugang berichtet. Obwohl die Leitzinsen von der EZB seit September 2008 deutlich gesenkt wurden, zeigt sich dies nicht bei den Kosten der Kreditvergabe durch die Banken.

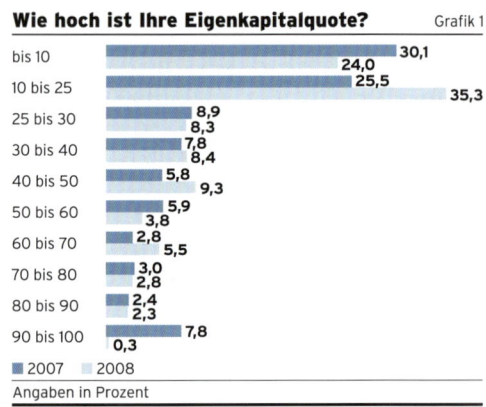

Wie hoch ist Ihre Eigenkapitalquote? Grafik 1

Eigenkapitalquote	2007	2008
bis 10	30,1	24,0
10 bis 25	25,5	35,3
25 bis 30	8,9	8,3
30 bis 40	7,8	8,4
40 bis 50	5,8	9,3
50 bis 60	5,9	3,8
60 bis 70	2,8	5,5
70 bis 80	3,0	2,8
80 bis 90	2,4	2,3
90 bis 100	7,8	0,3

Angaben in Prozent
Quelle: KfW/HDE

Planen Sie eine Erhöhung Ihrer Eigenkapitalquote? Grafik 2

Angaben in Prozent

	2007	2008
ja	35,7	33,5
nein	64,3	73,3

Quelle: KfW/HDE

Das ist ein deutliches Zeichen für die Zurückhaltung und Verunsicherung auf Seiten der Kreditinstitute. Hinzu kommt, dass – wie in allen Rezessionsphasen – die Kreditausfallrisiken für die Banken deutlich steigen, was in Form höherer Risikomargen in die Kreditkonditionen einkalkuliert wird. In Abhängigkeit von der Größe des Unternehmens zeigt sich über alle Wirtschaftsbereiche, dass vor allem kleine und sehr große Unternehmen über größere Schwierigkeiten klagen als klassische Mittelständler. Bei den kleinen (und zumeist eher jungen) Unternehmen sind es oft die fehlenden Sicherheiten und zusätzliche Dokumentationspflichten. Gerade für kleine Unternehmen bringen zeitliche Verzögerungen und bürokratische Hürden in angespannten Zeiten massive Probleme und nicht selten das wirtschaftliche Aus mit sich. Bei den großen Betrieben sind es zumeist die deutlich höheren Investitionssummen, die die Kreditvergabe zum Problemfall machen. Solche Entwicklungen wirken sich zwangsläufig auch auf das Klima zwischen Banken und ihren Kunden aus. Knapp 20 Prozent der befragten Einzelhandelsunternehmen geben an, dass sich das Klima der Firmenbetreuung in 2008 verschlechtert hat. Im Vergleich zum Vorjahr (18 Prozent) jedoch nicht übermäßig dramatisch. Allerdings sind Klimaverbesserungen deutlich seltener als noch im Jahr 2008 (14 Prozent, Vergleichswert: 2009: 9 Prozent).

Finanzierung: Zeichen stehen auf Verschlechterung.

Mehr als 26 Prozent der Einzelhandelsunternehmen klagen laut der aktuellen Befragung über Schwierigkeiten, überhaupt noch Kredite zu bekommen, also selbst zu ungünstigeren Konditionen. Das ist im Vergleich zum Vorjahr (22 Prozent) ein um 4 Prozentpunkte verschlechterter Wert, der jedoch nicht auf eine dramatische Gesamtsituation schließen lässt. Von einer allgemeinen Kreditklemme zu sprechen, wäre daher gegenwärtig falsch. Natürlich hat subjektiv betrachtet jedes Unternehmen, das keinen Kredit bekommt, eine Kreditklemme. Von allgemeiner Kreditklemme spricht man jedoch erst, wenn ein durchschnittliches mittelgroßes Unternehmen durchschnittlicher Bonität Schwierigkeiten hat, einen Bankenkredit zu bekommen. Das kann gegenwärtig nicht konstatiert werden.

52 Prozent der Einzelhandelsunternehmen haben im Befragungszeitraum Investitionsprojekte durchgeführt; im Vorjahr waren es nur 47 Prozent. Im Vergleich zu anderen Wirtschaftsbereichen hat der Einzelhandel jedoch wieder signifikant weniger investiert. Der Durchschnitt über alle Unternehmen liegt bei 66 Prozent; das verarbeitende Gewerbe weist mit 80 Prozent dabei nach wie vor die höchste Investitionstätigkeit aus. Dass die Investitionstätigkeit im Jahr 2008 noch lebhaft war, dürfte maßgeblich am positiven Konjunkturverlauf im ersten Halbjahr gelegen haben. Daher wird sich dieser positive Trend angesichts der massiven Konjunkturkrise im Jahr 2009 vermutlich kaum fortsetzen. Erwartungsgemäß liegt der Anteil der jüngeren Unternehmen unter den Investoren deutlich höher als der Durchschnitt aller Unternehmen. Auch haben Unternehmen aus den neuen Bundesländern weniger investiert als aus den alten.

Wie in den Vorjahren haben die Einzelhandelsunternehmen zum größten Teil investiert, um zu erweitern und damit Wachstum zu realisieren. 57 Prozent der Handelsunternehmen gaben an, Erweiterungsinvestitionen getätigt zu haben. Es folgen mit 41 Prozent die reinen Ersatzinvestitionen und mit großem Abstand (19 Prozent) Investitionen zur Kostensenkung und Rationalisierung. Die beiden letztgenann-

Strategie Finanzierung

Handelsumfrage: Bedingungen für Kreditvergabe deutlich erschwert.

ten Investitionsmotive hat der Handel über die letzten Jahre stets kontinuierlich verfolgt, sodass es in der Branche keine ungeahnt neuen Potenziale zur weiteren Kostensenkung gibt. Der Anteil der Rationalisierungsinvestitionen ist über die letzten Jahre relativ stabil geblieben.

Das stärkere Engagement bei Erweiterungs- und Ersatzinvestitionen erklärt sich sowohl aus der konjunkturellen als auch aus der strukturellen Entwicklung im Handel. Um die Position am Markt zu stärken und zu kräftigen, erweitern erfolgreiche Formate und Unternehmen ihre Kapazitäten, expandieren und erschließen neue Standorte und Märkte. Für manche erfolgt dieser Erweiterungsprozess im Zuge von Zusammenschlüssen und Umfirmierungen. In diesen Fällen kommt es dann neben Erweiterungsinvestitionen auch zu Ersatzinvestitionen, mit denen bestehende Standorte modernisiert und teilweise umfirmiert werden. Die meisten der getätigten Investitionen liegen bei Investitionsgrößen zwischen 10.000 und 50.000 Euro (35 Prozent). Jeweils etwa 20 Prozent entfallen auf die Größenklassen zwischen 50.000 und 150.000 sowie zwischen 150.000 und 500.000 Euro. Höhere Investitionen werden nur noch von etwa 14 Prozent der Unternehmen getätigt. 28 Prozent der Einzelhandelsunternehmen gaben an, dass sie im Befragungszeitraum ihr Investitionsvolumen erhöht haben; etwa gleich viele gaben an, das Volumen reduziert zu haben.

Rund 30 Prozent der Einzelhandelsunternehmen konnten im Befragungszeitraum geplante Investitionen nicht durchführen, wobei sowohl die schlechte Wirtschaftslage (16 Prozent) als auch Finanzierungsschwierigkeiten (14 Prozent) als Gründe hierfür genannt wurden. Noch stärker war nur noch der Dienstleistungssektor betroffen. Das hängt vor allem mit der Größe der Unternehmen zusammen. Vor allem die im Handel stark vertretenen kleineren Unternehmen haben Schwierigkeiten bei der Finanzierung, so dass ihre geplanten Investitionsprojekte sich häufig gar nicht oder zumindest nicht in der gewünschten Weise realisieren lassen.

Der Anteil der Unternehmen, die in den letzten zwölf Monaten einen Bankkredit beantragt haben, um ein Investitionsprojekt durchführen zu können, ist gegenüber dem Vorjahr (41 Prozent) nur leicht gestiegen (43 Prozent) und auch im Durchschnitt aller Branchen relativ stabil. Dabei zeigt sich, dass insbesondere mittlere Unternehmen mit einem Umsatz

Mehr Erfolg im Verkauf!

„Kundenorientierte Reklamationsbehandlung"

65 Minuten Hörbuch inklusive Bonus-CD

Wie aus Reklamationskunden zufriedene Kunden werden – und Sie mehr Umsatz machen

- Der Leitgedanke: Zufriedenheit entsteht, wenn die Erwartungen des Kunden erfüllt werden. Begeisterung weckt, wer seine Kunden darüber hinaus noch überrascht
- Die Regel: Zuhören, verstehen und dann den Kunden überraschen
- Das Vorgehen: Standardsituationen mündlich und schriftlich vorbereiten, Personal trainieren und die Überraschung parat haben
- Die Hörbuch-CD vermittelt handfeste Regeln und Empfehlungen im Umgang mit unzufriedenen Kunden
- Eine Bonus-CD mit konkreten Service-Ideen, Kunden-Überraschungen und Checklisten ist beigefügt
- Mehr als 40 fertige Brieftexte (Werbung, Einladungen, Entschuldigungen) sind als Vorlage verfasst. Alle Texte können direkt auf dem PC geöffnet, bearbeitet, ausgedruckt und sofort verwendet werden

handelsjournal – wir verbinden die Branche

Bestell-Fax: 02631/879-175

Ja, bitte schicken Sie mir das Hörbuch „Kundenorientierte Reklamationsbehandlung" von Jan Sentürk inklusive der Bonus-CD für nur

29,90 Euro inkl. MwSt. /zzgl. Versand
(Erscheinungstermin: September 2009)

Name / Vorname: _____
Firma: _____
Abteilung / Position: _____
Straße, Postfach: _____
PLZ, Ort: _____
Telefon: _____
E-Mail: _____
Datum, Unterschrift: _____

Weitere Bestellmöglichkeiten:
Sabrina Böhm
LPV Lebensmittel Praxis Verlag Neuwied GmbH
Am Hammergraben 14, 56567 Neuwied
Tel. 02631/879-163, **Fax 02631/879-175**
E-Mail: s.boehm@lpv-verlag.de
www.handelsjournal.de (Shop)
www.lebensmittelpraxis.de (Shop)

Strategie Finanzierung

zwischen 2,5 und 50 Mio. Euro wiederum überdurchschnittlich häufig Kredite beantragt haben. Die Gründe hierfür dürften darin liegen, dass kleinere Unternehmen Investitionen offenbar stärker aus liquiden Mitteln finanzieren, auf Verwandte und Freunde zurückgreifen oder andere Quellen des informellen Kapitalmarktes nutzen. Die großen Unternehmen nutzen hingegen auch zahlreiche andere Finanzierungsquellen, die ihnen auf dem Kapitalmarkt offen stehen. Auch 2008 haben im Durchschnitt aller Unternehmen ostdeutsche Betriebe wieder signifikant weniger Investitionskredite (39 Prozent) beantragt als westdeutsche (47 Prozent). Wurden Kredite von den Banken abgelehnt, so lag dies häufig an fehlenden Sicherheiten (**Grafik 3**).

In der diesjährigen Studie wurden die Unternehmen zum zweiten Mal befragt, welche Fristigkeit der von ihnen beantragte Kredit hat. 63 Prozent der befragten Einzelhändler betonen, dass sie um eine langfristige Geldanleihe baten. Die zweithäufigste Präferenz im Handel entfällt mit 33 Prozent auf kurzfristige Kontokorrentkredite. 28 Prozent beantragten mittelfristige Kredite mit Laufzeiten zwischen zwei und vier Jahren. Die hohe Inanspruchnahme von Kontokorrentkrediten unterstreicht die Struktur des Handels, mit einer relativ großen Anzahl sehr kleiner Unternehmen. Sie nutzen den Kontokorrentkredit für Finanzierungen, da ihnen weniger Alternativen zur Verfügung stehen. Sie sind somit gezwungen, ihre Investitionen häufiger fristenkongruent sowie zu teueren Konditionen zu finanzieren. Öfter als bei anderen Branchen werden Kreditanträge vom Handel und von der Dienstleistungsbranche abgelehnt. Dabei mussten Kunden von Privatbanken häufiger mit Ablehnung rechnen. Ebenso sind auch hier kleinere und jüngere Unternehmen öfter negativ betroffen.

Die Eigenkapitalbasis spielt hierbei eine durchaus wichtige Rolle. Sie ist im vergangenen Jahr erneut bei den Einzelhandelsunternehmen der zweithäufigste Grund für die Ablehnung von Kreditanträgen gewesen (37 Prozent). Von den Banken wird die Eigenkapitalquote häufig als Gradmesser für den Erfolg eines Unternehmens herangezogen. Im Einzelhandel ist diese Sicht allerdings zu kurz gefasst und bereitet den Unternehmen somit wesentliche Probleme. Bedeutende Teile des Kapitals sind im Handel gebunden, insbesondere in Ausstattung und Warenbestand. 58 Prozent der Einzelhandelsunternehmen, deren Kreditantrag abgelehnt wurde, konnten ihr Investitionsvorhaben dennoch vollständig oder zumindest mit Einschränkungen umsetzen, 42 Prozent mussten sich von dem Projekt verabschieden. Damit liegt der Wert der Ablehnungen um 2 Prozentpunkte über dem aller befragten Unternehmen und unterstreicht erneut die großen Probleme für den Handel.

Die Eigenkapitalquote im Einzelhandel ist, wie bereits ausgeführt, traditionell vergleichsweise niedrig und aufgrund einer vergleichsweise hohen Kapitalbindung durch Ausstattung, Mieten und Warenbestand bei zu gleich sehr geringen Gewinnmargen auch nur schwer zu erhöhen. Die meisten Unternehmen der Branche (fast 60 Prozent) weisen eine Eigenkapitalquote von maximal 25 Prozent auf. Die Hälfte davon kommt noch nicht einmal auf 10 Prozent. Immerhin 35 Prozent der Unternehmen decken das solide Mittelfeld zwischen 25 und 70 Prozent Eigenkapitalquote ab, nur knapp 5 Prozent der Händler liegen komfortabel höher.

Kreditablehnung — Grafik 3
Wenn ja, mit welcher Begründung?
Mehrfachnennungen möglich

Begründung	2008	2007
Veränderte Geschäftspolitik der Bank	41,2	29,6
Zu geringe Rentabilität des Unternehmens	31,4	32,4
Zu niedrige Eigenkapitalquote des Unternehmens	37,3	43,7
Unzureichende Sicherheiten	41,2	57,5
Formale Darstellung des Vorhabens überzeugte nicht	2,0	2,8
Investitionsvorhaben zu risikoreich	11,8	11,3
Investitionsvorhaben überzeugte inhaltlich nicht	2,0	2,8
Sonstige Gründe	7,8	1,4

Angaben in Prozent
Quelle: KfW/HDE

144 Einzelhandel 2010

Förderung **Strategie**

Positiver Domino-Effekt

Das Prozeus-Projekt von GS1 Germany und dem Institut der deutschen Wirtschaft hilft mittelständischen Unternehmen dabei, ihr E-Business auszubauen.

Text Monika Gabler, GS1 Germany

Die Zahlen sprechen für sich: 99 Prozent aller Unternehmen in Deutschland sind mittelständisch geprägt, der Mittelstand beschäftigt rund zwei Drittel aller sozialversicherungspflichtigen Arbeitnehmer und bildet 80 Prozent aller Lehrlinge aus. Zu Recht gelten kleine und mittlere Unternehmen (KMU) als Rückgrat der deutschen Wirtschaft. Die Innovationsfähigkeit und Flexibilität vieler Mittelständler wird jedoch in der gegenwärtigen konjunkturellen Schieflage auf eine harte Probe gestellt. Teile der Wirtschaft werden komplett umgekrempelt, bislang bewährte Unternehmensabläufe und Strukturen passen nicht mehr zur schnell drehenden digitalen Geschäftswelt. Das setzt gerade kleine und mittlere Unternehmen unter Handlungsdruck – gilt es doch, die eigenen Arbeitsabläufe und Prozesse auf neue Marktanforderungen, Kundenbedürfnisse und Zielgruppen auszurichten.

Eine der zentralen Herausforderungen besteht darin, die digitalen Technologien für die bestehenden Wertschöpfungsketten nutzbar zu machen. Zwar sind heute so gut wie alle Mittelständler online. Nachholbedarf besteht jedoch beim Einsatz von E-Business-Standards, der die Voraussetzung für den Aufbau und die Abwicklung effizienter Geschäftsbeziehungen schafft. Kleine und mittlere Unternehmen haben vielfach eine über Jahre gewachsene heterogene Software-Landschaft aufgebaut. Dies erschwert eine systematische Vernetzung mit Geschäftspartnern. Ressourcen an Zeit, Geld und Arbeitskraft sind nicht selten extrem knapp, interne IT-Abteilungen oft gar nicht vorhanden. So wundert es nicht, dass viele KMU beim Thema E-Business zögern, auch wenn Bereitschaft und Interesse bei den meisten vorhanden sind.

Genau auf die spezifische Situation von Mittelständlern hat sich Prozeus eingestellt. Von GS1 Germany und dem Institut der Deutschen Wirtschaft initiiert, um die E-Business-Kompetenz von kleinen und mittleren Unternehmen zu stärken, wird Prozeus vom Bundesministerium für Wirtschaft und Technologie gefördert. Mithilfe von E-Business-Anwendungen sollen KMU in die Lage versetzt werden, ihre Geschäftsprozesse den wachsenden Kundenanforderungen anzupassen, Effizienzpotenziale auszuschöpfen und vor allem auch die globalen Beschaffungs- und Absatzmärkte zu nutzen. Dazu erarbeiten mittelständische Unternehmen unter fachkundiger Begleitung praxisorientierte Lösungswege. Basis sind global einsetzbare, klar definierte Prozesse und Standards. So können Bestellvorgänge beschleunigt, Einkaufs- und Prozesskosten reduziert sowie Durchlaufzeiten verringert werden. Die Ergebnisse und Erfahrungen aus den Projekten werden im Internet und in Praxisbroschüren veröffentlicht. Die Projektdokumentationen beschreiben detailliert Rahmenbedingungen, Ausgangssituation sowie Lösungsansätze und betriebswirtschaftliche Nutzeneffekte. Zugleich wird deutlich, welche Faktoren entscheidend für den Projekterfolg sind und welche Fehlerquellen bei der Einführung elektronischer Geschäftsprozesse umschifft werden sollten. So helfen die erprobten E-Business-Konzepte auch anderen Unternehmen dabei, eigene Projekte zu initiieren und umzusetzen.

Ein Prozeus-Projekt kann jederzeit beginnen und dauert je nach Umfang zwischen acht und zwölf Monate. Das Förderspektrum reicht von Projekten zur Identifikation und Klassifizierung von Produkten über den elektronischen Austausch von Bestellungen, Liefer-

Foto: Stockxpert

Spart Kosten: Umstellung auf E-Business.

Strategie Finanzierung

Orientierung in der digitalen Welt: Prozeus-Kongress-Messe Ende Januar 2010 in Stuttgart.

scheinen und Rechnungen bis zur Steuerung von komplexen kooperativen Prozessen. Ebenso vielfältig ist die Bandbreite der Branchen – angefangen bei Food über Do-It-Yourself bis hin zu Bekleidung. Aber auch Unternehmen der Gesundheits-, Verpackungs- oder Finanzdienstleistungsbranche suchen die Unterstützung der erfahrenen Berater. Bis heute haben mehr als 70 KMU auf diese Weise ihre Prozesse automatisiert; die Zahl der Unternehmen, die sich an den Erfahrungen aus den Projekten orientieren, geht in die Tausende.

Unternehmen, die an einem Prozeus-Projekt teilgenommen haben, sind oftmals überrascht, wie viel Zeit und Kosten sie durch den Umstieg auf E-Business-Standards und -Prozesse tatsächlich einsparen. Nicht selten entfallen Beträge im hohen fünfstelligen oder sogar sechsstelligen Bereich pro Jahr. Vielfach können mittelständische Unternehmen ihren Kunden im Zuge der Umstellung auf den standardisierten elektronischen Datenaustausch auch eine deutlich verbesserte Servicequalität bieten – und auf diese Weise Neugeschäft und Umsatzzuwächse generieren. Beispiel GreenCare Deutschland: Der Umwelttechnologie-Spezialist aus Hannover hat als erstes Unternehmen in Deutschland sein elektronisches Datenmanagement im Bereich Gefahrgut- und Gefahrstoffdaten standardisiert. Sämtliche Daten werden heute über den Stammdatenpool von SA2 Worldsync sicher und ohne Verzögerung ausgetauscht und sind über diese Plattform für alle Beteiligten weltweit verfügbar. Das permanente und fehleranfällige Einpflegen von Sicherheitsdatenblättern gehört damit der Vergangenheit an. Für seine Pionierleistung wurde GreenCare anlässlich der Prozeus-Kongress-Messe mit dem Unternehmerpreis 2009 ausgezeichnet.

Als Fullservice-Logistikdienstleister mit dem Schwerpunkt Warehousing hat sich Scheren Logistik vor allem in der Healthcare-, Kosmetik- und Chemiebranche einen Namen gemacht. Das Düsseldorfer Unternehmen bewirtschaftet vier Läger mit einer Kapazität von rund 100.000 Palettenstellplätzen. Innerhalb des Prozeus-Projekts wollte das Unternehmen seine Service- und Kundenorientierung weiter optimieren. Bis dato hatte Scheren die Versandetiketten am Wareneingang und Warenausgang manuell mittels Scanner erfasst. Unterstützt vom Prozeus-Team stellte das Unternehmen seine logistischen Prozesse auf die vollautomatische Datenerfassung per RFID (Radiofrequenz-Identifikation) um. Die EPC/RFID-Tags auf Paletten und Paketen werden heute sicht- und kon-

ECC
E-Commerce-Center Handel

Unser Leistungsangebot

- Wie können wir elektronische Marktplätze nutzen?
- Was müssen wir unternehmen, damit unsere Website von Kunden gefunden wird?
- Wie lässt sich die Kundenbindung im Internet erhöhen?
- Welche Auswirkungen hat unser Online-Angebot auf unser stationäres Geschäft?
- Wie kann ich das Internet erfolgreich mit meinen anderen Vertriebshändlern verknüpfen?
- Mit welchem Zahlungssystem kann ich meinen Online-Umsatz erhöhen?

Dies sind nur einige Beispiele für Fragen, mit denen sich ein Unternehmen heutzutage auseinandersetzen muss. Die Vorzüge, aber auch die Notwendigkeit des Einsatzes des Internets in der alltäglichen Geschäftstätigkeit lassen sich nicht mehr ignorieren.

www.ecc-handel.de

Überblick über Entwicklungen des elektronischen Handels Download-Bereich mit Artikel und Präsentationen, Studienergebnisse, Praxisbeispiele, Nachrichten, Veranstaltungshinweise, Literaturempfehlungen, Verweise auf Dienstleister.

ECC-Newsletter
Der ECC Handel informiert Sie monatlich kostenlos per E-Mail über aktuelle Trends und wichtige Erkenntnisse.

Veranstaltungen und Vorträge
Das ECC Handel informiert Sie regelmäßig in Vorträgen und Seminaren über spezifische Themen des E-Commerce – fundiert und praxisnah.

Die Zielsetzung

Das ECC Handel wurde 1999 als Forschungs- und Beratungsinitiative unter der Leitung des Instituts für Handelsforschung an der Universität zu Köln ins Leben gerufen. Die Zielsetzung besteht darin, insbesondere kleine und mittelständische Handelsunternehmen zum Thema E-Commerce zu informieren.

Individuelle Fragen zum E-Commerce von Unternehmen, Verbänden und öffentlichen Institutionen beantwortet das ECC Handel im Rahmen von Auftragsprojekten. Dabei werden fundierte Entscheidungsgrundlagen und Empfehlungen auf der Basis von Markt- und Unternehmensanalysen und empirischen Untersuchungen erarbeitet.

Zu spezifischen Themen des E-Commerce werden am ECC Handel zusätzlich eigene Untersuchungen und Studien durchgeführt.

Kontakt

Rufen Sie uns an oder schicken Sie uns eine E-Mail. Wir nehmen umgehend Kontakt mit Ihnen auf.

E-Commerce-Center Handel
am Institut für Handelsforschung

Dr. Kai Hudetz
Dürener Str. 401 b
50858 Köln

Tel.: 0221 943607-70
Fax : 0221 943607-59
E-Mail: k.hudetz@ecc-handel.de
Internet : www.ecc-handel.de

Gefördert durch das
Netzwerk Elektronischer Geschäftsverkehr
Bundesministerium für Wirtschaft und Technologie

Strategie Förderung

E-Business: Förderprogramm für den Mittelstand.

taktlos vom RFID-Gate gelesen und unmittelbar im Warenwirtschaftssystem verbucht. Die Warenströme lassen sich ohne Scanvorgänge in Echtzeit verfolgen. Damit sinkt die Fehlerquote infolge von Verräumungen oder falschen Dispositionen gegen Null. Insbesondere die Zeitersparnis war verblüffend: Dauerte das manuelle Scanning einer Palette mit GS1-Transportetikett am Warenein- und -ausgang im Durchschnitt 15 Sekunden, so nimmt die Erfassung einer EPC/RFID-getaggten Palette jetzt nur noch zwei Sekunden in Anspruch. Bei rund 800 Paletten pro Tag summiert sich dies auf immerhin 500 Minuten täglich. Die laufenden Kosten können damit um mehr als 40.000 Euro im Jahr gesenkt werden. Bei Investitionskosten in Höhe von rund 77.000 Euro ergibt sich eine Amortisationszeit von nur zwei Jahren.

Jedes Unternehmen hat individuelle Anforderungen und spezielle Fragestellungen bei der Einführung von elektronischem Datenverkehr. Auf den ersten Blick erscheinen gerade für Einsteiger Standards und Prozesse schier unüberschaubar. Prozeus bietet eine Fülle von Dienstleistungen und Hilfestellungen, um sich in der digitalen Welt zurechtzufinden. Erste Orientierung gibt es im Internet auf der Startseite www.pro

zeus.de. Beim Online-Check kann ein Unternehmen beispielsweise unverbindlich testen, wo es heute steht. Wer auf den Geschmack gekommen ist, erhält gegen eine Schutzgebühr von 200 Euro eine ganztägige Einstiegsberatung vor Ort. Dabei machen sich die Berater von GS1 Germany zunächst ein Bild der aktuellen Situation und entwickeln auf dieser Basis konkrete Handlungsempfehlungen zu E-Business-Projekten in der unternehmerischen Praxis. Um den Austausch zu fördern, wurde zudem ein spezielles Forum eingerichtet. Hier können sich kleine und mittlere Unternehmen auch gleich für ein Referenzprojekt bewerben. Seit 2008 schließlich laden GS1 Germany und das Institut der Deutschen Wirtschaft einmal im Jahr zur Prozeus-Kongress-Messe – das nächste Mal am 27. und 28. Januar 2010 nach Stuttgart – ein.

Anfang 2009 startete Prozeus in die dritte Förderphase, in der 64 weitere Unternehmen wieder bei der Einführung elektronischer Geschäftsprozesse unterstützt werden.

Prozeus steht für „Förderung der E-Business-Kompetenz von kleinen und mittleren Unternehmen zur Teilnahme an globalen Beschaffungs- und Absatzmärkten durch integrierte Prozesse und Standards". Die nicht profitorientierte Initiative Prozeus versteht sich als zentrale Anlaufstelle für Unternehmen mit bis zu 500 Mitarbeitern aus Industrie, Konsumgüterwirtschaft und Handel. Sie wird betrieben von GS1 Germany – Dienstleistungs- und Kompetenzzentrum für unternehmensübergreifende Geschäftsabläufe – und der IW Consult, Tochterunternehmen des Instituts der deutschen Wirtschaft Köln (IW). Sie wird gefördert vom Bundeswirtschaftsministerium. Von Prozeus empfohlene Lösungen sind zukunftsfähig und investitionssicher, da sie auf kostengünstigen, neutralen und international akzeptierten Standards basieren. Bewerben für ein Projekt können sich alle Unternehmen, die den EU-Richtlininen für kleine und mittlere Unternehmen entsprechen. Unternehmen mit weniger als 250 Mitarbeitern und einem Jahresumsatz unter 50 Mio. Euro erhalten bis zu 50.000 Euro Förderung. Alle Informationen zum Bewerbungs-

Energiemanagement **Strategie**

Höhere Effizienz

Längst ist ressourcenschonendes Wirtschaften in den Unternehmen weit verbreitet. Kühlung und Beleuchtung stehen im Mittelpunkt der Maßnahmen.

Text Ljiljana Rakita, EHI

Klimaschutz, Nachhaltigkeit und Energieeffizienz sind die drei wichtigsten Schlagwörter, die auf der Agenda aller europäischen Länder ganz oben stehen. Die Industriestaaten des Kyoto-Protokolls haben sich verbindlich dazu verpflichtet, bis zum Jahr 2012 ihre gemeinsamen Emissionen um 5,2 Prozent unter das Niveau von 1990 zu senken. Die Verteuerung und die Endlichkeit fossiler Energieressourcen in Deutschland führen uns die Abhängigkeit von importierten Energierohstoffen und die Notwendigkeit von Alternativen vor Augen.

Ein Großteil des Primärenergieverbrauchs dient dem Beheizen, der Kühlung und der Beleuchtung. Allein zur Bereitstellung der Raumwärme werden jedes Jahr 104 Mio. t Steinkohle-Einheiten benötigt, das wiederum einem Anteil am jährlichen Endenergieverbrauch von 32,8 Prozent entspricht. Dies macht deutlich, dass der Energieverbrauch maßgeblich durch den Gebäudesektor bzw. die Qualität von Gebäuden und deren technischer Ausstattung bestimmt wird.

Bislang hatten energieintensive Nutzungen, wie die des Einzelhandels mit Betriebsstunden von bis zu 3.000 Stunden im Jahr oder bis zu zwölf Stunden pro Werktag, aufgrund weitgehend fehlender gesetzlicher Vorgaben und den niedrigen Energiekosten oft nur sehr eingeschränkte Erfahrung mit dem Einsatz von Technik mit erhöhter Energieeffizienz.

Die steigenden Energiekosten zwingen jedoch auch den Einzelhandel zum Umdenken, da er durch diese Entwicklung gleich zweifach unter Druck gerät. Zum einen durch die Konsumzurückhaltung seiner Kunden, denen durch steigende Energiepreise Kaufkraft entzogen wird. Die Energiekosten der privaten Haushalte stiegen – bei gleichbleibendem Verbrauch – von 2002 bis Juli 2008 um 55,2 Prozent. Durchschnittlich gibt jeder Haushalt damit rund 270 Euro pro Monat nur für Energie aus. Hinzu kommt eine wachsende Verunsicherung der Verbraucher über die künftige Entwicklung am Energiemarkt.

Zum anderen sieht sich der Handel natürlich auch selbst steigenden Energiekosten gegenüber. Für rund 80 Prozent der vom EHI Retail Institute im Jahr 2008 befragten Handelsunternehmen sind die Energiekosten in den letzten beiden Jahren gestiegen. Ein gutes Viertel dieser Unternehmen stellte dabei gar ein Plus von bis zu 25 Prozent fest, bei den übrigen Händlern belief sich dieser Anstieg überwiegend auf bis zu 10 Prozent. Wesentlicher Grund für diese Entwicklung sind aus Sicht der Mehrheit der Befragten zweifelsohne die Preissteigerungen für Energie. Allerdings wird von einigen der Befragten auch eine Steigerung des Verbrauchs angeführt durch

- zusätzliche Verbrauchsträger
- längere Öffnungszeiten
- Expansion und Erweiterung von Verkaufsflächen.

Die wenigen Unternehmen, die keinen oder nur einen geringfügigen Anstieg ihrer Energiekosten feststell-

Energiekosten: Durchschnittlich 40 Euro pro qm Verkaufsfläche.

Strategie Energiemanagement

ten, begründeten dies damit, dass sie präventiv bereits in Maßnahmen für ein effizientes Energiemanagement investiert und daher rechtzeitig gegengesteuert hätten. Noch weitaus entscheidender für diese Entwicklung war aber offenbar ein nicht allzu lange zurückliegender Wechsel des Energieanbieters. Nahezu alle Handelsunternehmen, die für sich stabile oder gar rückläufige Energiekosten feststellten, nannten dies als ersten Grund.

Im Schnitt belaufen sich gegenwärtig die Energiekosten (Strom, Gas, Heizöl etc.) bei den befragten Handelsunternehmen auf rund 40 Euro je qm Verkaufsfläche (qm VKF) und auf rund 31 Euro/qm Bruttonutzfläche (**Grafik 1**).

Immerhin entspricht dies bei einem Warenhaus mit durchschnittlich 20.000 qm VKF jährlichen Energiekosten von 800.000 Euro. In einem SB-Warenhaus des Lebensmittelhandels mit tendenziell noch höheren Energiekosten erreichen diese bei einer durchschnittlichen Verkaufsfläche von 6.500 qm einen Betrag von 325.000 Euro im Jahr.

Im Einzelhandel weisen branchenübergreifend jene Projekte zur Energieoptimierung die höchsten Umsetzungsgrade auf, die sich vergleichsweise rasch und einfach umsetzen lassen, ohne dass diese allzu große organisatorische oder aber bauliche Veränderungen erfordert hätten.

Beleuchtung

Sowohl im Food- als Nonfood-Handel betrifft dies im Bereich Beleuchtung den Einsatz effizienter Leuchtmittel, was nahezu schon Standard ist. Darüber hinaus ist insbesondere für den Lebensmittelhandel das Herunterfahren der Wattage pro qm Verkaufsfläche eine wirkungsvolle Maßnahme zur Reduzierung des Energieverbrauchs. Damit ist weniger ein Abdunkeln des Verkaufsraumes gemeint. Vielmehr kann durch individuell auf die Verkaufsfläche abgestimmte Beleuchtungseinheiten der Wirkungsgrad der Beleuchtung deutlich erhöht werden, obwohl jetzt Lampen mit einer geringeren Watt-Zahl eingesetzt werden. In der Praxis kann das heißen, dass eine Veränderung einer Halogen-Metalldampflampe von 70 W, also jener Lampe, die im Lebensmittelhandel vor allem zur Inszenierung der Frischebereiche eingesetzt wird, auf eine Speziallampe mit 35 W das gleiche Lichtniveau garantiert.

Im Nonfood-Handel, und zwar insbesondere dort, wo wie im Textilhandel oder in den Warenhäusern die Beleuchtung als Teil eines in sich geschlossenen Store-Konzepts wesentlich zur Inszenierung der Ware beiträgt, stößt eine Verringerung der Wattage bislang auf eine deutlich geringere Akzeptanz. Hier muss sicher noch Überzeugungsarbeit von Lichtplanern und Industrie geleistet werden, dass dies nicht zwingend eine Verminderung der Beleuchtungsqualität als stilbildendes Element eines bestehenden Store-Konzepts bedeutet. So wiesen schon bei der Befragung zum letzten EHI-Laden-Monitor einige der befragten Nonfood-Händler darauf hin, dass 35-W-Lampen bei vergleichsweise hellen Artikeln mit einem höheren Reflexionsgrad, bei in sehr hellen Farben gehaltenen Verkaufsräumen oder hohen Raumhöhen sehr wohl ausreichend sind.

Energiekosten (Strom, Gas, Heizöl etc.) — Grafik 1

	Alle	Food/Near Food	Textil	Baumarkt	Sonstige
qm VKF	39,32	50,00	28,75	16,73	5,75
qm BNF	30,90	33,00	16,50	14,60	4,23

Angaben in Euro je qm Verkaufs-/Bruttonutzfläche (2008)
Quelle: EHI Retail Institute

Energiemanagement **Strategie**

Geschlossene Kühlstrecken: Energieeinsparungen von bis zu 30 Prozent.

Kühlung

Die hohe Zahl an Kühlmöbeln machen den Lebensmitteleinzelhandel energetisch zu einer Besonderheit. Kühlmöbel sind neben der Beleuchtung und Klimatisierung die größte Energieverbraucher. So entfallen in einem typischen Supermarkt zwischen 40 und 60 Prozent des gesamten Stromverbrauchs auf diese Geräte. Die Umsetzung höherer Energieeffizienz hat deshalb im Lebensmitteleinzelhandel den Status von Pilotprojekten längst verlassen.

Der Einsatz von geschlossenen Kühlstrecken (Decken, Türen, Nachtrollos etc.) bei der Minus-Kühlung erfolgt bereits bei 90 Prozent der befragten Unternehmen und ist somit nahezu schon Standard. Aber auch bei der Plus-Kühlung benutzen bereits 50 Prozent der befragten Unternehmen geschlossene Kühlstrecken, weitere 30 Prozent wollen innerhalb der nächsten zwei Jahre auf solche umrüsten. Aus energetischer Sicht eine sinnvolle Maßnahme, da damit Energieeinsparungen von bis zu 30 Prozent erreicht werden können.

Andere Maßnahmen mit hohen Umsetzungsgraden sind zum einen die Ausrüstung der Kühlmöbel mit Energiespar-Ventilatoren und zum anderen der Einsatz von Verbundkälteanlagen mit „intelligenter" Regelungstechnik. Hierunter ist z. B. der Einsatz von Energiereglern zu verstehen die beispielsweise eingesetzt werden, um Stromspitzen zu vermeiden.

Eng verbunden mit den Maßnahmen zur Energieoptimierung der Kühlmöbel sind folgerichtig Systeme zur Wärmerückgewinnung. So hat der Handel die Möglichkeiten für die Nutzung der bei der Produktion von Kälte anfallenden Abwärme, beispielsweise zur Heizung oder Warmwasseraufbereitung erkannt. Alle be-

Strategie Energiemanagement

fragten Unternehmen gaben an, bereits Systeme zur Wärmerückgewinnung in ihren Verkaufsstätten installiert zu haben.

Beschaffung

Zu den Projekten mit dem höchsten Umsetzungsgrad gehören aber zweifelsohne jene, die im Hinblick auf ein wirklich effizientes Energiemanagement ohnehin all jenen zuvor beschriebenen operativen Maßnahmen vorgeschaltet sein sollten. Dies gilt zum einen für die Beschaffung von Energie, bei der sich analog der Beschaffung der Ladeneinrichtung inzwischen in nahezu allen befragten Unternehmen eine Bündelung des Energieeinkaufs durch das Poolen von Lieferantenverträgen durchgesetzt hat. Zum anderen ist es das Energiecontrolling, d. h. die regelmäßige Erfassung der tatsächlichen Verbrauchsmengen durch Zähler und Messungen, womit vorrangig die wesentlichen Kostentreiber identifiziert werden sollen.

Potenzial

Sieht man einmal von der Kühlung im Lebensmitteleinzelhandel ab, sieht der Handel branchenübergreifend die größten Einsparpotenziale nach wie vor bei der Beleuchtung, bei der die Befragten Einsparungen von bis zu 30 Prozent erwarten, gefolgt von der Haustechnik und Bau mit jeweils 15 Prozent Einsparungen. Neben diesen relativ kapitalintensiven Investitionen ist eine vergleichsweise einfache aber effiziente Maßnahme die Schulung des Nutzerverhaltens der Mitarbeiter, d. h. die Sensibilisierung der Mitarbeiter für einen sparsamen Einsatz von Energie, von der sich der Handel immerhin Einsparungen zwischen 5 und 15 Prozent verspricht. Aus diesem Grund planen die befragten Händler auch, gerade hier in den nächsten zwei Jahren vermehrt tätig zu werden (**Grafik 2**).

Aus wirtschaftlicher Sicht sind Investitionen in Maßnahmen für mehr Energieeffizienz in wirtschaftlich schwierigen Zeiten besonders notwendig. Denn spätestens wenn die Konjunktur wieder anspringt und die Energienachfrage steigt, werden auch die Energiekosten deutlich ansteigen. Die Möglichkeiten, durch vernünftige Modernisierungsmaßnahmen Betriebskosten zu senken, sind enorm. Ein energetisch optimiertes Gebäude, innovative Versorgungstechnik und der Einsatz regenerativer Energieträger wie Sonne, Holz oder Erdwärme sorgen für eine hohe Energie- und Ökoeffizienz.

Image-Effekt

Neben dem Wettbewerbsvorteil ist aber auch der Image-Effekt, der sich aus der positiven Wahrnehmung der Kunden als nachhaltiges Unternehmen ergibt, nicht zu vernachlässigen. Der heutige Kunde lebt vermehrt ökologisch und ethisch bewusst und legt immer mehr Wert auf Umwelt- und Klimaschutz und verfolgt aus diesem Grund aufmerksam das Handeln der Einkaufsstempeln hinsichtlich ihrer Umweltpraxis.

Auch wenn angesichts der vorliegenden Zahlen die großen Unternehmen des Handels zunächst eine Vorreiterrolle eingenommen haben, so zeigen auch Beispiele kleinerer, weniger umsatzstarker Händler, dass Energiemanagement im Handel heute keineswegs mehr eine Frage der Unternehmensgröße ist, sondern zunehmend alle Händler in ihren unternehmerischen Aktivitäten beeinflusst.

Umgesetzte Maßnahmen — Grafik 2

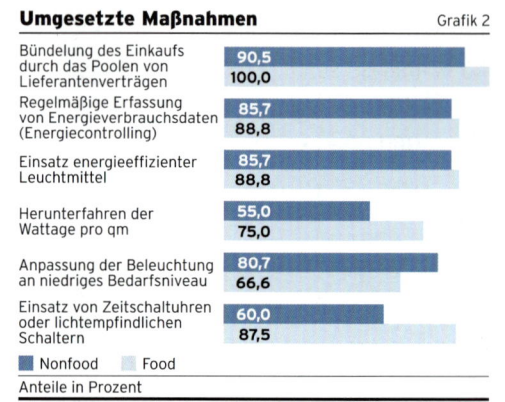

Maßnahme	Nonfood	Food
Bündelung des Einkaufs durch das Poolen von Lieferantenverträgen	90,5	100,0
Regelmäßige Erfassung von Energieverbrauchsdaten (Energiecontrolling)	85,7	88,8
Einsatz energieeffizienter Leuchtmittel	85,7	88,8
Herunterfahren der Wattage pro qm	55,0	75,0
Anpassung der Beleuchtung an niedriges Bedarfsniveau	80,7	66,6
Einsatz von Zeitschaltuhren oder lichtempfindlichen Schaltern	60,0	87,5

Anteile in Prozent
Quelle: EHI Retail Institute

Marketing **Strategie**

Kreativ durch die Krise

Wer jetzt nicht wirbt, der ist schon tot: Die Konsumkrise schafft neue Bedingungen und Notwendigkeiten für Markenbildung, Marketing und Werbung.

Text Marlene Lohmann, EHI

„Alles was nicht vom Reiz der Erneuerung erfüllt ist, wird langweilig." Mit diesen Worten leitete Götz W. Werner, Präsident des EHI Retail Institute, die Keynote-Speech zum EHI Marketing Forum im November 2008 ein. Nun erfordert Langeweile im Allgemeinen kein akutes Handeln; der Ausbruch aus konventionellen Denkmustern benötigt meist einen zusätzlichen Auslöser. Die aktuell vorherrschende wirtschaftliche Krise kann als solch ein Auslöser betrachtet werden, sie fordert das kreative Engagement aller Beteiligten heraus und ist idealer Nährboden für innovative Ideen. So beschreibt es jedenfalls Amir Kassaei, Vorstandssprecher des Art Directors Club: „Was wir jetzt als Wirtschaftskrise bezeichnen, beschleunigt nur einen Veränderungsprozess, der ohnehin da war, eine Zäsur, die überfällig ist. Die alte Welt ist gerade dabei, sich aufzulösen. Und das ist auch ganz gut so. Ich hoffe, dass die Krise lange genug dauert, damit wir zur Vernunft kommen. Wenn sie zu schnell vorbei ist, werden wir in alte Denkmuster zurückfallen." Das Wort „Krise" beinhaltet Hoffnung, denn es leitet sich vom griechischen „krisis" ab, was so viel bedeutet wie „Entscheidung" oder „entscheidende Wendung". Das heißt zugleich, dass der Begriff nicht einseitig negativ belegt ist. Eine Krise mag sich zum Schlechten wie zum Guten hin wenden: Krisenzeiten sind deshalb kreative Zeiten und Zeiten für Innovationen, weil die Krise dazu zwingt, Altes zu überdenken und Neues zu versuchen.

Wie stellt sich der Handel in Zeiten der Krise auf? Von der guten gesamtwirtschaftlichen Entwicklung der letzten Jahre hat er kaum profitiert. Der Umsatz im deutschen Einzelhandel stagniert seit Beginn der 90er-Jahre. Gleichzeitig sinkt der Anteil des Handels am privaten Konsum kontinuierlich, während sich das Verkaufsflächenwachstum fortsetzt. Der Handel ist es gewohnt, sich in einem schwierigen Umfeld zu bewegen. Auch aktuell gibt es wenig Grund zur Euphorie. Der Verdrängungswettbewerb bestimmt weiterhin die Situation der Branche. Wie also die eigenen Marktanteile in der Krise sichern? Laut einer EHI-Befragung der „Retail Leader" ist ein klares Profil mit eindeutigem Leistungsversprechen an die Konsumenten in Verbindung mit ständiger Modernisierung und effizienten Geschäftsabläufen die Voraussetzung für eine erfolgreiche Zukunft in einer schwierigen Branche. Wilhelm Josten, der Gründer von Butlers, äußerte sich über den kontinuierlichen Innovationsdruck so: „Am Markt behaupten kann sich nur, wer die ‚Nase im Wind' hat und am besten schon vor den Kunden weiß, was als nächstes gefragt ist."

Der Handel forciert also nachhaltig seinen Markenauftritt. Die Werbestrategen schärfen weiterhin das Markenprofil mit gesamtheitlichen Imagekampagnen und dem konsequenten Aufbau und Ausbau von Eigenmarken. Dies trifft nicht nur auf den Lebensmitteleinzelhandel, allen voran Rewe, Edeka und Real, zu, sondern auch auf andere Branchen wie beispielsweise die Textilbranche mit Peek & Cloppenburg. In den Forschungsergebnissen des „Marketing Monitor Handel 2007 – 2010" des EHI wird diese Tendenz durch Marketingverantwortliche der großen Handelsunter-

Foto: Stockxpert

Wirtschaftskrise: Nährboden für innovative Ideen.

Strategie Marketing

Online-Werbung:
Erfolge direkt messbar.

nehmen bestätigt: Auf Platz 1 der mittelfristig wichtigsten Herausforderungen stehen der Aufbau der Retail Brands mit der Schärfung des Markenprofils.

Der private Konsum, eine weitere Herausforderung, blieb nach Angaben des Sachverständigenrats zur Begutachtung der gesamtwirtschaftlichen Entwicklung seit 2001 nahezu konstant. Die positive Beschäftigungsentwicklung der letzten Jahre reichte demnach nicht aus, die schwache Reallohnentwicklung und die negativen Effekte der Umsatzsteuererhöhung zu Beginn des Jahres 2007 auszugleichen. Aufgrund der bestehenden Verunsicherung der Haushalte über die künftige Entwicklung ihrer Einkommenssituation, welche insbesondere durch die Schockwellen der Finanzkrise verstärkt wurden, stieg die Sparquote bereits 2008 auf 11,4 Prozent. Der Sachverständigenrat prognostizierte für 2009 eine Sparquote in gleicher Höhe. „Wir müssen heute nicht mehr Hungrige satt, sondern Satte hungrig machen", plädiert Jörg Hieber, ehemaliger Aufsichtsratvorsitzender der Edeka für eine gezielte Kundenansprache und ungewöhnliche Marketing-Aktivitäten.

Trotz der derzeitigen wirtschaftlich schwierigen Situation will ein Großteil der vom EHI befragten Handelsunternehmen mittelfristig ihre Marketingspendings erhöhen. Denn für den Aufbau eines eigenständigen Markenprofils und der damit verbundenen Wettbewerbsdifferenzierung benötigt der Handel den nachhaltigen Werbedruck genauso wie für den gerade in Krisenzeiten zunehmenden Wettbewerbsdruck. Damit agieren viele Handelsunternehmen antizyklisch und geben gerade jetzt Gas. Die Devise lautet: Weiter in Werbung investieren, um das Markenkapital zu erhalten. Nach einer EHI-Hochrechnung gab der gesamte Einzelhandel – der größte Werbungtreibende in Deutschland – 2008 rund 8 Mrd. Euro für die Werbung aus. Durchschnittlich 2 Prozent vom Bruttoumsatz investiert der Handel in seine Werbung. Bei Händlern, die mit ihrem Sortiment überwiegend den täglichen Bedarf bedienen, liegt der Durchschnitt bei 1,4 Prozent, während Händler aus dem Lifestyle-Sektor, wie der Handel mit Textilien, Wohnaccessoires oder Schuhmode, immerhin durchschnittlich 5,7 Prozent ausgeben.

Während die Wirtschaftskrise auf die Höhe der Werbeetats offensichtlich kaum Einfluss hat, gibt es bei der Aufteilung der Etats mögliche Veränderungen in der Mediaplanung. Denn der Handel nimmt jede Investition in das Marketing genau unter die Lupe, die Werbestrategen wägen genau ab, wofür sie ihr Geld ausgeben. Bevorzugt werden diejenigen Medien, deren Erfolg messbar ist. Dazu zählen in erster Linie das Direktmarketing und die Online-Werbung. Darüber hinaus stehen die Inhalte der Kampagnen auf dem Prüfstand. Es kann davon ausgegangen werden, dass es in wirtschaftlich schwierigen Zeiten mehr absatzorientierte Werbung geben wird, um kurzfristige Frequenz- und Umsatzeffekte zu erzielen. Einige Handelsunternehmen haben darüber hinaus so genannte „Sicherheitspuffer" in die Marketingplanung eingebaut. Sie wollen damit sicherstellen, dass sie auf kurzfristige Marktveränderungen reagieren können. Dem Handel stehen mannigfaltige Medien und Mittel bereit, um

Marketing Strategie

die Verbraucher zu mobilisieren. Dabei setzt der Handel nach wie vor auf die bewährten klassischen Handelsmedien. Die Schwerpunkte verschieben sich jedoch. Jenseits der Konjunkturdelle scheint ein Trend mittlerweile unumkehrbar: Der Mediamix verändert sich in kleinen Schritten weg von der Gießkannenwerbung hin zu Direktmarketing und neuen Medien.

Nach EHI-Forschungsergebnissen im „Marketing Monitor Handel 2008 - 2010" bleibt die Printwerbung (Flyer, Kataloge, Magazine und Anzeigen) mit einem mittelfristig erwarteten Budgetanteil von 63 Prozent nach wie vor die tragende Säulen der Handelswerbung. Der Mediamix wird jedoch bunter, die Fragmentierung nimmt zu. Entsprechend schichtet der Handel nicht nur Budgetanteile um, die Tendenz geht weg von Werbeflyern und hin zu Medien, die dem Aufbau und der Pflege des Retail-Brands dienen und eine gezielte Kundenansprache ermöglichen. TV-Werbung hilft, das Image des Handels flächendeckend zu unterstützen und wird deshalb flankierend zu den traditionellen, eher absatz-, umsatz- und frequenzfördernden Medien eingesetzt. Beispiele sind etwa die Relaunch-Kampagnen von Rewe und Real oder Kampagnen zu besonderen Anlässen, wie der 100-jährige Geburtstag der Edeka oder die Lidl-Image-Kampagne.

Dem veränderten Mediennutzungsverhalten trägt der Handel dennoch dadurch Rechnung, dass er mittelfristig weniger in TV-Werbung investiert. Die Budgetanteile für TV fallen um 21 Prozentpunkte auf einen Anteil von 3 Prozent. Im Fokus der Marketer stehen zunehmend Projekte aus dem Bereich der Neuen Medien wie das Internet. Das zeigt sich deutlich in einer geplanten Erhöhung der Budgets um 86 Prozentpunkte, womit der künftige Anteil bei knapp 7 Prozent liegt. Das veränderte Mediennutzungsverhalten, die Konvergenz der Medien und neueste Studien, dem zufolge die Onlinewerbewirkung effizienter als die des TV ist, spielen in den strategischen Media-Erwägungen des Handels eine Rolle. Nicht erst seit dem weltweiten Finanzcrash ist der Verbraucher ein ziemlich untreues, wankelmütiges Wesen. Um den Kunden emotional eng an das Unternehmen zu binden und ihn zu begeistern, reicht es nicht, Leistungen anzubieten, die der Kunden erwartet, also so genannte Hygienefaktoren, sondern solche Leistungen, die den Kunden überraschen.

Trotz der hohen Zufriedenheits- und Bindungswerte – 79 Prozent der befragten Händler glauben laut EHI-Studie, dass ihre Kunden mit der Gesamtqualität zufrieden sind und 70 Prozent der Händler glauben, dass ihre Kunden stark an ihr Unternehmen gebunden sind – muss der Fokus der Handelsanstrengungen folglich darin liegen, den Kunden nicht nur dauerhaft an sich zu binden, sondern nachhaltig zu begeistern, denn nur echte Begeisterung schützt auch vor den Aktionen des Wettbewerbs. In diesem Zusammenhang hat der Handel entdeckt, welche Chancen der Kundendialog über das Internet bietet. Mit Blogs und Foren kann er neue Zielgruppen an seine Märkte binden und die Wünsche seiner Kunden, nämlich Einfluss zu nehmen und sich auszutauschen, perfekt erfüllen. Dabei lässt der Handel seine Kunden unterschiedlich intensiv über das Internet partizipieren: Von der einfachen Datenbereitstellung mit Hilfe von Gewinnspielen, über die aktive Teilnahme, in der die Kunden ihre Meinung mitteilen, bis hin zur echten Community, wie sie von Fressnapf erfolgreich betrieben wird.

Wenn Produktpreis und -qualität gleichauf liegen, orientiert sich der Kunde auf den Nutzen, den Service und dessen Design. Insofern bietet das Internet mit seiner Kundenorientierung große Chancen. Auch unter Effizienzaspekten kann das Internet beim Handel punkten. Krisenzeiten sind, wie eingangs festgestellt, auch kreative Zeiten, in denen Neues versucht wird. Das ist gerade in wirtschaftlichen schwierigen Zeiten der Lichtblick am Horizont.

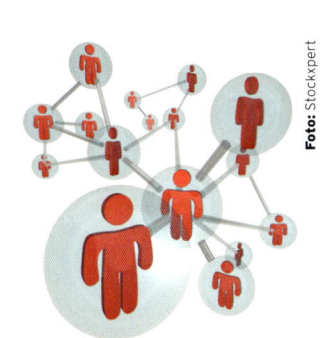

Internet-Blogs und -Foren: Neue Zielgruppen erreichen.

Foto: Stockxpert

Strategie Visual Merchandising

Marktauftritt mit Profil

Handelsunternehmen müssen regelmäßig ihren Marktauftritt überarbeiten. Neue Werbeformate wie digitales und visuelles Marketing helfen dabei.

Text Claudia Horbert, EHI

Weitgehend gesättigte Märkte bei einem zugleich unverminderten Verkaufsflächenwachstum führen in nahezu allen Branchen zu einem knallharten Verdrängungswettbewerb. Gleichzeitig verändern sich Marktbedingungen immer schneller. Dies betrifft demografische Entwicklungen ebenso wie Änderungen von Konsumtrends und Verbraucherverhalten. Unterschiedliche Kundenbedürfnisse in verschiedenen Vertriebsregionen erfordern immer spitzer zugeschnittene Sortimentsbausteine und Vertriebsformate. Die herausragende Aufgabe des Handels besteht heute darin, den Kunden durch ein scheinbar überbordendes Angebot zu führen und ihm durch eine logische Zusammenführung von Warengruppen oder Sortimenten eine Vorauswahl zu bieten. Ergänzt durch ausgewählte, bedarfsverwandte Angebote im Sinne einer Cross-Selling-Strategie hilft dies dem Kunden, „sein" Produkt schneller zu finden und Kaufentscheidungen zu erleichtern.

Eine solche Ausdifferenzierung von Sortimenten und Betriebstypen erfordert nicht nur eine genaue Kenntnis der Zielgruppe, sondern sie muss sich ebenso in Ladengestaltung und Warenpräsentation wiederfinden. Store-Design, Warenpräsentation und Visual Merchandising strukturieren und emotionalisieren das angebotene Sortiment und bestimmen so maßgeblich die Einkaufsatmosphäre. Vor allem dem Visual Merchandising kommt dabei eine herausragende Bedeutung zu. In seiner klassischen Definition bezeichnet Visual Merchandising eine Optimierung der Warenpräsentation und ihrer Verkaufsumgebung (Layout, Wegesystem, Raumstrukturen, Farb-, Material-, Beleuchtungskonzept, Warenträger) als effiziente visuelle Verkaufsförderungsstrategie.

Inzwischen haben unter dem Begriff „Digital Signage" elektronische Medien wie Flachbildschirme, Videowände, Kiosksysteme oder im Lebensmittelhandel Dual-Screen-Waagen an Verkaufstheken das klassische Visual Merchandising um neue Technologien erweitert. Mit der Visual Merchandising Initiative (VMI) gibt es zudem eine Arbeitsgemeinschaft aus Handel, Industrie und Dienstleistern, deren Aufgabe es ist, den Einsatz dieser modernen Technologien zu fördern, mit denen multimediale Informationen in den Filialen des Handels weiter verbreitet werden.

Das Ziel bleibt aber unverändert: Visual Merchandising kommuniziert Informationen auf visuellem Wege anhand von Bildern, um so ein Angebot – Sortiment und Unternehmen – für das Auge verkaufsfördernd zu inszenieren. Denn durch ganzheitliche Laden- und Warenbilder gelangen emotionale Erlebniswerte schneller ins Gedächtnis.

Einsatz moderner Technologien:
Verkaufsförderung via Digital Signage.

Foto: Mugrauer

Für die Verkaufsraumgestaltung bedeutet dies nahezu branchenübergreifend die weitere Etablierung einer bedarfs- und zielgruppenorientierten Warenbündelung und ihrer Präsentation nach Farb-, Stil- oder Themenwelten. Die (neu) gebildeten Warensegmente sollten dabei ebenso wie Kundenwege und Flächen grundsätzlich selbsterklärend sein. Darüber hinaus unterstützen verschiedene Konzepte und Techniken des Visual Merchandising die Kundenorientierung, wie auch der EHI-Laden-Monitor 2008 zeigte:

- Vorstrukturierung großer Flächen durch Zwischenwände, Nischen, raumhohe Wandeinstellungen

- segmenterklärende Fokus-Punkte, auch zur Auflockerung der Wege zwischen zwei Abteilungen

- Arena-Präsentation: Die Höhe der Regale wird dabei bewusst niedrig gewählt, so dass die Warenanordnung zu den hinteren Raumteilen hin optisch ansteigt, was Blickfänge schafft und die Raumtransparenz erhöht

- strukturierte Rückwände zur optischen Bündelung der Ware nach dem Prinzip der drei Ebenen als Kombination aus Ferndistanz-Wareninformation und Verkauf

- eine wirkungsvolle Instore-Kommunikation aus Farbleitsystemen, großformatigen Produktfotos und aussagekräftigen Wegweisern.

Laden-Layout und Kundenleitsysteme bilden damit wichtige Grundstrukturen des Store- bzw. Visual Merchandising-Konzepts, insbesondere da themenorientierte Warenpräsentationen weitaus schnelleren Wechseln unterliegen als eine Präsentation nach bislang gängigen Abteilungen. Um den Kunden immer wieder neugierig zu machen, ihn zu häufigen Besuchen eines Geschäfts anzuregen und so letztlich Kaufimpulse zu induzieren, müssen Teile des Angebots regelmäßig ausgetauscht oder in einem anderen Kontext präsentiert werden (**Grafik 1**). Quer durch alle Branchen bestimmt daher ein Höchstmaß an Flexibilität die Ladengestaltung. Hochfunktionale, gleichsam dezente und ästhetisch ansprechende Einrichtungselemente, die auf bereits vorhandenen Standardprodukten aufsetzen, müssen jederzeit problemlos an neue Präsentationsformen angepasst oder auf ein neues Ladenbild umgestellt werden können. Dabei steht das Produkt immer im Fokus. Begleitet wird dies von einem regelmäßigen Wechsel von Deko- und Merchandising-Elementen, die aber insbesondere in Filialunternehmen klaren Vorgaben unterliegen, um auf diesem Wege einen im Zeitverlauf konsistenten Marktauftritt und eine konsequente, durchgängige Corporate Identity (CI) sicherzustellen.

Bei der Definition von Store-Design und Einrichtungsstandards muss die Ladenplanung über die Planungshoheit verfügen, ergänzt um Merchandising-Richtlinien als Ergebnis einer abteilungsübergreifenden Zusammenarbeit von Planung, Vertrieb und Merchandising. Werden neue, artikelübergreifende Warensegmente gebildet, sollte zudem auch die Sortimentsplanung als wesentlicher Bestandteil des Planungsprozesses in enger Abstimmung mit Vertrieb und Merchandising erfolgen, um so schon von Beginn an verbindliche Vorgaben für die Erstausstattung an benötigten Waren und Warenträgern und für einen ersten Warenaufbau zu erhalten.

Moderne Kundenführung — Grafik 1

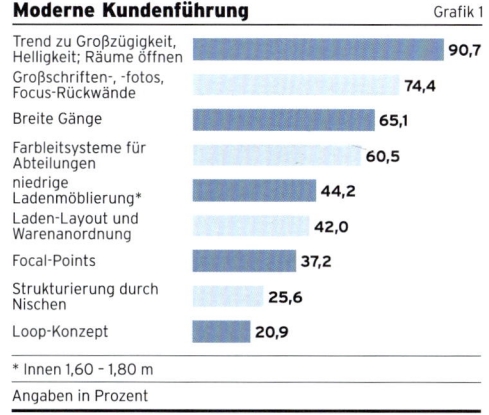

Merkmal	Prozent
Trend zu Großzügigkeit, Helligkeit; Räume öffnen	90,7
Großschriften-, -fotos, Focus-Rückwände	74,4
Breite Gänge	65,1
Farbleitsysteme für Abteilungen	60,5
niedrige Ladenmöblierung*	44,2
Laden-Layout und Warenanordnung	42,0
Focal-Points	37,2
Strukturierung durch Nischen	25,6
Loop-Konzept	20,9

* Innen 1,60 – 1,80 m
Angaben in Prozent
Quelle: EHI Retail Institute

Strategie Visual Merchandising

Trends in der Warenpräsentation — Grafik 2

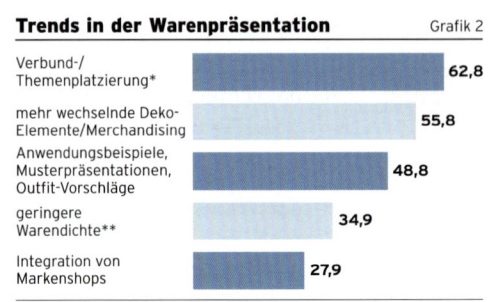

Kategorie	Prozent
Verbund-/Themenplatzierung*	62,8
mehr wechselnde Deko-Elemente/Merchandising	55,8
Anwendungsbeispiele, Musterpräsentationen, Outfit-Vorschläge	48,8
geringere Warendichte**	34,9
Integration von Markenshops	27,9

* Präsentation nach Bedarfs-/Verwendungszusammenhängen, im LEH nach Verzehrgewohnheiten
** Reduzierung der Sortimentsvielfalt als Vorauswahl für den Kunden
Angaben in Prozent
Quelle: EHI Retail Institute

Markenshops der Industrie, vor allem von vertikalen Anbietern der Bekleidungsbranche, mögen hier in ihrer Planung schon einen Schritt weiter sein, was den ganzheitlichen Markenauftritt mit einer effizienten Sortimentssteuerung und einem überzeugenden Visual Merchandising betrifft. Im Handel besteht allerdings zunehmend die Tendenz, das Branding der Herstellermarken nicht mehr uneingeschränkt zu akzeptieren. Ziel ist vielmehr, Markenshops der Industrie in das eigene Unternehmensdesign und Branding einzubinden (**Grafik 2**).

Bei der Entwicklung und Umsetzung neuer Design-, VM- und Einrichtungskonzepte greift der Handel in unterschiedlichem Umfang auf externe Helfer zurück. Nicht weiter ungewöhnlich ist eine gemeinsame Entwicklung mit dem Ladenbauer von exakt auf die Belange des Händlers zugeschnittenen Einrichtungselementen. Ebenso ist die Einschaltung externer Architekten und Retail Designer durchaus verbreitet, wenn es um grundlegende Konzeptänderungen und -weiterentwicklungen geht. Vorschläge und Ideen müssen dann nicht unbedingt im Detail übernommen werden, sondern können als Denkanstoß und kreativer Input in die eigenen Planungen des Händlers eingehen. Noch vergleichsweise wenig verbreitet ist im Handel die Verpflichtung von Spezialagenturen für Visual Merchandising und Brand Building. Vor allem von internationalen, häufig vertikal aufgestellten Markenherstellern im Fashion- und Lifestyle-Bereich ist bislang eine derartige Zusammenarbeit bekannt. Das Leistungsspektrum reicht dabei je nach Bedarf von der Beratung und Konzeptentwicklung bis hin zur konkreten Umsetzung des markenspezifischen VM vor Ort durch Merchandising-Teams der Agentur.

Mit den gestiegenen Ansprüchen der Kunden an Store-Design und Ausstattung und einem wachsenden Bewusstsein des Handels für den Store als Transporteur der Marke und wirksames Profilierungsinstrument sind Ladenbauprojekte allerdings immer komplexer geworden und zunehmend durch eine extrem arbeitsteilige Beschaffung von Leistungen und Gewerken geprägt. Dadurch hat die Funktion des Generalunternehmers wieder an Bedeutung gewonnen. Ein Ladenbauer oder ein anderes vom Händler beauftragtes Unternehmen übernimmt das vollständige Projektmanagement und koordiniert ein projektspezifisch zusammengestelltes Netzwerk von Architekten, Handwerkern verschiedener Gewerke, Designern, Visual Merchandisern bis hin zu Marketing- und Werbeagenturen. Die Fähigkeit, diese Netzwerke zu organisieren oder aber über Planungsleistungen hinaus noch weitere der zuvor genannten Leistungspakete mit abzudecken, wird künftig eine der wichtigsten Herausforderungen nicht nur für Ladenbauer, sondern ebenso für Architekten und Planungsbüros sein.

Wer dem Handel Impulse zu Branding, Visual Merchandising und Erlebnispräsentationen liefern und diese auch zielgerichtet mit den richtigen Partnern umsetzen kann, wird klar im Vorteil sein. Denn wenn immer mehr Händler den Weg eines Kunden- oder Produktspezialisten beschreiten, besteht bei ähnlichen Sortimentsbündeln zunehmend die Gefahr von Austauschbarkeit und Überschneidungen in den Zielgruppen. Warenpräsentation und Visual Merchandising sind dann wesentliche Komponenten, das eigene Angebot so mit einem emotionalen Mehrwert aufzuladen, der zu einer echten Differenzierung im Wettbewerb führt.

Shopping-Center 2009

Fakten, Hintergründe und Perspektiven in Deutschland

Porträts der in der Bundesrepublik Deutschland zum Stand 1.1.2009 bestehenden 414 Center mit handelsrelevanten Mietflächen über 10.000 qm, detaillierte Beschreibungen aller Neueröffnungen und Übersicht der aktuell verfügbaren Planungsdaten.

- Anzahl und Fläche
- Branchen- und Mietermix
- Magnet-Mieter und Filialisten
- Mietpreise
- Planungen und Umstrukturierungen
- Betreibergesellschaften
- Einzeldarstellung aller 414 Shopping-Center
- Detaillierte Darstellung der 27 neu aufgenommenen Shopping-Center 2006 und 2007
- Wichtigste Rahmendaten zu den 15 Neueröffnungen des Jahres 2008
- Gesamtübersicht nach Bundesländern

- Erscheinungstermin: September 2008
- 11. aktualisierte und erweiterte Auflage
- In Zusammenarbeit mit dem German Council of Shopping Centers
- DIN A4, gebunden, ca. 556 Seiten
- ISBN 978-3-87257-323-0
- Preis: EUR 420,–

Bestellen Sie jetzt! Fax: +49 (0) 221 · 57993-45
per Post: EHI Retail Institute · Spichernstraße 55 · 50672 Köln
Kontakt: Claudia Husseck · Mail: husseck@ehi.org
Fon: +49(0)221·57993-64 · www.ehi.org

Name:
Firma:
Straße, Nr.:
PLZ, Ort:

Fon/Fax:
E-Mail:

Datum   Unterschrift

EHI Retail Institute

Forschung | Konferenzen | Verlag | Messen

Strategie Ethno-Marketing

Multikulti am Regal

Migranten haben oft ganz eigene Konsumbedürfnisse. Sortimente, Ladenkonzepte und die Handelswerbung stellen sich auf eine wachsende Zielgruppe ein.

Text Andreas Kaapke, IfH

Demografische Fragen haben in den letzten Jahren im Rahmen der Zielgruppendiskussion neue Nahrung erhalten. Zu den zentralen Trends zählen dabei nicht nur das Älterwerden und der Rückgang der Bevölkerung, sondern auch das Anwachsen der in Deutschland lebenden Menschen mit Migrationshintergrund. „Ethnos" kommt aus dem griechischen und steht für Volk. Ethno-Marketing bedeutet damit die Fokussierung auf Bevölkerungsgruppen, die anders im Hinblick auf die Mehrheit der im Land lebenden Menschen sind. Vor dem Hintergrund der Spezifika der amtlichen Statistik in Deutschland ist es sinnvoll, zwischen in Deutschland lebenden Ausländern und eingebürgerten Deutschen mit Migrationshintergrund zu unterscheiden. Die amtliche Statistik weist seit Jahren einen nahezu unveränderten Stand an Ausländern in Deutschland aus. Rechnet man allerdings die im Zuge der liberalisierten Einwanderungsgesetze in den 1990er-Jahren ebenfalls in Deutschland lebenden Bürger mit Migrationshintergrund dazu, wird deren Anzahl fast verdoppelt. Demnach waren zum 1. Dezember 2007 rund 16 Mio. Bürger in Deutschland diesen beiden Gruppen zuzuordnen. Bedeutsamste Gruppe sind mittlerweile Bürger aus der ehemaligen Sowjetunion, danach folgen die Türken, noch vor den Polen.

Vor dem Hintergrund der zum Teil erheblichen kulturellen Unterschiede ist es für Handelsunternehmen von großem Interesse zu prüfen, inwieweit die absatzpolitischen Instrumente auf diese Zielgruppe eingestellt werden. Vor allem dann, wenn eine anvisierte ethnische Gruppe im Einzugsgebiet des Handelsunternehmens in nennenswerter Anzahl vorkommt und als homogen angesehen werden kann. Insbesondere Fragen des Sortiments und des eingesetzten Personals scheinen von besonderem Interesse. Aber auch bei der Kommunikation sind die kulturellen Unterschiede bemerkenswert. Die klassischen „Schweinebauchanzeigen" sind für Bürger mit islamischen Hintergrund beispielsweise als Tabu zu bezeichnen, will man sie insgesamt für das Sortiment begeistern.

Das Ethno-Marketing hat streng genommen seinen Ausgangspunkt in einem demografisch-ökonomischen Paradoxon. Je besser die berufliche Qualifikation einer Frau, desto höher sind die entgangenen Einkommen bei einem Verzicht auf Erwerbstätigkeit und desto niedriger ist bzw. wird die Geburtenrate eines Landes ausfallen. Der ökonomische Erfolg eines Landes lässt sich aber nur realisieren, wenn auch gut ausgebildete Frauen am Erwerbsleben teilhaben. Im Prinzip erkauft man sich diesen ökonomischen Erfolg über eine besonders niedrige Geburtenrate. Die Folgen sind eine intensive demografische Alterung sowie eine sich beschleunigende Schrumpfung der Bevölkerung, vor allem in den jüngeren und mittleren Altersgruppen. Derartige Situationen führen dazu, dass man sich daran gewöhnt, Zuwanderung als Ersatz für den eigenen fehlenden Nachwuchs zu betrachten und zu akzeptieren.

Ethnische Zielgruppen: Schwierig und interessant zugleich.

Ethno-Marketing **Strategie**

Bevölkerung: Rund jeder Fünfte wird künftig in Deutschland einen Migrationshintergrund haben.

Foto: Volkswagen

Dabei klaffen aber ökonomische Notwendigkeiten und gesellschaftliche Integration allzu häufig auseinander. So sind gesellschaftliche Fragen rund um die Migranten bei weitem noch nicht zufriedenstellend beantwortet. Dazu zählen vor allem Bildungsfragen wie schulische Erstausbildung, berufliche Erstausbildung sowie berufliche Weiterbildung.

Die Debatte um den Einbürgerungstest hat nochmals deutlich gemacht, wie viele Vorurteile und Vorbehalte gegenüber einer ethnisch durchmischten Bevölkerung existieren. Dabei wird völlig außer Acht gelassen, welche ökonomische Bedeutung die in Deutschland lebenden Ausländer und Menschen mit Migrationshintergrund haben. Sie sind wichtige Arbeitnehmer, selbstständige Unternehmer und vor allem Konsumenten. Andererseits darf nicht verkannt werden, dass ausländische Mitbürger die Sozialversicherungssysteme hierzulande belasten und durch Transferzahlungen in ihr Heimatland zurückgekehrte Mi-

granten auch die eigene Volkswirtschaft eher schwächen denn fördern.

Wichtige Komponenten zur Integration der Zuwanderer, sind neben dem Wohn- und Arbeitsort auch alle Institutionen, in denen sich Menschen mit Migrations-Hhinterground aufhalten (müssen). Der Einzelhandel, der die Endkonsumenten mit Waren und Dienstleistungen versorgt, hat hinsichtlich der Integration von Menschen mit Migrationshintergrund eine herausragende Rolle. Im Waren- und Dienstleistungsangebot kommen die Werte und Normen einer Gesellschaft eindrucksvoll zum Tragen. Inwieweit diese auch die Wünsche und Erwartungen von Migranten abdecken, ist ein noch nicht hinreichend erschlossenes Feld. Von daher ist es in ökonomischer wie gesellschaftlicher Hinsicht maßgeblich, ob und wie Unternehmen auf die demografischen Entwicklungen reagieren können und wollen und demnach die Chancen, die sich aus den reinen Zahlen ergeben, ergreifen.

Strategie Ethno-Marketing

Rund jeder Fünfte wird in wenigen Jahren in Deutschland einen Migrationshintergrund haben und von daher kulturelle Unterschiede zum durchschnittlich deutschen Konsumenten aufweisen. Zwar besagt die Assimilationstheorie, dass sich diese Menschen sukzessive an die Gegebenheiten des jeweiligen Zuwanderungslandes anpassen, gleichwohl sind die mittlerweile vorhandene numerische Stärke der jeweiligen ethnischen Gruppe sowie tief verwurzelte, oft religiöse Werte verantwortlich, dass sich das Konsumentenverhalten nach wie vor nachhaltig unterscheidet. Ansonsten wären die zahlreichen türkischen Lebensmitteleinzelhandelsgeschäfte im Format der in Deutschland aus der Mode gekommenen Tante-Emma-Läden kein derartiges Erfolgsmodell. Die Sehnsucht nach Wiedererkennen bzw. bewusstem Suchen erlernter Werte ist ein Anreiz an sich und die familiären und freundschaftlichen Bindungen vor dem Hintergrund des Fremdseins nicht nur nachvollziehbar, sondern entscheidungsrelevant.

Urbane Ballungsräume

Die Orientierung an Bezugsgruppen, die hohe Gruppenkohäsion und die daraus resultierenden Verhaltensweisen machen die ethnischen Zielgruppen für den Einzelhandel schwierig und interessant zugleich. Erreicht man diese Gruppen, erreicht man viele, da über diese Meinungsführer auch andere auf die Einkaufsstätte und das dort zur Verfügung stehende Angebot aufmerksam gemacht werden können. Verpuffen die Bemühungen bei diesen Gruppen, wird es schwer, überhaupt jemanden daraus zu erreichen und alle Bemühungen erweisen sich als Fehlinvestition. Selbst wenn diese Darstellung etwas eindimensional erscheint, erklärt sie doch die engen Verzahnungen der Volksgruppen untereinander. Ganze „Inseln" an typischen russischen, polnischen und türkischen Wohnstandorten haben sich herausgebildet. Und obgleich als Regel urbane Ballungsräume als klassisches Umfeld für Mitbürger mit ethnischem Hintergrund angegeben werden, finden sich doch auch „ethnische Inseln" im tendenziell ländlichen Raum. So gelten Neuwied oder Bad Kreuznach in Rheinland-Pfalz als Domänen russischer Mitbürger. Ganze Stadtteile in Berlin oder Stuttgart sind eindeutig migrationsdominiert und damit für eigens darauf ausgerichtete Konzepte interessant oder aber nicht erschließbar. Dass die Zielgruppe als Chance erkannt wird, zeigen Programme beispielsweise der Deutschen Bank oder auch der Volkswagen AG, die gezielt auf türkische und im Volkswagen-Konzern auch russische Kunden zugehen und deren Bedürfnisse abzubilden versuchen. Dies wird durch Landsleute als Personal, gezielte Kommunikation und auf die Zielgruppe abgestimmte Werbematerialien zu realisieren versucht. Gleichwohl darf das Potenzial ethnischer Gruppen nicht überbewertet werden. Für viele Einzelhandelsstandorte kommt die Zielgruppenfokussierung auf ethnische Gruppen nicht in Frage. Dies ist einzig und allein dem Umstand zuzuschreiben, dass nicht in jedem Einzugsgebiet eines Handelsgeschäftes hinreichend viele Mitbürger mit einer ethnischen Zuordnung leben. Die reine Unterscheidung Ausländer zu Inländer reicht zudem nicht, da neben den Unterschieden zwischen Deutschen und Mitbürgern aus einer ethnischen Gruppe natürlich auch Unterschiede zwischen zwei ethnischen Minderheiten vorliegen. Was für einen Russen gilt, gilt nicht für einen Griechen. Und dessen Kaufverhalten unterscheidet sich signifikant vom Kaufverhalten eines Italieners. Zudem sind seit vielen Jahren Marktsegmentierungsansätze verhaltenswissenschaftlicher Art geläufig. Damit wird deutlich, dass auch ein Türke sich nicht zwingend identisch zum zweiten Türken verhält, genauso wenig wie sich der typische Deutsche charakterisieren lässt. Allein der Blick auf die Sinus-Milieu-Studie zeigt eindrucksvoll, dass unterschiedliche Typen in einer Landsmannschaft zu vermuten sind.

Der deutsche Handel ist auf der Suche nach neuen Chancen in vielfach stagnierenden, gar schrumpfenden Märkten. In einigen Einzugsgebieten – insbesondere den urbanen Ballungsräumen – lohnt es sich, darüber nachzudenken, ob und in welcher Form Migranten als Zielgruppe besser erschlossen werden kann. Dabei darf und kann es keine Tabus geben, denn sie sind eine durchaus interessante und auch interessierte Kundengruppe.

Ethno-Marketing **Strategie**

Teil des Integrationsprozesses

Rainhardt Frhr. v. Leoprechting, Metro Group, Präsident der Türkisch-Deutschen IHK und von EuroCommerce

Deutschland ist ein Einwanderungsland geworden. Fast ein Fünftel der deutschen Bevölkerung, rund 15 Mio. Menschen, hat einen Migrationshintergrund. Tendenz steigend. Allein die mehr als 2,7 Mio. Menschen mit türkischer Herkunft haben eine Kaufkraft von etwa 20 Mrd. Euro. 97 Prozent dieser Summe werden in Deutschland ausgegeben und nicht in die Türkei transferiert. Die werbliche Ansprache insbesondere unserer türkischen Mitbürger als ethnische Gemeinschaft ist somit eine Möglichkeit und Chance, sich neue und konsumfreudige Kundengruppen zu erschließen. Denn im Vergleich zu den Deutschen handelt es sich um eine sehr junge Bevölkerungsgruppe mit noch vielen unerfüllten Konsumwünschen. 47 Prozent der Menschen mit türkischem Migrationshintergrund sind jünger als 25 Jahre und nur 16 Prozent älter als 50. In Zeiten des demografischen Wandels sind dies bemerkenswerte Zahlen. Ausländische Mitbürger gelten zudem als ausgesprochen markenbewusst und sind sehr aufgeschlossen für neue Produkte. Einer Umfrage zufolge probieren nur etwa 62 Prozent der Deutschen gern innovative Produkte aus. Bei Ausländern liegt der Anteil hingegen bei über 80 Prozent. Ähnliches gilt für Werbung in Zeitungen und Zeitschriften. 52 Prozent der befragten Ausländer finden Reklame nützlich, aber nur 33 Prozent der Deutschen. Ausländische Kunden sind deutlich weniger werberesistent als Deutsche.

Ethnische Gruppen repräsentieren daher mit ihrer Wirtschaftskraft einen sehr attraktiven Wachstumsmarkt in Deutschland und Europa. Die Potenziale der „Generation Deukisch" gilt es zu nutzen. Durch das Ethnomarketing werden im Wesentlichen zwei Hauptziele verfolgt: Zum einen bezweckt das jeweilige Unternehmen, wie bei jeder anderen Form des Marketings auch, einen wirtschaftlichen Zugewinn. Zum anderen, und dies ist ein immer wichtiger werdender Aspekt, bringt das Unternehmen mit diesem Konzept dem angesprochenen Kundenkreis gegenüber seine Wertschätzung zum Ausdruck. Dabei reicht es jedoch nicht aus, Werbetexte oder Slogans einfach zu übersetzen. Vielmehr müssen Lebensgefühl und Lebensweise, die sich in religiösen, moralischen und ästhetischen Aspekten widerspiegeln, verstärkt berücksichtigt werden. Hierin liegt für jedes Unternehmen die besondere Herausforderung. Nur wenn die kulturellen und traditionellen Werte der Zielgruppe entsprechend beachtet werden, führt Ethnomarketing zum Erfolg. Die Vorlieben und Wertvorstellungen müssen genau analysiert werden. Die Sprache ist dabei ein entscheidendes Kriterium, denn sie ist der Zugang zum Kunden. Viele Unternehmen haben die Vorteile des Ethnomarketings bereits erkannt. So setzen wir bei der Metro Group beispielsweise bei unseren C&C Großmärkten ethnische Kundenberater ein. In vielen Städten sind insbesondere türkische Mitarbeiter im Einsatz, die unsere Kunden in ihrer Muttersprache ansprechen, sie für ihren speziellen Bedarf beraten und ihnen Waren vorstellen können. Bei unseren Vertriebslinien Media, Saturn und Galeria Kaufhof zeigen Länderflaggen auf den Namensschildern unserer Mitarbeiter, dass sie beispielsweise Türkisch sprechen. Ethnomarketing wird auf diese Weise nicht nur als eine den tatsächlichen Umständen Rechnung tragende Maßnahme verstanden, sondern auch als Teil des Integrationsprozesses.

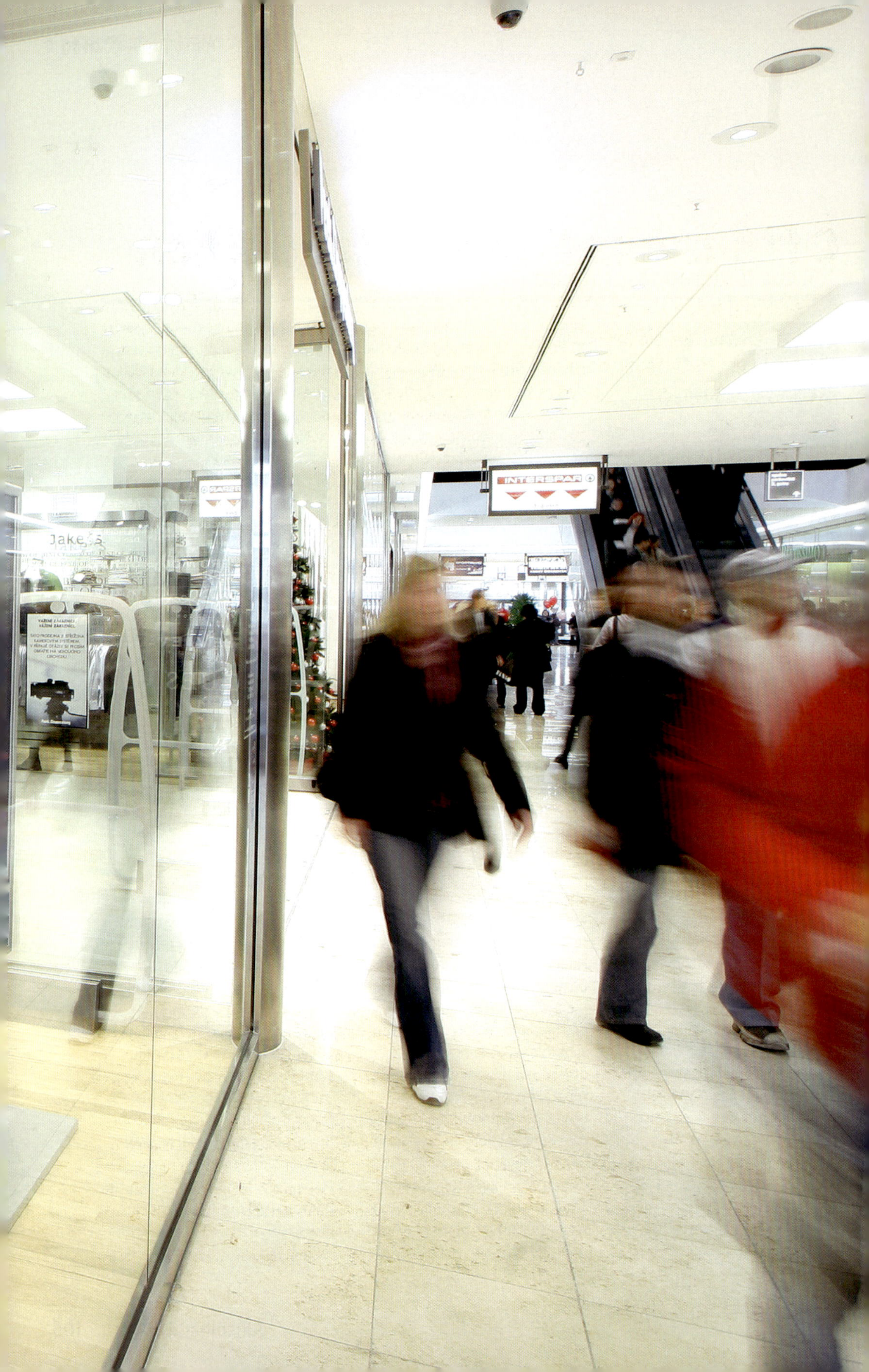
INTERSPAR

Demografie **Standort**

Öffnungszeiten entscheiden

Der Kauf bestimmter Produkte, die Wahl von Einkaufsstätten, die bevorzugten Einkaufstage und Einkaufszeiten – all dies hängt vom Kunden ab.

Text Olaf Roik, HDE

Die Kunden des Einzelhandels entscheiden im Rahmen ihrer individuellen Präferenzen nicht nur über den Kauf bestimmter Produkte und die Wahl von Einkaufsstätten, sondern auch über die jeweils bevorzugten Einkaufstage und Einkaufszeiten. Dies ist für den Handel etwa im Rahmen der Personaleinsatzplanung, aber beispielsweise auch für die Städte und Gemeinden im Bereich der Verkehrsplanung von Interesse.

Der HDE hat in den vergangenen Jahren im Rahmen seiner Frühjahrs-Konjunkturumfragen jeweils über 1.000 Einzelhandelsunternehmen nach deren Ladenöffnungszeiten sowie der wochentäglichen Umsatzverteilung befragt. Die Ergebnisse zeigen, dass der Einzelhandel sehr differenzierte Ladenöffnungszeiten-Modelle verfolgt. Die Unternehmen gestalten die Möglichkeiten ihren Vertriebskonzepten, Standorten und Kundenstrukturen entsprechend höchst unterschiedlich aus. Dies betrifft die absolute Öffnungsdauer je Woche ebenso wie die Ladenschlusszeiten an den jeweiligen Wochentagen.

Der Lebensmittelhandel weist mit durchschnittlich 63 Stunden die längsten Wochenöffnungszeiten auf. Spitzenreiter ist der Lebensmittel-Supermarkt mit 70 Stunden. Daneben bieten vor allem die Warenhäuser ihren Kunden mit über 58 Stunden einen weiten zeitlichen Rahmen für den Einkauf. Die Mehrzahl der Unternehmen öffnet zwischen 51 und 55 Stunden (27 Prozent). 19 bzw. 17 Prozent öffnen zwischen 56 und 60 Stunden und mehr als 60 Stunden. Ein Drittel der befragten Betriebe, häufig im ländlichen Raum oder in Nebenlagen gelegen, bieten eine Wochenöffnungszeit von weniger als 51 Stunden. Insgesamt bestätigt sich die Erwartung, dass in den hochfrequentierten innerstädtischen Hauptgeschäftslagen die längsten absoluten Öffnungszeiten anzutreffen sind. Mehr als ein Drittel der Unternehmen steht seinen Kunden dort an mehr als 55 Stunden in der Woche zur Verfügung. Übertroffen wird dieser Wert nur noch durch die Einkaufszentren. Unter dem Dach dieser einheitlich gemanagten Center hat jedes zweite Geschäft länger als 60 Stunden in der Woche geöffnet.

Unabhängig von der Geschäftslage gilt, dass sich in Segmenten mit hohen Marktanteilen von Filialunternehmen tendenziell längere Öffnungszeiten beobachten lassen. Dies ist ein Zeichen dafür, dass in den jeweiligen Vertriebslinien vielfach einheitliche Ladenöffnungszeiten-Modelle umgesetzt werden. Die Öffnungszeiten enden insbesondere im Lebensmittelhandel, bei den Kauf- und Warenhäusern sowie in Einkaufszentren häufig um 20 Uhr. Im Durchschnitt aller befragten Unternehmen bieten derzeit jedoch etwa 15 Prozent den Einkauf bis in die Abendstunden hinein an (nach 19 Uhr). An anderen Standorten, insbesondere Geschäften in ländlichen Gebieten öffnen die Geschäfte häufig bis 18 oder 19 Uhr.

Vielschichtiges Bild

Die HDE-Umfrage ermöglicht einen Blick auf die umsatzstärksten Wochentage und Tageszeiten im Einzelhandel und zeichnet dabei ein vielschichtiges Bild. Freitag und Samstag sind weiterhin die mit Abstand wichtigsten Wochentage für den Einzelhandel. 38 Prozent des Jahresumsatzes wird an diesen beiden Tagen erzielt. Dies bedeutet, dass der Einzelhandel an einem Freitag oder Samstag gut ein Drittel mehr Umsatz erzielt, als an einem Mittwoch, der mit 14,1 Prozent der umsatzschwächste Tag der Woche ist.

Der Freitag bleibt mit 19,5 Prozent der umsatzstärkste Tag des Jahres. Der Grund hierfür liegt in der großen Bedeutung des Freitag im Lebensmitteleinzelhandel (22,3 Prozent). Im Nicht-Lebensmittelhandel ist der Samstag der umsatzstärkste Tag. Insbesondere der Innenstadthandel erzielt dann mit 20 Prozent den höchsten Wochenumsatz. Insgesamt kann fest-

Standort Demografie

Innenstadthandel: Samstags werden rund 20 Prozent des Wochenumsatzes realisiert.

gestellt werden, dass Freitag und Samstag beim Einkauf von Lebensmitteln dominieren, der Samstag ist der Tag für den Erlebniseinkauf in den Innenstädten. Der Sonntag als Einkaufstag hat gegenüber dem Vorjahr nur leicht an Bedeutung gewonnen. Der Umsatzanteil liegt nun bei knapp 1 Prozent. Innerhalb von räumlich eng gefassten Gebiete in zumeist größeren Städte kann angesichts der geringen Anzahl der verkaufsoffenen Sonntage durchaus von einer nennenswerten Umsatzbedeutung des Sonntag gesprochen werden. Ausserhalb dieser Bereiche spielt der Sonntag als Einkaufstag jedoch nur eine untergeordnete Rolle.

Nicht nur die einzelnen Wochentage weisen erhebliche Unterschiede im Hinblick auf ihre Umsatzbedeutung auf. Gleiches gilt auch für die jeweiligen Tageszeiten. Betrachtet man den Einzelhandel insgesamt, so liegt der umsatzstärkste Tagesabschnitt von Montag bis Freitag zwischen 16 und 18 Uhr ("Feierabendzeitfenster"), gefolgt von der Zeit zwischen 10 und 12 Uhr ("Familienzeitfenster"). Der Lebensmittelhandel realisiert am späten Vormittag (10-12 Uhr) seine höchsten Umsätze, im Nicht-Lebensmittelhandel dominiert der späte Nachmittag (16-18 Uhr). Am Samstag verlagert sich der Umsatzschwerpunkt auf die Zeit zwischen 10 und 14 Uhr. Insbesondere im Bekleidungshandel und in den Innenstadtlagen auch in den späten Nachmittag hinein. Dieses Muster ist bei Geschäften in Innenstadt-Hauptgeschäftslagen klar erkennbar. In ländlichen Gebieten verschiebt sich die umsatzstärkste Zeit am Mittwoch und Samstag in den Vormittag hinein. Wesentliche Ursache hierfür sind sozio-demografische Faktoren sowie eine entsprechende Angebots- und Nachfragestruktur vor Ort.

Die HDE-Umfrage identifiziert deutliche wochentägliche und tageszeitliche Umsatzschwerpunkte. Hinter diesen Daten verbergen sich höchst unterschiedliche und keinesfalls starre Einkaufsgewohnheiten der Kunden, denen der Einzelhandel an jedem Tag und zu jeder Tageszeit gerecht werden muss.

Welche Strategie die Unternehmen auch verfolgen: Ladenöffnungszeiten sind ein Attraktivitätsfaktor für die Kunden und damit ein Erfolgsfaktor für den Handel. Die Öffnungszeiten sind ein Attraktivitätsfaktor für die Kunden und damit ein Erfolgsfaktor für den Handel. Entscheidender als die absolute Stundenzahl ist es für den Einzelhandel, zielgruppen- und standortorientiert Öffnungsdauer und Lage der Öffnungszeiten festzulegen. So orientiert sich die Entscheidung für Länge und Lage der Öffnungszeiten letztlich an den Wünschen der Kunden. Service, Kundenbindung und Nutzung von Umsatzpotenzialen sind dabei die zentralen Kriterien.

Jetzt handeln und abonnieren!

Das handelsjournal bündelt Monat für Monat praxisorientiert alle wirtschaftlichen und politischen Themen, die den Handel bewegen.

Bei uns kommen der Hauptverband des Deutschen Einzelhandels (HDE), seine Mitglieder und Experten zu Wort.

Das „Wirtschaftsmagazin für den Einzelhandel" ist die Plattform für den engen Dialog zwischen Einzelhandelsunternehmen aller Betriebsgrößen und Branchen, Lieferanten und Dienstleistern.

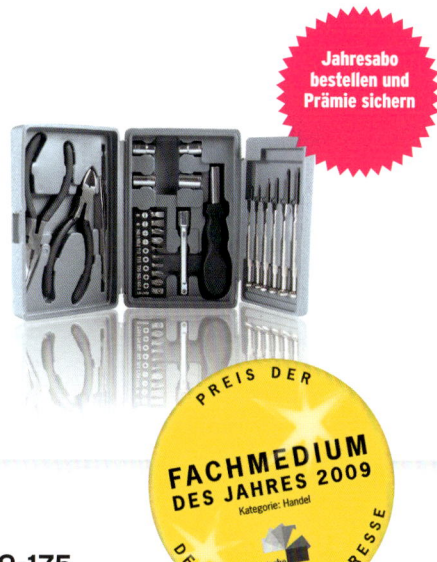

Jahresabo bestellen und Prämie sichern

PREIS DER DEUTSCHEN FACHPRESSE — FACHMEDIUM DES JAHRES 2009 — Kategorie: Handel

Bestellmöglichkeit per Fax: 02631/879-175

☐ **Ja, ich probiere die nächsten 3 Ausgaben vom handelsjournal zum Preis von 7,- Euro inkl. MwSt. und Versand.**
Falls ich das handelsjournal nicht weiter beziehen möchte, teile ich das dem LPV Lebensmittel Praxis Verlag Neuwied GmbH, Am Hammergraben 14, D-56567 Neuwied, spätestens 10 Tage nach Erhalt des 2. Heftes mit. Hat mich das handelsjournal überzeugt, brauche ich nichts weiter zu tun. Ich erhalte dann das handelsjournal zum günstigen Vorzugspreis von 34,- Euro inkl. MwSt. und Versand.

☐ **Ja, ich bestelle das Jahresabo (12 Ausgaben) zum Preis von 34,- Euro inkl. MwSt. und Versand. Als Dankeschön erhalte ich ein Werkzeug-Set.**

Name / Vorname _____
Firma _____
Abteilung / Position _____
Straße / Postfach _____

PLZ, Ort _____
Telefon _____
E-Mail _____

Datum / 1. Unterschrift _____

Unsere Vertrauensgarantie: Mir ist bekannt, dass ich diese Bestellung innerhalb der folgenden zwei Wochen ohne Begründung beim LPV Lebensmittel Praxis Verlag Neuwied GmbH, Am Hammergraben 14, D-56567 Neuwied, schriftlich, per Datenträger (Postkarte, Brief, etc.), widerrufen kann. Zur Fristwahrung genügt die rechtzeitige Absendung. Dies bestätige ich mit meiner zweiten Unterschrift.

Datum / 2. Unterschrift _____

LPV Lebensmittel Praxis Verlag Neuwied GmbH

Telefon: 02631/879-164, E-Mail: g.holzhauer@lpv-verlag.de
Fax: 02631/879-175, Internet: www.handelsjournal.de

handelsjournal - wir verbinden die Branche

Standort Demografie

Innenstädte bleiben beliebt

Die aktuelle Kundenverkehrsanalyse von BAG und HDE belegt die ungebrochene Attraktivität der Innenstädte als Einkaufs- und Kommunikationsorte.

Text Rolf Pangels, BAG

Nahezu 6 Mio. Besucher des innerstädtischen Einzelhandels wurden im Rahmen der aktuellen BAG/HDE-Kundenverkehrsuntersuchung am 9., 10. und 11. Oktober 2008 in rund 100 Städten erfasst und rund 200.000 nach bestimmten Einkaufsparametern befragt. Beteiligt haben sich rund 200 innerstädtische Einzelhandelsunternehmen.

Zentrale Einkaufsorte

Für rund ein Viertel der Befragten stellen die Innenstädte die wichtigsten Einkaufsorte für sämtliche Einkäufe dar. Nach Sortimenten unterschieden, ist allerdings eine sehr unterschiedliche Wertung erkennbar: Während die Innenstädte für rund 47 Prozent der Verbraucher im Sortimentsbereich Bekleidung/Schuhe die wichtigsten Einkaufsorte sind, sind sie es für den täglichen Bedarf nur in knapp 9 Prozent der Fälle. Für etwa 16 Prozent haben die Innenstädte die gleiche Bedeutung wie andere Einkaufsstandorte, für nahezu 14 Prozent sind die Innenstädte als Einkaufsorte eher unwichtig. Das bedeutet: Schon seit Jahren haben die Innenstädte ihre Stellung als wichtigste Standorte für eine umfassende Versorgung vielerorts verloren. Die Gründe für diese Entwicklung sind vielfältig, teilweise durchaus nachvollziehbar. Bei aller sinnvollen Arbeitsteilung zwischen den Innenstädten als Angebotsstandorte des gehobenen, mittel- und langfristigen Bedarfs einerseits und der so genannten „Grünen Wiese" als Versorgungsschwerpunkt für den täglichen Bedarf andererseits, darf die Grundversorgungsfunktion der Innenstädte aber nicht gänzlich verloren gehen. Die Mannigfaltigkeit der Innenstädte als Versorgungsstandorte muss erhalten bleiben. Sie ist wesentlicher Bestandteil ihrer Anziehungskraft.

Der Anteil der Besucher und Kunden über 65 Jahre hat sich gegenüber 2004 im Durchschnitt um fast 7 Prozent erhöht. Demgegenüber haben sich die Anteile der Besucher und Kunden aus der großen mittleren Altersgruppe zwischen 26 und 50 Jahren um 4,5 Prozent sowie die Anteile der jüngeren Altersgruppe von 21 bis 25 Jahren um 2,5 Prozent verringert. Der Anteil der jüngsten Altersgruppe mit einem Alter von bis zu 20 Jahren ist dagegen konstant geblieben. Diese Entwicklung geht weitestgehend konform mit der allgemeinen Altersentwicklung in Deutschland. Das heißt: Einzelhändler und alle anderen innerstädtischen Akteure sind gut beraten, sich der immer stärker werdenden älteren Kundschaft mit besonderer Aufmerksamkeit zu widmen. Gleichzeitig müssen alle Anstrengungen unternommen werden, der jüngeren Kundschaft – den Besuchern und Kunden von morgen – in den Innenstädten ein gleichermaßen abwechslungsreiches wie qualitativ hochwertiges Einkaufs- und Freizeiterlebnis zu bieten. Sonst besteht die Gefahr einer dauerhaften Umorientierung dieser Zielgruppe auf andere, nicht-integrierte Standorte und damit einer weiteren Bedeutungsverlust der Innenstädte.

Während die Männer sich immer mehr als „Einkaufsmuffel" präsentieren, steigt der Anteil der Frauen beim Einkaufen in den Innenstädten immer weiter an. Lag der Anteil der Frauen bei der Kundschaft im innerstädtischen Einzelhandel im Jahre 2004 bei etwa 63 Pro-

PKW-Kunden: Umsatzstärkste Gruppe für den Innenstadthandel.

zent, so ist er in 2008 auf nahezu 67 Prozent angestiegen. Bezüglich der einzelnen Einkaufstage bestehen kaum große Unterschiede in den Anteilen der beiden Geschlechter: Auch samstags finden sich immer weniger Männer in den Innenstädten. In der jüngsten Altersgruppe von bis zu 20 Jahren finden sich die höchsten Männeranteile in der Besucher- bzw. Kundschaft. Mit zunehmendem Alter sinkt der Anteil der Männer kontinuierlich ab. Für den Handel bedeutet dies: Das Einkaufen in den Innenstädten muss für Frauen und Männer gleichermaßen zum Erlebnis werden. Männer müssen als spezielle Zielgruppe mit entsprechendem Warenspektrum sowie speziellen Service- und Dienstleistungsangeboten wieder verstärkt an die Innenstädte herangeführt werden. Hierzu zählt auch eine optimierte Pkw-Erreichbarkeit, bevorzugen doch Männer den Pkw als Verkehrsmittel.

Der bereits aus den vorherigen Kundenverkehrsuntersuchungen erkennbare Trend zum Single-Shopping in den Innenstädten hat sich weiter fortgesetzt. Rund 58 Prozent aller Befragten gaben an, allein zum Besuch oder Einkauf in die Innenstädte gekommen zu sein. Im Jahre 2004 lag der Anteil um nahezu 2,6 Prozentpunkte niedriger. Der Anteil derjenigen Besucher und Kunden, die zu zweit oder zu mehreren Personen zum Einkaufen in die Innenstädte kommen, ist dagegen von 2004 auf 2008 gesunken.

Hohe Strahlkraft ins Umland

Der Anteil der Besucher und Kunden, die außerhalb der Städte wohnen und zum Besuch/Einkauf in die Innenstädte pendeln, ist gegenüber 2004 nur leicht gesunken. Stammten im Jahre 2004 rund 40 Prozent aller Verbraucher aus dem näheren und weiteren Einzugsgebiet der Städte, so war es 2008 lediglich nur 1 Prozentpunkt weniger. Samstags ist der Anteil der auswärtigen Besucher und Kunden erkennbar höher als donnerstags und freitags. Der Anteil der in- und ausländischen Einkaufstouristen in den Innenstädten hat sich gegenüber 2004 weiter erhöht. Das heißt: Die Versorgungsfunktion, die der innerstädtische Einzelhandel für die gesamtstädtischen Einzugsgebiete übernimmt, darf nicht durch neue großflächige Vertriebsformen auf der „Grünen Wiese", wie etwa den Factory-Outlet-Centern an Autobahnkreuzen, untergraben werden. Die Einzelhandelsentwicklung muss sich am Zentrale-Orte-System und an lokalen/regionalen Einzelhandelskonzepten orientieren. Zudem gilt es, der ruinösen Flächenentwicklung im Einzelhandel insgesamt Einhalt zu gebieten. Der Stellenwert der Innenstädte als touristische Ziele muss weiter konsequent ausgebaut und verbessert werden.

Während die Anteile der Besucher und Kunden, die mit dem Pkw zum Besuch/Einkauf in die Innenstädte kommen, um mehr als 5 Prozentpunkte abgenommen haben, stieg der ÖPNV-Anteil im Durchschnitt um mehr als 4 Prozentpunkte. Samstags ist der Pkw-Anteil weiterhin deutlich höher als an den beiden anderen Erhebungstagen. Bei Besuchern und Kunden von außerhalb liegt der Pkw-Anteil an allen drei Erhebungstagen wesentlich höher als bei den Innenstadtbesuchern, die in der jeweiligen Stadt selbst wohnen. Für die anderen Verkehrsmittel und bei den Fußgängern ergeben sich nahezu keine Veränderungen. Die abnehmende Erreichbarkeit innerstädtischer Einkaufsstandorte für Pkw und die demgegenüber autogerecht ausgebauten Standorte an der Peripherie bewirken einen weiter zunehmenden Wettbewerbsnachteil für den Einzelhandel in Innenstädten und Stadtteilzentren.

Diese Entwicklung zuungunsten gewachsener Strukturen würde noch weiter verschärft, wenn verstärkt nur dirigistische Konzepte gegen den motorisierten Individualverkehr verwirklicht würden. Die Innenstädte müssen daher für alle Verkehrsteilnehmer grundsätzlich erreichbar sein bzw. bleiben. Wie die Ergebnisse zeigen, lässt sich auch ein Großteil der Pkw-Nutzer von den historisch hohen Benzinpreisen während des Befragungszeitraum nicht abschrecken. Die Einrichtung von Umweltzonen und Citymaut-Systemen bergen die Gefahr erheblicher negativer Beeinträchtigungen für den innerstädtischen Einzelhandel und sind abzulehnen. In der Verkehrsgruppe der Pkw-Nutzer sind in Relation zu den anderen Verkehrsmitteln deutlich mehr Käufer vor-

Standort Demografie

Befragung: Mehrheit der Kunden mit ihren Innenstadteinkäufen zufrieden.

zufinden. Der Pkw-Kunden kommen zwar seltener zum Einkaufen in die Innenstädte, geben dabei aber wesentlich mehr Geld aus als Kunden, die ein anderes Verkehrsmittel benutzen. Die Einkäufe ab 100 Euro waren bei den Pkw-Nutzern prozentual deutlich häufiger vertreten als bei allen anderen Verkehrsteilnehmern. So lautet die Forderung des Handels: Die Gruppe der Pkw-Kunden ist die umsatzstärkste Gruppe und für den innerstädtischen Einzelhandel unverzichtbar. Sie darf durch restriktive, verkehrsbe-/ verhindernde Maßnahmen, wie zum Beispiel überzogene Parkgebühren, der Erhebung einer City-Maut und/oder der Einführung einer Umweltzone nicht abgeschreckt werden.

Durch die Einführung von Umweltzonen steigen die Verbraucher nicht, wie geplant, auf andere Verkehrsmittel um und suchen weiterhin die Innenstädte auf, sondern es werden alternative und besser erreichbare Einkaufsmöglichkeiten im benachbarten Umland gewählt. Diese Verbraucher gehen den Innenstädten als Besucher und Kunden dauerhaft verloren.

Alle Altersgruppen vertreten

Die deutliche Mehrheit von rund 78 Prozent der Befragten war sehr zufrieden/zufrieden mit dem Besuch bzw. mit dem Einkauf in der jeweiligen Innenstadt. Gegenüber der Befragung 2004 ergaben sich nahezu keine Veränderungen in der Bewertung. Etwa 22 Prozent der Verbraucher sind nach wie vor eher unzufrieden oder ganz vereinzelt auch sehr unzufrieden. Es gibt kaum große Altersunterschiede in der Bewertung des Einkaufs in den Innenstädten. Jüngere Verbraucher bis 25 Jahre votieren in der Tendenz allerdings etwas positiver als der ältere Konsumentenkreis ab 51 Jahren.

In den einzelnen beteiligten Einzelhandelsbetrieben wurden die Einkaufsparameter Angebot/Auswahl, Service, Übersichtlichkeit, Einkaufsatmosphäre und sogar die Preise positiver bewertet als noch vor vier Jahren. Dies macht die großen Anstrengungen des Einzelhandels deutlich, in zukunftsfähige Geschäftsmodelle zu investieren.

Ausbildung **Standort**

Ausgezeichnete Azubis

Stadtmarketing und Ausbildung gehören normalerweise nicht zusammen. Beim Hauptverband des Deutschen Einzelhandels aber doch, und es gibt Preise dafür.

Text Olaf Roik, HDE

„Zukunft Stadt –Azubis mittendrin" – unter diesem Namen hat der Hauptverband des Deutschen Einzelhandels, erstmalig und mit kräftiger Unterstützung der Initiative „Nationale Stadtentwicklungspolitik" des Bundesamtes für Bauwesen und Raumordnung einen Ideen-Wettbewerb unter Auszubildenden im Einzelhandel ausgelobt. Die Kreativität und das Engagement von Einzelhandels-Azubis für ihren Standort wurden im Rahmen des Wettbewerbs ausgezeichnet. Das HDE-Projekt war Bestandteil der „Nationalen Stadtentwicklungspolitik". Dabei spielten verschiedene Aspekte eine Rolle:

- „Standortentwicklung" und „Ausbildung im Einzelhandel" werden normalerweise nicht in einem Atemzug genannt oder in einem Satz miteinander in Beziehung gebracht. Dennoch gibt es hier einen engen und förderungswürdigen Zusammenhang: die Bindung der Kunden an den Standort einerseits und die Bindung der Mitarbeiter an ihren Arbeitgeber andererseits. Für den Handel ist beides absolut essenziell. Kunden müssen an den Standort gebunden werden, damit sie immer wieder und gern in ihre Stammgeschäfte zurückkommen. Und Mitarbeiter müssen an ihre Unternehmen gebunden werden, damit sie gern und mit Leidenschaft für den Handel und die Kunden arbeiten.

- Wer jung ist, lernt leichter, ist begeisterungsfähiger, kreativer und hat das ganze Berufsleben noch vor sich. Das gilt vor allem für junge Leute, die sich für den Einzelhandel als Berufsfeld entschieden haben, Freude daran haben, mit und für Menschen zu arbeiten, Freude daran haben, etwas zu verkaufen und Freude daran haben, Waren, Verkaufssituationen und Standorte in Szene zu setzen.

Der HDE traf mit diesen Gedankengängen auf offene Ohren beim Bundesministerium für Verkehr, Bau und Stadtentwicklung. So entstand aus der Idee ein Antrag für Fördermittel aus der Initiative „Nationale Stadtentwicklungspolitik". Gefragt waren Projektideen von Auszubildenden im Einzelhandel, die zur Steigerung der Attraktivität des Standortes beitragen. Ob konkrete Geschäftslage oder betriebliche Aktivität – im Mittelpunkt stand die Kooperation mit weiteren städtischen Akteuren. Die Auszubildende waren aufgefordert, sich mit einer komplexen, praxisorientierten, aber dennoch über die Unternehmenssicht hinausgehenden Aufgabenstellung zu beschäftigen und umsetzbare Lösungskonzepte zu erarbeiten.

Das Engagement der Auszubildende als künftige Fach- und Führungskräfte ihrer Unternehmen ist unabdingbar für den dauerhaften Geschäftserfolg der Betriebe. Ausdrücklich waren aber auch Ideen und Vorstellungen gefragt, die über die unmittelbare berufliche Perspektive hinausgehen und zur Stärkung der Städte und Gemeinden insgesamt beitragen. Dies trägt der Tatsache Rechnung, dass die Städte in besonderer Weise die Lebensräume jüngerer Menschen sind, sich die Stadtentwicklung aber gleichzeitig auch den Herausforderungen einer älter werdenden Gesellschaft stellen muss. Am Ende des Wettbewerbs stehen sieben Gewinner, darunter vier, die für die Umsetzung ihrer Projekte mit Geldpreisen unterstützt werden. „Die Städte müssen lebendig bleiben und Besucher anlocken. Das liegt im Interesse des Einzelhandels und aller Akteure, von Immobilienbesitzern und Gastronomie bis zu den Verwaltungen", sagte dazu HDE-Hauptgeschäftsführer Stefan Genth anlässlich der Preisverleihung. Um die Städte interessanter und attraktiver zu machen, ist Leidenschaft und Engagement gefragt. Beides haben die Azubis im Wettbewerb eindrucksvoll bewiesen.

Standort Wirtschaftsförderung

Starke Standorte

Beim Stadtmarketing kooperieren Kommunen und Unternehmen in unterschiedlichster Weise. Gemeinsames Ziel: die Attraktivität der Standorte.

Text Florian Bitter, IfH

Die Standorte des Einzelhandels in den Städten sind seit Beginn der 1990er-Jahre einem tiefgreifenden Wandel unterworfen. Zu den Profiteuren zählen insbesondere nicht integrierte Standorte, die Gewinner der hohen Mobilität der Konsumenten sind. Die Kommunen saßen und sitzen bei dieser Entwicklung häufig zwischen den Stühlen. Einerseits müssen sie die Versorgungssicherheit gewährleisten, dazu kommt das Ziel, möglichst viel Kaufkraft auf dem Boden der eigenen Gemarkung zu bündeln und damit eine hohe Einzelhandelszentralität zu erlangen – andererseits trägt die damit verbundene Ansiedlungspolitik dazu bei, dass die gewachsenen Lagen, allen voran die Innenstädte, aber auch die Stadtteilzentren immer stärker unter dem Wettbewerbsdruck der modernen Betriebs- und Vertriebsformen leiden.

In vielen Kommunen hat diese Entwicklung zur Initiierung unterschiedlicher Kooperationsformen zwischen Stadt und Handel geführt. Ihr gemeinsames Ziel ist eine integrative Zusammenarbeit zur langfristigen Förderung und Sicherung einer geordneten Einzelhandelsentwicklung. Die Formen der Kooperation sind hinsichtlich ihrer Institutionalisierung und räumlichen Abgrenzung äußerst vielfältig. Eine traditionelle, meist lose Form der Kooperation sind Arbeits- oder Werbegemeinschaften von Gewerbetreibenden einer Einkaufslage oder, in Klein- und Mittelstädten oder auch der gesamten Innenstadt. Zu den am weitesten verbreiteten, umfassenden Kooperationsformen gehört das Stadtmarketing – oder, fokussiert es auf die Gewerbetreibenden, das Citymarketing bzw. Citymanagement. Es versucht, die Stärken einer Vielzahl von Akteuren zu bündeln und zum Wohle der Gesamtstadt zu koordinieren. Eine wesentlich engere Form der Zusammenarbeit liegt bei den Business Improvement Districts vor. Hierbei werden die öffentlich-private Zusammenarbeit auf Basis von Bundes- und Landesgesetzen vertraglich festgesetzt und konkrete Handlungsziele formuliert und umgesetzt.

City- / Stadtmarketing

Das Stadtmarketing zählt zu den ältesten Formen der kooperativen Stadtentwicklung zwischen öffentlicher Hand und privaten Partnern. Während in den 1970er- und 1980er-Jahren nur wenige Städte und Kommunen Marketingaktivitäten für ihren Standort betrieben, erlebte das Stadtmarketing seit Beginn der 1990er-Jahre eine regelrechte Boomphase. Die Ursprungsidee, eine Stadt wie ein Produkt am Markt zu positionieren und zu vermarkten, hat sich mittlerweile bundesweit durchgesetzt. Gut 80 Prozent der Städte über 50.000 Einwohner haben inzwischen Stadtmarketingprojekte durchgeführt, in allen Großstädten mit über 100.000 Einwohnern gehört ein eigenes Stadtmarketing zum Alltagsgeschäft.

Allerdings scheint das Thema so beliebt zu sein, dass einzelne Kommunen jede beliebigen Aktivität in der Stadtentwicklung mit dem Begriff Stadtmarketing schmücken. Das ist vielleicht ein wenig über das Ziel hinaus geschossen. Ein ganzheitliches Stadtmarke-

Foto: Fotolia

Shopping-Center: Profilierung als Dienstleistungslandschaft.

Wirtschaftsförderung **Standort**

Foto: Fotolia

Handelsstandorte: Angebotsvielfalt macht sie für Kunden attraktiv.

ting umfasst die zielgerichtete Gestaltung und Vermarktung einer Stadt, die Bündelung aller vorhandenen Kräfte, die die Steigerung der Attraktivität eines Standortes zum Ziel haben. Es dient der nachhaltigen Sicherung und Steigerung der Lebensqualität der Bürger und einer klaren Positionierung der Kommune im Standortwettbewerb. Im Rahmen eines systematischen Entwicklungs- und Planungsprozesses werden von den Beteiligten aus der öffentlichen und der privaten Sphäre gemeinsam Zielvorstellungen vereinbart und in Form eines ganzheitlichen Stadtleitbildes formuliert.

Im Unterschied zu den bisher auf einzelne Wirtschafts- und Interessengruppen fokussierten Gemeinschaften (z. B. Hotel- und Gaststättenverbände, Einzelhandelsverbände, Werbegemeinschaften) sind beim Stadtmarketing die unterschiedlichsten Gruppen auf kommunaler Ebene unter einem Dach vereint. Es werden also viele Teilbereiche des kommunalen Lebens zusammengeführt. Diese unterscheiden sich nach Zielgruppen, Akteuren und räumlichen Schwerpunkten, u. a. in Tourismusmarketing, Standortmarketing, Verwaltungsmarketing oder Citymarketing bzw. Citymanagement. Letztere haben den Schwerpunkt ihrer Handlungsfelder im Einzelhandel. Gelebt wird Stadtmarketing in unterschiedlichsten, mehr oder weniger stark institutionalisierten Organisationsformen. So finden sich Modelle, in denen Stadtverwaltungen Marketingaufgaben übernehmen und somit eine verwaltungsinterne Organisation und die notwendigen Infrastruktur besteht. Das Personal ist in die Strukturen der Verwaltung eingearbeitet und besitzt durch den engen Kontakt zum Bürgermeister und Gemeinde- bzw. Stadtrat eine enge Verzahnung in die Aktivitäten der Kommunalpolitik. Demgegenüber sind die Nachteile eine direkte, meist einseitige Abhängigkeit vom städtischen Haushalt sowie die geringe Flexibilität der Verwaltungsstrukturen. Darüber hinaus erfolgt Stadtmarketing hier zumeist als Top-down-Prozess, der aus der Kommunalverwaltung initiiert wird. Eine Konstruktion die nur dann sinnvoll erscheint, wenn die Stadtmarketing-Aktivitäten nur auf geringes Interesse möglicher Akteure stoßen.

Relativ weit verbreitet sind Vereinslösungen. Aus bürokratischen Gesichtspunkten ist die Organisationsform als Verein sinnvoll. Die Innenverhältnisse lassen sich mittels Satzung flexibel gestalten, ebenso wie die Finanzierung über Mitgliedsbeiträge. Als großer

Standort Wirtschaftsförderung

Nachteil stellt sich jedoch häufig die Ehrenamtlichkeit der Mitglieder heraus. Zudem birgt das Vereinsrecht immer wieder formale Hürden (Vorstandswahlen, Mitgliederversammlungen), die zur Unzufriedenheit unter den Mitgliedern führen können. Diese Nachteile werden durch die fehlende direkte Schnittstelle zur Stadtverwaltung verstärkt. Sinnvoll erscheint diese Organisationsform insbesondere für kleinere und mittelgroße Kommunen, die von einer Verwaltungslösung absehen möchten und für die die Gründung einer GmbH schlicht zu teuer ist.

Letztere ist insbesondere bei größeren Städten eine geeignete Organisationsform, insgesamt aber noch nicht sehr weit verbreitet. Die Gründung einer GmbH bietet sich dann an, wenn mit dem Stadtmarketing eine leistungsfähige Agentur aufgebaut werden soll, auf die zahlreiche Aufgaben aus verschiedenen Bereichen übertragen werden. Die Stadtmarketing-GmbH zeichnet sich durch ihre Eigenständigkeit und die schnelle, konsequente Verfolgung strategischer Ziele aus. Zudem ist die Wahrnehmung in der Öffentlichkeit wesentlich höher. Eine Stadtmarketing-GmbH erfüllt in der Regel die Erfordernisse eines ganzheitlichen Marketings für die Kommune.

Die Anforderungen insbesondere an die Gestaltungskraft des Citymarketings oder Citymanagements sind hoch. Vielerorts wurde seine Initiierung als Allheilmittel für den erkrankten Einzelhandel gesehen. Den hoch gesteckten Zielen und engagierten Ansätzen stehen in der Praxis jedoch zahlreiche Reibungspunkte gegenüber, die von der Frage nach der Einbindung welcher Akteure in welcher Organisationsform, über die Berücksichtigung der einzelnen Interessen bis hin zur Frage nach der Finanzierung reichen. Zudem ist die mangelnde Motivation des Handels zur Beteiligung häufig der Anfang vom Ende eines handlungsfähigen Citymanagements. Eine Studie des Instituts für Handelsforschung (IfH) konnte zeigen, dass die Kooperationsfähigkeit- und -bereitschaft in Abhängigkeit verschiedener Unternehmenskonzepte (Filial-, Franchise-System, Verbundgruppe und inhabergeführtes Unternehmen) stark variiert. Am höchsten ist die Standortverbundenheit und demnach Kooperationsbereitschaft beim inhabergeführten Handel. Je stärker die Unternehmen jedoch zentral organisiert sind, desto geringer wird deren Bereitschaft, Interesse oder auch Möglichkeit, sich an einer lokalen Standortkooperation z. B. in Form eines Citymarketing zu beteiligen. Diese Ausgangslage stellt die größten Hindernisse für den Betrieb eines erfolgreichen Citymanagements dar.

Beispiel Shopping-Center

Wie gut dieses immer wieder propagierte, gemeinsame Auftreten des Handels und seine klare Positionierung funktionieren kann, zeigt sich bei einem Blick auf das (innerstädtische) Shopping-Center. Hinsichtlich des vom Kunden erwarteten Qualitätsniveaus kann diese Betriebsform als Benchmark gelten. Für den Centermanager ist es selbstverständlich, seinen Standort als „Dienstleistungslandschaft" zu profilieren. Die von Center gewissermaßen erzwungene Kooperation der einzelnen, konkurrierenden Händler (Mieter), ermöglicht die Schaffung einer vom Kunden gewünschten Atmosphäre, die mittlerweile zum wichtigsten Teil des Einkaufserlebnisses geworden ist.

Den innerstädtischen Händlern muss bewusst sein, dass sich die neuen Standorte integrierter Center mit den gewachsenen Hauptlagen und den Nebengeschäftslagen ergänzen können. Voraussetzung sind jedoch Anstrengungen, ein vielfältiges Angebot in einem ansprechenden (städtebaulichen) Umfeld zu bieten. Dementsprechend muss sich der gewachsene Handel als gemeinschaftliche Einkaufsdestination verstehen, denn erst durch seine Vielfalt wird der Handelsstandort für den Kunden tatsächlich attraktiv. Dieses Destinationsmanagement scheitert jedoch weiterhin meist am Glauben der Gewerbetreibenden, die Lösung kollektiver Probleme auf lokaler Ebene sei Aufgabe politischer Institutionen. Insofern muss weiterhin an geeigneten partizipativen Modellen gearbeitet werden, die bestenfalls als Bottom-up-Prozess ein Zusammenwirken öffentlicher Institutionen mit raumbezogenen Akteuren aus Wirtschaft und Zivilge-

Wirtschaftsförderung Standort

sellschaft ermöglichen. Ein Erfolg versprechendes Konzept, in dem sich „Government" und „Governance" komplementär ergänzen, sind Business Improvement Districts.

Business Improvement Districts

Das angelsächsische Modell des Business Improvement Districts ist eine besonders enge Kooperationsform zwischen öffentlicher Hand und privaten Partnern (Immobilieneigentümern und Gewerbetreibende). Die Einführung in Deutschland geht auf die Initiative der Handelskammer Hamburg in Zusammenarbeit mit dem Bundesverein für City- und Stadtmarketing (bcsd) und dem Land Nordrhein-Westfalen seit Ende der 1990er-Jahre zurück. Die Gründe für diese Bestrebungen zeigen sich in vielen Einkaufsquartieren deutscher Mittel- und Großstädte: Durch die neuen Konkurrenten Fachmarkt, Discounter und innerstädtisches Shopping-Center geraten die gewachsenen Stadtteilzentren und Innenstadtlagen zunehmend unter Druck. Mit dem Ziel, Wettbewerbsnachteile aktiv durch Events und Aktionen zu kompensieren, entstehen heftige Kontroversen zwischen Stadt, Einzelhandel und Eigentümern spätestens dann, wenn es etwa um die Finanzierung der jährlichen Weihnachtsbeleuchtung oder anderer Aktivitäten vor den Türen der Händler geht. Planungsunsicherheit, Trittbrettfahrertum und ein laufend unsicheres Budget machen den BID-Gedanken vor diesem Hintergrund für viele Kommunen attraktiv.

Ein zentrales Merkmal von BIDs liegt in der Initiierung durch die privaten Akteure selbst. Grundeigentümer und Gewerbetreibende sind gleichermaßen an der Entwicklung ihres Quartiers interessiert. Die Einzelhändler profitieren von der erhöhten Kundenfrequenz, die mit einer städtebaulichen Aufwertung sowie einer besseren, gemeinsamen Bewerbung des Standortes und der Veranstaltung von Events einhergeht.

Der Grundgedanke ist, über einen demokratischen Mehrheitsfindungsprozess alle ansässigen Akteure zur Teilnahme per Gesetz zu verpflichten, wodurch

Effizientes Stadtmarketing erhöht die Kundenfrequenz.

die auf den einzelnen Anlieger entfallenden Kosten gering gehalten werden können. Ein BID kann demnach auch als Umlagesystem verstanden werden, das alle Akteure einbezieht, die von Citymanagement-Leistungen profitieren. Das Maßnahmenpaket wird überdies selbstständig von den Grundstückseigentümern und Gewerbetreibenden bestimmt und anschließend in Abstimmung mit den zuständigen Behörden durchgeführt. Ein engagiertes City- oder Stadtmarketing sollte hierbei die wichtige Funktion des Moderators bei der Entwicklung von Maßnahmen übernehmen. Diese umfassen in der Regel nicht nur städtebauliche Veränderungen im öffentlichen Raum, sondern eine Reihe weiterer Maßnahmen wie Sauberkeit, die Besucherbetreuung und Gewährleistung von Sicherheit, das Management und die Pflege des öffentlichen Raumes, die Durchführung von Marketingmaßnahmen und die Bewerbung des Standortes etc.

Im Rahmen der Diskussion in Deutschland steht besonders der Aspekt der Freiwilligkeit dem der Zwangsmitgliedschaft in einem BID scheinbar weiterhin unvereinbar gegenüber. Ein Blick in die angelsächsischen Ursprungsländer zeigt allerdings, dass die Höhe der Abgabe dort weitaus geringer ist, als ein typischer (freiwilliger) Beitrag zu einer Werbegemeinschaft oder einem Citymanagement hierzulande.

Einzelhandel 2010

Standort Nahversorgung

Leuchttürme auf dem Lande

Neue Modelle für die wohnortnahe Versorgung in den ländlichen Räumen und in schwach frequentierten Ortsteilen sind dringend erforderlich.

Text Malte Obal

Lieben Sie Ihren Kaufmann, denn er ist Ihre Zukunft!", ruft Heiner Dippel den Teilnehmerinnen und Teilnehmern einer Fachtagung zu, die sich mit den Ursachen bestehender Nahversorgungsdefizite auseinandersetzt. Als Geschäftsführer des Einzelhandelsverbandes Hessen-Nord kennt er den Ernst der Lage sehr genau. Mit Freunden einen Kaffee trinken gehen, das Päckchen für die Verwandtschaft in der Postfiliale um die Ecke aufgeben, für das Abendessen auf die Schnelle etwas einkaufen. Das alles ist bereits heute für einen Großteil der hessischen Bevölkerung in den ländlichen Räumen, aber auch zunehmend für die Menschen in kleineren Stadtteilen nicht mehr möglich.

Und nicht nur dort. Einer Studie der BBE Retail Experts aus dem Jahr 2007 zufolge gibt es allein im Bundesland Sachsen für die Wohnbevölkerung aus 74 von insgesamt 511 Gemeinden kein oder kein vollständiges Grundversorgungsangebot mehr. Nur noch in 10 von 117 Gemeinden und Ortsteilen bis 2.000 Einwohnern steht der Bevölkerung ein umfassendes Nahversorgungsangebot zur Verfügung. Durch Nachfrageverluste werden in den kommenden Jahren weitere Betriebe ihren Geschäftsbetrieb einstellen. Keineswegs anders ist die Lage in den übrigen Flächenländern. Das Fehlen einer wohnortnahen Grundversorgung wird für immer mehr Menschen zur Normalität.

Was heute quer durch die Republik beklagt wird, ist Ergebnis eines jahrelangen Entwicklungsprozesses. Denn mit der Zunahme der großflächigen Supermärkte und der Lebensmitteldiscounter an den meist verkehrsorientierten zentralen Standorten ging ein Sterben der dörflichen Infrastruktur einher. Erst schlossen Bank- und Postfiliale, dann Fleischerei, Gasthof und Friseur. Der Verlust an Frequenz und damit auch an Kunden bedeutet schließlich für den Dorf- oder Stadtteilladen das wirtschaftliche Ende. Für die betroffenen Orte sind die Folgen dieser Entwicklung verheerend: Die leerstehenden Geschäftshäuser verkommen und stören das städtebauliche Bild. Arbeitsplätze gehen verloren, Treffpunkte fehlen. Defizite in der Versorgungsinfrastruktur machen den Ort insbesondere für jüngere Familien unattraktiv. Wo Schulen und Kindergärten schließen, Buslinien eingestellt werden und attraktive Einkaufsmöglichkeiten fehlen, fühlen sie sich nicht wohl; sie ziehen weg. Übrig bleibt eine alternde Bevölkerung, die sich mit dem zunehmenden Wertverlust ihrer Immobilien und deutlich steigenden Kosten für Energieversorgung, Kanalisation oder Wegebau auseinanderzusetzen hat.

Lebendige Treffpunkte

Doch wie kann den Versorgungsproblemen der peripheren Standorte begegnet werden? Die Bevölkerungszahl Deutschlands schrumpft. Seit 2003 hat sich die Zahl der Einwohner bereits um rund eine halbe Mio. reduziert. Und folgt man den Prognosen des Statistischen Bundesamtes, dann werden die Verluste bis 2050 auf mehr als 8 Mio. ansteigen – primär zu Lasten jener Gebiete, die schon heute von Abwanderung und Alterung betroffen sind. Mit traditionellen Konzepten wird das Ziel einer wohnortnahen Grundversorgung in den peripheren Gebieten also nicht zu lösen sein. Es fehlt schlichtweg die wirtschaftliche Grundlage. Gefragt sind innovative Ideen und Konzepte, die bestehende Defizite ausgleichen können und neues Leben und Aktivität in den Ort bringen. „Auf neuen Wegen zu alten Zielen" lautet die Maxime, mit der trostlose Schrumpfungsgebiete wieder in lebendige Stätten verwandelt werden können.

Mit dem Projekt „MarktTreff" ist es in Schleswig-Holstein gelungen, lebendige Marktplätze für Waren und Dienstleistungen, für Informationen, Ideen und als

Nahversorgung Standort

Investiv: Ein Lebensmittelgeschäft bildet meistens den Kern eines MarktTreff-Projektes.

Treffpunkte zu schaffen. Und zwar in kleinen Gemeinden mit bis zu rund 2.000 Einwohnern. „Möglichst viele Angebote, Produkte und Services sollen in den MarktTreffs gebündelt werden. Im Idealfall noch bevor der letzte Laden im Ort für immer seine Türen geschlossen hat", sagt Christina Pfeiffer, Referentin im schleswig-holsteinischen Ministerium für Landwirtschaft, Umwelt und ländliche Räume und dort MarktTreff-Projektleiterin. Dadurch sollen Abwanderungstendenzen der Kunden verhindert und die Anziehungskraft der MarktTreffs auf ein Höchstmaß gesteigert werden. Auf diese Weise können sich die MarktTreffs langfristig wirtschaftlich tragen.

Über den Erfolg des Konzeptes und das große Interesse aus der Fachwelt freut sich Christina Pfeiffer: „Mit dem MarktTreff-Projekt nehmen wir im In- und Ausland eine Vorreiterrolle ein." Bereits 1999 hatte das Land Schleswig-Holstein die Initiative ergriffen, gemeinsam mit engagierten Akteuren aus den Regionen, aus Wirtschaft, Verbänden und Gesellschaft das MarktTreff-Projekt zu entwickeln. In 25 Dörfern gibt es bereits MarktTreffs, weitere sieben Standorte sind in Planung. Künftig soll ein weiter verdichtetes Netzwerk an MarktTreffs einen wertvollen Beitrag zum Erhalt der Lebensqualität in den ländlichen Regionen des nördlichsten Bundeslandes leisten.

MarktTreffs sind individuell, ihre Angebotsschwerpunkte sehr unterschiedlich. Eines aber haben alle gemeinsam: Jeder MarktTreff wird auf drei Säulen aufgebaut, Kerngeschäft, Dienstleistungen und Treffpunkt. Das Kerngeschäft sorgt für die wirtschaftliche Grundlage. In der Regel ist dies ein Lebensmittel-Einzelhändler. Vielfältige Dienstleistungen ergänzen das Angebot. Hierzu zählen Lotto- und Toto-Annahmestellen, Postservices, Annahmestellen für Reinigung oder Schuhmacherarbeiten, Serviceangebote von Banken und Sparkassen, Versicherungen oder der Kommunalverwaltung. Das Ziel, sozialer Treffpunkt zu sein, wird zum Beispiel über offen gestaltete Bistro- oder Café-Bereiche oder über separate Räumlichkeiten für die örtlichen Vereine erreicht. Öffentliches Interesse und ehrenamtliches Engagement werden auf diese Weise eng mit unternehmerischem Handeln verzahnt.

Aktive Regionen

Neben einer Anschubfinanzierung in Höhe von bis zu 55 Prozent der Investitionskosten, die durch die Landesregierung mit EU-, Bundes- und Landesmitteln über die schleswig-holsteinische Förderinitiative „AktivRegionen" umgesetzt wird und mit einer zwölfjährigen Zweckbindung verknüpft ist, ermöglicht es den

Standort Nahversorgung

Kommunikativ: Die Menschen stehen im Zentrum.

Lukrativ: Das MarktTreff-Netzwerk erhält die Lebensqualität.

MarktTreffs insbesondere die enge Vernetzung von lokalen Akteuren auf der einen und landesweiten Institutionen auf der anderen Seite, dort erfolgreich zu sein, wo klassische Dorfläden wegen Unrentabilität aufgeben. „Bei uns ist alles drin" lautet das Motto der MarktTreffs. Ohne das bürgerschaftliche Engagement vor Ort bliebe der Leitspruch eine leere Hülse. Deshalb wird die dörfliche Gemeinschaft von Beginn an intensiv in die Konzeptentwicklung mit eingebunden. Jede Gemeinde erarbeitet ihre individuellen Anforderungen, die Inhalte und die Gestaltung der Angebote und Dienstleistungen. Dabei soll der Markt Treff auf unterschiedliche Interessenlagen eingehen und gezielt die Bedürfnisse von Kindern, Jugendlichen, Erwachsenen, Senioren, Vereinen, Initiativen und Gruppen berücksichtigen.

Lernende Projekte

Das braucht Zeit. „Es war nicht immer leicht, die unterschiedlichen Interessen zu bündeln und Kritiker einzufangen", erinnert sich Bernd Blohm, Bürgermeister des 500-Seelen-Ortes Brodersby an der Schlei. Rund fünf Jahre hat er Überzeugungsarbeit für die Errichtung eines MarktTreffs in seiner Gemeinde geleistet. Die Gesamtinvestitionen beliefen sich auf rund 260.000 Euro. „Der MarktTreff war der einzige Weg, das Leben im Ort langfristig zu sichern und die Abwärtsspirale aus zunehmenden Leerständen und sinkenden Immobilienpreisen zu stoppen", ist sich Bernd Blohm sicher. Und er fügt an: „Der weite Weg hat sich gelohnt. Der Ort hat jetzt einen neuen Mittelpunkt und der soziale Zusammenhalt der Gemeinde ist durch unseren MarktTreff deutlich gestärkt worden."

Durch die Einbeziehung der lokalen Akteure werden Arbeitsplätze gesichert und geschaffen. Gleichzeitig bilden sich starke Netzwerke und neue Koalitionen. Drei Beispiele: In Brodersby wird der MarktTreff von der regionalen Beschäftigungs- und Qualifizierungsgesellschaft Neue Arbeit Nord betrieben, die es durch ihr Engagement einem Arbeitslosen ermöglicht, sich eine eigene Existenz als Einzelhandelskaufmann aufzubauen. Zunächst als angestellter Marktleiter beschäftigt, wird er für einen Zeitraum von drei Jahren auf seine Selbstständigkeit vorbereitet.

In Munkbrarup nahe Flensburg koordiniert der Verein Munkbrarup-Freizeit e. V. die Aktivitäten des MarktTreffs. Von Schulaufgabenhilfe und Ferien-Kinderbetreuung über Walking bis zu Computerkursen und Rückengymnastik wird ein Sport- und Freizeitprogramm für alle Generationen angeboten. Bis zu 27 Übungsleiter sind für den Verein tätig. Dorit Jensen und Hans-Joachim Thadewaldt, Vorstandsmitglieder

Innovativ: Gemeinsam in neue Welten – nicht nur zum Einkauf.

des Vereins, freuen sich über die Anerkennung ihrer Arbeit: „Inzwischen hat der Verein Munkbrarup-Freizeit sogar die Trägerschaft für das Nachmittagsangebot der ‚Offenen Ganztagsschule der Schule Munkbrarup' und der Käthe-Lassen-Schule (Regionalschule) in Flensburg übernommen." Und in Medelby nahe der deutsch-dänischen Grenze erwachte eine ganze Region aus dem Dornröschenschlaf, als sich zwei Unternehmer nach der Schließung des örtlichen Lebensmittelladens entschlossen, aus Verbundenheit zu ihrem Heimatort in einem Public-Private-Partnership-Projekt einen MarktTreff für die Kirchspielgemeinden zu realisieren.

Auf Landesebene begleitet ein Beirat kontinuierlich die Entwicklung. Denn MarktTreff ist ein lernendes Projekt, das ständig neuen Anforderungen angepasst wird. Dem Beirat gehören Vertreterinnen und Vertreter wichtiger Institutionen aus Wirtschaft und Politik, Verwaltung und Verbänden Schleswig-Holsteins an. Zu den derzeit 16 Mitgliedern zählen unter anderen der Landesverband des Deutschen Roten Kreuzes, das Diakonische Werk, die Kassenärztliche Vereinigung, der LandFrauenVerband, der Landjugendverband, die Nordelbische Evangelisch-Lutherische Kirche und der Schleswig-Holsteinische Zeitungsverlag. Den Vorsitz hat Schleswig-Holsteins Minister für Landwirtschaft, Umwelt und ländliche Räume, Christian von Boetticher. Die positiven Erfahrungen überzeugen auch die Großhändler und Lieferanten. Carsten Koch, Sprecher der Edeka-Geschäftsführung, betonte auf der jüngsten Beiratssitzung: „Auch wenn die grundsätzliche Tendenz weiter zu großflächigen Märkten geht, wird die Edeka weiter zu ihrem Engagement im MarktTreff-Bereich stehen." Die Regionalgesellschaft Edeka Nord beliefert einen Großteil der MarktTreff-Lebensmittelmärkte.

MarktTreffs sind Leuchttürme. Gemeinsam mit vielfältigen weiteren Projekten, wie dem Bürgerladen DORV (Nordrhein-Westfalen) oder dem niedersächsischen Netzwerk Dorfladen liefern sie Akteuren in anderen Bundesländern und in Europa Ideen und machen Mut, neuartige Wege zu beschreiten. Dort, wo selbst die in jüngster Zeit forcierten kleinflächigen Formate der Großhändler, wie Um's Eck, Komm-In, CAP, Topkauf oder Rewe City, sich wirtschaftlich nicht rechnen, ist Ehrenamt und (finanzielles) Engagement gefordert, um die wohnortnahe Versorgung langfristig zu sichern. In den Bundesländern Hessen, Mecklenburg-Vorpommern und Sachsen prüfen die für die ländlichen Räume zuständigen Ministerien derzeit, wie entsprechende Initiativen auch dort gefördert werden können, ähnlich wie in Schleswig-Holstein.

Neue Geschäftsideen

Durch die neuen Konzepte für schwächer besiedelte Regionen wird Gemeinschaft neu gelebt und erlebt. Geschäftsleute, die in peripheren Gebieten überleben wollen, müssen sich offen zeigen für derartige Ideen. Sie müssen bereit sein, sich vom Verkäufer zum „Manager" und Entwickler neuer Geschäftsideen weiterzuentwickeln, Verantwortung abzugeben und den lokalen Akteuren eine Plattform bieten. „Dann wird es ihnen auch gelingen, in ihrem Laden Geld zu verdienen", sagt Thomas Grunewald, Geschäftsführer der BBE Retail Experts Unternehmensberatung, die das landesweite MarktTreff-Projektmanagement und die Betreiberinnen und Betreiber vor Ort von Beginn an in betriebswirtschaftlichen Fragen beraten und zum Durchhalten Mut machen.

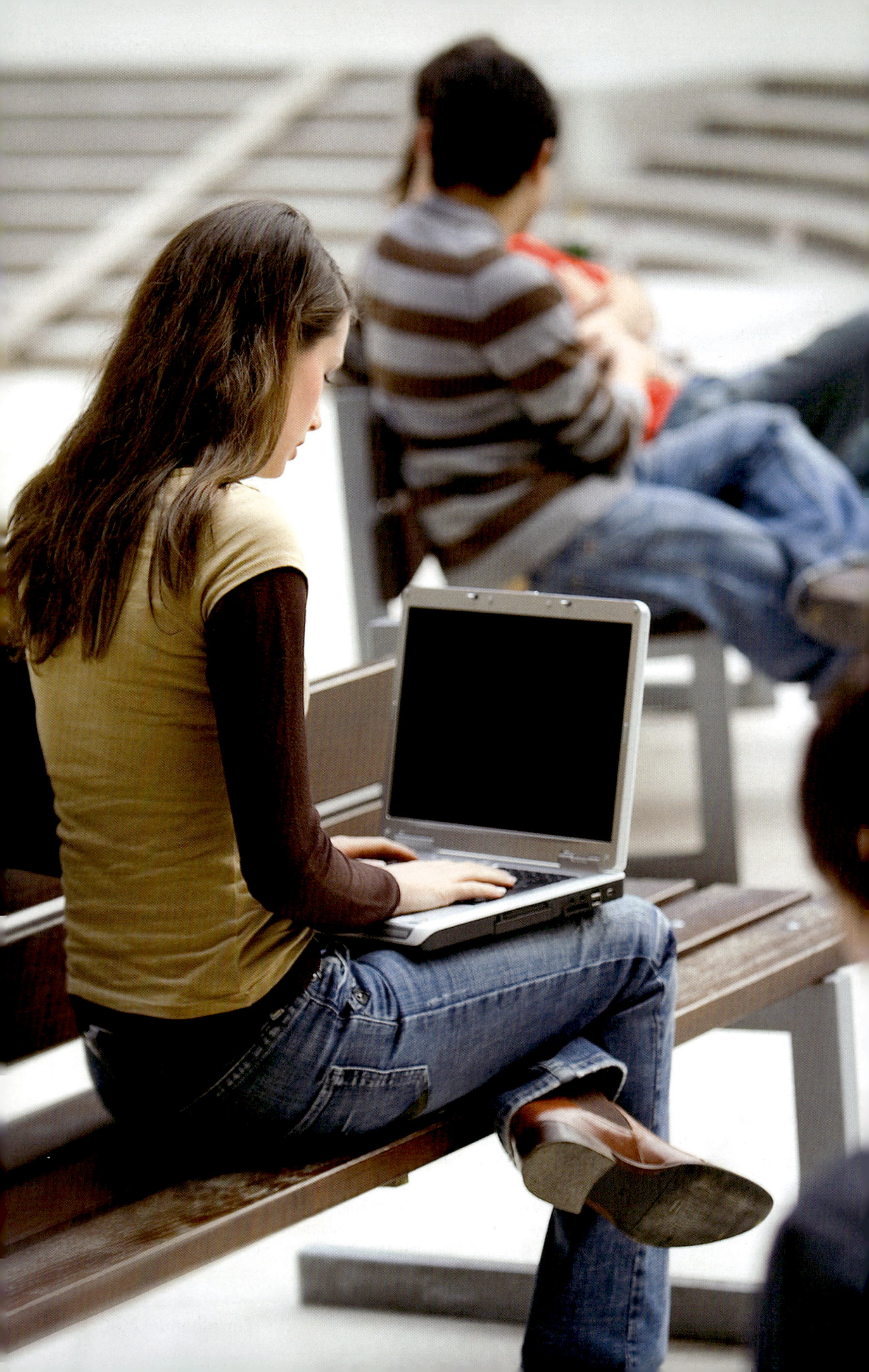

Hochschule **Bildung**

War for Talents

Strukturelle Verschiebungen in den Distributionsstufen sowie der demografische Wandel erfordern neue unternehmerische Antworten im Personalmanagement.

Text Barbara Unterbusch, IfH

Kaum eine andere Branche eröffnet eine solch breite Vielfalt an Berufs- und Tätigkeitsfeldern wie der Handel. Der deutsche Groß- und Außenhandel ist dabei mit etwa 4 Mio. Beschäftigten einer der wichtigsten Arbeitgeber der Bundesrepublik Deutschland. Neben einigen großen Unternehmen ist es vor allem der so genannte Mittelstand, der etwa 1,2 Mio. Arbeitnehmern Beschäftigung bietet.

Neben Mitarbeitern mit einer klassischen kaufmännischen Ausbildung, wie z. B. Kauffrau/-mann im Einzel- bzw. Großhandel oder Kauffrau/-mann für Speditions- und Logistikleistungen, wird für die vielfältigsten Betriebsbereiche hoch qualifiziertes Personal mit akademischem Abschluss gesucht. Als Tätigkeitsfelder kommen dabei Stabsstellen in strategisch-taktischen Bereichen wie Marketing, Controlling oder Unternehmensführung ebenso in Frage, wie operative Tätigkeitsfelder beispielsweise in der Filial-, Regional- oder Gebietsleitung.

Komplexität und Dynamik des Handels sowie daraus resultierende steigende Anforderungen an das Unternehmensmanagement erfordern immer besser ausgebildete Mitarbeiter. Vor dem Hintergrund der demografischen Entwicklung, die bereits mittelfristig in einem Fach- und Führungskräftemangel resultieren wird, entwickelt sich die das Personalmanagement zunehmend zu einem Anbietermarkt. Absolventen finden im Handel herausfordernde Aufgaben und erstklassige Karriereaussichten. Um in der heutigen Wissensökonomie die Wettbewerbsfähigkeit zu sichern, sind Unternehmen daher zunehmend auf professionelles Personalmarketing und -management angewiesen.

Der Handel hat in diesem Zusammenhang allerdings mit einem Imageproblem zu kämpfen: lange Öffnungszeiten auch am Wochenende sowie der Branche zugeschriebene schlechte Arbeitsbedingungen und Karrierechancen stellen hohe Herausforderungen an die Personalrekrutierung. Im Wettbewerb mit anderen Branchen um Fach- und Führungskräfte, der in der Literatur häufig mit der Phrase „war-for-talent" umschrieben wird, unterliegt der Handel daher – trotz überdurchschnittlicher Gehaltszahlungen und der Aussicht auf frühe Personalverantwortung – besonders problematischen Voraussetzungen.

Forschungsförderung von Unternehmen Grafik 1

Öffentlicher Bereich	Eingeworbene Drittmittel*1	Veränderung*2
Deutsche Forschungsgemeinschaft	1.111	34
Bund	747	40
EU und sonstige internationale Organisationen	402	154
Bundesagentur für Arbeit, Länder und Gemeinden	239	71
Gesamt	2.499	51

Privater Bereich	Eingeworbene Drittmittel*1	Veränderung*2
Unternehmen	1.011	43
Stiftungen	345	192
Gesamt	1.356	65

*1 = in Mio. Euro; *2 = in Prozent 2006 gg. 1998
Quelle: IWD

Strategien zur Profilierung als interessanter Arbeitgeber und zur frühzeitigen Bindung von jungen Talenten an ein Unternehmen gewinnen infolgedessen zunehmend an Bedeutung. Über die Teilnahme an Bildungsmessen, die Ausrichtung von Rekrutierungsveranstaltungen oder das Angebot von Ausbildungsplätzen mit der Möglichkeit der Absolvierung eines Dualen Studienganges oder ähnliche Maßnahmen versuchen Unternehmen, Präsenz in der relevanten Zielgruppe zu schaffen, Vorurteile abzubauen und über Tätigkeitsfelder und Karrierechancen im Handel zu informieren.

Bildung Hochschule

Das rege Engagement insbesondere großer Unternehmen zeigt, dass nicht nur seitens der künftigen Absolventen ein hoher Informationsbedarf besteht. Auch seitens der Arbeitgeber kann man es sich längst nicht mehr leisten, darauf zu hoffen, dass qualifizierte Bewerber von selbst an den Betrieb herantreten.

Hochschulmarketing

Das Themenfeld Hochschulmarketing umfasst Veranstaltungen, die darauf ausgerichtet sind, einerseits Absolventen die Möglichkeit zu geben, potenzielle Arbeitgeber kennenzulernen sowie andererseits Unternehmen ein Forum zur Präsentation des eigenen Betriebes zu bieten.

Neben dem im Fokus stehenden Informationsaustausch zwischen potenziellem Arbeitgeber und Arbeitnehmer finden dabei auf Bildungsmessen häufig bereits konkrete Bewerbungsgespräche oder die Übergabe von Bewerbungsunterlagen statt. Zusätzlich werden häufig Angebote wie Bewerbungstrainings, eine Optimierung der Bewerbungsunterlagen oder Rhetorikseminare wahrgenommen. Zum Beispiel der in Köln stattfindende Absolventenkongress sowie die Veranstaltungen „Careers in Retailing" in Köln, „BusinessContacts" in Münster oder „konaktiva" in Dortmund.

Auch die Anzahl von direkt an Fachhochschulen und Universitäten und häufig in Kooperation mit diesen durchgeführten Recruiting-Veranstaltungen steigt seit einigen Jahren stetig. Um den zunehmenden Bedarf an Akademikern decken zu können, arbeitet die Metro Group beispielsweise eng mit verschiedenen Hochschulen, Fachhochschulen, und Studentenorganisationen zusammen. Darüber hinaus findet jährlich die Veranstaltung „Meeting Metro" für Studierende und Lehrer statt, auf der die Teilnehmer sich über Karrieremöglichkeiten bei der Metro informieren können.

Seit dem Jahr 2006 kooperieren bei der Veranstaltung „Handel trifft Hochschule" der Lebensmittel Praxis Verlag und der Lehrstuhl für Marketing und Handel der Universität Duisburg-Essen. Hier kommen große und mittelständische Unternehmen des Handels, wie etwa Rewe, Metro Cash & Carry, Fressnapf und Handelshof, mit angehenden Absolventen der Wirtschaftswissenschaften zum gegenseitigen Informationsaustausch zusammen.

Neben diesen direkt auf das Gewinnen qualifizierten Personals ausgerichteten Maßnahmen unterstützen viele Unternehmen und Stiftungen die Ausbildung akademischen Nachwuchses mit finanziellen Mitteln. So werden beispielsweise ganze Lehrstühle und Professuren gesponsert, Stipendien vergeben oder mit zweckbezogenen finanziellen Forschungsmitteln dotierte Preise verliehen. Die Wolfgang-Wirichs-Stiftung ist ein Beispiel dafür: Sie hat sich zum Ziel gesetzt, qualifizierte Nachwuchskräfte in Wissenschaft und Praxis sowie Institutionen zur Aus- und Weiterbildung im Bereich Handel durch Stiftungsgelder zu fördern. Wer eine einschlägige handelsbezogene Berufsausbildung und/oder ein entsprechendes Fachstudium mitbringt, kann auf Unterstützung aus dem Stifter-Etat hoffen.

Im Fokus der Unternehmen steht dabei, innovative Konzepte und Ideen zu fördern und den Wissenstransfer zwischen Forschung und Praxis zu intensivieren. So soll der Zugang zu neuesten wissenschaftlichen Erkenntnissen gelingen. Hochschulen profitieren von derartigen Konzepten einerseits, indem sie mit zusätzlichem Geld ihrem Forschungs- und Lehrauftrag besser gerecht werden können. Andererseits dient die enge Verzahnung von Wissenschaft und Wirtschaft der Identifikation praxisnaher Forschungsziele. Bezogen auf alle Fachrichtungen wurden im Jahr 2008 ca. 1,3 Mrd. Euro von privaten Investoren bereitgestellt (**s. Grafik**).

Duale Studiengänge

Duale Studiengänge zeichnen sich dadurch aus, dass eine Berufsausbildung und ein Studium an einer Hochschule oder einer Berufsakademie parallel ab-

"Meeting Metro": Hier trifft sich der Managementnachwuchs des Konzerns.

Foto: Metro Karrieremesse

solviert werden. Während im Rahmen der betrieblichen und ggf. schulischen Ausbildung die dem jeweiligen Berufsbild entsprechenden praktischen Kenntnisse vermittelt werden, kommt dem Studium die Aufgabe zu, ergänzende theoretische Inhalte zu vermitteln und zu vertiefen.

Je nach Hochschule und Fachbereich sind duale Studiengänge individuell konzipiert. Meist absolvieren die Studierenden innerhalb von etwa drei Jahren im Wechsel Praxis- und Studienblöcke. Die Ausbildung im Betrieb ist dabei in der Regel auf die vorlesungsfreie Zeit zwischen den Studiensemestern terminiert.

Zahlreiche Handelsunternehmen bieten die Möglichkeit eines dualen Studiums in Kooperation mit einer Hochschule oder Berufsakademie an. Der Baumarkt-Filialist Praktiker beispielsweise ermöglicht im Rahmen des dualen Studienganges „Internationales Handelsmanagement" in Kooperation mit der Fachhochschule Worms eine dreijährige Ausbildung zum Bachelor of Arts. Praxissemester sind dabei ebenso obligatorisch wie Auslandssemester. Zusätzlich werden die Auszubildenden intensiv durch Mentoren und die Mitarbeiter der Abteilung für Aus- und Weiterbildung von Praktiker betreut.

An der Alanus Hochschule in Alfter können Nachwuchsmanager ein Studium zm Bachelor of Arts absolvieren, in dessen Verlauf sie insgesamt 60 Wochen bei einem Partnerunternehmen praktische Erfahrungen sammeln. Zu den Partnerunternehmen zählen unter anderem die Globus SB-Warenhaus Holding, das Drogeriemarktunternehmen dm, Alnatura sowie die Rewe Zentral AG. Auch der Lebensmitteldiscounter Aldi-Süd bietet in Kooperation mit zahlreichen Hochschulen duale Studiengänge an. So fördert Aldi beispielsweise an der Hochschule für angewandte Wissenschaften FH Ingolstadt den Studienbereich Internationales Handelsmanagement.

Nah an der Praxis

Die Metro Group bietet auf ihren im Mai 2009 neu gestalteten Internetseiten umfassende Informationen zu den durch das Unternehmen angebotenen sieben dualen Bachelor-Studiengängen, unter anderem der Fachrichtungen internationales Handelsmanagement sowie Handel und Dienstleistungsmanagement. In Kurzportraits werden die Konzepte inhaltlich erläutert und mit den Bewerberportalen der einzelnen Vertriebslinien verlinkt, in denen der jeweilige Praxis-

Bildung Hochschule

teil der Ausbildung absolviert werden kann. Die eng mit der Praxis verzahnte wissenschaftliche Ausbildung erfreut sich wachsender Beliebtheit: Der Bereich der Wirtschaftswissenschaften übernimmt mit 286 eingetragenen dualen Studiengängen, ca. 13.400 beteiligten Unternehmen und etwa 24.400 Studierenden im Jahr 2008 die Vorreiterrolle in diesem Segment. In allen Dimensionen ist darüber hinaus ein Wachstum im Verhältnis zum Vergleichsjahr 2007 zu verzeichnen. Zwar fällt es in Relation zu der Entwicklung einiger anderer Fachbereiche, wie z. B. dem Bau- und Wirtschaftsingenieurwesen, relativ moderat aus, dies liegt allerdings an dem bereits aktuell sehr hohen Niveau.

Früh übt sich: Studierende auf Tuchfühlung mit dem Handel.

Workshops, Case Studies, Praktika

In allen Themenfeldern ist ein frühzeitiger Praxisbezug der akademischen Ausbildung, etwa in von Case Studies oder Praktika zunehmend wichtig. Projektarbeiten, Workshops, Seminare und Gastvorträge geben den Studierenden dabei Gelegenheit, ihr Praxiswissen zu erweitern sowie Kontakte zu Handelsunternehmen zu knüpfen.

Das Angebot von Praktika und der Betreuung von Abschlussarbeiten für Studenten ist bei Handelsunternehmen an der Tagesordnung. Auch Gastvorträge werden immer häufiger eingesetzt, um Studenten einen Einblick in praktisches unternehmerisches Handeln zu geben und ihnen auf diese Weise das jeweilige Unternehmen sowie die dessen Tätigkeitsfelder näher zu bringen.

So bietet beispielsweise die Otto Group in Kooperation mit der Hochschule Bremen eine gemeinsame Vorlesungsreihe zum Thema Handelsmanagement an, bei der Manager des Unternehmens einmal wöchentlich eine dreistündige Vorlesung für 20 bis 40 Studierende anbieten. Darüber hinaus erhalten die Besten eines Semesters die Möglichkeit, ein Praktikum zu absolvieren sowie möglicherweise ihre Abschlussarbeit im Unternehmen zu erstellen. Am Seminar für Handel und Kundenmanagement der Universität zu Köln erweitern Gastlektoren aus Unternehmen wie Obi, Douglas, Toys'R'us, Procter & Gamble und Henkel das Lehrprogramm um Praxisbeispiele und unternehmensspezifische Eindrücke.

Auch die Industrie hat solche Instrumente als erfolgreich erkannt und beschritten. So bietet beispielsweise Henkel jährlich weltweit rund 1.000 Praktikanten die Möglichkeit, begleitet von einem persönlichen Mentor, unterschiedlichste Unternehmensbereiche kennenzulernen. Außerdem können junge Menschen hier Studienarbeiten in Kooperation mit dem Unternehmen erstellen sowie Workshops und Seminare besuchen.

Procter & Gamble veranstaltet ein Marketing-Strategy-Seminar für besonders talentierte und engagierte Bachelor- und Master-Studenten, das neben Case-Studies und Übungseinheiten Vorträge im Unternehmen tätiger Manager enthält. Praktika sowie die Teilnahme an Kontaktmessen sind auch für Procter & Gamble obligatorisch.

Trotz zunehmender Praxisorientierung und Zusammenarbeit zwischen Unternehmen und Hochschulen werden Absolventen im Bereich Wirtschaftswissenschaften häufig noch immer zu Generalisten ausgebildet. Daher kommt der innerbetrieblichen Weiterbildung und bereichsspezifischen Zusatzausbildung weiterhin steigende Bedeutung zu.

Alles verschickt sich wie von selbst. Mit einem Klick auf www.profipaketservice.de

Mit dem ProfiPaketService von Hermes versenden Sie Ihre Waren sicher und günstig national sowie in über 20 europäische Länder inklusive einer Haftung bis zu 500 Euro pro Paket. Innerhalb nur eines Werktages können Sie den Versand mit Hermes starten. Sie werden staunen, wie einfach perfekte Logistik sein kann!

www.hermes-europe.de

Hermes
Weil's gut ankommt.

www.profipaketservice.de oder 01805-008 008 (0,14 EUR/Min. aus dem Festnetz der Deutschen Telekom AG, evtl. abweichende Preise aus den Mobilfunknetzen)

Bildung Karriere

Mittler, Förderer, Initiatoren

Theorie und Praxis zu gleichen Teilen – deswegen kann eine Karriere im Handel schneller und Erfolg versprechender sein als in der Industrie.
Text Wilfried Malcher, HDE

Kooperation ist zentraler Bestandteil der beruflichen Bildung in Deutschland und im Handel. Dies zeigt sich auf den unterschiedlichsten Ebenen und Handlungsbereichen.

■ Im dualen Ausbildungssystem hat der Bund die Verantwortung für den betrieblichen Teil; die Länder übernehmen diesen für den berufsschulischen Teil der Berufsausbildung. Gemeinsam abgestimmte Curricula – Ausbildungsordnung und Rahmenlehrplan – bilden die Grundlage für die Durchführung der Ausbildung in Betrieb und Berufsschule. Unbestritten ist zudem die entscheidende Mitwirkung der Sozialpartner (HDE und Verdi): Sie definieren letztlich als Verantwortliche für die Praxis im Rahmen des Berufsbildungsgesetzes, welche Ausbildungsberufe mit welchen Strukturen und Zielen geschaffen oder modernisiert werden sollen – ohne dass die vom Gesetz vorgesehene Entscheidungskompetenz des Verordnungsgebers beeinträchtigt wird.

■ Bei der Durchführung der Berufsausbildung kooperieren Betrieb und Berufsschule zumindest dann, wenn es Probleme gibt. Es gibt jedoch Intensivierungsbedarf, um den Erfolg des Lern- und Ausbildungsprozesses durch laufende Abstimmung, gemeinsame Lehr-/Lernprojekte und gegenseitige Information zu erhöhen. Andererseits muss auch darauf verwiesen werden, dass Ausbildungsordnungen für den betrieblichen Teil und Rahmenlehrpläne für den berufsschulischen Teil der Ausbildung eng und gut abgestimmt werden. Im Grunde kann man davon ausgehen, dass die Ausbildung dann erfolgreich durchgeführt wird, wenn beide Ausbildungspartner ihre jeweiligen Aufgaben gut erledigen.

■ Fortbildungsordnungen – häufig die standardisierte und bundesweit geltende Grundlage für den beruflichen Aufstieg – werden vom Bund erlassen; zuvor aber erarbeiten Fachleute der Sozialpartner das Fortbildungsprofil, den Entwurf der Prüfungsregelung mit den Prüfungsbereichen und Prüfungsanforderungen.

■ Betriebe und allgemeinbildende Schulen arbeiten häufig, aber noch nicht häufig genug zusammen, wenn es um geeignete Unterstützung der Berufsorientierung und Berufswahl junger Menschen geht. Berufsinformation, Gespräche zwischen Unternehmensvertretern, Lehrern und Schülern, Schüler- und Lehrerbetriebspraktika sind Beispiele für kooperatives Handeln. Einzelhandelsverbände übernehmen oft die Rolle des Promoters und Unterstützers derartiger Aktivitäten.

■ Für die Entwicklung von berufsorientierten Hochschulstudiengängen ist die Zusammenarbeit zwischen Hochschulen und Unternehmen unerlässlich, allerdings noch viel zu selten, wie man aus der vielschichtigen Kritik an der Umsetzung und Einführung der neuen zweistufigen Studienstruktur (Bachelor und Master) an den Hochschulen ableiten kann. Zu oft noch werden frühere Diplomstudiengänge einfach in die neue, aber zeitlich knappere Struktur gepresst. Komprimierte Fachsystematik scheint immer noch wichtiger als die Berufsorientierung des Studiengangs zu sein; die Bewährungsprobe für die neue Studienstruktur und die stärkere Praxis- und Berufsorientierung des Bachelor-Studiums steht jedenfalls noch aus.

Unternehmensnetzwerke

Filialstrukturen, Verbundsysteme oder genossenschaftliche Kooperationen prägen die Handelsstrukturen. Zahl und Anteil der singulären Handelsunternehmen sinken. Unternehmenszentralen und Verbund- oder Systemköpfe unterstützen die Planung und Durchführung der Ausbildung in den Filialen bzw. bei den selbstständigen Handelsbetrieben in vielfältiger Form. Einige Beispiele:

Karriere Bildung

- Betriebliche Ausbildungspläne werden als Qualitätssicherungsinstrument zentral entwickelt und dezentral genutzt.

- Das Nachwuchsmarketing wird gemeinsam konzipiert und umgesetzt; dazu zählen auch Strategien und Wege zur Ausweitung und Pflege von Kooperationen mit allgemeinbildenden Schulen und Bildungsträgern, die im Bereich berufsvorbereitender Bildungsmaßnahmen tätig sind.

- Die Qualifizierung der Ausbilder und der ausbildenden Fachkräfte wird im Unternehmensnetzwerk aufgrund zentral erstellter Qualifizierungskonzepte durchgeführt.

- Trainer der Zentrale bzw. regionaler Einheiten unterstützen die Filialen bzw. Händler durch die Ausbildung ergänzende und stützende Seminare und Lehrgänge sowie durch eine gezielte Prüfungsvorbereitung.

- In der beruflichen Weiterbildung werden Qualifizierungskonzepte und Karriereanforderungen und -wege, insbesondere auch für die Qualifizierung des Führungskräftenachwuchses, unternehmensweit gemeinsam festgelegt. Sie werden so umgesetzt, dass auch die Mobilität im Unternehmensnetzwerk möglich ist und gefördert wird – bis hin zur beruflichen Selbstständigkeit.

- Unternehmen bilden Ausbildungsverbünde, so dass die betrieblichen Ausbildungskapazitäten erweitert und besser genutzt werden.

Bildungszentren der Verbände

Die Handelsverbände haben mit dem bundesweit aufgestellten Netzwerk von knapp 40 leistungsfähigen Bildungszentren und Fachschulen eine von Handelsunternehmen gut nutzbare Bildungsinfrastruktur geschaffen. Die Bildungszentren sind Bildungseinrichtungen im Netzwerk der Regional- und Landesverbände. Sie bieten ein flächendeckendes Qualifizierungsangebot für den Handel in allen relevanten Bereichen:

Gewinnt an Intensität: Wettbewerb um gute Nachwuchskräfte.

- Berufsvorbereitung für noch nicht ausbildungsreife Schulabgänger, denen Perspektiven für die berufliche Entwicklung im Handel eröffnet werden können.

- Überbetriebliche Ergänzungsausbildung – zur Unterstützung von Handelsbetrieben, die nicht alle Anforderungen der Ausbildungsordnungen erfüllen können oder die Schwierigkeiten haben, einzelne Anforderungsbereiche zu vermitteln.

- Gezielte Vorbereitung auf die Ausbildungsabschlussprüfung.

- Beantragung und Durchführung der über das SGB III geförderten ausbildungsbegleitenden Hilfen (abH), damit Schwierigkeiten im Ausbildungsablauf überwunden und der Abbruch der Ausbildung vermieden werden kann.

- Externes Ausbildungsmanagement, also die praktische Unterstützung von insbesondere kleineren Handelsbetrieben bei der Vorbereitung und Durchführung der Ausbildung.

- Durchführung der Abiturientenausbildung in Kooperation mit Handelsbetrieben: In einem kombinier-

Bildung Karriere

ten Qualifizierungsgang von 2,5 bis drei Jahren Dauer werden der Ausbildungsabschluss, in der Regel die AEVO-Prüfung und der erste Fortbildungsabschluss erworben. Dabei sind die Teilnehmer volljährig und haben in der Regel über das Abitur die Hochschulreife erworben.

Das Bildungszentrum des Handels vermittelt anstelle der Berufsschule die im Rahmenplan der Kultusministerkonferenz (KMK) vorgesehenen Inhalte in homogenen Seminar- oder Lehrgangsgruppen. Währenddessen nimmt der Betrieb seine Ausbildungsaufgaben wie im dualen System wahr; er organisiert, fördert und unterstützt das Lernen in der Praxis anhand realer Aufgabenstellungen und im Rahmen der betrieblich-beruflichen.

- Breites Seminarangebot für alle wichtigen und aktuellen Handelsthemen.

- Durchführung von Aufstiegsfortbildung: z. B. Handelsfachwirt/in oder Handelsassistent/in-Einzelhandel, Marketingfachkaufmann, Personalfachkaufmann oder Betriebswirt (BBiG), vielfach auch als E- oder Blended-Learning-Konzept und mit speziellen Firmengruppen.

- Vorbereitung auf spezielle Sachkunde-Nachweis-Prüfungen.

Foto: Stockxpert

Deutschland: Zahl der Schulabgänger sinkt.

- Kooperation mit Hochschulen und Unternehmen bei dualen Studiengängen wie auch bei berufsbegleitenden Fernstudiengängen.

- Beratung für Technologieeinsatz und Innovationen in kleinen und mittleren Unternehmen, den KMUs (BIT), ein vom BMWi gefördertes Netzwerk, das von der Zentralstelle für Berufsbildung im Handel (zbb) koordiniert wird.

Fachschulen des Handels werden von den Branchenverbänden des Einzelhandels gegründet und getragen, oft auch in Kooperation mit Herstellern und Industrie. Sie bieten:

- Auf die Belange der jeweiligen Einzelhandelsbranche zugeschnittene Seminare, Lehrgänge und Qualifizierungsangebote.

- Zum Teil sind sie auch anerkannte Ersatz-Berufsschule und ermöglichen so eine (Fach-)Berufsschule (Möbel und Einrichtung).

- Fortbildung für den Führungsnachwuchs, z. B. staatlich geprüfter Betriebswirt (etwa Möbel, Lebensmittel oder Reformhaus), die Verbandsprüfung zum Textilbetriebswirt (BTE) oder zum Schuhbetriebswirt (BSE), den Handelsfachwirt mit branchenbezogener Schwerpunktbildung (z. B. Foto) oder den Fachwirt Visual Merchandising.

- Durchführung der Abiturientenausbildung – der Kombination von Aus- und Fortbildung – in Kooperation mit Handelsunternehmen.

- Kooperation mit Hochschulen und Unternehmen bei Dualen Studiengängen.

- Aufstiegsqualifizierung für den Einsatz auf internationalen Märkten.

- Durchführung von Unternehmerseminaren (USE), die speziell für die Gruppe der KMU konzipiert sind.

Eine wichtige Funktion in diesem Netzwerk der Bildungsdienstleister für den Handel hat die zbb übernommen. Sie

- entwickelt didaktisch-methodische Aus- und Weiterbildungsmaterialien, beispielsweise Warenkunde-Handbücher,

- ist Leitstelle Innovation und Technologietransfer für das Netzwerk der Beauftragten für Innovation und Technologietransfer (BIT) der Bildungszentren und Fachschulen,

- führt Fortbildungsprüfungen durch, z. B. Handelsassistent (zbb), Büroeinrichter, Qualitätsmanagement-Beauftragter, Warenwirtschaftszertifikat,

- ist Gutachter bei investiver Förderung von Berufsbildungseinrichtungen des Handels durch das Bundesministerium für Wirtschaft und Technologie (BMWi),

- führt – in der Regel mit öffentlicher Förderung – innovative Qualifizierungs- und Entwicklungsprojekte durch (z. B. TexWeb, Flexible Learning im Einzelhandel, Warenkunde-Handel, Lernarrangements für die Ausbildung im 3. Jahr der Einzelhandelshandelsberufe, HandelUmweltInfo); in diesen Projekten wirken in der Regel neben Bildungszentren und Fachschulen auch Handelsunternehmen mit,

- bietet vielfältige Informationen und Dokumentationen im Bereich Berufsbildung im Handel (z. B. Datenbank Lehr- und Lernmaterialien für die Einzelhandels-Ausbildung, Weiterbildungsdatenbank Einzelhandel),

- übernimmt weitere Koordinierungsaufgaben für Bildungseinrichtungen und Verbände.

Die Bildungszentren und Fachschulen sowie die zbb haben gemeinsam mit dem Hauptverband des Deutschen Einzelhandels (HDE), den AK Fachschulen und Bildungszentren (AK FuB) eine intensiv kooperierende Erfa-Runde ins Leben gerufen. Die Beratungen des AK FuB befassen sich mit allen gemeinsam interessierenden Bildungsthemen. Dazu gehören beispielsweise qualifikationsrelevante Entwicklungen im Handel, Entwicklungen bei Fortbildungsordnungen und Rahmenplänen, überbetriebliche Ergänzungsausbildung, Entwicklung und Durchführung gemeinsamer Projekte, Umsetzung der AEVO und des AEVO-Rahmenplanes, E-Learning und Blended Learning, Qualifizierungs-, Technologie- und Innovationsberatung, Förderung nach SGB II und III und weitere öffentliche Förderaktivitäten (z. B. durch BMBF, BMAS, BMWi, Arbeitsagenturen, ESF, Bundesländer etc.), oder eine Kooperation mit Unternehmen usw.

Marketing-Aktivitäten

Handelsverbände sind nicht selten Mittler, Förderer und Initiatoren der Kooperationen zwischen Unternehmen, Bildungseinrichtungen und Hochschulen. Handelsverbände stehen damit auch im Zentrum der Qualifizierungsnetzwerke im Handel. Sie unterstützen die Aktivitäten der Unternehmen zur Rekrutierung der benötigten Nachwuchskräfte (etwa durch das baden-württembergische Beispiel www.helden-des-handels.de oder die HDE-Reportage „Fo(u)r Retail - Wie es Euch gefällt".

Ergänzend kommen Marketing-Aktivitäten hinzu wie: Die Organisation von Verbands- und Unternehmensauftritten auf Berufsinformationsmessen, Berufeinformationen im Internet, Informationsaktivitäten in Schulen, Gesprächskreise zwischen Unternehmen und Berufsschullehrern. Auf diesem Felde müssen die Informations-, Personalmarketing- und Rekrutierungsaktivitäten ausgeweitet werden. Der demografische Wandel wird auch durch die gegenwärtige Krise nicht aufgehalten. Die Bevölkerung schrumpft und altert. Die Zahl der Schulabgänger sinkt, nicht nur in Ostdeutschland, sondern in Kürze auch in Westdeutschland. Ein größerer Teil der Schulabgänger und auch der Bevölkerung hat einen Migrations-Hintergrund. Der Wettbewerb der Wirtschaftsbereiche um gute Nachwuchskräfte nimmt an Intensität deutlich zu; daher ist auch der Handel gefordert, seine Aktivitäten zu intensivieren.

Bildung Wissenschaftspreis

Kommunikations-Plattform

Junge Leute können im Handel nicht nur rasch Karriere machen, Hochschulabsolventen finden in der Branche auch interessante wissenschaftliche Themen.

Text Fulya Bölükbasi, Marlene Lohmann, EHI

Der Handel ist gerade für die High-Potentials der Hochschulen außerordentlich attraktiv, denn er gehört zu den bedeutendsten Wirtschaftszweigen in Deutschland und ist einer der größten Arbeitgeber." So sehen es zumindest die Händler. Ihrer Meinung nach bietet ihre Branche ideale Voraussetzungen für talentierte Hochschulabsolventen, um ihre Kreativität auszuleben und bei Trends vorn mitzumischen.

Tatsächlich steht der Handel jedoch nicht an erster Stelle, wenn Hochschulabsolventen ihre berufliche Zukunft planen. Ganz im Gegenteil – oft wird der Handel nur als Durchgangsstation auf der Karriereleiter betrachtet, während z. B. Unternehmensberatungen sich durch so genanntes Employer Branding attraktiv genug darstellen, um im Fokus der ambitionierten Akademiker zu stehen.

Allerdings unterschätzen nicht nur Studenten das Potenzial der Handelsbranche. Obwohl den meisten Handelsunternehmen durchaus bewusst ist, dass gerade in den Top-Etagen die Nachwuchsmanager fehlen, stehen sie im War for Talents noch nicht an vorderster Front.

Gerade in Zeiten der Wirtschaftskrise wird das Thema Personalentwicklung offenbar gern vernachlässigt. Aber wenn dieses Thema in den Unternehmen nicht frühzeitig zur Chefsache gemacht und forciert werde, komme es zu nachhaltigen Wettbewerbsnachteilen, meinen Branchen-Experten. Diejenigen, die in Sachen Talent Management gut aufgestellt sind, werden künftig eine solide Führungskräftebasis haben und sich mittelfristig besser behaupten. Unterstützung bei dieser wichtigen Aufgabe erhalten die Handelsunternehmen durch u. a. das EHI Retail Institute, das als Forschungsinstitut für den Handel den Wissenstransfer zwischen den Hochschulen und der Handelspraxis fördern möchte.

Viel Energie und Wissen fließen in die Arbeiten der Studenten und Doktoranden an den deutschsprachigen Lehrstühlen. Um dieses Wissen für den Handel nutzbar zu machen und zudem den akademischen Nachwuchs zu fördern, hat das EHI 2007 den Wissenschaftspreis ins Leben gerufen. Mit dem Preis werden herausragende wissenschaftliche Arbeiten gewürdigt, die innovative und neue Ideen aufgreifen und eine Übertragbarkeit auf den Handel erlauben. Darüber hinaus bietet sich dem Handel die große Chance, sich bei den High Potentials an den Hochschulen als potenzieller, attraktiver Arbeitgeber zu empfehlen.

Hoher Anwendungsnutzen

Um den Preis bewerben kann sich wissenschaftlicher Nachwuchs, also Studierende und wissenschaftliche

Personalentwicklung: Frühzeitig zur Chefsache machen.

Wissenschaftspreis Bildung

Mitarbeiter aller Fachrichtungen an deutschsprachigen Hochschulen (D, A, CH), deren wissenschaftliche Arbeit – Bachelor-, Master- und Diplomarbeiten sowie Dissertationen – eine direkte Handelsrelevanz mit hohem Anwendungsnutzen aufweist bzw. eine Übertragbarkeit in den Handel als sinnvoll erscheinen lässt. Die drei oben genannten Kategorien sind insgesamt mit 20.000 Euro dotiert.

Die Auswahl der Preisträger erfolgt durch eine hochkarätige Jury, bestehend aus David Bosshart, CEO des Gottlieb-Duttweiler-Instituts in der Schweiz, Utho Creusen, Vorsitzender der Jury, Kommerzialrat Martin Essl, CEO von BauMax in Österreich, Bernd Hallier, Executive Manager der European Retail Academy, Ines Knauber-Daubenbüchel, Geschäftsführerin der Carl Knauber Holding, Marlene Lohmann, Projektleiterin EHI-Wissenschaftspreis Handel beim EHI Retail Institute, Michael Mette, Geschäftsleitung von Ikea Deutschland, Lothar Müller-Hagedorn, Emeritus des Instituts für Handelsforschung an der Universität zu Köln und Reinhard Schütte, Finanzvorstand der Edeka AG.

Zusätzlich verleiht das EHI Retail Institute in Kooperation mit der Akademischen Partnerschaft erstmalig im Jahr 2010 einen „Wissenschaftspreis der Kooperationen". Das Preisgeld dafür in Höhe von 20.000 Euro stiftet GS1 Germany. Prämiert wird der Lehrstuhl mit der besten Praxiskooperation. Die Akademische Partnerschaft, 2002 von GS1 Germany und dem Institut für Handelsforschung an der Universität zu Köln initiiert, dient dem Austausch von Informationen, Wissen und Erfahrungen zwischen Vertretern aus Wissenschaft und Praxis. Sie unterstützt und gestaltet die Konkretisierung, Weiterentwicklung und Verbreitung von kooperativen Lösungen entlang der Wertschöpfungskette. Heute gehören zu den Mitgliedern 23 Unternehmen aus Industrie und Handel, neun Dienstleister sowie 20 Universitäten und Fachhochschulen.

Die Jury für diesen Preis besteht aus Martin Eckardt, Manager Trade Marketing bei Kraft Foods Deutschland, Arnd Huchzermeier, Lehrstuhlinhaber Produktionsmanagement an der WHU Otto Beisheim School of Management, Michael Krings, Director Logistics and Information der Parfümerie Douglas, Heinz Müller, Regional Sales Director West Europe von Henkel, Jörg Pretzel, Geschäftsführer von GS1 Germany, Werner Reinartz, Director des Department of Retailing and Customer Management an der Universität zu Köln, Susanne Strömer, Projektleiterin Akademische Partnerschaft, GS1 Germany, und Heinz Werntges, Professor für Angewandte Informatik an der Hochschule RheinMain in Wiesbaden.

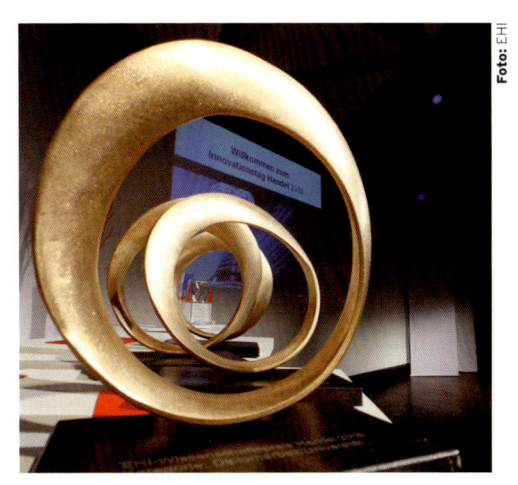

EHI-Wissenschaftspreis: Herausragende Forschungsarbeiten.

Lukrative Preise

Der Wissenschaftspreis ist also insgesamt mit einem Preisgeld von 40.000 Euro dotiert, aufgeteilt in vier Kategorien: Bachelorarbeit (5.000 Euro), Master-/Diplomarbeit (5.000 Euro), Dissertationen (10.000 Euro), Kooperationen (20.000 Euro). Der Preis wird 2010 bereits zum dritten Mal verliehen. Die Preisverleihung wird in feierlichem Rahmen anlässlich des Innovationstag Handel am 3. März 2010 während der EuroCIS, Europas führende Fachmesse für IT und Sicherheit im Handel, in Düsseldorf stattfinden. Nähere Infos zu den Modalitäten unter
www.ehi.org/wissenschaftspreis.

1 – 6, 9 – 11
Congress-Centrum Ost
Congress Centre East
Ausgang Ost, West, Süd
Exit East, West, South

7

Service Center Nord
Service Centre North

i Infoscout

Leitmessen **Messen & Kongresse**

Mehrdimensionales Erleben

Leitmessen bringen Branchen weiter, zeigen die neuesten Entwicklungen und schaffen Identität für die Unternehmen aus Handel und Industrie.

Text Thomas Grothkopp, BWB

Deutschland ist weltweit die Nr. 1 in der Durchführung internationaler Messen. Von den global führenden Messen der einzelnen Branchen finden etwa zwei Drittel in Deutschland statt. Jährlich werden rund 150 internationale Messen und Ausstellungen mit über 160.000 Ausstellern und 9 bis 10 Mio. Besuchern durchgeführt. Dahinter steht die mittelständische und föderale Struktur: Zwar war bis zum 2. Weltkrieg Leipzig die unangefochtene Messemetropole, von Politik und Wirtschaft hatte man sich nach dem Krieg auf Hannover konzentriert. Frankfurt rühmt sich einer jahrhundertealten Tradition an wichtigen Handelswegen. Die anderen großen Messeplätze sind in der ersten Hälfte des vergangenen Jahrhunderts entstanden; Länder und Städte haben hier weitsichtig investiert.

Wichtigster Pluspunkt der deutschen Messen ist ihre Internationalität: Über die Hälfte der Aussteller kommen aus dem Ausland, davon ein Drittel aus Ländern außerhalb Europas. Von den Besuchern reist knapp ein Fünftel aus dem Ausland an, von den Fachbesuchern sogar fast 30 Prozent. Entscheidend für den internationalen Erfolg ist die Bekanntheit der jeweiligen Messeformate, die Erreichbarkeit der jeweiligen Metropolen und Ausstellungsgelände und die Dichte und Qualität der Auslandsvertretungen. Investitionsgütermessen haben es hier vergleichsweise leichter, sind doch Maschinen, Anlagen und Fahrzeuge aus Deutschland seit Jahrzehnten begehrt, zu deren Neuheitenschau man gern nach Deutschland fuhr. Internationalität bedeutet aber auch, dass Messegesellschaften mit Veranstaltungen ins Ausland gehen. Meist sind es in Deutschland erfolgreiche Formate, die unter ihrem bekannten Namen „exportiert" werden. Sie bekommen Schwesterveranstaltungen in Asien, in Osteuropa, in Südamerika, den USA und der Golfregion. Erfolgreiche deutsche Aussteller nutzen die Chance, mit diesen Messen näher an ihre Kunden heranzugehen, sich gemeinsam zu vermarkten. Wer – wie die Messe Frankfurt – frühzeitig dieses Geschäftsmodell entwickelt hat, steht heute von Umsatz und Ertrag besser da als Wettbewerber, die aus falsch verstandenem nationalen Interesse diese Entwicklung zu lange ignoriert haben.

Hinzu kommt ein dichtes Netz von Regional- und Verbrauchermessen, die zu den internationalen Messen eine wichtige Ergänzung bilden. Allein auf den Veranstaltungen, die von Unternehmen aus dem Mitgliederkreis des deutschen Messeverbandes Auma organisiert werden, treffen sich jährlich über 50.000 Aussteller und rund 6,5 Mio. Besucher. Messen und Ausstellungen bieten damit eine Plattform für deutlich über 200.000 Aussteller sowie 16 bis 17 Mio. Besucher. Am stärksten sind hier die Messen mit gut 150.000 qm Ausstellungsfläche und darunter: Sie

Messeplätze weltweit 2009

Ort	Halle
Hannover Messegelände	495.265
Fiera Milano	345.000
China Import & Export Fair Complex Guangzhou	340.000
Frankfurt/Main Messegelände	321.754
Köln Messegelände	284.000
Düsseldorf Messegelände	263.888
McCormick Place Chicago	248.141
Feria Valencia	230.837
Paris Expo Porte de Versailles	227.380
Crocus Expo IEC Moskau	216.320
Paris – Nord Villepinte	206.000
NEC Birmingham	201.634
BolognaFiere	200.000
Fira Barcelona Gran Vía	200.000
IFEMA Feria de Madrid, Parque Ferial Juan Carlos I	200.000
Orange County Convention Center Orlando	190.875
Las Vegas Convention Center	184.456
München Neue Messe	180.000
Messezentrum Basel	162.000
Berlin Messegelände	160.000
Nürnberg Messezentrum	160.000

Ausstellungsfläche brutto in m^2
Quelle: AUMA

Messen & Kongresse Leitmessen

sind ohne zusätzliche Transfers direkt mit dem Auto zu erreichen. Auch kleinere Veranstaltungen erscheinen dort nicht verloren. Sie haben die günstigere Kostenstruktur, weil sie auf einem Preisniveau unterhalb der großen Metropolen arbeiten. Und ihr Management ist auf deutsche oder europäische Zielgruppen konzentriert.

Nicht übersehen werden sollten die jährlich veranstalteten über 10.000 Kongresse und Tagungen im Business-to-Business-Bereich (B2B) mit rund 2,5 Mio. Besuchern statt. Die zunehmende Verknüpfung von Messe- und Kongressaktivitäten ist ein wesentliches Erfolgskriterium. Messebegleitende Kongresse und Tagungen haben jährlich etwa 400.000 Besucher; zusammen mit den Teilnehmern an messeunabhängigen Veranstaltungen werden knapp 1,9 Mio. Teilnehmer gezählt.

Für die Durchführung überregionaler und internationaler Messen stehen auf 23 deutschen Messegeländen rund 2,76 Mio. qm Hallenfläche zur Verfügung. Vier der sechs größten Messegelände der Welt liegen in Deutschland. Hannover hatte zur Expo 2000 seine Kapazität gewaltig vergrößert, Leipzig, München und Stuttgart anlässlich ihrer Auslagerung und damit verbundenen kompletten Neubaus. Frankfurt und Hamburg nutzten Erneuerungen für Erweiterungen, Berlin, Düsseldorf und Nürnberg bauten an. Köln hat das Gelände komplett modernisiert und teilweise neu gebaut. Getrieben wurden diese Investitionen durch den Vereinigungsboom ab 1990, die Internet-Blase zur Jahrtausendwende und durch Profilierungsbestrebungen einzelner Bundesländer, Ministerpräsidenten und Oberbürgermeister, die noch dazu ihre Budgets mit Messegewinnen füllen wollten.

Doch die Rendite vieler Messegesellschaften ist im Sinkflug. 5 Prozent weniger vermietete Standfläche im 1. Halbjahr 2009, 3 Prozent weniger Aussteller und 10 Prozent weniger Besucher – vor allem aus dem Ausland. Für das zweite Halbjahr wird mit einer Verschärfung gerechnet, weil die Messebeteiligung des 1. Halbjahres bereits 2008 gebucht waren und kurzfristig nur schwer zu stornieren sind. Belastend wirken sich die hohen Abschreibungen auf die baulichen Investitionen aus, aber auch Abschreibungen auf neu gestartete oder teuer von Wettbewerbern abgeworbene Messeformate von Fremdveranstaltern aus.

Messen in Deutschland: Plattform für rund 17 Mio. Besucher.

Foto: Koelnmesse

ANZEIGE

koelnmesse
we energize your business

Die Koelnmesse und der Handel – eine bewährte Partnerschaft mit Zukunft

Für die internationalen Fachmessen gerade im Konsumgüterbereich ist der Handel die Zielgruppe Nummer eins. Und umgekehrt: Für den Handel ist die Messe einerseits die klassische, seit Jahrzehnten bewährte Informationsplattform, die innerhalb kurzer Zeit auf begrenztem Ort den Markt – und das heißt nicht selten: den Weltmarkt – bietet. Messen haben aber die traditionelle Rolle als Begegnungsstätte zwischen Angebot und Nachfrage längst hinter sich gelassen. Sie bieten – in der Regel mit engagierter Unterstützung ihrer Branchenverbände – gezielt Anlaufstellen für den Handel, insbesondere Schulungen und Kongresse im begleitenden Rahmenprogramm und spezielle, meist webbasierte Werkzeuge, sich auf den Messebesuch vorzubereiten, Termine zu vereinbaren, Business-Matchmaking zu betreiben.

Angebot trifft Nachfrage: Messen sind unverändert das effizienteste Forum für gute Geschäfte

FAKTEN
Das Kölner Messeprogramm 2010:
imm cologne 19.01.-24.01.2010
ISM 31.01.-03.02.2010,
ProSweets Cologne 31.01.-03.02.2010,
spoga horse Frühjahr 06.02.-08.02.2010,
INTERNATIONALE EISENWARENMESSE KÖLN 28.02.-03.03.2010,
didacta-die Bildungsmesse 16.03.-20.03.2010,
ART COLOGNE 21.04.-25.04.2010,
CARBON EXPO 26.05.-28.05.2010,
WOWEX 10.06.-12.06.2010,
InterKarneval 25.06.-27.06.2010,
gamescom 18.08.-22.08.2010,
spoga+gafa 05.09.-07.09.2010,
spoga horse Herbst 05.09.-07.09.2010,
dmexco 15.09.-16.09.2010,
Kind + Jugend 16.09.-19.09.2010,
DMS EXPO 21.09.-23.09.2010,
photokina 21.09.-26.09.2010,
INTERMOT Köln 06.10.-10.10.2010,
Orgatec 26.10.-30.10.2010,
Marathonmesse 30.09.-02.10.2010,
IMB Select 10.11.-11.11.2010,
Haus & Wohnen 11.11.-14.11.2010,
Cologne Fine Arts & Antiques 17.11.-21.11.2010

Unverändert sind Messen der Ort, an dem das relevante Angebot auf dem effizientesten Weg zu sondieren ist, Herstellerkontakte geknüpft werden, Order geschrieben oder vorbereitet werden. Die Koelnmesse bietet zu diesem Zweck 25 Branchen weltweit die globalen Leitmessen, auf denen 90 Prozent der exportfähigen Weltgüterproduktion zu sehen ist. Fast 70 Eigen- und Gastveranstaltungen in Köln sowie mehr als 30 hochwertige Kommunikations- und Handelsplattformen im Ausland finden regelmäßig in unterschiedlichem Turnus unter der Flagge der Koelnmesse statt. Sie führen das Angebot von rund 45.000 ausstellenden Unternehmen aus über 120 Ländern mit der Nachfrage von rund 2,3 Millionen Besuchern aus fast 220 Staaten zusammen. Die Schwerpunkte des Programms liegen in den Bereichen Kommunikation, Kunst und Mode; Haus, Garten und Freizeit; Ernährung; Wohnen, Einrichten und Textil; Technologie und Umwelt; IT und Digital Entertainment sowie Gesundheit, Lifestyle und Objekt.

Immer stärker muss nun die Umwegrentabilität als Argument für Verluste, die letztlich vom Steuerzahler ausgeglichen werden müssen, herhalten. Insgesamt geben Aussteller und Besucher für ihr Messe-Engagement in Deutschland pro Jahr rund 10 Mrd. Euro aus. Die gesamtwirtschaftlichen Produktionseffekte erreichen 23 Mrd. Euro. Rund 250.000 Arbeitsplätze werden durch die Organisation von Messen gesichert. In den ausstellenden Unternehmen sind im Durchschnitt 1,9 Personen pro Unternehmen mit Messebeteiligungen beschäftigt. Das ergibt bei gegenwärtig rund 56.000 messe-aktiven Firmen im B2B-Segment mehr als 100.000 Vollarbeitsplätze. Gastronomie, Verkehrsgewerbe und vor allem Hotellerie profitieren von den Messen. Hotels stehen oft wochenlang leer und erreichen ihren Gewinn nur in Messezeiten zu Preisen, die oft als Wucher empfunden werden. Besonders stark ist es in Städten wie Hannover, wo wegen des schwachen Tourismus Hotels eine niedrige Grundauslastung, aber zu Messen eine hohe Nachfrage haben.

Viele Funktionen

Messen haben von allen Marketinginstrumenten aus Ausstellersicht das mit Abstand breiteste Funktionsspektrum: Sie dienen dem Aufbau und der Pflege von Kundenbeziehungen, der Suche nach Partnern und Personal sowie der Positionierung des Gesamtunternehmens. Messen sind Testmarkt für neue Produkte und damit auch Marktforschungsinstrumente. Messen dienen weiterhin dazu, den Bekanntheitsgrad des

Beispiel Köln: Weltweit führender Messeplatz

Die Koelnmesse bietet wichtigen Branchen des Handels den international führenden Messeplatz: Die Anuga für den gesamten Food-Bereich und die imm cologne für den Einrichtungssektor stehen stellvertretend für weitere Branchen wie Games, Imaging, Zweiräder und Umwelt. Wir veranstalten in diesen Kernbereichen ein Messeprogramm mit weltweit unübertroffener Internationalität, wir bieten zudem eine hohe Attraktivität für Gastveranstaltungen in unseren Hallen und Konferenzzentren.

Eine große Rolle spielt für uns die Zusammenarbeit mit den Branchenverbänden. In unseren Fachbeiräten engagieren sich Hersteller- und Händlerverbände gemeinsam für die Leitmessen ihrer Branchen. Sie wissen, was für ihre Mitgliedsunternehmen erfolgsentscheidend ist. Sie beraten und unterstützen uns bei der Weiterentwicklung bestehender und der Etablierung neuer Messekonzepte.

Köln hat den unschätzbaren Vorteil, auch als Stadt attraktiv zu sein. Das Messegelände liegt in unmittelbarer Nähe zum Dom und zur Altstadt. In Köln ist der katholische Weltjugendtag ebenso möglich wie der Rosenmontagszug im Karneval. Toleranz und Bandbreite sind unglaublich groß. Das macht Köln zur international bekannten Marke, davon profitieren wir auch als Messe. Bei unseren Investitionen haben wir erneuert, nicht erweitert. Die eingeschossigen neuen Nordhallen bieten Platz jetzt auch für große Investitionsgüter und Flexibilität für alle denkbaren Messethemen. Köln liegt mitten im kaufkraftstärksten Ballungsraum der EU – inklusive Frankreich und der Beneluxländer. Der ICE-Bahnhof direkt am Messegelände hat Anschluss nach ganz Europa – und mit der Bahn direkt zu den Flughäfen Köln/Bonn mit einer großen Präsenz europäischer Low Cost Carrier, Düsseldorf und – in weniger als einer Stunde – Frankfurt. Das bietet kaum ein anderer europäischer Standort.

Gerald Böse, Vorsitzender der Geschäftsführung Koelnmesse.

Leitmessen **Messen & Kongresse**

Beispiel Frankfurt: Idealer Platz für einen internationalen Auftritt

Die Messe Frankfurt steht für internationale Leitmessen wie die Ambiente, die Light+Building oder die Heimtextil. Auch renommierte Gastmessen wie die IAA oder die Buchmesse werden weltweit mit dem Messeplatz Frankfurt in Verbindung gebracht. Davon profitieren im hohen Maß auch Industrie und Handel der jeweiligen Branchen in Deutschland. Unser Erfolg und Gewinn basiert nicht zuletzt auf der frühen und konsequenten Internationalisierung – 2008 veranstalten die Messe Frankfurt und ihre Tochtergesellschaften weltweit 102 Messen und Ausstellungen auf vier Kontinenten. Wir profitieren außerdem von der Internationalität des Standortes Frankfurt. Frankfurt hat den unschätzbaren Vorteil, Wirtschafts- und Finanzmetropole sowie Standort zahlreicher internationaler Konzerne zu sein und einen der größten internationalen Flughäfen zu haben – internationale Messen haben hier deshalb ihren optimalen Standort.

Ein weiterer wesentlicher Aspekt unseres Erfolgs ist unsere Kompetenz in Sachen Design und Trends. Die internationalen Fachmessen der Messe Frankfurt sind die Flaggschiffe ganzer Branchen. Sie sind Innovationsmotor, Trendbarometer und interkulturelle Treffpunkte der internationalen Designszene. Gerade bei Konsumgütermessen wie der Ambiente und der Tendence nimmt hochwertiges Design einen immer größeren Stellenwert ein. Auch mit der Architektur des Messegeländes werden wir diesem Anspruch gerecht – unsere neue Halle 11 beispielsweise steht für spektakuläres, innovatives Design und zeitgemäße, funktionale Architektur gleichermaßen.

Michael Peters, Geschäftsführer Messe Frankfurt.

---

eigenen Unternehmens zu erhöhen, die Wettbewerbssituation zu analysieren und den Absatz von Produkten und Dienstleistungen vorzubereiten. Gerade für junge Unternehmen wichtig ist die Möglichkeit, sich einen Überblick über die Konkurrenz, deren Auftreten und deren Produkte zu verschaffen. Dafür reicht in einem frühen Stadium der Markterschließung oft ein Messebesuch.

Fachbesucher schätzen an den Messen den persönlichen Kontakt zu den Lieferanten und das mehrdimensionale Erleben von Neuheiten: Authentische Farben, dreidimensionaler, habtische Eindruck, die Wirkung im dekorativen Kontext oder in der Kombination verschiedener Produkte lässt sich im Internet genau so wenig erleben wie in Katalogen. Die Begeisterung von Designern und Produktentwicklern, Mut und Stolz von Unternehmern, kann man auf Messen erfahren, konzentriert und in großer Vielfalt.

Auch auf neue Lieferanten trifft der Einzelhändler überwiegend auf Messen. Zur ständigen Weiterentwicklung des Sortiments sind neue Geschäftsbeziehungen unabdingbar. Und das frühzeitige Erkennen von Trends. Nicht überall setzen sie sich bereits in Produkten um, oftmals ist es nur die Zusammenschau von Produkten mehrerer Hersteller, die Trends erkennbar werden lassen. Daher bieten die großen Konsumgütermessen immer auch Trendinszenierungen an: Neuheiten in einer übergreifenden Schau, Trends scharf herausgearbeitet an Einzeldarstellungen und in Fachvorträgen.

Die Präsenz der richtigen Mitarbeiter an den Messeständen ist für die Fachbesucherattraktivität maßgeblich: Ist auch der regionale Vertriebsmitarbeiter auf internationalen Messen in Deutschland anzutreffen oder nur auf Regional- und Hausmessen? Besteht eine Chance, auch mit leitenden Mitarbeitern zu sprechen, die nicht zu ihren kleinen und mittleren Kunden fahren, oder gehen sie ihren nationalen Kunden aus dem Weg? Erfolgreich ist nur, wer maßgeblich vor der Messe kommuniziert. Seine Stammkunden per Briefe und E-Mails anschreiben ist Pflicht, mit außergewöhnlicher Ansprache und individuellem Touch sich von Wettbewerbern abzuheben ist die Kür. Und über Fachzeitschriften Neukunden neugierig zu machen wird leider immer häufiger vernachlässigt.

Wesentlich für den Erfolg von Messen ist, wie willkommen sich ein Besucher fühlt. Von amerikanischen Messen, wo Städte auf Plakaten und mit Fahnen Messebesucher willkommen heißen, Bus-Shuttles die Hotels abfahren und man spürt, als Gast willkommen zu sein, sind wir in Deutschland immer noch weit entfernt. Bürger einer Stadt empfinden Messezeiten oft noch als Belästigung, als Einschränkung ihrer eigenen Bequemlichkeit, anstatt sich am internationalen Besuch zu freuen – und an den Umsätzen, die sie ihrer Stadt bescheren. Genau dieses zeichnet kundenorientierte Messen aus:

- Sich in die Situation seiner Gäste hineinversetzen zu können.
- Einfache, präzise und zuverlässige Orientierung.
- Auf den Punkt kommende Information im Internet und auf den noch immer seltenen Informationsmonitoren des Geländes.
- Kostenfreie Benutzung der öffentlichen Verkehrsmittel mit jedem Messeticket.
- Parkplätze in Hallennähe, möglichst ohne zeitraubende und oft unerträglich volle Shuttle-Busse benutzen zu müssen.
- Umsteigefreie Anbindung zu Flughäfen (hier haben Hannover und Köln die Nase vorn).
- U- und / oder S-Bahn-Anschluss unmittelbar vor den Eingängen, wie es langsam Standard geworden ist. Denn immer mehr deutsche Besucher gehen zeitökonomisch heran und planen Ein- und Zweitagesbesuche, die dann auch erlauben, mehrere Mitarbeiter mitzunehmen.

Der größte Makel deutscher Messeplätze ist die Übernachtungssituation. Preisaufschläge von 100

Weltmeister: Deutschland ist führender Messestandort.

Prozent und mehr, die zwangsweise Buchung von Nächten, die man nicht braucht, die Unmöglichkeit von (Teil-)Stornierungen – das ist konsequente Marktwirtschaft, schadet aber letztlich dem, der die Gäste anzieht. Die Messe Frankfurt hält mit Transparenz dagegen: Welches Hotel ist zu welcher Messe wie teuer? Auf welche gut mit S- und U-Bahn angebundenen Hotels in der Region kann man ausweichen? Die Koelnmesse hingegen kooperiert gezielt mit Vertragshotels, die die Preisspirale nicht überdrehen, dafür von der Messe promotet werden. Diese Maßnahmen lindern die Probleme, können sie aber nicht lösen.

Es bleibt als Erfolgsfaktor noch die Betreuung des Besuchers auf der Messe selbst. Von den Garderoben- bis zu den Würstchen- und Kaffeepreisen, von dem schnellen Einlass und der zügigen Reservierung bis zum staufreien Verlassen des Geländes, von der Orientierung zwischen und in den Hallen bis zur Aufenthaltsqualität in Restaurants, Ruhezonen und Lounges für bestimmte Besuchergruppen. Bezahlbares W-LAN, erreichbare Garderoben, erkennbare Meetingpoints sind heute Erfolgsfaktoren. Und elektronische wie gedruckte Verzeichnisse, um ein Unternehmen zu identifizieren. Wer schon einmal versucht hat, an einem Wochenende jemand telefonisch auf einem Stand zu erreichen weiß, welche Potenziale der Kommunikation und der Kundenorientierung noch unausgeschöpft sind.

Branchen **Messen & Kongresse**

Mediale Vernetzung

Professionelle Netzwerke schaffen Verbindungen zwischen unterschiedlichen Branchen. Kongresse bieten frische Kontakte und aktuelles Wissen.

Text Stefanie Pracht, Management Forum

Wer gut vernetzt ist, kommt beruflich weiter. Das ist längst kein Geheimnis mehr. Doch nicht nur Führungskräfte und andere Branchenvertreter selbst, sondern auch die Unternehmen gehen zunehmend engere Bindungen mit anderen Anbietern ein. Ihr Ziel: Sie bündeln ihr Know-how, stärken ihr Netzwerk und ihre Marktpräsenz, um der gemeinsamen Zielgruppe ein umfangreicheres Angebotsportfolio bieten zu können.

Verlage beispielsweise bauen sich mit eigenen Kongressabteilungen ein neues Geschäftsfeld auf. Gerade die momentane Krise mit einbrechenden Werbeetats für das Anzeigengeschäft macht deutlich, wie wichtig ein solches weiteres Standbein für die Verlagswelt sein kann. Ein wesentlicher Erfolgsfaktor für dieses neue Geschäftsfeld ist die Professionalität im Kongressbereich. Das Veranstaltungsgeschäft ist komplex, die Strukturen müssen effizient sein.

Auch wenn es nicht auf den ersten Blick offensichtlich ist, Verlage und Kongressanbieter haben ähnliche Ziele und Arbeitsweisen. Bei beiden geht es um Wissensaufbereitung und -vermittlung. Journalisten recherchieren Themen, suchen Gespräche und Kontakte zu Branchenvertretern und bereiten das erlangte Wissen so auf, dass sie es einer größeren Gruppe von Interessierten zur Verfügung stellen können – über Zeitungen, Zeitschriften, Online-Portale oder E-Learnings. Kongressveranstalter tun nichts Anderes. Auch sie vermitteln Branchenwissen in Form von Veranstaltungen mit dem zusätzlichen Vorteil, eine Plattform zur Kontaktanbahnung und -pflege, zum Erfahrungsaustausch und zur kostenfreien Publicity für Referenten zu schaffen. Umso enger die Kongressverantwortlichen mit den jeweiligen Branchenverbänden und -vertretern zusammenarbeiten, desto besser funktioniert die mediale Vernetzung.

Wissen bündeln

Management Forum ist ein gutes Beispiel für eine optimale Wissensbündelung und Vernetzung mit den wichtigsten Akteuren im Markt. Gesellschafter von Management Forum sind der Fachverlag der Verlagsgruppe Handelsblatt, die HTS, eine 100-prozentige Tochter des Hauptverband des Deutschen Einzelhandels (HDE), sowie die Unternehmensberatung BBE Retail Experts. Die enge und gute Verbindung zwischen den beteiligten Einheiten bildet die beste Voraussetzung für den weiteren Ausbau des Veranstaltungsangebots. Gerade in wirtschaftlich schwierigen Zeiten nimmt der Bedarf an Informationen und Austausch zu. Diese Chance ergreift Management Forum und arbeitet mit allen im Handel relevanten Marktteilnehmern Hand in Hand. Diese Vorgehensweise ist nicht nur für die am Kongress beteiligten Unternehmen eine Win-Win-Situation, sondern auch für die Referenten und Kongressteilnehmer. Führungskräfte suchen jetzt mehr denn je Handlungsalternativen und Kontakt zu Gleichgesinnten. Wenn sie dadurch noch in die Fachpresse kommen, umso besser. Denn auch sie wissen: Wer gut vernetzt ist, ist klar im Vorteil.

Branchentreff: Der Deutsche Handelskongress in Berlin.

Einzelhandel 2010

Plattform: Keynotes aus der Branche bringen es auf den Punkt.

Deutscher Handelskongress

Management Forum veranstaltet jährlich den „Deutschen Handelskongress" in Berlin. Hier zieht der Veranstalter alle Fäden und nutzt die Kompetenzen der Gesellschafter und deren Aufgabenfelder. Träger des wichtigsten Branchentreffs für den Einzelhandel und seine Partner ist der HDE. Konzeptionell arbeiten der HDE und Management Forum bei diesem Projekt eng zusammen. Aufgrund der guten Kontakte des Verbandes fragt er die Keynote-Speaker für den Kongress an. Der HDE ist gut vernetzt und hat den Überblick über aktuelle Entwicklungen in der Branche. In enger Kooperation der Kongresspartner entsteht so für die Kongressteilnehmer ein spannendes Programm mit prominenten Rednern aus Handel, Industrie und Politik.

Die unterschiedlichsten Kanäle der Partner sorgen für eine bestmögliche Vermarktung des Kongresses. In den Fachzeitschriften, wie handelsjournal, Lebensmittel Praxis und absatzwirtschaft, wird die Veranstaltung mit Anzeigen, in Newslettern und auf der Homepage mit Bannern zusätzlich beworben. Das handelsjournal erscheint als Themenheft zum Kongress. Darin werden bereits im Vorfeld der Veranstaltung Themenschwerpunkte des Kongresses aufgegriffen, die einen Monat später auf der Veranstaltung mit Referenten und Teilnehmern im Plenum kritisch diskutiert werden. Auch dies eine gute Möglichkeit, auf die Bedeutung der Kongressinhalte aufmerksam zu machen. Umgekehrt bietet die Veranstaltung Teilnehmern und Redakteuren exklusive und aktuelle Brancheninhalte.

Auch der HDE und die BBE Retail Experts Unternehmensberatung stärken den Deutschen Handelskongress durch zahlreiche Marketingaktivitäten. Alle Beteiligten haben engen Kontakt zur gewünschten Zielgruppe, Führungskräfte aus dem Handel und der Markenartikelindustrie, und sprechen sie auf den unterschiedlichsten Kanälen an.

Dies ist nur ein gutes Beispiel für die erfolgreiche Verzahnung aller Beteiligten. Weitere Leitkongresse sind der Deutsche Versandhandelskongress in Zusammenarbeit mit dem Bundesverband des Deutschen Versandhandels (BVH) und dem FID Verlag sowie der jährliche BHB-Baumarktkongress in Kooperation mit dem Bundesverband Deutscher Heimwerker-, Bau- und Gartenfachmärkte (BHB).

Management Forum

Management Forum ist einer der führenden Kongressanbieter im Bereich Handel und Konsumgüterindustrie. Diese Position wird durch neue Branchenforen ständig ausgebaut. Management Forum bietet auf den bundesweiten Kongressen Fachwissen und die Möglichkeit zum Networking für Teilnehmer aus Handel, Industrie und Dienstleistung. Im Jahr finden rund 30 Kongresse statt; die Teilnehmerzahl reicht von 100 bis 5.000 Personen. Bei allen Kongressen erhalten die Teilnehmer exklusive Brancheninformationen, die Möglichkeit ihre Geschäftspartner bzw. Kollegen zum Austausch zu treffen und sich inhaltlich auf den neuesten Stand zu bringen.

Praxis **Messen & Kongresse**

Dialog jenseits des Alltags

Die Kooperation zwischen Ernährungsindustrie und Handel hat einen jährlichen Höhepunkt: den Unternehmertag Lebensmittel in Köln.

Text Britta Gallus, HDE

Kongresse bieten eine einmalige Gelegenheit, branchenspezifische aktuelle Themen vielschichtig zu betrachten und ergebnisoffen zu diskutieren. Zahlreiche erfolgreiche Kongressveranstaltungen machen dies deutlich. Fachlich bereichernd ist darüber hinaus auch der Austausch am Rande solcher Veranstaltungen, der abseits des Alltagsgeschäfts vielfältige Dialogmöglichkeiten eröffnet. Kongresse führen also nicht nur zu einem Wissensvorsprung für die Teilnehmer und bilden über aktuelle politische, wissenschaftliche, gesellschaftliche oder volkswirtschaftliche Entwicklungen. Sie bieten auch eine wichtige Kommunikationsplattform und die Möglichkeit, Netzwerke zu knüpfen und zu pflegen.

Das ist auch beim Unternehmertag Lebensmittel der Fall. Allerdings hat diese Veranstaltung eine Besonderheit, einen zusätzlichen besonderen Charme. Es ist eine von der Branche für die Branche konzipierte Veranstaltung. Lebensmittelhandel und Nahrungsmittelindustrie veranstalten den Unternehmertag gemeinsam. BVE, die Bundesvereinigung der Deutschen Ernährungsindustrie, und HDE, der Hauptverband des Deutschen Einzelhandels, konzipieren diese Veranstaltung seit sieben Jahren gemeinsam.

Sie ist aus der Beobachtung heraus entstanden, dass Handel und Industrie oft vor gleichen Problemen und Herausforderungen stehen und diese gemeinsam angehen wollen. „Stärke durch Partnerschaft" war deshalb auch das Motto des ersten gemeinsamen Unternehmertags. Es folgten weitere Veranstaltungen unter anderem zu den Themen Vielfalt ohne Grenzen, Zukunft voraus denken, Neue Lust auf Lebensmittel und Kunden-Märkte-Kommunikation.

Der Unternehmertag Lebensmittel hat – neben der gemeinsamen Trägerschaft – aber noch eine weitere Besonderheit. Die Veranstaltung ist „handgefertigt". Ein Team, bestehend aus engagierten Mitarbeitern der Verbände und verschiedener Handels- und Industrieunternehmen, erarbeitet gemeinsam die jeweilige Thematik und Ausgestaltung des aktuellen Unternehmertag Lebensmittel. Motto, Sprecher, Konzeption und Rahmenprogramm bis hin zum Buffet werden so individuell vorbereitet. Damit stellen die Veranstalter sicher, dass der Kongress die gebotene Aktualität trifft.

Aber es gibt noch ein weiteres Merkmal, das dazu beiträgt, dass sich der Unternehmertag Lebensmittel zu einem derartig wichtigen Branchenereignis entwickelt hat: Dem Kongresstag vorgeschaltet ist immer ein Begrüßungsabend im traditionellen Kölner „Brauhaus Sion". Dieser Abend gibt den Teilnehmern eine einzigartige Möglichkeit, in ungezwungener Atmosphäre Gespräche zu führen, Kontakte zu knüpfen und zu pflegen – für viele ein besonderes Highlight der Veranstaltung. Im Jahr 2009 stellte sich die Branche dem Thema „Klimawandel - Zeitenwandel". Gerade in Zeiten der Wirtschaftskrise erschien es wichtig zu signalisieren, dass die Themen Klimaveränderung und Erhalt der Lebensbedingungen einen großen übergreifenden Stellenwert besitzen.

Rund 550 Teilnehmer nahmen die Einladung an und erlebten ein interessantes und spannendes Pro-

Legendärer Auftakt: Unternehmertreffen im Brauhaus Sion.

Messen & Kongresse Praxis

Hohe Aktualität: Mehr als 550 Teilnehmer kamen 2009 zum Unternehmertag Lebensmittel nach Köln.

gramm. Jürgen Abraham, Vorsitzender BVE, forderte die Unternehmen auf, sich trotz Wirtschaftskrise mit dem Faktum Klimawandel auseinanderzusetzen. Die Rohstoffbasis für die Lebensmittelerzeugung werde sich entscheidend verändern – nicht zuletzt deshalb müssten sich die Unternehmen ihrer Verantwortung stellen und das Prinzip Nachhaltigkeit noch stärker in ihrer Tätigkeit verankern. „Wir stellen uns bereits heute unserer Verantwortung mit vielfältigen Initiativen zur Energieeffizienz und zum Nachhaltigkeitsmanagement. Aber nur im konstruktiven Dialog in der gesamten Lebensmittelkette können wir tragfähige und nachhaltige Lösungsansätze entwickeln", betonte HDE-Präsident Josef Sanktjohanser. Einigkeit demonstrierten beide Verbände auch in der kritischen Beurteilung einer produktbezogenen Carbon-Footprint-Kennzeichnung, die Verbraucher über die Klimabilanz eines Produktes informieren soll. Hier bestehen erhebliche Bedenken hinsichtlich der Praktikabilität und des Informationswerts für die Kunden.

Bundesumweltminister Sigmar Gabriel, prominenter Gastredner der Veranstaltung, rief dazu auf, in der gegenwärtigen Wirtschaftskrise die Chance zur Modernisierung zu nutzen. Der Umweltbereich biete dazu vielfältige Chancen. Klimaschutz und Wachstum seien keine unvereinbaren Ziele. Gabriel zeigte sich positiv überrascht über die vielfältigen Initiativen der Ernährungsindustrie und des Lebensmittelhandels im Bereich Nachhaltigkeit und hob die bestehende Effizienz der Märkte hervor.

Auch Wissenschaftler kamen zu Wort: Den Ernst der Lage auf unserem Globus verdeutlichte der internationale Klimaexperte Hans Joachim Schellnhuber, Direktor des Potsdam-Institut für Klimafolgenforschung. Er mahnte ein entschiedenes sofortiges Handeln an, um die Situation trotz der ernüchternden Sachlage noch in den Griff zu bekommen. Der Präsident des ifo-Instituts für Wirtschaftsforschung, Hans-Werner Sinn, setzte sich in seinem Vortrag kritisch mit Möglichkeiten nationaler und europäischer Klimapolitik auseinander. Er forderte die Einbindung der USA, Chinas und Indiens in das Kyoto-Protokoll sowie eine Klimapolitik, die auch an der Angebotsseite ansetzt. Allein nachfragesenkende Maßnahmen seien nicht genug, um das Klimaproblem zu lösen.

Unternehmertag 2010

- Mehr zum Unternehmertag Lebensmittel unter: **unternehmertag-lebensmittel.de**
- **Terminhinweis:** Der Unternehmertag 2010 findet am 8. und 9. März 2010 in Köln statt.

Kongress-Highlights
Frühjahr 2010

management *forum*
Verlagsgruppe Handelsblatt

Management Forum präsentiert: Kick-Off-Jahreskongress für die E-Commerce-Branche in Deutschland

OnLine Handel 2010
20./21. JANUAR 2010 · MARITIM HOTEL BONN

Der Top-Jahreskongress für den Handel und die Werbebranche in Deutschland!

Deutscher Handels-Werbekongress 2010
09. – 10. Februar 2010, NH-Hotel, Frankfurt-Mörfelden

Der Top-Jahreskongress für Handel und Immobilienwirtschaft in Deutschland!

Deutscher Handelsimmobilien-Kongress

DAS ORIGINAL

23. – 24. Februar 2010 · Melia Hotel Berlin

4. Internationaler Jahreskongress für Global Retailing und Global Sourcing im Handel

Internationaler Handelskongress
10. – 11. März 2010, Sheraton Flughafen, Frankfurt

www.managementforum.com

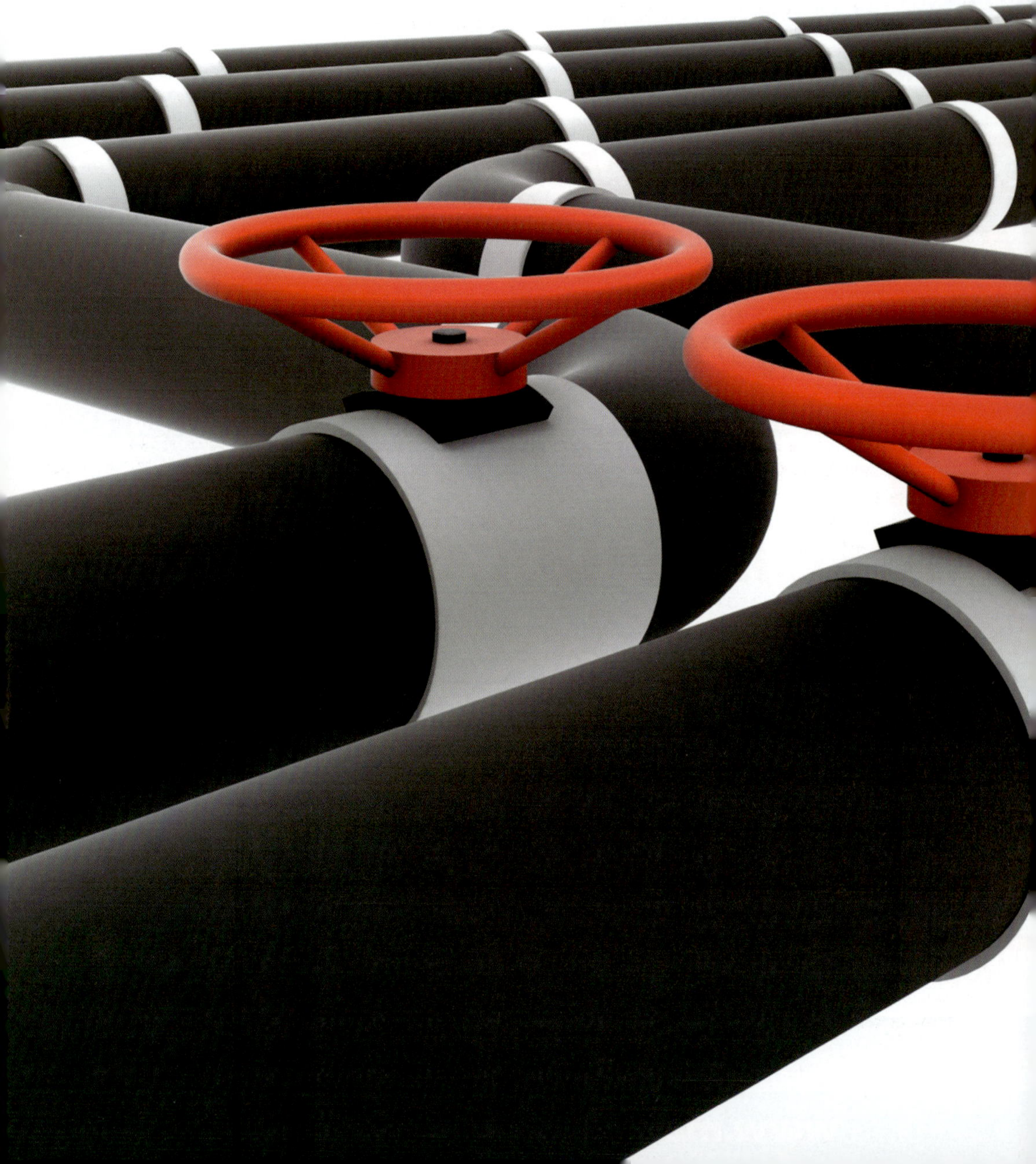

Vernetzung **Technologie**

Auf Standards setzen

Fit in vier Schritten: Eine Roadmap für Handel und Industrie beschreibt Wege in die vernetzte Zukunft des Jahres 2016.

Text Jörg Pretzel, GS1

Zeitreise ins Jahr 2016: Die Wirtschaft ist mit überproportional gestiegenen Energiepreisen konfrontiert. Innovative Logistikkonzepte sollen den Unternehmen helfen, ihre Kosten zu begrenzen und die strengen Umweltauflagen zu erfüllen. Gleichzeitig haben die Ansprüche der Konsumenten eine neue Qualität erreicht.

Maximale Kundenorientierung bei optimalem Ressourceneinsatz – ein Spagat, der alle Marktteilnehmer vor neue Herausforderungen stellt. Besonders erfolgreich sind die Unternehmen, die frühzeitig auf automatisierte Prozesse gesetzt haben – und jetzt von der Vernetzung mit Geschäftspartnern profitieren. Aber gerade in wirtschaftlich schwierigen Zeiten scheuen viele Unternehmer die notwendigen Neuerungen und Investitionen.

Dass die Zusammenarbeit entlang der Wertschöpfungskette noch längst nicht das erforderliche Niveau erreicht hat, um die vorhandenen Einspar- und Umsatzpotenziale zu realisieren, zeigt auch eine im Jahre 2008 von GS1 Germany durchgeführte Studie zur Umsetzung von Standards in den Unternehmen der Konsumgüterwirtschaft.

Fast täglich finden sich Berichte über Klimawandel, Globalisierung, Überalterung, Rohstoffverknappung, Energiekostenexplosion und technologischer Wandel in den Medien. Diese Phänomene sind keine Einzelfälle. Vielmehr bilden sie die Teile eines Mosaiks aus ökologischen, ökonomischen und gesellschaftlichen Veränderungen und Entwicklungen, die wiederum Auswirkungen auf Gesetzgebung, Konsumentenverhalten und unternehmerisches Handeln haben. Aufgrund der globalen und intensiven Vernetzung der nationalen Wirtschaften untereinander wirken sich die beschriebenen Veränderungen zudem auf alle Beteiligten der Wertschöpfungskette aus – und das mit zunehmender Geschwindigkeit. Auch wenn derzeit die Energiepreise so niedrig sind wie schon lange nicht: Langfristig werden die Preise wieder anziehen und hohe Kosten verursachen.

Erfolgfaktoren

Es sind fünf Faktoren, die sich besonders stark auf die Konsumgüterwirtschaft in Deutschland auswirken. Neben den steigenden Energie- und Transportkosten zählt die Rohstoffverknappung zu den großen Herausforderungen. Fehlentscheidungen bei der Beschaffung und Distribution werden immer teurer, die Planungsprozesse in den Unternehmen anspruchsvoller. Auch verschärfte Umwelt- und Verbraucherschutzgesetze zwingen die Wirtschaft zum Handeln. So müssen etwa Industriebetriebe in energieeffiziente Anlagen investieren und ein lückenloses Qualitätsmanagement vorweisen. Im Zuge des demografischen Wandels verstärkt sich der Trend zum differenzierten Konsum. Dies führt bei Produkten, Vertriebskanälen und Dienstleistungen zu einem hohen Maß an Vielfalt und Convenience. Gefragt ist eine persönliche, multimediale und ortsunabhängige Kommunikation zwischen den Händlern und ihren Kunden. Zudem müssen sich die Unternehmen auf alternde Belegschaften einstellen und neue Programme etwa für den internen Wissenstransfer, das lebenslange Lernen sowie ein nachhaltiges Gesundheitsmanagement entwickeln. Mit der zunehmenden digitalen Vernetzung der gesamten Gesellschaft wird auch der Datenaustausch zwischen den Unter-

Steigende Energiekosten: Herausforderung für die Zukunft.

Foto: Stockxpert

Einzelhandel 2010 **205**

Technologie Vernetzung

nehmen komplexer. Einheitliche Standards und neue Technologien wie RFID schaffen die Basis dafür, das enorme Informationsvolumen zu bewältigen, schnell auf Marktveränderungen zu reagieren und die geforderte Transparenz zu gewährleisten.

Strategiegruppe Zukunft

Vor diesem Hintergrund hat sich die Strategiegruppe Zukunft von GS1 Germany das Ziel gesetzt, Handlungsempfehlungen für die deutsche Konsumgüterwirtschaft zu entwickeln. Mit diesen können Unternehmen Schritt für Schritt ihre Wettbewerbsfähigkeit sichern. Nicht singuläre Projekte sind der Schlüssel zum Erfolg – es geht um die systematische und nachhaltige Effizienzsteigerung. Gefragt ist die Bereitschaft zur Veränderung und die Offenheit für neue Formen der Kooperation. Die Zukunft beginnt jetzt.

Ausgehend von den Ergebnissen der 2006 erarbeiteten GCI-Studie „2016 – The Future Value Chain" konzentrierten sich Experten aus Handel, Industrie und Wissenschaft – unterstützt von der Unternehmensberatung Capgemini – auf die Prognose der wichtigsten Veränderungen in der deutschen Wertschöpfungskette (Value Chain) des Jahres 2016. In einer dazugehörigen Roadmap werden geeignete Maßnahmen zur Sicherstellung der Wettbewerbsfähigkeit im Jahre 2016 aufgezeigt und konkrete Handlungsempfehlungen ausgesprochen.

Die Experten identifizierten die künftige Entwicklung von Energiekosten, Rohstoffverfügbarkeit, Demografie, Konsumverhalten und Gesetzen als besonders starke Einflussfaktoren auf eine künftige Value Chain. Zu deren Auswirkungen zählen beispielsweise die wachsende Bedeutung von Logistikkosten für Entscheidungen in allen Unternehmensbereichen –unter anderem aufgrund der erwarteten Energie- und Transportkostensteigerungen. Andere Beispiele sind veränderte Sortimente, größere Produktvielfalt und zunehmende Personalisierung als Folgen des demografischen Wandels und eines differenzierten Einkaufsverhaltens. Diese stehen in einem Spannungsfeld zur Notwendigkeit kostensparender Produktionsprozesse sowie zunehmender Investitionsbedarf aufgrund verschärfter gesetzlicher Anforderungen in puncto Umweltschutz, Energieeffizienz und Sicherheit. Den Herausforderungen steht der erwartete technologische Wandel als Chance gegenüber. Moderne Technologien werden eine ressourcenarme und energieeffiziente Steuerung der Supply Chain ermöglichen und durch eine größere Prozesstransparenz die Reaktionsgeschwindigkeit der Unternehmen verbessern.

Schlüsselrolle für Standards

Die Projektion der Auswirkungen und Ableitung notwendiger Maßnahmen ergab vier Kernbereiche, in denen Firmen aktiv werden sollten: Eine Schlüsselrolle bei der Optimierung und künftigen Gestaltung von Planungs-, Steuerungs- und Kommunikationsprozessen nehmen Standards ein. Durch ihren konsequenten Einsatz entfallen aufwändige Abstimmungen, während notwendige Automatisierungspotenziale effizient ausgeschöpft werden können. In Verbindung mit einer durchgängigen Sicherung der Datenqualität und eines gemeinsamen Prozessverständnisses, ist die konsequente Nutzung von Standards ein entscheidender Baustein für die Sicherung der künftigen Wettbewerbsfähigkeit der Unternehmen. Einen weiteren Schlüsselbereich stellt der Wille zur unternehmensinternen und unternehmensübergreifenden Kooperation dar.

Eine Zusammenarbeit im Rahmen der rechtlichen Möglichkeiten bietet die Chance, die Wirtschaftlichkeit aller beteiligten Unternehmen zu steigern. Prozessorientierte Kooperationsmodelle – wie zum Beispiel Vendor Managed Inventory (VMI) – können negative Auswirkungen künftiger Entwicklungen kompensieren. Die Steigerung von Effizienz und Flexibilität bilden vor dem Hintergrund der rasanten Veränderungen der Umwelt die letzten zwei Kernbereiche zukunftsorientierter Maßnahmen – von der Prozessgestaltung über den Informationsaustausch bis hin zur Gestaltung des Produkt- und Leistungsportfolios. Eine steigende Anzahl von Unternehmen erschließt für sich bereits die Nutzenpotenziale von Technologie- und Prozessstandards. Jedoch macht eine Studie der GS1 Germany auch deutlich, dass viele Unternehmen die Vorteile von Standards noch nicht oder nicht durchgängig nutzen.

Die Befragung wurde 2008 einerseits bei marktbedeutenden Handelsunternehmen durchgeführt, die Angaben über ihre Lieferanten machten, und andererseits bei branchenführenden Herstellern, die über die Beziehungen zu ihren Handelspartnern berichteten. Insgesamt nahmen 49 Händler und 108 Hersteller in Deutschland an der Befragung teil, die mit ihren Angaben insgesamt 61.000 Geschäftsbeziehungen abdecken. Die Mehrzahl der Unternehmen sehen einen massenhaften Einsatz des auf RFID (Radiofrequenz-Identifikation) basierenden EPC-Standards auf den Ebenen Versand- und Transporteinheiten schon innerhalb der nächsten fünf Jahre. Mit dem Elektronischen Produktcode (EPC) bietet sich den Unternehmen die Möglichkeit, Objekte eindeutig zu kennzeichnen und in der Bewegung zu identifizieren. Abgestimmte Kommunikationsstandards ermöglichen zudem, die Waren- und Materialströme transparent zu machen und mit Logistiksystemen zu vernetzen.

Hohe Informationsdichte

Nach Einschätzung der Unternehmen ist daher der Nutzen dieses Technologiestandards insbesondere in den Bereichen Wareneingangs- und Warenausgangsabwicklung, Inventur, Warenflusssteuerung und Automatisierung besonders groß. Es werden jedoch auch Vorteile im Bereich der elektronischen Artikelsicherung, des Promotion-Managements und einer Steigerung der Warenverfügbarkeit gesehen. In den genannten Anwendungsgebieten wird die Nutzung des EPC bis auf Ebene der Verkaufseinheit zusätzliche Prozessverbesserungen ermöglichen. Konsequenterweise planen oder führen 19 Prozent der Handels- und 36 Prozent der Industrieunternehmen EPC-basierte RFID-Projekte durch.

Durchsetzung der GLN bei Handel und Industrie im Jahr 2008

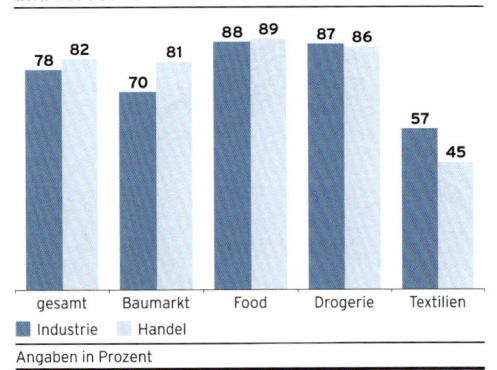

	Industrie	Handel
gesamt	78	82
Baumarkt	70	81
Food	88	89
Drogerie	87	86
Textilien	57	45

Angaben in Prozent
Quelle: GS 1 Germany

Als weitere innovative Technologie bietet der GS1 Data Bar nach Einschätzung der Unternehmen einen hohen Nutzen bei der Artikelidentifizierung, im Checkout und beim Warenrückruf sowie verbesserte Möglichkeiten der Abverkaufsauswertung. Der GS1 Data Bar ist ein besonders kleiner, platzsparender Barcode mit hoher Informationsdichte. Einsatzbereiche werden insbesondere bei der Einzelkennzeichnung von loser Ware wie Obst und Gemüse oder kleinen Produkten gesehen.

Insgesamt 38 Prozent der befragten Handelsunternehmen werden bis Ende 2009 ihre Kassensysteme so umgestellt haben, dass ein GS1 Data Bar verarbeitet werden kann. Weitere 5 Prozent planen eine Umstellung nach 2009. Die Studie belegt, dass die Bedeutung von Identifikationsstandards als wichtige Basis für Prozessverbesserungen und Effizienzsteigerungen erkannt wurde.

So haben 82 Prozent der Anlieferungspunkte im Handel eine GLN (Globale Location Number) und 85 Prozent der an den Handel gelieferten Artikel und Waren eine GTIN (Global Trade Item Number – ehemals EAN). Mit steigendem Durchdringungsgrad erhöht sich der Nutzen für alle Beteiligten, da wichtige Voraussetzungen für den Einsatz moderner Kommunikations- und Prozessstandards geschaffen werden.

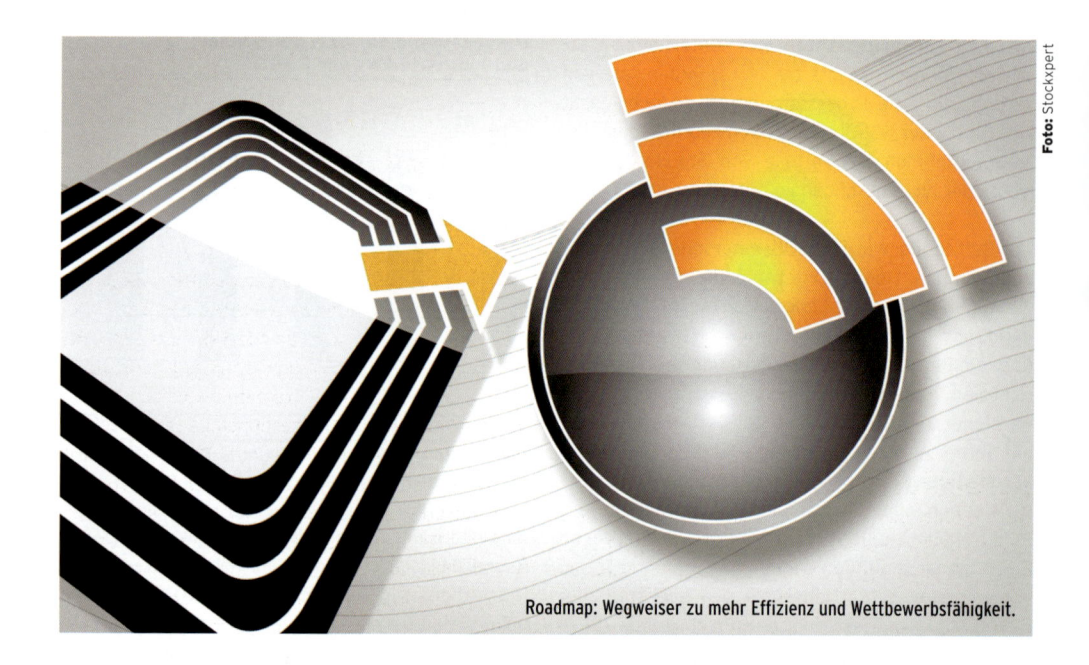

Technologie Vernetzung

Roadmap: Wegweiser zu mehr Effizienz und Wettbewerbsfähigkeit.

Auf Basis der oben genannten Identifikationsstandards werden bereits 46 Prozent der Handelsbestellungen elektronisch und mittels eines global standardisierten Formats zwischen den Geschäftspartnern ausgetauscht. Der elektronische Rechnungsdatenaustausch liegt bei 47 Prozent des Rechnungsvolumens. Trotz dieser Entwicklung wird aber auch deutlich, dass weiterhin eine große Zahl der Belege manuell abgewickelt wird und damit Effizienzpotenziale brach liegen.

Ein vereinzelter Einsatz von Identifikations- oder Kommunikationsstandards bietet für die Unternehmen bereits Vorteile. Jedoch erst mit einer systematischen Verknüpfung der einzelnen Standardlösungen untereinander und entlang der jeweiligen Prozessketten können die angestrebten Prozessoptimierungen konsequent realisiert werden.

Ein gutes Beispiel hierfür findet sich in der Logistik: Durch eine vernetzte Nutzung der NVE (Nummer der Versandeinheit) mit dem elektronischen Lieferavis (DESADV) lassen sich Wareneingangsprozesse nahezu vollständig automatisieren. Ein manueller Eingriff erfolgt nur, wenn systemseitig Abweichungen zwischen dem elektronisch avisierten Lieferschein und den hinterlegten Bestelldaten erkannt werden. Die NVE, welche die eingetroffene Lieferung eindeutig identifiziert, bildet hierbei den Schlüssel.

Zeitgewinn

Um den Erfassungsprozess zu beschleunigen, wird die NVE entweder als Barcode in einem Transportetikett hinterlegt oder in einem RFID-Chip gespeichert. Vereinnahmungszeiten wurden auf diese Weise signifikant reduziert und die Mitarbeiter konnten sich in der so gewonnenen Zeit auf die Bearbeitung von Problemfällen konzentrieren.

Trotz dieser belegten Vorteile sind nur 32 Prozent der vom Handel empfangenen Warenlieferungen mit einer NVE ausgezeichnet und nur 11 Prozent der Lieferungen sind sowohl mit einer NVE gekennzeichnet als auch von einem DESDAV begleitet. Der durch die Befragung ermittelte Status zeigt, dass vor allem die Branchenführer in Industrie und Handel die Bedeutung von Standards sehen und diese in ihren Geschäftsprozessen umsetzen. Dennoch muss und darf diese Entwicklung nicht auf die Marktführer beschränkt bleiben: Der weitere konsequente Ausbau und die Nutzung von Standardlösungen ist auch für kleinere und mittlere Unternehmen eine wichtige Grundlage, ihre Marktsituation und Wettbewerbsfähigkeit zu festigen.

Kollaborative Logistik

Noch einmal der Blick in die Zukunft: Kollaborative Lager- und Lieferkonzepte sind die Antwort der Supply-Chain-Manager des Jahres 2016 auf drastisch gestiegene Transportkosten. In den Ballungsgebieten nutzen die Unternehmen gemeinsame City Hubs und bedienen von dort aus die verschiedenen Distributionskanäle. Der Lkw-Verkehr und der Zugang zu Innenstädten werden immer stärker reguliert; Märkte, Nachbarschaftsläden und Privathaushalte werden von umweltfreundlichen Kleintransportern beliefert.

Längst ist die Logistik zum entscheidenden Effizienzfaktor in der Value Chain geworden. 2016 liegen die Transportkosten im Güterverkehr deutlich höher als noch zehn Jahre zuvor. Verantwortlich dafür sind neben den Rohölpreisen die gestiegenen Personal- und Sozialkosten sowie zusätzliche Belastungen durch Stauzeiten und Lkw-Maut. Der zunehmende Fahrermangel stellt für viele Logistikunternehmen einen Engpass dar, der die Transportkosten weiter in die Höhe treibt. Hinzu kommen erhebliche Investitionen in die Modernisierung der Lkw-Flotte. Im gesamten europäischen Binnenmarkt sind umfangreiche Sicherheitsausrüstungen vorgeschrieben, beispielsweise elektronische Stabilitätsprogramme, Notbremssysteme und Spurhalteassistenten. Außerdem erwarten die Kunden der Logistikbranche, dass sie ihre Sendungen in Echtzeit verfolgen können. Die gängigen EDI-Standards und die Vernetzung mit allen Beteiligten entlang der Supply Chain werden als selbstverständlich vorausgesetzt.

Megatrend Urbanisierung

Fast drei Viertel der Menschen in Deutschland lebt im Jahre 2016 in den Städten und Ballungsgebieten – Tendenz steigend. Kürzere Wege zum Arbeitsplatz sowie bessere Versorgungs- und Kulturangebote sind für die Wahl des Wohnortes ausschlaggebend. Der Trend zur Urbanisierung erfordert differenzierte Belieferungsstrukturen für den ländlichen und städtischen Raum. Auf dem Land nimmt die Bedeutung des Versandhandels und Onlineshoppings sowie mobiler Handelsangebote zu. Ein anderes Bild zeigt sich in den Ballungsräumen. Hier müssen sich Handel, Industrie und Logistik mit anderen Konzepten auf die veränderten Bedingungen einstellen. Die zunehmend ältere Bevölkerung und die Mehrzahl der Single-Haushalte präferieren kleine Outlets und Nachbarschaftsläden für den täglichen Einkauf. Vor allem Familien nehmen jedoch nach wie vor das Angebot von Einkaufszentren auf der Grünen Wiese in Anspruch. Immer mehr Geschäfte entstehen – und damit wächst die Zahl der Belieferungspunkte in den Städten. Um die hohen Ansprüche der Konsumenten an Sortimentsvielfalt, Frische und Convenience zu erfüllen, müssen Handel und Industrie ausgeklügelte Konzepte für das Lagermanagement, die Qualitätssicherung und die Distributionslogistik etablieren.

2016 sind herkömmliche Lastkraftwagen weitgehend aus den Innenstädten verbannt. Feinstaubregelungen und Umweltzonen beschränken den Güterverkehr zunehmend. Damit wird die Wahl der strategisch und finanziell günstigsten Transportmittel noch wichtiger; zahlreiche Unternehmen steigen in der City auf kleinere Hybridfahrzeuge und gasbetriebene Transporter um. Als zentrale städtische Umschlagplätze dienen die so genannten City Hubs. Die modernen Läger werden von mehreren Unternehmen gemeinsam genutzt – sie sind der ideale Ausgangspunkt für die Belieferung sämtlicher Märkte und die Kommissionierung für das Home Shopping. Manche Geschäftspart-

Technologie Vernetzung

Versand/Transport: Einsatz von von EPC-Standards auf dem Vormarsch.

ner gehen noch einen Schritt weiter, bündeln Transporte oder teilen sich die Lkw-Flotte. Leerfahrten gehören damit der Vergangenheit an. Collaborative Warehousing und Transporting: Diese Konzepte bieten den Unternehmen die Chance, Synergien zu nutzen, die Kosten zu senken und ihre CO_2-Bilanz signifikant zu verbessern.

Die Aufgaben in Logistik und Lagermanagement werden zusehends komplexer; eine vorausschauende Planung ist ebenso unerlässlich wie die exakte Abstimmung zwischen den einzelnen Prozessschritten und Akteuren. Mithilfe von EPC/RFID lässt sich die Fülle von Daten- und Warenströmen effizient und sicher steuern. Vollautomatisch werden Paletten oder Pakete innerhalb von Sekunden erfasst, geprüft und dokumentiert. Die gesamte Konsumgüterwirtschaft profitiert von der Technologie, mit der sie Warenlieferungen jederzeit eindeutig identifizieren und in Echtzeit lokalisieren kann.

Fit in vier Schritten

Energiekosten, Rohstoffverfügbarkeit, Demografie, Konsumentenverhalten und gesetzliche Rahmenbedingungen: Die Ergebnisse der Strategiegruppe Zukunft machen deutlich, wie sich die wesentlichen Einflussfaktoren auf die deutsche Value Chain auswirken und welche Lösungsstrategien die Unternehmen entwickeln müssen. Eine anspruchsvolle Aufgabe – die notwendigen Prozesse und Technologien lassen sich nicht von jetzt auf gleich implementieren. Die Roadmap führt Unternehmen Schritt für Schritt zu mehr Effizienz und Wettbewerbsfähigkeit. Anhand eines vierstufigen Aktionsplans können sie überprüfen, wo sie heute stehen und was sie in den Bereichen Unternehmenskultur, Organisation, Technologie, Prozesse und Datenaustausch optimieren müssen.

Auf Stufe 1 – „just startet" – geht es beispielsweise darum, ein neues Bewusstsein im Unternehmen zu schaffen, Stufe zwei beinhaltet bereits die Einführung der technologischen „Basics". Auf dem „Advanced"-Level sind die unternehmensübergreifenden Prozesse effizient vernetzt, und auf Stufe vier – „Best Practise" – profitieren die Unternehmen von neuen Formen der Kooperation. Die Herausforderungen für Unternehmen sind vielfältig. Doch wer heute handelt, auf Standards setzt und neue Technologien wie RFID für sich entdeckt, ist für die Zukunft gerüstet. Jetzt geht es darum, selbst aktiv zu werden.

CCV

Die **TERMINAL**ogie des Erfolgs.

Für jeden Point of Sale:
Wir haben die richtige Lösung.

- Integriert oder Stand-Alone
- Mobil, stationär oder unbedient
- Standard-Module oder individuelle Systeme
- Ideal für Automaten und Kassensysteme

ELME VeriFone. THE WAY TO PAY celectronic Berlin

www.ccv-deutschland.de
CCV Deutschland GmbH Tel. 08752 8640 sales@de.ccv.eu

Technologie ECR

Treffen. Tagen. Trainieren

Der Sprudelkasten muss leben: Im Kölner Knowledge Center macht GS1 Germany den Warenfluss und die Bedeutung von Datenstandards erlebbar.

Text Monika Gabler, GS1

Ob in der Produktion, in der Logistik oder am Point of Sale – niemand zweifelt heute mehr an der Bedeutung einheitlicher Kennzeichnungs- und Kommunikationsstandards. Weltweit akzeptiert und für alle Beteiligten verständlich wirken sie geradezu wie ein Beschleunigungsmotor auf die Supply Chain. Doch dieser Erkenntnis folgt nicht zwangsläufig die Umsetzung in die eigene Geschäftspraxis. Viele Unternehmen scheuen die damit verbundenen Investitionen oder misstrauen einer engeren Vernetzung mit Geschäftspartnern. Mit seinem neu errichteten Knowledge Center will GS1 Germany solche Barrieren überwinden und den Einstieg in das GS1-System für Industrie und Handel erleichtern. Individuelle Schulungsprogramme und Live-Demonstrationen der gesamten Prozesskette verdeutlichen eindrucksvoll, welcher enorme Mehrwert in einer perfekt aufeinander abgestimmten Prozesskette liegt und wie einheitliche Kommunikations- und Prozessstandards das Daily Business regelrecht beflügeln können.

Value Chain live

Hauptattraktion des Knowledge Centers ist die Value Chain live! – eine wirklichkeitsgetreue Demonstration des Warenflusses. Die Welt der GS1-Standards wird am Beispiel einer Kiste Mineralwasser auf dem Weg von der Produktion bis zur Rücknahme des Leerguts im Supermarkt anschaulich dargestellt. Während ein Rollenband die Ware physisch von der Abfüllanlage über das Lager bis zur Ladenkasse transportiert, informieren Filme auf einer Panorama-Medienwand, welche Stationen die Ware gerade durchläuft und wie die Prozesse mithilfe der GS1-Standards dynamisch ineinander greifen. Rund 20 Minuten dauert die professionell und unterhaltsam aufbereitete Basis-Show. Auf ihrer Reise durch die virtuelle Value Chain erfahren die Besucher beispielsweise, warum weltweit überschneidungsfreie Artikelnummern Wettbewerbsvorteile ermöglichen, mit welchen Standards sie ihre logistischen Prozesse beschleunigen können und wann sich der Einsatz von GS1 DataBar, GS1 DataMatrix oder EPC/RFID lohnt. Über diesen vollautomatischen Rundlauf hinaus kann die Präsentation individuell erweitert, vertieft und auf die Bedürfnisse unterschiedlicher Branchen zugeschnitten werden.

Wie von Zauberhand

Konsumgüterhersteller können sich an den ersten Stationen des Rundlaufs intensiv mit den Instrumenten einer effizienten Produktionssteuerung auseinandersetzen. Warum sind integrierte und standardisierte Kommunikationsprozesse so wichtig? Und wie wird eine Global Trade Item Number (GTIN) erstellt und mit den Produktstammdaten verknüpft? Anhand von Präsentationen und interaktiven Modulen werden die Fragen der Anwender beantwortet. Im nächsten Schritt geht es darum, Produkte oder Paletten mit dem geeigneten Datenträger zu kennzeichnen. Die Value Chain live! bietet sowohl einen fest installierten Transponder-Drucker als auch die Möglichkeit, in speziellen Schulungen selbst RFID-Transportetiketten zu erstellen.

Mit dem Einlagern der Paletten beim Hersteller startet die eigentliche Logistikkette. Die zentralen Informationen für alle weiteren Prozesse liefert die auf dem Datenträger gespeicherte Nummer der Versandeinheit (NVE/SSCC). Auf dem Barcode oder RFID-Transponder können neben der NVE noch andere logistisch relevante Daten wie Chargennummer, Mindesthaltbarkeitsdatum und Gewicht verschlüsselt werden. Idealerweise werden diese Daten jedoch elektronisch übermittelt. Die NVE bildet die Voraussetzung für das heute obligatorische Tracking und Tracing, die sichere Sendungsverfolgung von Transporteinheiten. Durch Einlesen der NVE kann der Ware zugleich der optimale Platz im Hochregallager zuge-

ECR Technologie

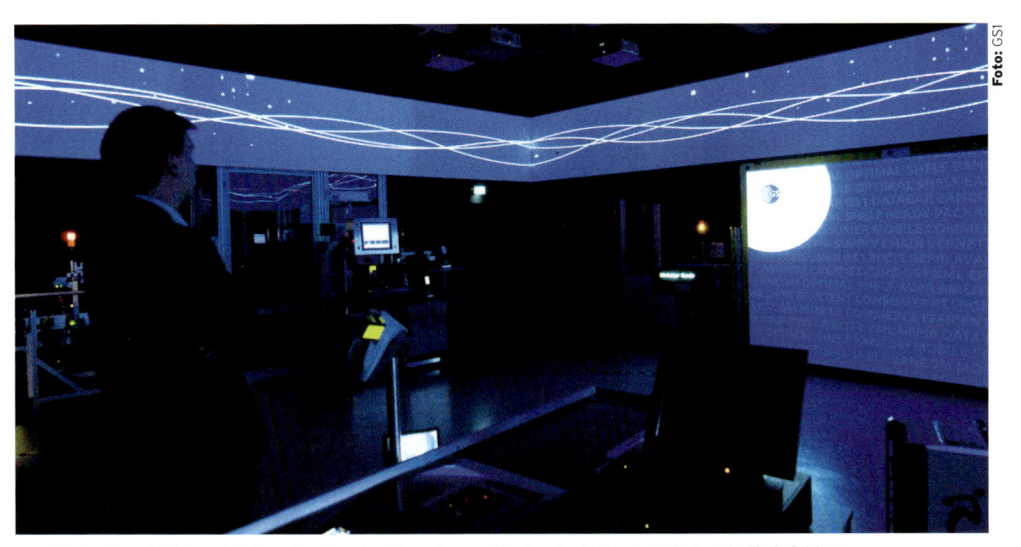

Es geht eine Sprudelkiste auf Reisen: Der Weg der Mineralwasserflasche durch die gesamte Supply Chain ist lang.

wiesen werden. Geht nun in der Disposition eine elektronische Bestellung im Warenwirtschaftssystem ein, wird die Lieferung mithilfe des elektronischen Datenaustauschs EDI automatisch kommissioniert und versandfertig gemacht. Hier kommt der GS1-Standard EANCOM zum Einsatz. Damit hat die Papierflut ein Ende, eine manuelle Bearbeitung der Daten ist überflüssig.

Zurück ins Knowledge Center: In der Live-Simulation wird die Palette mit den Wasserkisten jetzt von der Rollenbahn in einen waschechten DHL-Container verfrachtet; der Betrachter verfolgt den Transport zeitgleich auf der Multi-Medienwand. Der Warenempfänger im Supermarkt erhält eine elektronische Lieferavisierung und kann den Wareneingang vorbereiten. Trifft das Mineralwasser ein, muss er lediglich die NVE einscannen oder vom RFID-Transponder auslesen. Da alle Informationen im EDV-System bereits vorhanden sind, kann die Ware per Knopfdruck vereinnahmt werden. Eine manuelle Eingabe und Prüfung der Lieferscheindaten entfällt. Der wesentliche Vorteil von RFID-gestützten Datenträgern gegenüber der optischen Identifikation: Innerhalb der globalen EPC-Netzwerkstruktur sind die User unabhängig von manuellen Scan-Vorgängen. Die Erfassung der Warenbewegungen und die Verarbeitung der Daten erfolgt vollautomatisch, sodass die Unternehmen jederzeit und überall den Überblick über sämtliche Warenbewegungen haben – und das in Echtzeit. Informationen darüber, welches Produkt wann und wo welches Lager passiert hat, können einfach per Mausklick über das standardisierte EPCIS (EPC Information Services) abgefragt werden. Wie das funktioniert, können die Besucher im Knowledge Center an einem Echtzeitmonitor nachvollziehen.

Willkommen in der Zukunft

In einem „echten" Shop erleben die Besucher des Knowledge Centers intelligente Technologien am Point of Sale – vom Personal Shopping Assistant (PSA) über RFID-Lesegeräte an Regalen und Waagen bis zur automatischen Pfandabwicklung. Hightech zum Anfassen auch in der Kassenzone: Unter dem Laufband eines Kassentisches befindet sich eine

Technologie ECR

RFID-Antenne, die selbstständig alle getaggten Produkte einliest. Am Self-Checkout-Kassensystem kann der Besucher sogar den gesamten Checkout-Prozess eigenständig durchführen. Die gescannte Ware wird auf einer Waagenplattform in Tüten gepackt und anschließend per Karte direkt am Terminal bezahlt. Hier endet der Rundgang durch die Value Chain live! Der Eindruck bestätigt sich: Die GS1-Standards wirken wie ein Beschleuniger auf die Geschäftsabläufe, erhöhen den Servicegrad und verbessern die Kundenorientierung. Umfassende Produktinformationen, bedarfsgerechte Sortimente, individuelle Services – durch die perfekte Abstimmung der Value Chain lassen sich die immer differenzierteren Konsumentenbedürfnisse zeitnah erfüllen.

GS1 Knowledge-Center: Value-Chain live.

Weiterbildung und Networking

Die Value Chain live! stellt ohne Zweifel das spektakulärste Element des Knowledge Centers dar; nicht weniger spannend ist jedoch das Gesamtkonzept des neuen Schulungs- und Trainingszentrums. Beim Bau wurden aktuelle Erkenntnisse der Energieeffizienz berücksichtigt; so kommt das Haus komplett ohne Heizungsanlage aus. Zugleich bieten die beiden lichtdurchfluteten oberen Etagen maximale Flexibilität bei der Raumgestaltung. Bewegliche Wände, hochwertiges Equipment und moderne Konferenztechnik schaffen den passenden Rahmen für die unterschiedlichsten Veranstaltungsformate – vom Vier-Augen-Gespräch über Seminare und Tagungen bis zum großen Netzwerk-Event.

Das Weiterbildungsangebot von GS1 Germany zeichnet sich durch hohe Professionalität aus. Die geschulten Trainer verfügen selbst über langjährige Praxiserfahrung und vermitteln den Teilnehmern Wissen aus erster Hand. Im Mittelpunkt der ein- bis zweitägigen Seminare und Workshops steht der direkte Nutzen für das Tagesgeschäft. So machen verschiedene Grundlagenseminare die Unternehmen fit für die kosteneffiziente Umsetzung der GS1-Standards oder helfen bei der Bewältigung aktueller Herausforderungen – beispielsweise beim Rollout der neuen Strichcode-Symbologie GS1 DataBar. Neben Schulungen zum elektronischen Datenaustausch und Themen wie EPC/RFID, Supply Chain oder Category Management bilden branchenspezifische Angebote einen weiteren Schwerpunkt. Vertreter der Gesundheits-, Mode- oder Lebensmittelbranche erfahren anhand konkreter Fallbeispiele, wie die GS1-Standards für mehr Sicherheit, Transparenz und Wirtschaftlichkeit entlang der Wertschöpfungskette sorgen. Das Knowledge Center setzt Maßstäbe – GS1 Germany unterstreicht damit einmal mehr seinen Anspruch als Impulsgeber und Tempomacher für mehr Effizienz rund um die Value Chain.

Feierliche Eröffnung

Nach einem Jahr Bauzeit hieß es am 7. Mai 2009 „Now enter the Knowledge Center". Rund 200 geladene Gäste, darunter hochrangige Vertreter aus Politik und Wirtschaft, feierten die Eröffnung des GS1 Germany Knowledge Centers in Köln. Herzstück des vom Kölner Architekten Matthias Krawinkel entworfenen Gebäudes ist eine Wertschöpfungskette zum Anfassen. Diese Value Chain live! stellt eine ideale Ergänzung zum professionellen Trainings- und Seminarprogramm dar. Die Teilnehmer aus den unterschiedlichen Branchen profitieren von der Kombination aus Theorie und Praxis – und bekommen wichtige Impulse für die Effizienzsteigerung ihres Geschäfts.

RFID Technologie

Nach dem Hype

RFID ist nicht nur eine der Schlüsseltechnologien in der Automatisierung von Geschäftsprozessen, sondern sorgt auch für gemeinsame Wertschöpfung.

Text Siegfried Jacobs, BTE

Die Konsumgütermärkte erfuhren in den vergangenen Jahren eine intensive technologische Durchdringung bei den Informations- und Kommunikationsprozessen. Beispiele sind auf Handelsseite die Verbreitung von Computerkassen, die breite Nutzung der EAN-Nummer als Artikel-Identifikationssystem, die Elektronisierung des Zahlungssystems, die elektronische Sendungsverfolgung in der Warenlogistik oder der Elektronische Geschäftsverkehr auf Basis des internationalen Datenstandards EANCOM.

Heute sehen wir uns vor dem Durchbruch einer neuen Technologie, der Radiofrequenztechnik zu Identifikationszwecken (RFID). Sie gilt als eine der Schlüsseltechnologien für die Automatisierung von Geschäftsprozessen. Sie ermöglicht es, Produkt- und Prozessinformationen per Funksignal berührungsfrei und ohne Sichtkontakt zu übertragen.

Zu Beginn dieses Jahrzehnts kam es zu einem regelrechten RFID-Hype. Die technische Entwicklung beschleunigte sich rasant, die Zahl der Test-Anwendungen in Handels-, Logistik- und Produktionsbetrieben nahm zu und der Erfahrungsaustausch – auch auf internationaler Ebene – intensivierte sich.

Heute ist es in den Medien etwas ruhiger um RFID geworden. Gleichwohl hat das Thema in keiner Weise an Bedeutung verloren – im Gegenteil: In den Unternehmen wird im Hintergrund sehr intensiv an der Umsetzung der Funktechnologie gearbeitet, zumal deren Einsatz in den Pionierunternehmen wichtige Erkenntnisse für künftige Anwendungen gebracht hat und das – anfänglich eher noch experimentell anmutende – RFID-Equipment mittlerweile zur professionellen Einsatzreife weiterentwickelt wurde.

Dass RFID noch keinen Durchbruch in den Konsumgütermärkten erfahren hat, ist u. a. auf die noch immer vergleichsweise hohen Preise für die RFID-Micro-Chips zurückzuführen. So ist auch nachzuvollziehen, dass die Nutzung von RFID auf der Artikelebene (sog. Item-Tagging) sich im Lebensmittelmarkt mit seinen niedrigen Artikelpreisen derzeit nicht rechnet. Hier wird die Funktechnologie auf der Ebene der Versandeinheit – in der Regel zur Kennzeichnung von Paletten – eingesetzt (sogenanntes Unit-Tagging).

Aufgrund seiner deutlich höheren Durchschnittspreise interessierte sich dagegen die Modebranche schon sehr früh für die RFID-Technologie. So haben sich Bekleidungshandel und -industrie als First Mover bei der Anwendung von RFID im Rahmen der Artikelidentifikation betätigt. Bekanntes Beispiel ist das britische Handelsunternehmen Marks & Spencer, das bereits im Jahr 2003 begann, systematisch Bekleidungsartikel mit RFID-Transpondern zu versehen.

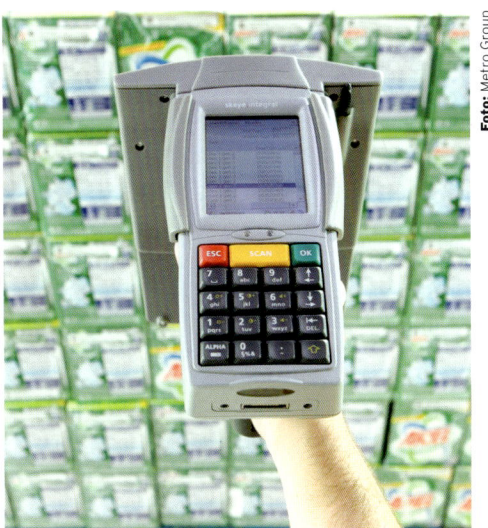

Foto: Metro Group

Minimiert Kosten: Mobiler RFID-Einsatz.

Technologie RFID

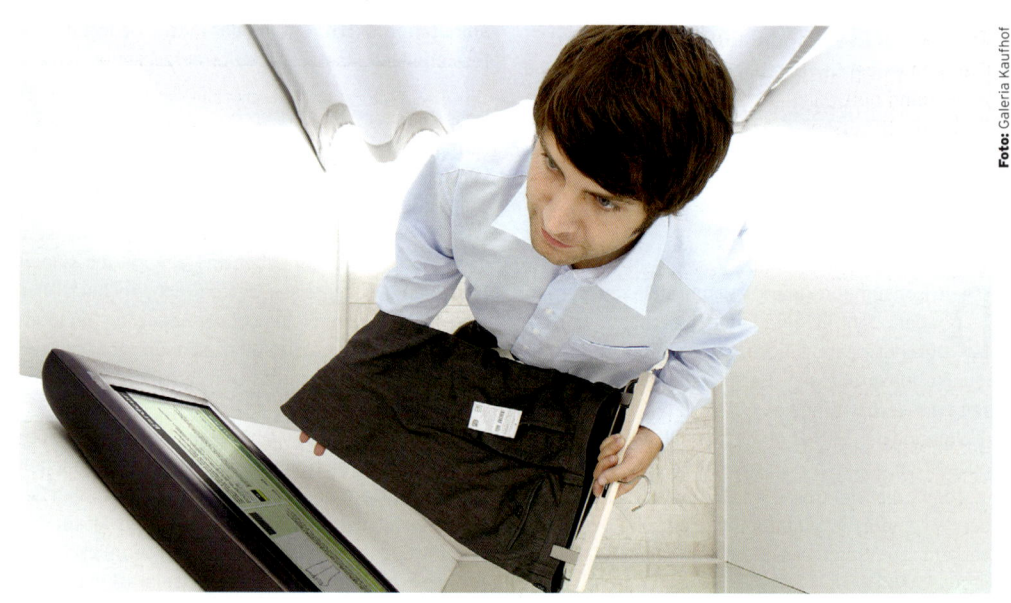

Modeberater: Virtuelle Ankleidehilfe.

Gerade auch Fashion-Anbieter in Deutschland gelten weltweit als Pioniere der RFID-Anwendung, haben sie in den vergangenen sechs bis sieben Jahren doch zahlreiche Testinstallationen durchgeführt und sich in internationalen Standardisierungsgremien für die Weiterentwicklung und Vereinheitlichung von Funkfrequenzen, Hard- und Software sowie Prozessen stark engagiert.

Auf Handelsseite zählen zu den frühen Anwendern beispielsweise die unter den größten Textileinzelhändlern Deutschlands rangierenden Warenhaus-Unternehmen Kaufhof und Karstadt, der Bekleidungsfilialist Adler, der Sportbekleidungsfilialist Northland und das mittelständische Modehaus Fischer in Taucha/Leipzig. Auf Herstellerseite setzen die Bekleidungsanbieter Gardeur, Gerry Weber, Lemmi Fashion und van Laack bereits die Funktechnologie ein. Einige Hemden-Spezialisten wie Seidensticker und Olymp beschäftigen sich ebenfalls intensiv mit der Einführung von RFID. Die Einsatzmöglichkeiten der Transponder-Technologie sind vielfältig, die Nutzenpotenziale auch. Zunächst geht es um die Optimierung bestehender Prozesse bei etablierten Geschäftsmodellen. Sie sollen kostengünstiger, schneller und exakter ablaufen. Zudem unterstützt RFID neue, vertikal ausgerichtete Geschäftsmodelle wie Konsignation und Konzession, die veränderte Anforderungen an Warensteuerung und Bestandstransparenz mit sich bringen. Im Einzelnen verspricht sich die Modebranche folgende Vorteile von der RFID-Anwendung:

Automatisierung von Abläufen

RFID ermöglicht die Automatisierung vormals manuell durchgeführter Abläufe. Beispielsweise können Wareneingangskontrollen automatisiert und der Personaleinsatz dadurch reduziert werden. Dies führt sowohl zu einer Zeit- und Ressourcenersparnis als auch zu einer Verbesserung der Datenqualität in den nachgelagerten IT-Systemen, da Falscheingaben – wie sie bei der manuellen Erfassung immer wieder vorkommen – vermieden werden.

RFID **Technologie**

Pulkerfassung

Während es bei der Barcode-Erfassung etwa im Wareneingang notwendig ist, jeden einzelnen mit Barcode-Etikett ausgezeichneten Artikel einzeln zu scannen, ist dies mit RFID nicht mehr erforderlich. Die Radiofrequenz-Technologie gestattet nunmehr die simultane Erfassung großer Mengen an Einzelartikeln, auch Pulk- oder Massenerfassung genannt. Schon mit der Technologie des Jahres 2003 wurden bei einem Pilotprojekt der Firmen Kaufhof und Gerry Weber im Hängebereich etwa 10 Bekleidungsstücke pro Sekunde eingelesen. Bei Liegeware in Kartonagen ließen sich bis zu 20 Teile pro Sekunde erfassen. Die Kartons können beim Erfassen der Ware geschlossen bleiben, da ein Sichtkontakt zwischen dem RFID-Chip und dem Lesegerät nicht hergestellt werden muss. Da die RFID-Technik zwischenzeitlich weiterentwickelt wurde, kann man davon ausgehen, dass heute sogar deutlich höhere Lesegeschwindigkeiten zu erreichen sind.

Ein-eindeutige Identifikation

RFID erlaubt die ein-eindeutige Zuordnung von Daten zu Objekten. So kann dank der Chip-Technologie die Artikelidentifikation – gegebenenfalls über die ganze textile Kette hinweg – serialisiert werden. Dadurch wird eine exakte Zuordnung zwischen dem RFID-Chip und dem zugehörigen Einzelartikel möglich. Die EAN-Auszeichnung, die Bekleidungsstücke nur auf der Ebene Artikel/Farbe/Größe kennzeichnet, leistet dies nicht.

Aufgrund der skizzierten Vorteile vermag RFID die Prozesse in der gesamten textilen Wertschöpfungskette zu optimieren – von der Produktion über die Warenlogistik bis zum Einzelhandel. Der Nutzen liegt zunächst in einer Verkürzung der Produktionszeiten. Durch eine Beschleunigung der Fertigung lassen sich nicht nur Produktionskosten und Kapitalbindung senken, sondern auch Lieferzeiten verkürzen. Darüber hinaus erlaubt die neue Technologie, bei niedrigem organisatorischem Aufwand vollständige Sendungen zu gewährleisten. Werden die einzelnen Arbeitsplätze mit Lesestationen ausgestattet, lassen sich zudem exakte Leistungskontrollen der Beschäftigten – etwa für die Lohnabrechnung – durchführen.

In der textilen Warenlogistik können RFID-Transponder auf Transporteinheiten, auf Sammelverpackungen und an Konsumenteneinheiten angebracht und genutzt werden. Die Funktechnologie liefert den Beteiligten aktuelle und differenzierte Informationen über den Status der transportierten Waren im Rahmen eines Echtzeit-Trackings, von der Produktionsstätte im Niedriglohnland über den Transportweg bis zum Distributionszentrum Handel. Eventuelle Lieferverzögerungen und Falschlieferungen werden dadurch rechtzeitig erkannt, sodass frühzeitig in den Logistikprozess eingegriffen werden kann.

Im Textileinzelhandel liegen die Einsatzmöglichkeiten zunächst in der Lagerlogistik. So werden im Wareneingang des Distributionszentrums eintreffende Warensendungen über RFID-Gates und Pulkerfassung

Was ist eigentlich RFID?

Ein RFID-System besteht aus einem RFID-Transponder (auch Tag genannt), einem Lesegerät (Reader) und einem IT-Hintergrundsystem. Der Transponder ist der eigentliche Informationsträger. Er besteht aus einem Micro-Chip und einer kleinen Antenne. Die Daten werden – in Abhängigkeit vom jeweiligen Anwendungsgebiet – entweder direkt auf dem Computerchip oder auf einer externen Datenbank gespeichert. Die Verknüpfung von Transponder und Datensatz erfolgt über eine eindeutige Kennung. Dies kann beispielsweise die EAN-Nummer sein (in der neuen internationalen Terminologie als GTIN bezeichnet) oder der so genannte EPC (Electronic Product Code). Der EPC ist eine von der international tätigen Standardisierungsorganisation GS1 fest definierte Zeichenfolge, die eine eindeutige und überschneidungsfreie Serialisierung, beispielsweise von Artikeln oder Verpackungseinheiten, gestattet.

Technologie RFID

automatisch gelesen und in die Warenwirtschaft eingebucht. Falschlieferungen können sofort identifiziert werden. Nach Auskunft eines der bedeutendsten Bekleidungsfilialisten Deutschlands sind die nach Größe und Farbe sortierten Lieferungen der Hersteller dort nur zu etwa 80 Prozent auftragsgemäß. Bei diesem Unternehmen geht man davon aus, dass 100 Prozent korrekte Lieferungen zu einem Mehrumsatz von 6 bis 8 Prozent führen werden.

Auch die Lagerwirtschaft lässt sich mittels Funktechnologie optimieren. Echtzeit-Lagerbewegungen und -Bestandserfassungen erlauben eine genaue Information über aktuelle Lagerbestände und -orte. Zudem vermag eine Tag-gestützte Warensicherungsfunktionalität den Warenschwund im Lager zu senken. Last but not least unterstützt RFID die Filial-Kommissionierung, zum Beispiel über entsprechend ausgestattete Sortieranlagen und Kontrollsysteme.

RFID-Gates am Wareneingang der Filialen versorgen Bekleidungsketten mit Echtzeit-Bestandsdaten aus den Verkaufshäusern. Bisher konnte in vielen Unternehmen nicht zwischen Ware im Filiallager und Ware auf der Verkaufsfläche unterschieden werden, da ein manuelles Scannen der Artikel zu aufwändig erschien. RFID-Lesegeräte am Übergang zum Verkaufsbereich gestatten nun auch eine differenzierte Bestandsführung zwischen Front- und Backstore-Bereich.

Die Bestände eines Handelsunternehmens lassen sich über die Funktechnologie permanent erfassen. Über mobile Lesegeräte oder fest an Warenträgern installierte Reader können in kürzester Zeit Inventuren durchgeführt werden. Buchbestände sind dadurch viel häufiger als bisher wirtschaftlich möglich auf einen aktuellen Stand zu bringen. Die exakte Bestandsführung mit der Möglichkeit der permanenten Inventur gewinnt an Bedeutung für neuere Formen der lieferantengesteuerten Flächenbewirtschaftung. So interessieren sich die Lieferanten des Einzelhandels etwa im Rahmen von Konsignations- und Konzessions-Geschäften zunehmend für den exakten Warenbestand und die aktuellen Warenbewegungen innerhalb eines Filialsystems. Über eine hohe Transparenz der Bestände auf der Verkaufsfläche lassen sich automatisierte Nachbelieferungsprozesse exakter steuern und Out-of-Stock-Situationen weitgehend vermeiden.

RFID-Einsatz am Point of Sale

- Warensteuerung
- Inventuren-Erfassung
- Bestandsführung
- Nachbestellung
- Flächenbewirtschaftung
- Mitarbeiterinformation
- Kundeninformation
- Warensicherung
- Kassiervorgang
- Bearbeitung von Reklamationen und Umtausch

Ein weiterer Vorteil der RFID-gestützten Artikelidentifikation liegt bei größeren Filialbetrieben in der exakten Lokalisierung der Ware. Bislang wird für Verkaufshäuser oftmals nur ein Gesamtbestand geführt, ohne zu wissen, ob sich die Ware gerade auf der Stammfläche, auf der Aktionsfläche oder im Filiallager befindet. Über das Einzel-Identverfahren von RFID kann künftig sogar bei Mehrfachplatzierungen von Artikeln unterschieden werden, welche Teile eines Artikels für die Stammabteilung und welche für den Marken-Shop des Lieferanten eingekauft (und anschließend verkauft) wurden. Insbesondere mit Blick auf die Abrechnungsverfahren unterschiedlicher Geschäftsmodelle (z. B. klassischer Handelsbestand vs. Konsignation) oder bei der Leistungsbeurteilung verschiedener Abteilungen eines Verkaufshauses ist diese differenzierte Artikel-Identifikation von besonderer Bedeutung.

Neben einem optimierten Bestandsmanagement soll RFID auch zur Verbesserung der Serviceleistungen gegenüber den Konsumenten führen. So sind gerade die weniger beratungsintensiven Betriebsformen des Textileinzelhandels daran interessiert, ihren Kundenservice über den Einsatz RFID-gesteuerter Regale, Info-Displays, Spiegel oder Umkleidekabinen zu erhöhen. Über solche Verkaufseinrichtungen sollen die Kunden Informationen über die Warenverfügbarkeit (Ist der betreffende Artikel in der gewünschten Farbe und Größe vorrätig?), artikelbezogene Produkteigenschaften (Welche besonderen Trageeigenschaften hat der Stoff?) oder Kombinationsmöglichkeiten (Welches Oberteil passt speziell zu dieser Hose?) abrufen können. Schließlich vermag RFID den Kassiervorgang zu beschleunigen. Die an der Kasse zu erfassenden Artikel müssen nicht mehr – wie bei EAN-Auszeichnung – einzeln gescannt, sondern können durch Vorbeiziehen am Lesegerät im Pulk gleichzeitig eingelesen werden. Besonders interessant, aber technisch und organisatorisch noch nicht zufrieden stellend gelöst, ist die Funktionalität der Warensicherung per RFID. Es sind verschiedene Realisierungsvarianten in der Diskussion:

- Die „reine" RFID-Warensicherung (Artikelsicherung entweder über einen permanenten (Funk-)Zugriff auf eine Datenbank oder über ein Sicherungskennzeichen auf einem wiederbeschreibbaren Tag)

- Die Kombination von RFID-Artikel-Identifikation und herkömmlicher EAS-Artikelsicherung in einem Etikett

Angestrebt wird eine Anbringung der RFID-Etiketten als Quellensicherung bereits in den Niedriglohnländern der Bekleidungsproduktion. Dadurch können die Handlingkosten niedrig gehalten und die Vorteile dieser Technologie über die gesamte Supply Chain hinweg genutzt werden (**Kasten 2**).

Beispiel I: Galeria Kaufhof

Die Kölner testeten bereits im Jahr 2003 den RFID-Einsatz in der Warenlogistik, und zwar gemeinsam mit dem Bekleidungslieferanten Gerry Weber und dem Logistik-Dienstleister Meyer & Meyer. Die Erwartungen dieser Unternehmen haben sich mit Blick auf Leserate und Lager- sowie Bestandsmanagement erfüllt. Lediglich beim Test der Warensicherungsfunktionalität kam man zu dem Ergebnis, dass sich die seinerzeit verwendete Frequenz (13,56 MHz) für die Artikelsicherung in Warenhäusern nicht eignet.

Die Resultate ermutigten Kaufhof zu weiteren Tests auf der Verkaufsfläche: Im Jahr 2007 stattete das Unternehmen in der Galeria Kaufhof-Filiale in Essen eine rund 2.000 qm große Herrenbekleidungsabteilung mit RFID-Technologie aus. Statt der Hochfrequenztechnologie (13,56 MHz) wurde diesmal die Ultrahochfrequenz (868 MHz) eingesetzt. Das Projekt setzte den Fokus auf RFID-gestützte Anwendungen auf der Verkaufsfläche. So wurden Warenträger, Umkleidekabinen, Spiegel und Kassen mit der Funktechnologie ausgerüstet. Die Mitarbeiter stattete man mit mobilen Lesegeräten, den „mobilen Assistenten", aus. Mit Hilfe dieser Handheld-Geräte waren die Verkaufskräfte in der Lage, binnen Sekunden die Bestückung eines ganzen Regales zu erfassen. Dies ermöglichte schnelle Zwischeninventuren und konnte für eine Verbesserung des Kundenservice zum zügigen Auffinden gesuchter Artikel genutzt werden.

Beispiel II: Karstadt

Die Essener starteten im September 2007 in der Düsseldorfer Filiale mit seinem RFID-Pilotprojekt. Schnell wurde die RFID-Fläche – ursprünglich auf Herren-Jeans beschränkt – auf die gesamte Herrenabteilung ausgedehnt. Auch Karstadt bediente sich mobiler Lesegeräte (Handhelds) und des Smart Shelf (Intelligentes Regal). Mittlerweile hat das Unternehmen die Auswirkungen analysiert und – soweit möglich – mit Unterstützung des Fraunhofer Instituts quantifiziert. Die Ergebnisse: 85 Prozent Zeitersparnis im Wareneingang, 80 Prozent Zeitersparnis bei der Bestandsaufnahme/Inventur und 85 Prozent Zeitersparnis bei der Abschriftensteuerung/Artikelsuche. Für dieses Pilotprojekt, das mit entsprechend hohen Startkosten verbunden war, wird mit einem ROI-Zeitraum von zwei bis drei Jahren gerechnet.

Darüber hinaus werden indirekte Effekte auf Umsatz, LUG und Abschriften erwartet, die sich aber noch nicht

Technologie RFID

quantifizieren lassen: Erhöhung von Umsatz und LUG durch transparente Bestände und entsprechende Nachbelieferung auf der Verkaufsfläche, Umsatzsteigerung durch gezieltes Nachräumen falsch verräumter Artikel und Mehrumsatz sowie reduzierte Abschriften durch eine bessere Abschriftensteuerung.

Beispiel III: Northland

Der Outdoor-Anbieter Northland führte eine RFID-Anwendung speziell für Inventurzwecke durch. Dazu stattete man das Sortiment des Northland-Stores im österreichischen Graz mit RFID-Tags aus: Jacken, Pullover, Hosen, aber auch Produkte wie Rucksäcke und Thermoskannen. Das Ergebnis: Brauchte man bei herkömmlicher Inventur etwa 90 Minuten für die Aufnahme aller rund 650 Artikel, reduzierte sich der Zeitaufwand mit RFID auf 4 Minuten und 30 Sekunden. Die Leserate betrug 100 Prozent. Damit konnte die Funktechnologie den Erfassungsvorgang um den Faktor 20 verkürzen.

Investment gefragt

Mit welchen Investitionen müssen Handelsunternehmen bei der Einführung von RFID rechnen? Die Höhe des erforderlichen Investments hängt natürlich von der Größe des Unternehmens ab. Neben den Aufwendungen für entsprechende Hard- und Software kommen Kosten für das Projekt-Management hinzu, die bei größeren Filialunternehmen nicht unterschätzt werden sollten. In einem EU-Projekt namens BRIDGE (www.bridge-project.eu) wurden die erforderlichen Investitionen exemplarisch für einen Filialisten mit 80 Verkaufshäusern und 50 Mio. Teilen pro Jahr – bei 15 Prozent Hängeware und 85 Prozent Liegeware – kalkuliert.

Danach belaufen sich die Anfangsinvestitionen für dieses Unternehmen bei Vollimplementierung der RFID-Technologie auf rund 13 Mio. Euro. Es wurde ein ROI (return on investment) von 45 Prozent errechnet. Das investierte Kapital amortisiert sich also bereits nach etwa zwei Jahren.

Deutlich geringer ist das erforderliche Investment bei mittelständischen Modehäusern. Der Aufwand für die RFID-Implementierung in einem Modehaus dürfte derzeit bei etwa 30.000 bis 35.000 Euro liegen. Bei dieser Kalkulation wird von der pragmatischen Annahme ausgegangen, dass nicht alles realisiert werden muss, was technisch machbar ist. Wo möglich, werden sinnvolle kostengünstigere Prozessalternativen eingesetzt. Ein vom BTE initiierter RFID-Arbeitskreis geht davon aus, dass der mittelständische Modehandel zunächst RFID-Anwendungen im Wareneingang (Abgleich Bestellungen, Prozessbeschleunigung, Vermeidung von Medienbrüchen), bei der Bestandsaufnahme (schnellere und zusätzlich auch unterjährige Erfassung), der Bestandsführung (verbesserte Steuerung von NOS-Artikeln) und der Artikelsuche (bei Preisänderungen) nutzen wird. Die Preise für ein Hängeetikett liegen derzeit bei ca. 12 bis 14 Cent. Die Etikettenpreise sind in den vergangenen Jahren deutlich gesunken und werden sich auch künftig nach unten bewegen. Der Einzelhandel kann die Vorteile von RFID nur dann rentabel umsetzen, wenn – wie bei der EAN-Barcode-Preisauszeichnung auch – die Vorstufe die RFID-Etiketten an der Ware anbringt.

Für die Verbreitung einer neuen Technologie ist es wichtig, dass sich Anwender auf Standards stützen können. Technische Insellösungen behindern nicht nur die Diffusion, sondern vernichten auch einen gehörigen Teil der Effizienzvorteile, die in einer Innovation liegen. Die Standardisierung ist dank der internationalen Arbeit von EPCglobal bereits weit fortgeschritten. EPCglobal gehören weltweit über 1.250 Mitgliedsunternehmen an, die ihre Erfahrungen mit RFID austauschen und – an den Anwenderbedürfnissen orientiert – RFID-Standards verabschieden. In Deutschland übernimmt die Rationalisierungsgesellschaft GS1 Germany die Repräsentanz von EPCglobal. Der BTE ist seit einigen Jahren Mitglied von EPCglobal und unterstützt in diversen Branchen-Arbeitskreisen von GS1 Germany die RFID-Standardisierungsarbeiten und -Umsetzungsinitiativen.

ANZEIGE

Torex™

Kunden begeistern, überzeugen und langfristig binden

„Der Kunde ist König" – im Einzelhandel galt diese Maxime schon immer. Doch globaler Wettbewerb, vielfältigste Vertriebskanäle und neue Technologien stellen Einzelhändler immer wieder vor große Herausforderungen. Selbst dann, wenn es um die Erfüllung scheinbar elementarer Kundenerwartungen wie Produktverfügbarkeit, qualifiziertes Personal, guten Service und einen schnellen Kassiervorgang geht. Aktuelle Studien belegen, dass aber genau diese Leistungen über Kauf oder Nichtkauf entscheiden. Was also tun, um den Kunden für das eigene Angebot zu begeistern, vom Kauf zu überzeugen und langfristig zu binden?

Zum einen sollten alle Berührungspunkte mit dem Kunden genutzt und alle Vertriebskanäle am POS nahtlos miteinander verknüpft werden. Ein erstklassiger Service an der Kasse kann durch innovative Technologien wie Mobile Shopping und Wave-and-Pay zusätzlich beschleunigt werden. Um den Einkauf optimal zu unterstützen, müssen zudem die richtigen Mitarbeiter zur richtigen Zeit am richtigen Ort sein. Moderne Lösungen berücksichtigen bei der Personaleinsatzplanung auch die Qualifikation und Präferenzen der Mitarbeiter.

Unabhängig ob spezielles Angebot oder allgemeine Kollektion: Sortimente müssen sorgfältig geplant und für Warenverfügbarkeit gesorgt werden. Lösungen für Sortimentsbereitstellung geben Einzelhändlern darüber hinaus wertvolle Einblicke in den Lagerbestand und Abverkauf einzelner Filialen. Waren lassen sich so effizienter zuteilen, Filialen anhand ihrer Verkaufszahlen und dem aktuellen Bestellstand bewerten und Ad-hoc-Zuteilungen ermöglichen.

Ein weiterer Erfolgsfaktor ist die Kundenbindung. Hierbei kommt es darauf an, dem Kunden ein personalisiertes, speziell auf ihn zugeschnittenes Angebot zu machen. Wurden Daten vergangener Transaktionen gesammelt und analysiert, kann für den Kunden auf Basis dieser Informationen in Echtzeit ein individualisiertes Angebot erstellt werden und in allen Phasen des Kaufzyklus übermittelt werden: z.B. als SMS aufs Handy, per E-Mail, am POS oder per Post. Business-Analysis-Lösungen können viele weitere Informationen liefern: z. B. über den Verkauf spezieller Produkte, über die Leistung einer Filiale oder allgemein über die Transaktionen am POS. Alle diese Daten unterstützen das Management dabei, Betriebskosten zu sparen, Entscheidungen schneller und sicherer zu treffen – und dem Kunden ein exzellentes Einkaufserlebnis zu ermöglichen.

Kunden erwarten heute ein erstklassiges Einkaufserlebnis. Dazu gehören exzellenter Service, optimale Warenverfügbarkeit und relevante Angebote.

FAKTEN
Torex Retail Solutions GmbH
Salzufer 8
10587 Berlin
Telefon: +49 (0)30/49901-119
E-Mail: marketing.ber@torex.com
www.torex.de

Das Portfolio:
Lösungen für Kassen- und Filialmanagement, Sortimentsplanung und -bereitstellung, Personaleinsatzplanung, Kundenbindungsmanagement und Business Analysis.

Technologie Zahlungssysteme

Stabile Systeme

Hohe Akzeptanzquoten und funktionierende Sicherungsmechanismen machen das bargeldlose Bezahlen immer beliebter, vor allem das Lastschriftverfahren.

Text Horst Rüter, EHI

Die Ergebnisse der EHI-Erhebung zum Stand des Zahlungsverkehrs an den Kassen des deutschen Einzelhandels verdeutlichen Jahr für Jahr die dynamische Entwicklung, die das bargeldlose Bezahlen seit mehr als 15 Jahren zu verzeichnen hat. Der per Karte erzielte Umsatz ist im Jahr 2008 auf einen neuen Rekord von 130 Mrd. Euro gestiegen, was 36,1 Prozent des Einzelhandelsumsatzes von 360 Mrd. Euro entspricht. Damit beläuft sich die derzeitige durchschnittliche Kartenakzeptanzquote eines deutschen Einzelhändlers auf 36,1 Prozent. Vor zehn Jahren waren es gerade einmal 17,5 Prozent. Mittlerweile gibt es kaum mehr ein Einzelhandelsunternehmen, das auf das Angebot bargeldloser Zahlung verzichtet. Den letzten großen Akzeptanzschub hatten die Lebensmittelmitteldiscounter vor rund fünf Jahren ausgelöst. Seitdem sind die jährlichen Zuwachsraten aufgrund der Sättigungseffekte zwar leicht rückläufig, der Trend zur Kartenzahlung ist aber weiter stabil.

Innerhalb des Einzelhandels und zum Teil auch innerhalb einzelner Branchen gibt es in Abhängigkeit vom durchschnittlichen Einkaufsbetrag erhebliche Unterschiede in der Häufigkeit der Kartenzahlung. Bemerkenswert ist, dass heute selbst in einer typischen Kleinbetragsbranche wie den Drogeriemärkten rund 15 Prozent per Karte umgesetzt wird. Bei den Lebensmitteldiscountern sind es rund 20 Prozent, in Supermärkten – je nach Größe – zwischen 21 und 25 Prozent und in SB-Warenhäusern mehr als 37 Prozent. City-Kauf- und Warenhäuser können gar mit einem Kartenzahlungsanteil von gut 45 Prozent aufwarten.

Noch etwas höher liegt der bargeldlose Anteil in der Textilbranche, allerdings seit nunmehr drei Jahren mit sinkender Tendenz. Einerseits ist der Textilsektor durch Umsatzumschichtungen von (innerstädtischen) Textilkaufhäusern und -fachgeschäften hin zu Textilfachmärkten mit sehr niedrigen durchschnittlichen Einkaufsbeträgen gekennzeichnet, andererseits meldet eine ganze Reihe innerstädtischer Textileinzelhändler mittlerweile eine Kartenzahlungs-„Sättigung" bzw. sogar einen leichten Rückgang.

Fünf Sechstel des Kartenumsatzes wird mit den auf Debitkarten basierenden Verfahren Electronic Cash (17,9 Prozent), EC-Lastschrift (12 Prozent) und Maestro (0,2 Prozent) erreicht. Der Anteil von Electronic Cash (EC-Karte plus PIN) ist im Vergleich zum Vorjahr um 1,7 Prozentpunkte gewachsen, während das unterschriftbasierte EC-Lastschriftverfahren 0,7 Prozentpunkte seines Marktanteils eingebüßt hat. Die Kreditkarten konnten ihren Anteil im Vergleich zum Vorjahr auf 5,2 Prozent leicht steigern, während handelseigene Karten mit Zahlungsfunktion auf nunmehr 0,8 Prozent an Bedeutung verloren haben. Addiert man weiter einen Anteil Rechnungen bzw. Finanzkäufe in Höhe von 3 Prozent sowie einen Anteil sonstiger Zahlungen von 0,5 Prozent, entfallen auf die Barzahlung aktuell 217 Mrd. Euro pro Jahr. Das entspricht einem Anteil von 60,4 Prozent am gesamten Einzelhandelsumsatz.

Neue Infrastruktur

Das Angebot von Kartenzahlungsverfahren wird aktuell von sich ändernden Rahmenbedingungen beeinflusst. Dabei wird die nationale Zahlungsverkehrslandschaft im Rahmen der Single Euro Payments Area (SEPA) an einen europäischen Standard angepasst und für internationalen Wettbewerb geöffnet. Von den großen Unternehmen des EHI-Panels, mit dem insgesamt 406 Unternehmen, 30 Branchen und ein Einzelhandelsumsatz von 177,6 Mrd. Euro repräsentiert wird, beabsichtigen 25 Prozent noch im Jahr 2009 Modifikationen ihrer Zahlungsverkehrsinfrastruktur. Weitere 17 Prozent planen diese bis 2010, weitere 18 Prozent zu einem späteren Zeitpunkt. Noch im Vorjahr hatte die Hälfte angekündigt, vorerst nicht weiter investieren zu wollen – oder vielleicht besser gesagt: zu müssen. Bei der Umstellung nationaler Zahlungsverfahren ist ins-

Zahlungssysteme Technologie

besondere die Migration des Electronic-Cash-Systems der Deutschen Kreditwirtschaft auf das Girocard-Verfahren zu nennen. Diese Umstellung ist unmittelbar mit den Investitionsprojekten „TA 7.0" und „EMV" verbunden, bei denen es jeweils um die Sicherstellung internationaler Karten-Akzeptanzstandards geht. Der vom Zentralen Kreditausschuss (ZKA) veröffentlichte neue technische Anhang 7.0 (TA 7.0) soll die Anforderungen des SEPA Cards Framework des EPC (European Payment Council) erfüllen.

Beliebt: Bezahlen per Karte.

Stabiles Lastschriftverfahren

Sehr stabil zeigt sich derzeit das vom Einzelhandel selbst entwickelte und geförderte, von der Kreditwirtschaft aber nicht zahlungsgarantierte EC-Lastschriftverfahren. Zwar ist der Umsatzanteil vom Höchststand mit 17,3 Prozent im Jahr 2003 auf nunmehr 12 Prozent zurückgegangen, dennoch erfreut sich dieses schon vielfach totgesagte Kind des Einzelhandels nach wie vor großer Beliebtheit in vielen Unternehmen. Wie lange dieses alternative, magnetstreifengestützte Verfahren als rein deutsche Lösung in einem von Chip und PIN geprägten SEPA-Zahlungsraum Bestand haben wird, ist noch offen. Die deutschen Kreditinstitute haben dem Einzelhandel signalisiert, die zugrunde liegenden Transaktionsformate zumindest mittelfristig weiter zu unterstützen. Die politischen Interessenverbände des Handels arbeiten parallel an der „Europafähigkeit" des EC-Lastschriftverfahrens.

Die im Rahmen des unterschriftbasierten EC-Lastschriftverfahrens registrierten Totalausfälle beliefen sich im Jahr 2008 auf insgesamt 0,057 Prozent. Nach einem Spitzenwert von 0,123 Prozent im Jahr 2004 bedeutet dies im vierten Jahr in Folge eine deutliche Verbesserung des Ausfallrisikos. Es zahlt sich offensichtlich aus, dass die meisten Unternehmen auf Kombinationslösungen mit Electronic Cash setzen und größere Risiken, d. h. Zahlungen bislang unbekannter Kunden oder hohe Einkaufsbeträge entweder in das Garantieverfahren Electronic Cash umleiten oder die Forderungen gegen Entgelt von vornherein an Dienstleister abtreten. 42,4 Prozent der großen und 54,3 Prozent der mittelständischen Unternehmen des EHI-Panels praktizieren eine solche Forderungsabtretung. Hinzu kommt, dass 60 Prozent der Händler bei mindestens 90 Prozent aller EC-Lastschrift-Transaktionen mit der Sperrdatei/Händlerweisungsdatei ihres Netzbetreiber verbunden sind. Durch die Anbindung vieler Unternehmen und Netzbetreiber an das von EHI und HDE gestützte KUNO-System der Polizei konnte auch der kriminalitätsbedingte Ausfall deutliche eingedämmt werden. Im Jahr 2008 floss ein Rekordwert von 134.111 Sperrmeldungen von den Polizeidienststellen des Bundes und der Länder über die zentrale Meldestelle des EHI an die Lastschriftanwender im Einzelhandel. Betrug konnte dort dann sehr zeitnah verhindert werden.

Die Entwicklungen der Vergangenheit haben gezeigt, dass sich Zahlungsverfahren im Einzelhandel nur dann etablieren können, wenn vier Voraussetzungen möglichst gleichermaßen erfüllt werden: 1. Eine hohe Systemsicherheit, 2. eine zügige Abwicklungsgeschwindigkeit, 3. ein aus Einzelhandelssicht akzeptables, wettbewerbsfähiges Preis-Konditionenmodell, 4. Zukunftsorientierung und Investitionssicherheit. In Deutschland ist es gelungen, durch Wettbewerb zweier starker Systeme diese vier Säulen der Kartenakzeptanz auf ein sehr solides Fundament zu stellen. Es bleibt im Interesse des Einzelhandels zu hoffen, dass dieses durch SEPA mehr gestützt als erschüttert wird.

Technologie Kartenzahlungen

Hohe Anforderungen

Die Kreditwirtschaft versucht, Kartenzahlungen sicherer zu machen. Ein neuer Standard muss akzeptiert und umgesetzt werden. Mit fraglicher Wirkung.

Text Ulrich Binnebößel, HDE

Das viel zitierte Sprichwort sagt: 100 Prozent Sicherheit gibt es nicht. Doch Kreditkartenorganisationen wollen dieses Ziel erreichen und dafür scheint jedes Mittel recht. Beispielhaft sind die Bemühungen, Zahlungen mit der Kreditkarte den heutigen Anforderungen an Sicherheit und Datenschutz anzupassen. Dabei soll dem Karteninhaber möglichst kein zusätzlicher Aufwand entstehen, dieser bleibt demjenigen überlassen, der die Karte akzeptieren soll – also zum Beispiel dem Händler vor Ort.

Heilmittel gegen Kartenbetrug?

In den vergangenen Jahren, seit das Internet neue Betrugsmöglichkeiten mit Kreditkartendaten ermöglicht, hat sich der Schaden für die Kreditkartenorganisationen und Banken deutlich erhöht. Ziel der kriminellen Organisationen waren die Kreditkartendaten, mit denen leicht bezahlt werden konnte. Um diesem Betrug vorzubeugen, wurde der Payment Cards Industry Data Security Standard (PCI-DSS) entwickelt. Hierbei handelt sich um ein Regelwerk, das zum Beispiel ein Händler umsetzen muss, wenn er Kreditkarten akzeptieren will. Eingeführt wurde die Verpflichtung zur Einhaltung des Standards in den vergangenen Monaten und Jahren. Alle wesentlichen Kreditkartenorganisationen haben sich in einer Organisation zusammengeschlossen, um einen Standard zu entwickeln. Um nicht der Gefahr einer Kartellbildung zu unterliegen, wurde die Organisation, das PCI Security Standards Council „allen interessierten Gruppierungen" zugänglich gemacht.

Die Umsetzung des Standards muss durch die Händler erfolgen. Sie werden durch eine Änderung der allgemeinen Geschäftsbedingungen dazu verpflichtet. Es steht allerdings zu befürchten, dass die neuen Anforderungen unter Umständen vom Händler gar nicht bemerkt und umgesetzt wurden. Die Verpflichtung ist stets verbunden mit der Einführung von Haftungsbedingungen, die der Händler akzeptiert, wenn er den AGB nicht widerspricht. Dies kann dazu führen, dass bei einem Datenvorfall – so der Begriff für einen Datenklau – der Händler alle entstandenen Schäden zu tragen hat. Eine Versicherung, die dieses Risiko abdeckt, ist bislang nicht bekannt.

Der PCI-DSS besteht aus einer Reihe von Anforderungen, die der Händler erfüllen muss. Sie lassen sich in zwölf Regeln ausdrücken, die zunächst einleuchtend und plausibel sind (siehe Kasten). Jeder Händler hat zum Beispiel dafür zu sorgen, dass Passwörter und Zugänge, die standardmäßig vom Hersteller vergeben wurden, geändert werden (Regel 2). Er hat zudem dafür zu sorgen, dass nur bestimmte Mitarbeiter Zugang zu den Händlerbelegen haben (Regel 7), aus denen sich Kartennummer und Gültigkeitsdatum erkennen lassen. Damit hat beispielsweise der klassische Spieß an der Kasse zur Aufbewahrung der Belege ausgedient, er entspricht nicht dem PCI-Standard. Weitere Regeln sind im Detail jedoch weit weniger trivial. Regel 11 schreibt beispielsweise vor, dass jeder Händler in regelmäßigen Abständen so genannte interne und externe Netzwerkanfälligkeits-Scans und Penetrationstests durchführen muss. Das sind sozusagen Angriffe auf das eigene System, die die Sicherheit nachweisen sollen. Die Vorgaben dafür sind so detailliert, dass ein Großteil der Händler sie im Tagesgeschäft nicht nachhalten kann.

Auch für diesen Fall haben die Kartenorganisationen vorgesorgt. Sie teilen die Händler in verschiedene Klassen ein, die sich am Kartenumsatz orientieren. So müssen Händler mit einem Kartenumsatz, der bestimmte Grenzen übersteigt, einen Nachweis erbringen, dass sie den Standard einhalten. Dieser muss durch einen externen zertifizierten Prüfer bestätigt werden und in regelmäßigen Abständen wiederholt werden. Kleineren Händlern wird dieser Nachweis zwar erspart und nur eine Selbsteinschätzung abverlangt. Ihnen bleibt aber die Einhaltung des Standards nicht erspart und sie sind gut beraten, ihn zu erfüllen, wollen sie nicht in Haftungsrisiken geraten.

Verzicht auf Kartenakzeptanz?

Letztendlich muss jeder Händler für sich entscheiden, ob er den Standard einhalten kann, oder ob er auf eine Kreditkartenakzeptanz verzichtet. Um dem Händler diese Entscheidung zu erleichtern, hat sich eine Beratungsindustrie formiert, die ihre Dienste anbietet und Hinweise zur Einhaltung des Standards gibt. Hier sollte man darauf achten, dass der Berater vom PCI Council anerkannt ist und entsprechende Nachweise erbringen kann. Eine Übersicht der zugelassenen Dienstleister findet man unter **www.pcisecuritystandards.org**.

Der Hauptverband des Deutschen Einzelhandels (HDE) hat sich gegen die verpflichtende Anwendung des PCI-DSS gewandt. Tatsächlich gibt es bereits heute gesetzliche Vorgaben, die den Datenschutz garantieren und so den Betrug eindämmen. Zudem wird bereits an einer weiteren Verschärfung der Regelungen gearbeitet. Das Datenschutzrecht in Deutschland ist daher aus Handelssicht das ausschlaggebende Regelwerk. Weitere Vorgaben anderer Interessengruppen sind daher nicht nötig und werden abgelehnt.

Der HDE fordert zudem die Kartenorganisationen auf, ein sicheres Kartensystem zu schaffen, das nicht allein dem Handel die Aufrechterhaltung der Sicherheit überlässt. Denn letztlich hat sich gezeigt, dass die Maßnahmen zu mehr Datenschutz nur deshalb notwendig wurden, weil das System selbst angreifbar ist: Es genügt die Kenntnis einer Kartennummer und des Gültigkeitsdatums, um eine Zahlung im Internet vorzunehmen. Es gibt im Normalfall keine weitere technische Maßnahme zur Überprüfung. Hier gilt es, das Einfallstor zum Betrug zu schließen, sodass die alleinige Kenntnis der Kartendaten nicht für betrügerische Nutzung ausreichend sind.

Datenschutzrecht: Weitere Verschärfung in Arbeit.

Zwar hat die Kartenindustrie hier auch bereits einige Maßnahmen ergriffen. Beispielsweise soll die Angabe des so genannten CVV oder CVC-Codes, einer Kartenprüfnummer auf der Kartenrückseite, die nicht gespeichert oder gelesen wird, den körperlichen Besitz der Plastikkarten nachweisen. Doch auch dies ist kein umfassender Schutz vor Betrug. Maßnahmen wie „verified bei Visa" oder der „Secure Code" bei Mastercard sind dagegen eher aussichtsreich, wenn auch nicht umfassend. Der HDE fordert die Kreditkartenorganisationen daher auf, das sichere EMV-Verfahren zu nutzen. Der EMV-Chip auf der Karte gilt heute als nicht zu knacken und kann nicht vervielfältigt werden. Die EMV-Technik, ursprünglich sogar von den Organisationen selbst entwickelt (EMV steht für die Unternehmen Eurocard, Mastercard, VISA), gilt heute europaweit als Standard für Kartenzahlverfahren. Auf allen Karten angebracht würde er eine siche-

Technologie Kartenzahlungen

re Zahlung am PoS gewährleisten und den Händler von den schwer nachzuvollziehenden Pflichten entbinden. Allerdings ist nicht davon auszugehen, dass der Chip in absehbarer Zeit genutzt wird.

Um also den nach wie vor hohen Anforderungen der Kartenorganisationen zu entsprechen, müssen daher wohl oder übel Wege gefunden werden, die es auch einem kleineren Händler ermöglichen, die Vorgaben von PCI DSS umzusetzen. Daher hat sich der HDE mit den Acquirern (Banken, die Händlerverträge anbieten) an einen Tisch gesetzt, um über vereinfachte Regeln für den Mittelstand nachzudenken. Schließlich sind es die Acquirer, die die vorgegebenen Regeln beim Handel durchsetzen und auf Einhaltung kontrollieren müssen. Hier eine tragfähige Lösung zu finden, ist Ziel der Anstrengungen beim HDE.

Der HDE begrüßt zudem Überlegungen der Netzbetreiber, ein sicheres PCI-fähiges Terminalsystem zu entwickeln, das es dem Händler erlaubt, ohne eigene Kontrollen die PCI-DSS Fähigkeit zu erreichen. Dabei wird ein abgesichertes Terminal entwickelt, bei dem es nicht mehr möglich ist, durch Eingriff in die Abläufe an die Kartennummer der Karte heranzukommen. Sobald der Händler keine Kartendaten mehr speichert oder weiterleitet, kann er auch nicht Verursacher eines Datenvorfalles sein. Doch letztendlich wird der Händler nicht aus seiner Pflicht entlassen, dafür zu sorgen, dass alle seine Systeme und Prozesse PCI-DSS-konform sind. Sobald ein von ihm beauftragter Dienstleister nicht nach PCI-DSS arbeitet, fällt möglicherweise ein unkalkulierbares Haftungsrisiko auf ihn zurück. Gerade bei der Akzeptanz von Kreditkarten gilt daher: 100 Prozent Sicherheit gibt es nicht.

Standardlösungen können dem Handel nicht gerecht werden

Der Kassenplatz wird zum Spiegel des Kunden, hier erfahren Sie was der Kunde bevorzugt, wie viel Geld er bereit ist für welche Ware auszugeben. Hier können gute Eindrücke des Kunden bestätigt, vertieft, aber auch zerstört werden. Nicht zuletzt aus diesem Grund werden die Funktionen einer Kasse am PoS der Handelsunternehmen immer vielseitiger und komplexer. Die nahtlose Integration von Kassen-Software und Zahlungsverkehrslösung wird analog dazu immer wichtiger und muss neben dem reinen Zahlungsverkehr auch ein perfektes Terminalmanagement unterstützen. Betrachten wir die Kassenlösungen der Handelsunternehmen, wird sichtbar, dass an der Gesamtlösung eine Vielzahl von Dienstleistern beteiligt ist. Komplexe IT-Lösungen sind leider trotz intensiver Systemtests nie ganz störungsfrei, jedoch genau dann müssen die Partner intelligente Tools zur Diagnose und vor allen Dingen zur Fehlerbehebung verfügbar haben. Automatisches Auslesen von Log-Dateien, Reproduzierung von Problemszenarien unter Realbedingungen und die Möglichkeit zur Fernwartung sollten Ihnen mit Ihrem Dienstleister immer möglich sein, um nur einige Beispiele zu nennen. Aktive Unterstützung durch erreichbare, kompetente Ansprechpartner und eine qualitativ hochwertige Hotline müssen gleich Zahnrädern ineinandergreifen und so den reibungslosen Ablauf des Tagesgeschäfts sichern. Kurz gesagt: Die Nähe zum Markt ist das entscheidende Argument für einen wertvollen Lieferanten. Diese Nähe zum Markt äußert sich auch in der Bereitstellung individuell ausgesuchter und für den jeweiligen Einsatzfall geeigneter Hardware am PoS. Schnelle Transaktionszeiten sind gefragt, genauso wie langlebige Hardware, die allen Anforderungen einer Branche gerecht wird.

**Reinhard R. Blum,
CEO, CCV
Deutschland
GmbH**

Zertifizierung **Technologie**

Sicher online

Zertifizierter Online-Shop: Dieses Siegel bietet Händlern wie Kunden Rechtssicherheit. Einige Faustregeln helfen, Rechtsklippen sicher zu umschiffen.

Text Thorsten Scharmacher, EHI

Der Online-Vertrieb ähnelt einem rechtlichen Hindernislauf. Nicht nur, weil der Online-Händler sich einem kaum zu durchdringenden Dickicht gesetzlicher Vorschriften gegenüber sieht. Es kommt hinzu, dass unterschiedliche Gerichte nicht selten unterschiedliche Urteile zu Rechtsfragen im Internet fällen. Wer hier Fehler macht, begibt sich direkt in die Schusslinie abmahnfreudiger Wettbewerber, Anwälte oder Verbraucherschützer und riskiert Niederlagen vor Gericht. Kooperative Qualitätssicherung bei Prozessen und Informationstexten ist eine entscheidende Maßnahme für mehr Sicherheit und Verbrauchervertrauen.

Die Kooperation zwischen dem Händler und dem EHI Retail Institute als Zertifizierungsstelle für Online-Shops kann Unsicherheiten vermeiden, Schwachstellen im Shop aufdecken und liefert Lösungen für die bekannten Probleme. Grundlage der Zusammenarbeit ist das intensive Prüfungsverfahren, in dem der Händler seine Website und die Prozesse rund um die Bestellung durchleuchten lässt. Im Prüfungsverfahren informiert ein umfangreicher Prüfungsbericht präzise über alle überprüften Sachverhalte. Werden Mängel aufgedeckt, erhält der Händler detaillierte Handlungsempfehlungen und Muster.

Nach dem erfolgreichen Abschluss der Zertifizierung wird dem Shop das Siegel EHI „Geprüfter Online-Shop" verliehen. Von den 100 umsatzstärksten Online-Shops nutzt bereits die Hälfte die Zertifizierung des EHI. Insgesamt sind fast 600 Händler vom EHI und seinen Partnern ausgezeichnet. Wie eine aktuelle Studie des ECC Handel belegt, kann das Siegel EHI-Geprüfter-Online-Shop auch ganz erheblich zur Umsatzsteigerung beitragen. Die Nachhaltigkeit der Zertifizierung wird durch eine jährliche Neuüberprüfung der zertifizierten Shops sichergestellt; ein wesentlicher Baustein der Kooperation, denn die Anforderungen an Internet-Geschäfte ändern sich bedauernswert schnell. Zusätzlich werden die geprüften Händler laufend in einem Newsletter über Gesetzesänderungen, Gerichtsurteilen, Abmahnungen oder andere wichtige Nachrichten informiert.

Stolpersteine meiden

Viele Händler nutzen das Informationsangebot rund um die Zertifizierung proaktiv und erkundigen sich bereits in der Planungsphase von Shopänderungen beim EHI über damit einhergehende Risiken und Orientierungshilfen. Im Mitgliederbereich der Website der Zertifizierungsstelle **(www.shopinfo.net)** finden die Händler Mustertexte und FAQs zu allen wichtigen Fragen. Wer dort nicht fündig wird, kann jederzeit die persönliche Beratung durch die Online-Shopping-Ex-

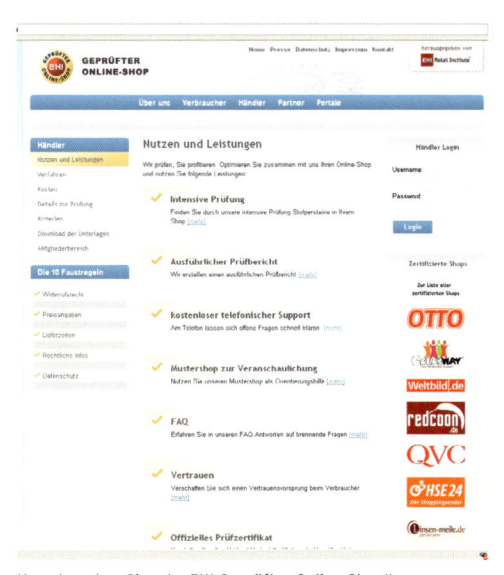

Umsatzmotor: Siegel „ EHI Geprüfter Online-Shop".

Technologie Zertifizierung

Textilien: Rohstoff-Kennzeichnung muss nicht nur am Produkt, sondern auch auf der Website vorhanden sein.

perten des EHI in Anspruch nehmen. Abgerundet wird die Qualitätssicherung durch das Beschwerdemanagement des EHI. Das EHI steht allen Kunden der zertifizierten Shops als neutrale und kostenlose Streitschlichtungsstelle zur Verfügung. Das Verfahren kommt zum Einsatz, wenn das Problem in der direkten Kommunikation zwischen Kunde und Händler nicht gelöst werden kann.

Um rechtliche Stolpersteine soweit wie möglich zu umgehen, sollten Betreiber von Internet-Geschäften einige allgemeine Faustregeln beachten:

■ Größter Stolperstein für den Online-Händler ist das Widerrufsrecht. Achten Sie darauf, dass Sie das Widerrufsrecht sowohl im Bestellvorgang, auf einer separaten Seite sowie in den AGB in der gesetzlich geforderten Form darstellen. Der fordert Gesetzgeber fordert hier eine deutliche Hervorhebung für das Widerrufsrecht. Das bedeutet: Sie müssen einen Rahmen um die Belehrung setzen oder eine sonstige Schriftformatierung wählen, die sich vom übrigen Text deutlich abhebt.

■ Aktuelle Abmahnungen nötigen Händler zudem dazu, die so genannte 40-Euro-Klausel – zusätzlich zur Widerrufsbelehrung – in den AGB separat zu vereinbaren. Es reicht dabei nicht aus, die korrekte und vollständige Widerrufsbelehrung in den AGB anzuzeigen. Senden Sie Ihren Kunden das Widerrufsrecht in Textform so früh wie möglich zu, um Rechtsprobleme zu vermeiden.

■ Der Grundpreis, ein beliebter Gegenstand von Abmahnungen, muss insbesondere angegeben werden für Waren in Fertigverpackungen wie z. B. Getränke, Joghurt, Kosmetika, ebenso für Waren in offenen Packungen sowie für Verkaufseinheiten ohne Verpackung, die nach Gewicht, Volumen, Länge oder Fläche abgerechnet werden wie zum Beispiel Kabel, Tapeten, Backwaren, Obst, Fisch und ähnliches.

■ Alle Produktdarstellungen, -abbildungen und -beschreibungen von Textilerzeugnissen müssen eine Textilkennzeichnung enthalten, aus der genau hervorgeht, aus welchen so genannten textilen Rohstoffen das Produkt bzw. seine Bestandteile (bei einer Jacke z. B. Obermaterial und Innenjacke) besteht. Es reicht vermutlich aus, diese Angaben auf den Produktdetailseiten zu zeigen. Grundsätzlich muss die Textilkennzeichnung nicht nur in der Produktbeschreibung auf der Website vorhanden sein, son-

Zertifizierung Technologie

dern auch am Produkt selbst in der üblichen Art und Weise angebracht (z. B. eingenäht) sein.

■ Alle Darstellungen von Elektrogeräten wie Wäschetrockner, Kühl- und Gefrierschränke, Geschirrspülmaschinen oder Elektroöfen müssen folgende Angaben enthalten: Energieverbrauch, Verbrauch anderer wichtiger Ressourcen (z. B. Wasser) und Energieeffizienzklasse.
Diese Angaben müssen in jedem Fall in der Produktbeschreibung enthalten sein. Wie auch bei anderen Kennzeichnungspflichten hat der Händler dafür zu sorgen, dass der Verbraucher die Informationen leicht wahrnehmen kann. Jeder missverständliche Hinweis zur Energieverbrauchskennzeichnung kann zu Problemen führen.

■ Online-Händler sollten keine Versuche unternehmen, die gesetzlichen Gewährleistungsrechte des Endverbrauchers einzuschränken. Sie dürfen dem Kunden deshalb auch keine Prüf- und Rügefristen für mangelhafte Ware auferlegen. Solche Verpflichtungen sind im Verkehr mit Endverbrauchern grundsätzlich nicht erlaubt.

Beispiel: Es ist gesetzeswidrig, beim Umtausch defekter Ware eine Nutzungsentschädigung in Rechnung stellen. Tauscht ein Kunde ein fehlerhaftes Produkt im Rahmen der gesetzlichen Gewährleistung um, darf der ihm Händler keine Nutzungsentschädigung für die Dauer der Benutzung der Ware in Rechnung stellen.

■ Die AGB-Klausel im Falle der Nichtverfügbarkeit von bestellten Artikeln die Lieferung eines Ersatzartikels vorzusehen ist ebenfalls eine risikobehaftete Regelung. Sobald der Eindruck erweckt wird, dass bezüglich des Ersatzartikels automatisch ein Kaufvertrag zustande kommt, ist das Vorgehen unzulässig. Die Ersatzlieferung kann sogar als „Sachmangel" eingestuft werden. In dem Fall stünde dem Kunden sozusagen eine Umtauschfrist für die Dauer von zwei Jahren zu, was der Verjährungsfrist für gesetzliche Gewährleistungsrechte entspricht. Die Lieferung eines Ersatzartikels ist ein riskantes Thema, dass Sie in jedem Fall mit Ihrem Anwalt diskutieren sollten.

Für jede Form von Gewinnspiel gelten folgende Grundsätze: Unzulässig ist ein Gewinnspiel insbesondere dann, wenn durch die Teilnahme zusätzliche Kosten für die Teilnehmer entstehen oder die Teilnahme unmittelbar an den Einkauf bzw. die Bestellung bei dem Unternehmen gekoppelt ist. Speziell im Versandhandel muss unmittelbar eindeutig darüber informiert werden, dass die Tatsache, ob ein Teilnehmer etwas bestellt oder nicht, keine Auswirkung auf die Gewinnchance hat. Das durchführende Unternehmen muss grundsätzlich unmittelbar, deutlich und leicht lesbar über alle Teilnahmebedingungen informieren. Dazu gehören folgende Informationen: Wer ist teilnahmeberechtigt? Wann endet die Teilnahmefrist? Wie werden die Gewinner ermittelt? Wie erhält der Gewinner seinen Preis?

Schwarze Liste

Das zum 01.01.2009 neu gefasste UWG regelt in der Neufassung sehr detailliert, welche geschäftlichen Handlungen unerlaubt sind und listet dafür 30 konkrete Tatbestände auf. Für alle geschäftlichen Handlungen dieser „schwarzen Liste" sieht das Gesetz ein grundsätzliches Verbot vor. Zur Liste der unzulässigen Handlungen gehören beispielsweise:

■ die Werbung mit Selbstverständlichkeiten. Gemeint ist die unwahre Angabe oder das Erwecken des unzutreffenden Eindrucks, gesetzlich bestehende Rechte stellten eine Besonderheit des Angebots dar;

■ die Verwendung von Gütezeichen, Qualitätskennzeichen oder Ähnlichem ohne die erforderliche Genehmigung;

■ Angebote, die nicht für einen angemessenen Zeitraum in angemessener Menge zum genannten Preis bereitgestellt werden können (Lockangebote).

Jeder Händler sollte die Liste des UWG kennen.

Technologie Sicherheit

Vorbeugen ist besser

Angesichts hoher Inventurdifferenzen besteht im Handel ein erhöhtes Sicherheitsbedürfnis. Polizeiliche Beratungsstellen helfen bei der Prävention.

Text Heribert Jöris, HDE

Einzelhandelsgeschäfte sind – das liegt schon in der Natur der Sache – für jedermann unkontrolliert zugänglich. Angesichts der für alle Kunden offen ausgebreiteten Warenbestände und der Tatsache, dass jedes Jahr etwa 400 Mrd. Euro Umsatz real durch die Hände der Mitarbeiter läuft, birgt dies auch eine Menge Sicherheitsprobleme. Inventurdifferenzen in Höhe von etwa 1 Prozent des Jahresumsatzes – also 4 Mrd. Euro – belasten den ohnehin renditeschwachen Einzelhandel erheblich. Ladendiebstähle und auch Raubüberfälle sind leider an der Tagesordnung. Jede zehnte Straftat in Deutschland ist ein Ladendiebstahl, jeder vierte bekanntgewordene Tatverdächtige ein Ladendieb - und die Dunkelziffer beträgt 90 Prozent. Das Sicherheitsbedürfnis des Einzelhandels ist daher sehr groß. Und es bedarf der Zusammenarbeit mit Experten, um diesen Bedürfnis Rechnung zu tragen.

An erster Stelle stehen dabei Maßnahmen zur Prävention. Hier bieten die polizeilichen Beratungsstellen ein solides Basisangebot. Sie informieren in Beratungsgesprächen über Konzepte der Waren- und Objektsicherung, geben im wahrsten Sinne des Wortes wertvolle Hinweise zur Ladengestaltung und Verhaltenshinweise. Hier einige Beispiele:

- Beobachtungsmöglichkeiten schaffen: keine Ecken, Winkel und Pfeiler, dafür helle, gut beleuchtete Verkaufsräume mit Spiegeln oder Videoüberwachung;

- Diebstahlsgefährdete Artikel nur an der Kasse auslegen, mit Bedienung anbieten, bei Selbstbedienung Hüllen ausstellen;

- Beipacken unbezahlter Waren zu bezahlter Ware durch Verpackung und Kennzeichnung verhindern;

- Kassenbons, Auszeichnungsgerät und „Bezahlt"-Aufkleber nicht herumliegen lassen;

- Vorgestanzte Klebeetiketten mit Firmenaufdruck zur Preisauszeichnung verwenden, an wesentliche Teile eines Artikels, nicht an austauschbare Verschlüsse, Deckel oder Anhänger kleben;

- Alte Preise bei Umzeichnungen nicht nur überkleben - unredliche Kunden könnten es auch versuchen.

Offene Videoüberwachung

In jüngster Zeit wird das Thema „Videoüberwachung" leider kontrovers diskutiert. Es geht dem Einzelhandel hier jedoch nicht um eine Leistungskontrolle der Mitarbeiter, sondern um Prävention gegenüber Diebstählen und Raubüberfällen. Sinnvoll ist in diesem Zusammenhang nur eine offene Videoüberwachung, die möglichst an die „große Glocke" gehängt werden sollte. Die Empfehlung der Kriminalpolizei ist hier eindeutig. Datenschutzrechtlich wirft dies auch – wenn es richtig organisiert wird – auch keine Probleme auf. In Zweifelsfällen sollte man den betrieblichen Datenschutzbeauftragten um Rat fragen und, sofern vorhanden, den Betriebsrat mit einbeziehen und in die Umsetzung einbinden. Denn der Betriebsrat hat hier ein Mitbestimmungsrecht. Sperrt er sich gegen den Einsatz von Videoüberwachung, so wird sie nur schwerlich einzuführen sein. Der Mitarbeitervertretung wird in der Regel wichtig sein, dass die Videoüberwachung nicht der verborgenen Leistungskontrolle dient, sondern der Verbesserung der Sicherheit. Durch klare Hinweise im Ladengeschäft sollten potenzielle Straftäter daraus hingewiesen werden, dass ihr Tun nicht unbeobachtet bleibt und sie daher fürchten müssen, später identifiziert werden zu können.

Ein wichtiger Kooperationspartner des Einzelhandels sind auch die Spezialisten für den Objektschutz und die Warensicherung. Wenn hier nicht auf eigene, gut

Sicherheit **Technologie**

Polizei: Informiert über Waren- und Objektsicherung.

Einzelhandel: Rund 4 Mrd. Euro Inventurdifferenzen pro Jahr.

geschulte Mitarbeiter zurückgegriffen wird, muss gewährleistet sein, dass Profis zum Einsatz kommen. Denn der Umgang mit vermeintlichen oder echten Straftätern erfordert Fingerspitzengefühl und Erfahrung. Gefragt sind hier gleichermaßen Schulungen zur Gesprächsführung, zur De-Eskalation und zur Eigensicherung. Ebenso wichtig ist es aber, dass die Männer und Frauen, die aus Sicherheitsgründen ihre Augen und Ohren offen halten müssen, mit ihren dabei gewonnenen Erkenntnissen sensibel umgehen. Vorwürfe der Bespitzelung der eigenen Mitarbeiter sind nicht nur imageschädigend, sondern zerstören das Vertrauensverhältnis zwischen Arbeitgeber und Arbeitnehmern und bringen dadurch Unruhe und Unfrieden in das Unternehmen. Einzelhändler, die sich externer Ladendetektive und Sicherheitskräfte bedienen, sollten daher ihren Dienstleister sorgfältig aussuchen und Qualitätsstandards vereinbaren.

Schutz vor Überfällen

Ein Kernanliegen des Einzelhandels ist auch der Schutz der eigenen Arbeitnehmer. Immer wieder kommt es leider dazu, dass ertappte Ladendiebe sich zur Wehr setzen und Mitarbeiter verletzen. Vor allen Dingen bei Raubüberfällen kann falsch verstandener Heldenmut tödlich sein. Nahezu jedes Jahr werden Ladeninhabern oder Einzelhandelsbeschäftigten schwere Verletzungen, manchmal sogar tödliche Verletzungen zugefügt.

Aber auch die psychischen Folgen für die Opfer von Raubüberfällen im Einzelhandel müssen ernst genommen werden. Hier setzt die Arbeit der Berufsgenossenschaft für Handel und Warendistribution an. Neben der Beratung bei präventiven Maßnahmen unter anderem in Form von Unfallverhütungsvorschriften – den Verletzungen infolge von Raubüberfällen am Arbeitsplatz sind sozialversicherungsrechtlich Arbeitsunfälle – und Gefährdungsbeurteilungen widmet sich die Berufsgenossenschaft den gesundheitlichen Konsequenzen für Raubüberfallopfer. Sie deckt die Kosten für die Heilbehandlung ab und gewährt unter Umständen, wenn gesundheitliche Folgen zurück bleiben, eine Rentenzahlung. Der Arbeitgeber wird mit keinen zusätzlichen Kosten belastet. Dies ist alles durch seinen Beitrag bei der Berufsgenossenschaft abgedeckt. Sehr wichtig ist aber auch die psychologische Akutversorgung für die Raubüberfallopfer. Auch wenn der Betroffene äußerlich wieder hergestellt ist, so bleiben oftmals Ängste und Depressionen zurück, die in weitere Erkrankungen und damit kostenträchtige Ausfallzeiten münden können. Der Berufsgenossenschaft für Handel und Warendistribution hat daher – einmalig in Deutschland – ein Netzwerk erfahrener Psychologen aufgebaut, die sich sofort nach dem Raubüberfall um die Betreuung der Arbeitnehmer und Ladeninhaber kümmern. Auf den Internetseiten der Berufsgenossenschaft befindet sich zu diesem Zweck eine Hotline. Auch dieser Service ist für die Einzelhändler nicht mit zusätzlichen Kosten verbunden.

Technologie Qualitätssicherung

Komplexe Fragen lösen

Kooperationen sind für Produktsicherheit unerlässlich. Prüfinstitute, Qualitätssicherer und Unternehmen arbeiten zunehmend Hand in Hand – auch global.

Text Stephan Tromp, HDE

Politik und Nichtregierungsorganisationen sehen zunehmend den Handel als den Schlüssel, um mit Druck politische Initiativen umzusetzen. Insbesondere die Diskussion über Pestizid-Belastungen in Obst und Gemüse hat im Verlauf des letzten Jahres groteske Züge angenommen. Das Anprangern von Pestizidbelastungen durch Nichtregierungsorganisationen (NGOs) wie Greenpeace und die dazugehörige Medienberichterstattung haben dazu geführt, dass vielfach vergessen wurde, in welchem Maße die gesetzlichen Grenzwerte in diesen Fällen trotzdem eingehalten wurden. Der Handel befindet sich dabei in einer schwierigen Position. Auf der einen Seite die gesetzlichen Grenzwerte, die von Experten festgelegt wurden und die zum Ausdruck bringen, dass der Genuss von Lebensmitteln im Rahmen dieser Grenzwerte unbedenklich ist. Zum anderen die Nulltoleranzpolitik der NGOs, die rückstandsfreie Lebensmittel medienwirksam einfordern.

Der Handel sieht sich hier Druck von zwei Seiten ausgesetzt. Auf der einen Seite verlangen die Erzeuger, dass die gesetzlichen Grenzwerte für sie die Grundlage ihres Handels darstellen. Dagegen erwarten die NGOs vom Handel, dass er Druck auf die Erzeuger ausübt, die Pestizidbelastung auf Null zurückzufahren. Dabei wird das jeweilige Handelsunternehmen auch öffentlich über die Medienberichterstattung an den Pranger gestellt, was wiederum image-schädigend wirkt. Der Handel kann sich nur bedingt hier zur Wehr setzen. Die Akzeptanz von nur noch max. 70 Prozent der gesetzlichen Grenzwerte ist dabei eine Maßnahme, um Fehlertoleranzen bei den Laboranalysen auszuschließen. Letztendlich kann das Problem aber nur dadurch gelöst werden, indem das Bundesministerium für Landwirtschaft, Ernährung und Verbraucherschutz zusammen mit seinen nachgelagerten Behörden massiv die Öffentlichkeit aufklärt.

Dieses eine Beispiel zeigt, dass Qualitätssicherung und Verbraucherschutz keinesfalls auf die Frage der Produktsicherheit reduziert werden können. Das Thema ist komplexer. Neben der Sicherheit kommen Fragen zum Produktnutzen, zur Nachhaltigkeit und zu anderen ethischen Themen hinzu. Zusätzlich muss die Qualitätssicherung – wie beschrieben – die Öffentlichkeitsarbeit der NGOs berücksichtigen. Vor dem Hintergrund, dass der Handel sich in globalen Beschaffungsmärkten bewegt, wird deutlich, dass komplexe Fragestellungen in der Qualitätssicherung gelöst werden müssen. Nur so können dem Verbraucher Produkte angeboten werden, die nicht nur sicher sind, sondern die er auch ruhigen Gewissens konsumieren kann.

Aus diesem Grunde wird die Qualitätssicherung in den Handelsunternehmen unabhängig, ob es sich um Food- oder Non-Food-Produkten handelt, weiter ausgebaut. Die Handelshäuser selbst intensivieren ihre Anstrengungen und arbeiten eng bei der generischen Basisabsicherung zusammen. Jüngste Beispiele hierfür ist der neue IFS-Standard für Haushaltswaren und kosmetische Produkte, der im Frühjahr 2010 in den Markt eingeführt werden soll. Ein immer größerer Eigenmarkenanteil in diesen Produktgruppen hat die deutschen, französischen und italienischen Einzelhandelsunternehmen dazu bewegt, unter dem Dach des IFS hierfür einen Standard aufzubauen. Mit seiner Hilfe sollen künftig Hersteller von Reinigungsmitteln, Kosmetika und Bedarfsgegenständen geprüft werden. Auch wenn bei diesem Standard die Produktsicherheit im Vordergrund steht, so werden auch darüber hinausgehende Fragestellungen, wie zum Beispiel, ob Tierversuche im Zuge der Produktentwicklung ausgeschlossen werden können, mit abgefragt.

Auch die Verknüpfung von horizontalen Standards, wie dem IFS und vertikalen Qualitätssicherungs-Systemen, wie QS oder KAT/GGE schreitet weiter voran. So konnte zwischen IFS und QS eine Schnittstelle

Qualitätssicherung **Technologie**

definiert werden, die Kombi-Audits für die Industrie ermöglicht und die gleichzeitige Einlieferung der Audit-Ergebnisse in die Datenbanken von IFS und QS ermöglicht. KAT/GGE geht für seine Audits in den Sortimenten Eier, Geflügel und Wild noch einen Schritt weiter und nutzt die IFS-Datenbank, um dem Handel an einer Stelle alle Daten zur Verfügung zu stellen. In näherer Zukunft wird es auch eine Kombinations-Checkliste zwischen IFS und GlobalGAP geben, um an der Schnittstelle zwischen Pre- und Post-Farmgate Kombinationsaudits zu ermöglichen. Ähnliche Initiativen sind zwischen IFS und der ökologischen Lebensmittelwirtschaft für Bio angelaufen.

Im Non-Food-Bereich konnte zudem das Reach-Projekt ausgebaut werden. Mit dem neuen Mitgesellschafter GS1 Germany hat der HDE nun bei der CSC Chemical Service Compliance GmbH einen Partner an seiner Seite, der die internationale Expansion des Reach-Projektes vorantreiben wird. Ziel ist es nach wie vor, durch die Dienstleistung der CSC allen Handelshäusern die Umsetzung der Europäischen Chemikalienverordnung weltweit zu ermöglichen.

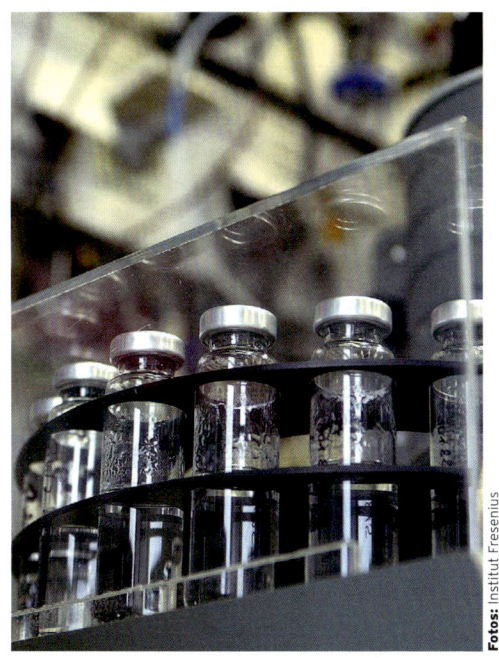

Produktsicherheit ist entscheidend für die Qualität.

Fotos: Institut Fresenius

Einzelhandel 2010 **233**

Technologie Verpackung

Hülle und Fülle

Ohne Verpackung ist alles nichts: Hierbei geht es um weit mehr als um sachgerechte Produkthüllen; Verpackungen informieren, schützen und werben.

Text Hilka Bergmann, EHI

Die Bedeutung der Verpackung hat in den letzten Jahren stark zugenommen, insbesondere aufgrund der Vervielfachung ihrer Aufgaben. Oberste Priorität hat weiterhin die Schutzfunktion. Zusätzlich gewinnt die Verpackung einerseits aufgrund des verstärkten Prozessdenkens und der Notwendigkeit einer effizienten Gestaltung, andererseits wegen ihrer zunehmenden Funktion als Marketing- und Kommunikationsinstrument immer stärker an Bedeutung. Aktuell wird ebenfalls das Thema Nachhaltigkeit bei Verpackungen stark diskutiert.

Bei der Transportverpackung spielt vor allem das verbesserte Prozessdenken innerhalb der gesamten Wertschöpfungskette eine große Rolle. Die Belange aller Beteiligten und somit auch des Handels finden stärker Berücksichtigung; dies spiegelt sich in einer gestiegenen Funktionalität der Transportverpackung wider. Effizient gestaltete Verpackungen und Displays leisten einen entscheidenden Beitrag für die einfache und kostengünstige Gestaltung sämtlicher Prozesse in der Logistik und am Point of Sale.

In der Logistik ist die Kommissionier- und Lagerungseignung der Verpackung entscheidend. Die Verpackung muss stapelbar sein und daher eine hohe Stabilität aufweisen, um dem Gewicht anderer auf ihr gestapelter Waren standzuhalten. Neben einer robusten Konstruktion erfordert die Stapelbarkeit auch eine möglichst rechteckige, standardisierte Gestaltung der Verpackung nach ISO-Modulmaßen. Des Weiteren darf die Verpackung nicht zu schwer sein. Ein Gesamtgewicht der Ware von max. 12 kg darf nicht überschritten werden, um ein einfaches und sicheres Handling beim Kommissionieren zu gewährleisten.

In der Handelsfiliale ist ebenfalls eine effiziente Handhabung der Verpackung von großer Bedeutung, und zwar für die Arbeitsprozesse der Warenverräumung – vom Wareneingang in das Handelsregal. Hier bedeutet ein einfaches Handling, dass die Transportverpackung der jeweiligen Ware für das Verräumpersonal keine Schwierigkeiten macht. Sie sollte leicht durch klare Kennzeichnung mit produktspezifischen Informationen zu identifizieren sein; außerdem einfach und ohne Messer durch einfache, bildhafte Kennzeichnung von Öffnungsmechanismen zu öffnen sein. Darüber hinaus sollte sie schnell und möglichst mit einem Handgriff im Regal zu verräumen und nach Abverkauf des Inhalts durch einfaches Zusammenfalten zu entsorgen sein. Zugleich soll die für die Regalpräsentation verwendete Verpackungseinheit dem Kunden das Einkaufen erleichtern, indem sie einerseits Orientierung bietet und andererseits ein einfaches Entnehmen und bei Bedarf ein Zurückstellen der Produktverpackung ermöglicht. Der Einsatz regalfertiger Verpackungseinheiten, auch als Shelf Ready Packaging (SRP) bekannt, bedeutet für das Handelspersonal, dass die Ware wesentlich einfacher, schneller und somit effizienter im Regal zu verräumen ist (**Grafik 1**).

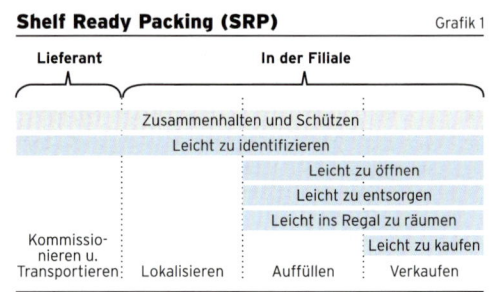

Shelf Ready Packing (SRP) Grafik 1

Lieferant	In der Filiale			
	Zusammenhalten und Schützen			
	Leicht zu identifizieren			
		Leicht zu öffnen		
		Leicht zu entsorgen		
		Leicht ins Regal zu räumen		
			Leicht zu kaufen	
Kommissionieren u. Transportieren	Lokalisieren	Auffüllen		Verkaufen

Quelle: ECR Europe

Die verkaufsfördernde, packende Präsentation der Marke am Point of Sale hat großen Einfluss auf die Kaufentscheidung des Verbrauchers. 70 Prozent seiner Kaufentscheidungen trifft der Shopper am Point of Sale. Hier ist die Überzeugungskraft der Verpackung entscheidend. Insbesondere bei der Produktverpackung ist die verkaufsfördernde, für den Kunden attraktive und mit dem gesamten Marketing-Konzept stimmige Gestaltung ausschlaggebend.

Doch nicht nur für die Markenartikelhersteller, sondern auch für den Handel gewinnt die erfolgreiche Markenbildung durch geschickte Verpackungsgestaltung zu Kommunikationszwecken immer mehr an Bedeutung. Der Handel ist aktuell stark bestrebt, seine Filialen gegenüber dem Kunden als Marken zu etablieren. Erfolgreiche Eigenmarken-Produkte, deren Design das Image der Store-Brand widerspiegeln, sollen hierzu beitragen.

Während ursprünglich der Handel speziell im Preiseinstiegsbereich sehr einfach gestaltete, farblose Eigenmarken geführt hat, erobern heute die Handelsmarken zunehmend auch das Mittelpreis- und teilweise sogar bereits das Premium-Segment. Als zunehmend mit dem Firmenlogo gekennzeichnete Qualitäts- oder Exklusivmarken dienen sie der Profilierung. Der Handel versteht es immer besser, seine eigenen Marken entsprechend dem jeweiligen Preissegment und Image zu positionieren. Der Einsatz hochwertiger Materialien und einer emotionalisierenden Gestaltung nimmt zu. Ebenso gewinnen ähnlich wie bei den Industriemarken Innovationen für eine einfache Handhabung der Verpackung durch den Konsumenten an Bedeutung. So spielen innovative Convenience-Aspekte wie leichtes Öffnen, Wiederverschließbarkeit, Entnahme- und Portionierhilfen als Zusatznutzen bei der Verpackungsgestaltung eine zunehmende Rolle.

Nachhaltigkeit ist aktuell in Handel und Konsumgüterindustrie ein virulentes Thema. Führende Unternehmen haben Nachhaltigkeitsstrategien formuliert. Was die ökologischen Kriterien der Nachhaltigkeit in Bezug auf Verpackungen betrifft, sind Handel und Konsumgüterindustrie stetig bestrebt, für ihre Produkte jeweils optimale Verpackungen zu finden. Die aktuelle EHI-Studie 2009 „Nachhaltige Verpackungskonzepte im Handel" beleuchtet speziell die Herangehensweise und den Status Quo der Umsetzung beim Thema Nachhaltigkeit in Bezug auf Verpackungen aus Sicht von Handel und Konsumgüterindustrie.

Die große Mehrheit der Befragten misst „nachhaltigen Verpackungskonzepten" heute eine große Bedeutung bei und prognostiziert dem Thema eine ebenfalls hohe Relevanz auch in Zukunft (**Grafik 2**).

CSR: Aktualität — Grafik 2

Das Thema Nachhaltigkeit in Bezug auf Verpackungen ist …

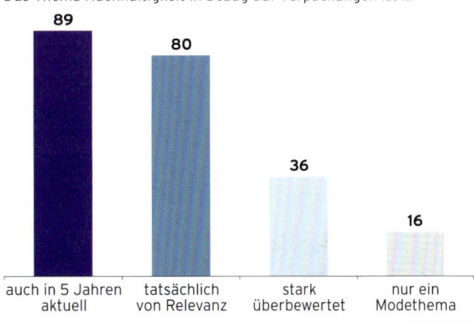

- auch in 5 Jahren aktuell: 89
- tatsächlich von Relevanz: 80
- stark überbewertet: 36
- nur ein Modethema: 16

Angaben in Prozent

Quelle: EHI Retail Institute

Hauptsächlich erkennen die Befragten eine hohe Relevanz wegen der Notwendigkeit der Ressourcenschonung und der Abfallreduktion, aber auch um dem Klimawandel entgegenzuwirken. Manche der Befragten sehen in „nachhaltigen Verpackungskonzepten" auch eine Chance, um durch effiziente Verpackungsgestaltung und effizienten Ressourceneinsatz zum Beispiel in der Herstellung oder in der Logistik Kosten einzusparen. Auf der anderen Seite lassen sich unter „nachhaltigen Verpackungskonzepten" auch solche verstehen, die durch den Einsatz innovativer, kostenintensiver Technologien oder Materialien, wie zum Beispiel durch den Einsatz von Biokunststoffen anstatt konventioneller Kunststoffe, als ökologisch vorteilhaft eingestuft werden. Nach Einschätzung der meisten Befragten befürworten zwar viele Verbrau-

Technologie Verpackung

CSR: Notwendigkeit — Grafik 3
Nachhaltige Verpackungen sind notwendig, da ...

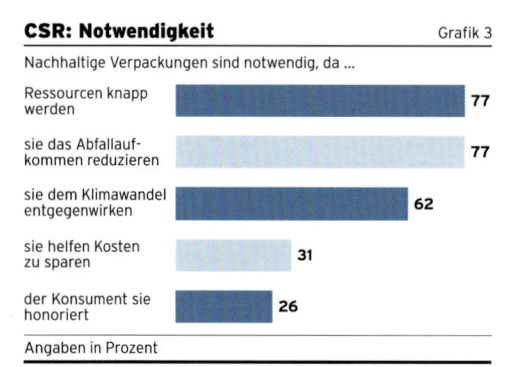

Grund	Prozent
Ressourcen knapp werden	77
sie das Abfallaufkommen reduzieren	77
sie dem Klimawandel entgegenwirken	62
sie helfen Kosten zu sparen	31
der Konsument sie honoriert	26

Angaben in Prozent
Quelle: EHI Retail Institute

cher klar den Einsatz ökologisch vorteilhafter Verpackungen, sie sind andererseits jedoch der Auffassung, dass die meisten Konsumenten nicht bereit sind, für solche „nachhaltigeren" Verpackungen einen höheren Preis zu zahlen (**Grafik 3**).

Was das begriffliche Verständnis von Nachhaltigkeit bei Verpackungen betrifft, sind nur 16 Prozent der Befragten der Meinung, dass Nachhaltigkeit in Bezug auf Verpackungen klar definiert sei. 66 Prozent der Befragten sind der Meinung, dass es noch nicht einmal unter Geschäftspartnern ein einheitliches Verständnis von nachhaltiger Verpackung gibt, geschweige denn in der Öffentlichkeit. Zu erklären ist das uneinheitliche begriffliche Verständnis dadurch, dass das Thema sehr komplex ist, sehr unterschiedliche Herangehensweisen bietet, in den Unternehmen verschiedene Funktionsbereiche (unter anderem Einkauf, Marketing, Produktmanagement, Qualitätsmanagement, Logistik, Umwelt/Nachhaltigkeit und Verpackungstechnik) betrifft und die jeweilige Bewertung, welche Strategien sinnvoll sind, fallbezogen und produktindividuell vorzunehmen ist.

Aus der Komplexität und der uneinheitlichen Herangehensweise, insbesondere aus dem Fehlen einer einheitlichen begrifflichen Definition, ergeben sich unterschiedliche Herausforderungen. Vor allem die Bewertung der Nachhaltigkeit von Verpackungen erweist sich derzeit noch als schwierig. Es gibt verschiedene Kriterien, die die Befragten für die Bewertung als praktikabel einstufen. Diese Kriterien finden allerdings nur geringe Anwendung (**Grafik 4**).

Hinzu kommt, dass sie nur jeweils einen Bruchteil der komplexen Thematik ausweisen. So bemängeln 71 Prozent der Befragten, dass die meisten Unternehmen noch kein umfassendes Konzept entwickelt haben, sondern sich bisher nur auf einzelne Kriterien beziehen.

Die am meisten genannten grundsätzlichen Maßnahmen für die Erzielung „nachhaltiger Verpackungskonzepte" beziehen sich auf die Menge und die Art des eingesetzten Verpackungsmaterials sowie auf die Konstruktion der Verpackung. Die Top Fünf der Ziele und Maßnahmen sind:

- das Gesamtabfallaufkommen zu verringern,
- die Verpackung auf ein notwendiges Minimum zu reduzieren,
- Recyclingfähige Materialien zu verwenden,
- Materialien aus umweltschonender Beschaffung zu verwenden und,

CSR: Anwendung — Grafik 4

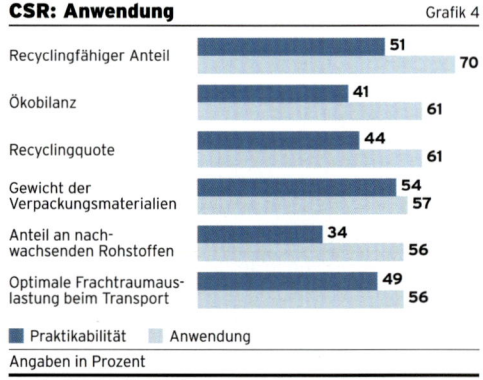

Kriterium	Praktikabilität	Anwendung
Recyclingfähiger Anteil	51	70
Ökobilanz	41	61
Recyclingquote	44	61
Gewicht der Verpackungsmaterialien	54	57
Anteil an nachwachsenden Rohstoffen	34	56
Optimale Frachtraumauslastung beim Transport	49	56

Angaben in Prozent
Quelle: EHI Retail Institute

- eine optimale Frachtraumauslastung beim Transport zu erzielen.

Grundsätzlich betonen die Befragten, dass oberste Priorität stets der Produktschutz hat. Die Verpackung sollte auf jeden Fall nur reduziert werden, solange Stabilität der Verpackung sowie Schutz, Sicherheit und Qualität des Produktes sichergestellt bleiben. Denn wenn Einsparungen an der Verpackung Qualitätsminderungen am Produkt bewirken, ist dies definitiv nicht im Sinne der Nachhaltigkeit. Verpackungsmaterialien sind also zugleich so wenig wie möglich und aber auch so viel wie nötig zur Erfüllung aller sinnvollen Anforderungen einzusetzen.

Insgesamt betonten die Befragten, dass bei Bewertung und Kommunikation der Nachhaltigkeit von Verpackungen nicht nur Teilbereiche betrachtet werden dürfen. Sämtliche Bedürfnisse und Anforderungen sämtlicher Stufen und Funktionsbereiche der gesamten Wertschöpfungskette (Supply Chain) sollten in die Nachhaltigkeitsbewertung mit einbezogen werden. Auch muss für jedes Produkt individuell das gesamte Verpackungssystem aus Primär-, Sekundär- und Tertiärverpackung einschließlich des Produktes selbst und der gesamte Lebenszyklus Berücksichtigung finden. Was die Bewertung der Nachhaltigkeit in Bezug auf Verpackungen sowie die damit verbundene Verbraucherkommunikation angeht, gibt es zwischen den Gliedern der Wertschöpfungskette noch erheblichen Kommunikations- und Abstimmungsbedarf.

Insgesamt sollten Verpackungskonzepte den Prozessanforderungen der gesamten Supply Chain entsprechen, um zugleich Kundenwünsche zu erfüllen und Aufwandsstrukturen zu vereinfachen. Viele der Verpackungsanforderungen, Erwartungen und Bedürfnisse von Herstellern, Handel und Konsumenten sind jedoch schwierig miteinander vereinbar und stellen die Beteiligten der Wertschöpfungskette Verpackung vor eine große Herausforderung. Ein verstärkter Informations- und Erfahrungsaustausch sowohl zwischen den verschiedenen Stufen der Wertschöpfungskette als auch zwischen den verschiedenen Funktionsbereichen ist daher erforderlich.

Fotos: Ratioform

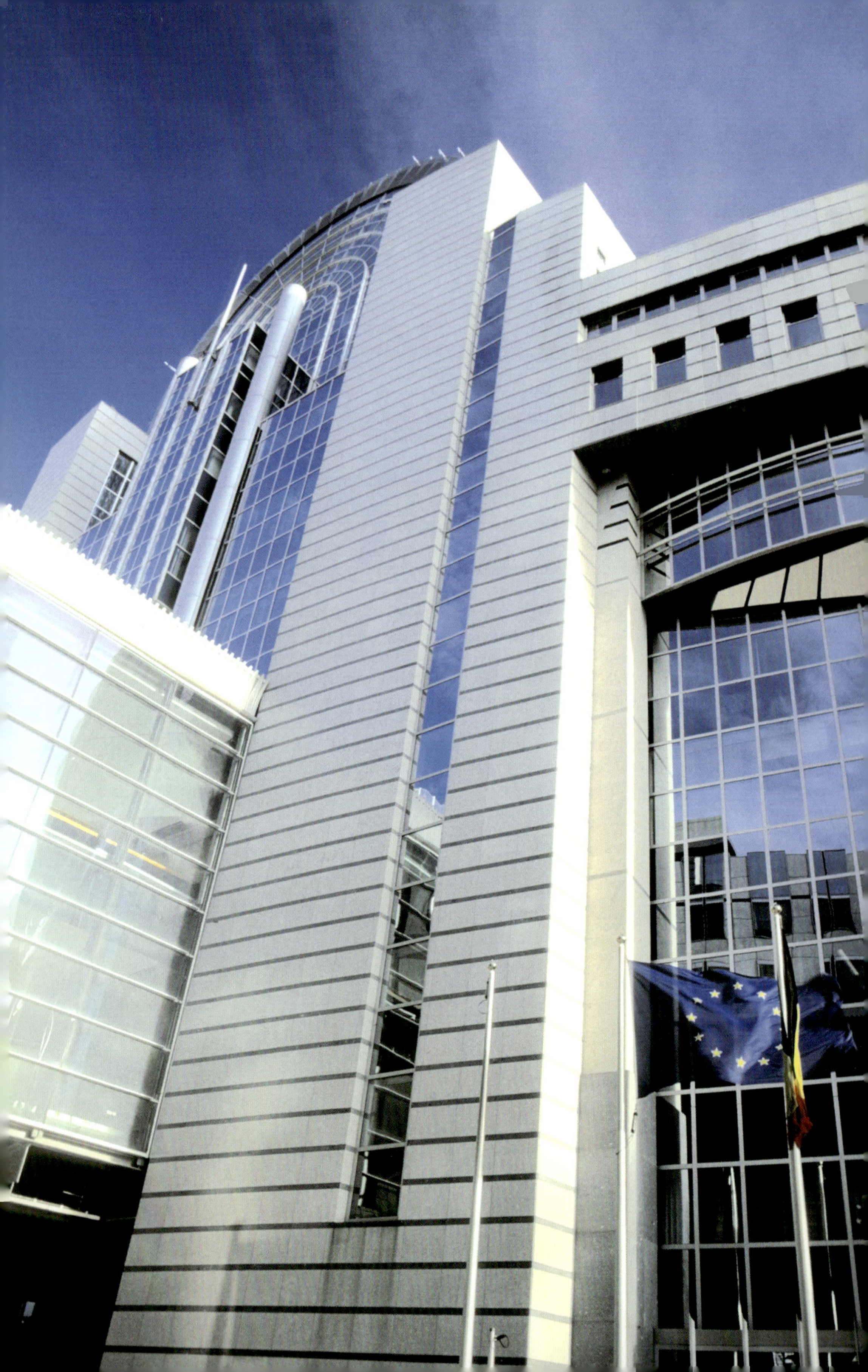

Europa **Recht**

Was aus Brüssel kommt

Der HDE ist seit zehn Jahren in Brüssel mit einem eigenen Büro vertreten. Dort ist der Verband eng verflochten in einem europäischen Netzwerk.

Text Britta Gallus, HDE

Kooperationen sind wichtig – sie sind der Garant dafür, dass das „Networking" funktioniert und eine Interessenvertretung erfolgreich arbeitet. In Brüssel ist es dem Hauptverband des Deutschen Einzelhandels (HDE) gelungen, ein eigenes Netzwerk in Form einer Bürokooperation zusammen mit der Metro Group, der Rewe Group und Edeka aufzubauen. Diese Kooperation ist in ihrer Art einzigartig. Gemeinsam in einem Team aus acht Mitarbeitern wirken alle Beteiligten arbeitsteilig und themenübergreifend zusammen. Das schafft Synergien und ermöglicht eine breite Themenabdeckung durch ein schlankes Team.

Die Aufgaben des Büros sind vielfältig: Dazu gehört an erster Stelle eine nach innen gerichtete Informationsaufbereitung. Das bedeutet, dass Unternehmen und Verbände gleichermaßen zeitnah über aktuelle Entwicklungen informiert werden. Das Büro versteht sich ein wenig wie ein Schnellwarnsystem in allen EU-Angelegenheiten mit Handelsrelevanz. Dazu dienen regelmäßige Rundschreiben und Informationen in dem monatlich erscheinenden Newsletter Europa. Außerdem bestimmen EU-Themen zunehmend die Tagesordnungen der HDE-Ausschüsse. Auch auf diesem Wege erhalten HDE-Mitglieder zeitnah aus erster Hand alle relevanten Informationen.

Darüber hinaus nimmt das HDE-Büro die Kernaufgabe wahr, politische Entscheidungsträger zu informieren. Abgestimmt Meinungen und Ansichten werden also auf diesem Weg in den politischen Meinungsbildungsprozess auf EU-Ebene eingespeist. Das Spektrum erfasst allgemeine Stellungnahmen, die Beantwortung von Fragebögen und reicht bis hin zur Erarbeitung von konkreten Vorschlägen für Änderungsanträge an EU-Verordnungs- oder Richtlinienvorschlägen.

Dritte Säule der Arbeit des Brüsseler Teams ist es, den Einzelhandel in Brüssel sichtbar zu machen, das heißt die Bedeutung der Branche hervorzuheben. Dies geschieht unter anderem durch regelmäßige Veranstaltungen, die das Büro organisiert, wie etwa den jährlichen Nikolausempfang oder Fachausschusssitzungen, zu denen externe Gäste geladen werden. Selbstverständlich leistet das Büro darüber hinaus bei individuellen Anfragen gern Unterstützung und steht mit Rat und Tat zur Verfügung. Das ist die vierte Säule der Arbeit des Brüssel-Teams.

Europäische Zusammenarbeit

Das HDE-Büro ist seinerseits natürlich auch Teil von vielen Kooperationen. So besteht seitens des HDE eine sehr enge Zusammenarbeit mit dem europäischen Dachverband des Handels, EuroCommerce. Dies gilt sowohl räumlich als auch fachlich. Der HDE, der zusammen mit EuroCommerce auf der gleichen Büro-Etage arbeitet, ist in allen Ausschüssen und Arbeitsgruppen aktiv, die bei EuroCommerce eingerichtet sind. Das gilt natürlich auch für alle politischen Gremien. EuroCommerce steht seit Juni 2009 unter deutscher Präsidentschaft. Rainhardt Freiherr von Leoprechting, Bereichsleiter Corporate Relations der Metro AG und Präsidiumsmitglied des HDE, steht nun für drei Jahre als Präsident an der Spitze des europäischen Handelsverbandes. Seine Wahl unterstreicht das Gewicht des deutschen Einzelhandels und seiner Vertretung in Brüssel.

HDE und EuroCommerce: Enge Zusammenarbeit auf EU-Ebene.

Neben der engen Kooperation mit EuroCommerce pflegt der HDE na-

Einzelhandel 2010 **239**

Recht Europa

Lebensmittel: 500 Mio. europäische Verbraucher erwarten Frische und Qualität, zur richtigen Zeit am richtigen Ort.

türlich auch Kontakte zu anderen deutschen Büros in Brüssel, unter anderem zum Deutschen Industrie- und Handelskammertag, dem Bundesverband der Deutschen Industrie, dem Zentralverband des Handwerks oder dem Gesamtverband der Deutschen Versicherungswirtschaft. Denn in der politischen Arbeit in Brüssel ist es außerordentlich wichtig, Allianzen zu schmieden, wenn dies möglich ist.

Das Team in Brüssel könnte aber nicht funktionieren, wenn es nicht eng mit dem HDE in Berlin, den Unternehmen und HDE-Mitgliedsverbänden verzahnt wäre. Die Meinungsbildung erfolgt schließlich in Ausschüssen und Arbeitsgruppen. Dies erfordert einen regelmäßigen Austausch und Kontakt mit den Kollegen in Berlin, aber auch mit den Unternehmen und Verbänden.

Um was geht es inhaltlich bei der Arbeit? Darüber geben fünf Kernforderungen für einen guten Überblick. Aus Sicht des Handels sollten sie Richtschnur für die künftige Arbeit der EU-Institutionen sein:

Fair geht vor

Die Politik hat den Einzelhandel entdeckt. Gern stellt sich dieser mit rund 3,8 Mio. Einzelhandelsunternehmen und einem Umsatz von knapp 2,7 Mrd. Euro in Europa den Herausforderungen, die an ihn gestellt werden. Er handelt als Schnittstelle zwischen produzierender Industrie und knapp 500 Mio. Verbraucherinnen und Verbrauchern und sieht sich als fairen Verhandlungspartner auf Augenhöhe. Im Dienste der Bevölkerung bietet der Handel sichere, qualitativ hochwertige und preisgünstige Produkte zum Kauf, die täglich zur richtigen Zeit am richtigen Ort zur Verfügung stehen.

Fairness ist aber keine Einbahnstraße. Auch von seinen Handelspartnern und den politischen Entscheidern erwartet der Einzelhandel einen fairen Umgang. Ansätzen, die ihm Missbrauch von Marktmacht vorwerfen oder Eigenmarkenprodukte als potenziell wettbewerbsschädigende Praktiken einordnen, widerspricht der HDE vehement. Der Einzelhandel und die Produzenten sind gleichberechtigte Verhandlungspartner. Selbstverpflichtungen in Form eines

Verhaltenskodexes sind daher überflüssig. Eigenmarkenprodukte bieten sowohl der Industrie als auch den Verbrauchern eine gute Alternative. Darin ist kein wettbewerbsschädigendes Verhalten zu erblicken. Im Einzelhandel funktioniert der Wettbewerb zugunsten eines breiten, preiswerten und nachhaltigen Angebots für Verbraucherinnen und Verbraucher auch ohne Preismonitoring.

Sinnvoll verbinden
Der deutsche Einzelhandel unterstützt wichtige umweltpolitische Maßnahmen auf EU-Ebene wie etwa die Fortschreibung der Energiekennzeichnungs- und Abfallrichtlinien zu Elektrogeräten sowie die Richtlinie zur Gebäude-Energieeffizienz. Über die gesetzlichen Vorgaben hinaus leisten Einzelhandelsunternehmen einen immer größeren freiwilligen Beitrag zur Nachhaltigkeit. Sie übernehmen aktiv Unternehmensverantwortung in den verschiedensten Bereichen – beispielsweise als größte Unterstützer der Tafelbewegung, in Initiativen zur Verbesserung der Arbeitsbedingungen in Entwicklungsländern und durch die Förderung sozialer Projekte vor Ort überall in Deutschland. Immer mehr Handelsunternehmen setzen sich ambitionierte freiwillige Ziele zu Nachhaltigkeit und Umweltschutz. Als Scharnier zwischen Wirtschaft und Verbrauchern hat der Handel auch eine wichtige Rolle bei der Förderung des nachhaltigen Konsums. Er bietet u. a. ein immer größeres Angebot an nachhaltigen Produkten wie etwa Fairtrade-Erzeugnisse oder Bio-Lebensmittel an. Dies ermöglicht es den Verbrauchern, eine eigenverantwortliche Kaufentscheidung zu treffen. Allerdings kann und will der Handel seinen mündigen Kunden nicht vorschreiben, was sie in ihren Einkaufskorb legen. Auch in der Umweltgesetzgebung eine klare Zuschreibung von Verantwortlichkeiten innerhalb der Lieferkette im Sinne des Binnenmarktpakets.

Keine City-Maut oder Staugebühr
Eine City-Maut, wie durch die EU-Kommission zur Diskussion gestellt, führt in erster Linie zur Verlagerung des Verkehrs und damit verbunden zu Wettbewerbsverzerrungen zwischen den Standorten. EU-weite Einheitslösungen kann es beim Stadtverkehr auf Grund der großen Unterschiede der Kommunen nicht geben. Insbesondere City-Maut-Modelle sind nicht auf deutsche Städte übertragbar. Die EU-Verkehrspolitik sollte einseitigen Strategien zur Verkehrsverlagerung eine Absage erteilen und stattdessen Möglichkeiten aufzeigen, wie alle Verkehrswege ausgebaut und optimiert werden können – auch die Straße. Hierbei ist auch die Möglichkeit zur Erhöhung der Lkw-Höchstabmessungen sorgfältig zu prüfen. Eine Maut für Staus lehnen wir ab, da sie Mitgliedstaaten belohnt, die nicht in ihre Infrastruktur investieren.

Fördern – nicht bestrafen
Die arbeitsintensive Branche Einzelhandel beschäftigt in Deutschland rund 2,7 Mio. Mitarbeiterinnen und Mitarbeiter mit ganz individuellen Fähigkeiten. Dabei integrieren Einzelhandelsunternehmen besonders viele Auszubildende und Wiedereinsteiger in den Arbeits-

Foto: CCVision

City-Maut-Modelle: Nicht auf deutsche Städte übertragbar.

HDE, Metro, Rewe und Edeka: Teamwork in Brüssel.

markt. Die Integration breiter Bevölkerungsschichten in den Arbeitsmarkt sowie die Standortbindung der Arbeitsplätze sind wichtige Leistungsmerkmale des Einzelhandels. Die Chancen für einen Einstieg in Arbeit und einen Aufstieg durch Bildung müssen erhöht werden. Die EU-Ebene kann und soll die Rahmenbedingungen hierfür im Sinne der Strategie für Wachstum und Beschäftigung verbessern. Die Subsidiarität darf jedoch gerade in der Beschäftigungs- und Sozialpolitik nicht ausgehöhlt werden.

Angemessener Verbraucherschutz

Als direkte Schnittstelle zum Verbraucher haben Verbraucherrechte und deren effektive Durchsetzung sowohl bei nationalen als auch bei grenzüberschreitenden Rechtsgeschäften für die Einzelhandelsbranche einen hohen Stellenwert. Denn nur zufriedene Kunden kommen wieder. Aus diesem Grund bietet der Einzelhandel über die gesetzlichen Vorgaben hinaus verbraucherfreundliche Angebote und kulante Lösungen auch in Beschwerdefällen an. Wir benötigen daher kein europäisches Instrument des kollektiven Rechtsschutzes. Andererseits ist eine grenzüberschreitende Tätigkeit der Händler nur durch einheitliche Rahmenbedingungen zu erreichen, von der letztlich auch die Verbraucher profitieren. In diesem Sinne ist eine Vollharmonisierung der wesentlichen Regelungen im Verbraucherschutz erforderlich. Nur so kann die verwirrende Rechtszersplitterung abgeschafft werden, die durch Übererfüllung europäischer Vorgaben seitens der Mitgliedstaaten entsteht.

Dies gilt auch im Bereich der Verbraucherinformation über Lebensmittel. Der Handel setzt sich gemeinsam mit der gesamten Lebensmittelwirtschaft für eine objektive Verbraucherinformation über die Nährwertgehalte von Lebensmitteln ein. Gleichzeitig bedeutet dies ein klares Nein zur Ampel. Ziel ist es, eine informierte Entscheidung der Verbraucher zu ermöglichen und keine Irreführung durch Farbspiele herbeizuführen. Fakten statt Farbe heißt die Devise.

www.einzelhandel.de; www.eurocommerce.be

Notwendige Zwangsehe

Verhandlungen zwischen Arbeitgebern und Gewerkschaften sind meistens eine freudlose Angelegenheit – aber unabdingbar, will man die Tarifautonomie erhalten.

Text Heribert Jöris, HDE

Die Bezeichnung „Kooperation" beschreibt im Regelfall ein friedliches Miteinander zum Vorteil beider Kooperationspartner. Etwas ungewöhnlicher und aus dem Rahmen fallend ist da schon die Kooperation der Einzelhandelsorganisation mit den Gewerkschaften. Denn hier fliegen regelmäßig – zumindest in den Tarifrunden – die Fetzen. Bei vielen Ehen und geschäftlichen Kooperationen wäre das eine gute Begründung für eine Trennung. Warum also nicht auch bei Arbeitgeberverbänden und Arbeitnehmerinteressenvertretung?

Auch wenn man sich nicht liebt, so braucht man sich doch gegenseitig. Das fängt schon bei einer der Kernaufgaben beider Seiten dar, dem sogar durch das Grundgesetz verbrieften Recht, sich zur Wahrung und Förderung der Arbeits- und Wirtschaftsbedingungen zusammenzuschließen. Ein wesentliches Produkt dieser Arbeit sind die Tarifverträge. Sie stellen ähnlich wie im Kaufrecht neben den gesetzlichen Mindestvorschriften so etwas wie Allgemeine Geschäftsbedingungen der Arbeitsvertragsparteien dar – fix und fertig vorformuliert.

Anders als AGBs im Kaufvertrag enthalten die Tarifverträge jedoch schon die wesentliche Regelung der Hauptleistungspflicht, nämlich den Preis für die Arbeitsleistung. An dieser Preisfestlegung sind Arbeitgeber und Arbeitnehmer, wenn sie beide eine tarifgebundene Mitgliedschaft bei den Vertragspartnern des Tarifvertrages unterhalten, unmittelbar gebunden. Sie haben nur die Möglichkeit, Preisüberschreitungen festzulegen, also Löhne und Gehälter, die oberhalb des Tarifentgeltes liegen. Tarifgebundene wie auch nicht tarifungebundene Arbeitgeber neigen jedoch gleichermaßen dazu, die in den Tarifverträgen vereinbarten Arbeitsbedingungen auch dann durch arbeitsvertragliche Regelungen festzuschreiben, wenn der Arbeitnehmer nicht tarifgebunden ist. Dies führt insgesamt zu einem sehr hohen Verbreitungsgrad der Tarifverträge des Einzelhandels in der Branche. Aber auch nicht tarifgebundene Arbeitgeber können sich – ob sie wollen oder nicht – den tarifvertraglichen Regelungen nicht vollständig entziehen. Denn in der Praxis unterstellt die Rechtsprechung, dass die in den Tarifverhandlungen festgelegten Entgelte fair und angemessen sind. Sie erlaubt tarifungebundenen Unternehmen Abweichungen nach unten nur in einem ganz bestimmten Spektrum.

Gefährliche Streiks

Ungewöhnlich an der Kooperation zwischen Arbeitgebern und Gewerkschaften ist sicherlich, dass die Rechtsordnung für die Aushandlung der Tarifvereinbarung ein besonderes Verfahren vorsieht: Der Vertragspartner Gewerkschaft kann versuchen, seine Forderungen notfalls durch die Organisation von Streiks durchsetzen. Da ist ein nicht eben kooperativer Ansatz, der – wenn extensiv genutzt – auf der Arbeitgeberseite nicht nur ein Stirnrunzeln auslöst. Unnötige Streiks erhöhen sicherlich nicht die Bereitschaft der Unternehmen, eine Tarifbindung einzugehen. Eine Mitgliedschaft ohne Tarifbindung setzt sie allerdings wiederum der permanenten Gefahr aus, von der Gewerkschaft mit der Forderung nach Abschluss eines teureren Firmentarifvertrages überzogen und bestreikt zu werden.

Ein Überziehen mit Streikmaßnahmen, die zwangsweise Durchsetzung von unrealistischen, inakzeptablen Forderungen führt jedoch über kurz oder lang dazu, dass die Unternehmen den Tarifvertrag nicht mehr als AGB ihrer Beschäftigungsverhältnisse akzeptieren und die Tarifbindung verlassen. Würde dabei die Tarifbindung unter 50 Prozent rutschen – Maßstab sind dabei die von den tarifgebundenen Unternehmen beschäftigten Arbeitnehmer – so tritt nach einer neuen gesetzlichen Regelung – dem Min-

Recht Tarifpolitik

destarbeitsbedingungengesetz – die Bundesregierung auf den Plan und kann ihrerseits Mindestlöhne für die Branche politisch und verbindlich festlegen. Für tarifliche Regelungen bleibt daneben aller Voraussicht nach kein Raum und Bedarf. Die Kooperationspartner/Tarifvertragsparteien sind daher gut beraten, einander nicht zu überfordern.

Fit für die Zukunft

Dies mag auch ein Grund dafür sein, dass und wie die Arbeitgeber des Einzelhandels gemeinsam mit der Gewerkschaft Verdi ein Projekt vorantreiben, dass dem Interesse beider Seiten dient. Es geht um die Neuregelung der tariflichen Lohn- und Gehaltsstrukturen, die „fit" (so heißt auch das Projekt) für die Zukunft gemacht werden sollen. Die bisherigen Entgeltsstrukturen spiegeln im wesentlichen noch die Einzelhandelslandschaft der 50er- und 60er-Jahre wider, als es in den Warenhäusern noch „Fahrstuhlführer" gab, im Keller der „Heizer mit abgelegter Prüfung" die Läden in den Wintermonaten auf Temperatur brachte und Scanner allenfalls aus der Fernsehserie „Raumschiff Orion" bekannt waren. Das Projekt erfordert nicht mehr und nicht weniger, dass beide Seiten den vor ihren Augen stattfindenden technologischen Wandel analysieren und daraus ableiten, welche Anforderungen dieser an die Mitarbeiter stellt und in welchem Werteverhältnis die einzelnen Anforderungen und Tätigkeiten im Einzelhandel zueinander stehen. Augenfällig wird dies beispielsweise bei den Kassiertätigkeiten, wo heute der Scanner den Preis abliest und die Konzentration der Mitarbeiterin nicht mehr beim Eintippen der Preise gefragt ist, sondern bei der Herausgabe des Wechselgeldes – wenn dies nicht auch schon von einem Kassenautomat erledigt wird. Auf der anderen Seite stellen heute Sortimentstiefe und Sortimentsbreite und kurzlebige Produktzyklen neue Anforderungen an viele Verkäufer. Beiden Tarifpartnern ist klar, dass eine grundlegende Neukonzeption der Entlohnungssysteme nicht im Rahmen der typischen Aushandlungsprozesse und mit den typischen Mitteln des Arbeitskampfes ausgefochten werden kann. Sie haben deshalb hierfür einen Projektansatz gewählt und bedienen sich zusätzlich eines gemeinsamen Stabs von Arbeitswissenschaftlern, die den Status Quo bei der Entlohnungspraxis erforscht haben und einzelne Einzelhandelstätigkeiten anhand gemeinsam definierter Anforderungskriterien analysiert haben. In einem nächsten Schritt muss hieraus ein abstraktes Wertegerüst der einzelnen Anforderungskriterien erstellt werden, sodass einzelne Tätigkeiten bewertet werden können. Erst am Ende dieses Verfahrens findet dann eine Verknüpfung mit Euro-Beträgen statt. Ziel der Arbeitgeberseite ist es, die neue Entgeltstruktur im Rahmen des nächsten Tarifabschlusses 2011 in die Praxis umzusetzen.

Projekt „fit": Neukonzeption der Entlohnungssysteme.

Das Projekt könnte aber auch noch einen anderen wichtigen Nebeneffekt haben. Denn es wäre schon viel gewonnen, wenn beide Tarifpartner eine neue Form der Streitkultur entwickeln. Andere Branchen haben schon längst vorgemacht, dass Streiks keineswegs zum üblichen Instrumentarium einer Tarifrunde gehören müssen. Und sie demonstrieren auch, dass Arbeitgeber- und Arbeitnehmerorganisationen einer Branche, wenn sie zusammenstehen, enger kooperieren, durchaus auch gute gemeinsame Erfolge beim Lobbying gegenüber den Parlament und der Bundesregierung einfahren können.

Kooperation und Konflikt

Arbeitgeberverbände und Gewerkschaften haben im Rahmen der Sozialordnung und der grundgesetzlich garantierten Tarifautonomie die Aufgabe, die Arbeits- und Lebensbedingungen der Arbeitnehmer zu gestalten. Tarifverträge sind die akzeptierte Form der vertraglichen Vereinbarung darüber. Außerdem gibt es soziale Schutzgesetze, die gesetzliche Mindestbedingungen in den Arbeitsbeziehungen regeln. Der Gesetzgeber und die höchstrichterliche Rechtsprechung gehen davon aus, dass in den Beziehungen zwischen Arbeitnehmern und Arbeitgebern ein strukturelles Machtungleichgewicht zuungunsten der Arbeitnehmer vorliegt. Den abhängig Beschäftigten wurde daher das Recht eingeräumt, ihre Interessen auch mit Hilfe des Streiks durchzusetzen, bzw. einen angemessenen Kompromiss zu erzwingen. Dieses Streikrecht ist den Gewerkschaften als Vertretung verbürgt, d. h. der Koalition der Arbeitnehmerinnen und Arbeitnehmer. Es wäre deshalb realitätsfremd, die Arbeitsbeziehungen zwischen Arbeitnehmern und Arbeitgebers als friedliche Kooperation zu verstehen.

Wenn man Tarifverträge eher als Ausdruck von Zusammenarbeit ansehen will, schließt der Weg, zu diesem Ergebnissen zu gelangen, den Konflikt nicht aus – oftmals ebnet nur die Austragung des Konfliktes den Weg zu einer neuen Verständigung über die Spielregeln der Kooperation. Insofern sollten wir eher von einer Balance zwischen Kooperation und Konflikt ausgehen. Kooperation ist immer an Voraussetzungen gebunden und an gegenseitige Verlässlichkeit. Dies gilt für die oft beschworene „Sozialpartnerschaft" erst recht. Wenn Sozialpartnerschaft sich nicht im Spiegel der realen Arbeitsbeziehungen in der Branche bewährt, wird sie zu einer ideologischen Hülle. Die Geschichte der Zusammenarbeit der Tarifvertragsparteien im Einzelhandel in den letzten Jahrzehnten ist dadurch geprägt, dass vormals gemeinsam getragene Geschäftsgrundlagen für Kooperation erodiert sind. Die Allgemeinverbindlicherklärung von Tarifverträgen zur Abwehr von brancheninterner Schmutzkonkurrenz gehört seit einiger Zeit nicht mehr zum Überzeugungsinventar der Arbeitgeber. Die Verständigung darüber, dass Tarifverträge als soziale Mindestbedingungen eine notwendige Verständigungslinie zur Sozialen Ordnung und zur Regulierung des Wettbewerbs sind, ist nicht mehr Allgemeingut für alle Arbeitgeber im Einzelhandel. Niedriglöhne und aktive Tarifunterbietung von Arbeitgebern im Einzelhandel belasten die Sozialbeziehungen. Dies schließt aber die gemeinsame Arbeit an Projekten wie der Neukonzeptionierung eines künftigen Entgeltsystems keineswegs aus. Wir bekennen uns ausdrücklich zur Notwendigkeit, die Entgeltstruktur im Einzelhandel zu verändern. Die notwendigen Vorarbeiten – auch unter Hilfestellung der Wissenschaft – in Form einer Projektstruktur zu leisten ist angemessen und inhaltlich sinnvoll. In der Konkretisierungsphase werden aber auch wiederum Konflikte nicht auszuschließen sein. Letztlich kommt es aber darauf an, dass der gefundene Kompromiss von beiden Seiten mit Überzeugung getragen werden kann.

Ein Vertrauen stiftendes Projekt wäre aus unserer Sicht die Vereinbarung eines durch die Tarifvertragsparteien ausgehandelten Mindestlohns für die Branche, dessen Allgemeinverbindlicherklärung die Tarifvertragsparteien gemeinsam beantragen. Dies wäre ein solides Zeichen, mit dem sich die Unternehmen und die Gewerkschaften gemeinsam zu sozialen Mindeststandards in der Branche bekennen würden. Dies könnte auch ein neues Kapitel der sozialen Beziehungen im Einzelhandel aufschlagen.

Margret Mönig-Raane, Stv. Vorsitzende von Verdi.

Recht Verbraucherschutz

Grenzen der Regulierung

In den 27 EU-Mitgliedstaaten leben rund 500 Mio. Verbraucher. Sie handeln und schließen Verträge nach einem möglichst einheitlichen Verbraucherrecht.

Text Britta Gallus, Franz-Martin Rausch, HDE

Die Frage, die sich grundsätzlich stellt, ist: Gibt es die überhaupt die typische europäische Verbraucherin oder den typischen europäischen Verbraucher? Die Antwort lautet: Nein. Vielmehr variieren die Verbrauchererwartungen von Land zu Land oder sogar von Region zu Region innerhalb eines Staates, wie uns die Erfahrungen zeigen. Wie gehen wir aber nun mit diesen knapp 500 Mio. Verbrauchern um? Der Europäische Gerichtshof setzt bei aller Vielfalt jedenfalls auf das Leitbild des mündigen Verbrauchers, also des „durchschnittlich informierten, aufmerksamen und verständigen Durchschnittsverbrauchers". Ein Ansatz, den der Handel ausdrücklich unterstützt. Wie viel gesetzlichen Verbraucherschutz brauchen denn nun die Verbraucher? Verbraucher waren noch nie so gut durch Regelungen geschützt wie heute, trotzdem werden immer neue Regelungen diskutiert. Wie viel Verbraucherschutz verträgt auf der anderen Seite die Wirtschaft?

Zentrale Aspekte des Verbraucherschutzes sind unter anderem Verbraucherinformation, Gewährleistungs- und Widerrufsrechte, Verbote bestimmter Verhaltensweisen oder Klauseln und angemessene Instrumente zur Rechtsdurchsetzung. Diese Aspekte finden sich in vielen verbraucherschutzrechtlichen Regelungen. Ob es nun die Verbraucherkreditrichtlinie ist, der derzeit diskutierte Richtlinienvorschlag über Verbraucherrechte oder der Verordnungsentwurf über Lebensmittelinformationen für Verbraucher – alle Maßnahmen enthalten die oben genannten Aspekte. Doch wo zieht man die Grenze? Ab wann ist Information Überinformation? Ab wann sind Gewährleistungsfristen einfach zu lang und führen zu unverhältnismäßigen Bürden für die Unternehmen? Wie funktioniert eine angemessene Rechtsdurchsetzung und was ist wirklich nötig – Stichwort: Sammelklagen?

Dem Einzelhandel kommt in diesem Zusammenhang sicherlich eine entscheidende Rolle zu – er ist die direkte Schnittstelle zum Verbraucher und kennt seine Kunden. Und die Branche ist sich dieser Verantwortung auch durchaus bewusst. Dementsprechend stehen beim Einzelhandel die Information der Verbraucher beispielsweise im direkten Verkaufsgespräch oder über moderne Kommunikationswege und der Umgang mit Kundenbeschwerden an oberster Stelle. Diese Haltung gilt es zu berücksichtigen, wenn Verbraucherschutzbestimmungen erlassen werden. Weniger Regulierung bringt oftmals mehr und lässt dem Handel individuelle Gestaltungsspielräume für maßgeschneiderte Kundendienstleistungen.

Gleiche Spielregeln für alle

Die Regulierungen, die auf EU-Ebene erlassen werden, sollten dann allerdings auch europaweit einheitliche Maßstäbe setzen, damit für Verbraucher und Unternehmen gleiche Spielregeln in Europa gelten. Verbraucher haben die Möglichkeit, in anderen Ländern grenzüberschreitende Einkäufe zu tätigen und dadurch von den vergleichsweise besten Preisen und Angeboten zu profitieren. Dies geschieht vor dem Hintergrund gleicher Verbraucherschutzregelungen. Unternehmen können grenzüberschreitend tätig werden. Auch sie profitieren von einem einheitlichen rechtlichen Grundgerüst in Europa, wenn sie ihr Heimatland verlassen und sich auf ausländischen Märkten niederlassen.

EU-Markt: Keine uniformen Verbraucher.

Verbraucherschutz **Recht**

Herausforderung: Innerhalb der EU Gleichgewicht zwischen Verbraucherschutz und Wirtschaftsinteressen schaffen.

Wenn Verbraucherschutz über die Grenzen hinaus europaweit einheitlich geregelt werden soll, bedeutet das dann auch, dass Verbraucherschutz grenzenlos ist? Die Antwort lautet abermals: Nein. Notwendig ist eine ausgewogene Balance zwischen den Interessen der Verbraucher und den Interessen der Wirtschaftsteilnehmer.

Darüber hinaus spielt aber auch der Aspekt der Eigenverantwortung auf Wirtschafts- und Verbraucherseite eine maßgebliche Rolle. Nehmen wir zum Beispiel das Thema Nährwertkennzeichnung, die Gegenstand eine EU-Verordnungsvorschlag ist, der aktuell diskutiert wird. Verfolgt man die Diskussionen auf europäischer oder auch nationaler Ebene, könnte man denken, dass Nährwertkennzeichnung per se schlank macht. Das ist natürlich nicht der Fall.

Die Verbraucher sind gefordert, eine ausgewogene Ernährungs- und Lebensweise zu führen und die ihnen zur Verfügung gestellten Informationen in ihren Lebensmittelalltag zu integrieren und tatsächlich umzusetzen. Die Lebensmittelwirtschaft stellt viele Informationen zur Verfügung; sie müssen allerdings auch genutzt werden. Mehr als 80 Prozent aller Lebensmittel tragen bereits eine aussagekräftige Nährwertkennzeichnung.

Hinzu kommt, dass der Handel in seinem Handelsmarkenbereich verstärkt eine erweiterte Nährwertdeklaration vornimmt und dabei die Angaben zu den einzelnen Nährstoffen in das Verhältnis des durchschnittlichen Nährstofftagesbedarfs setzt. Diese Informationen, die sich auf den Packungen wiederfinden, werden durchgehend von erläuternden Informationen begleitet; diese sind beispielsweise abrufbar im Internet oder nachlesbar in Broschüren. Die Lebensmittelwirtschaft nimmt also ihre Verantwortung wahr – jetzt ist der Verbraucher gefordert.

Ziel ist es also insgesamt, ein Gleichgewicht zwischen Verbraucherschutz und Wirtschaftinteressen zu schaffen und dies unter Berücksichtigung der Eigenverantwortung von Wirtschaft und Verbrauchern. Die Einzelhandelsbranche ist das beste Beispiel, dass es sich hierbei nicht um Gegensätze handelt. Denn der Verbraucher ist Kunde und es heißt: „Nur ein zufriedener Kunde kehrt zurück". Jeder einzelne Händler hat nur dann seine Aufgabe erfüllt, wenn er eben dies erreicht hat.

Einzelhandel in Zahlen

Die Reaktionen der Verbraucher auf die Finanzmarktkrise bewegen Branchen und Vertriebslinien des Einzelhandels gleichermaßen. Zu den Top-Themen gehörte die Kaufzurückhaltung ebenso wie die Wirtschaftskrise im Allgemeinen (**Grafik 1**). Bislang gilt der Einzelhandel als eine der wenigen Branchen, in der der Absturz weniger steil, das Ausmaß der Krisenreaktionen als weniger gravierend eingeschätzt wird. Allerdings ist die Prognose für das Jahr 2010 verhalten. Viele Einzelhändler gehen davon aus, dass die Krise die Branche erst im zweiten Halbjahr 2009 voll treffen wird (**Grafik 2**). Der Einzelhandel insgesamt könnte das Jahr mit einem Minus von 2 Prozent und bei einem Umsatzvolumen von gut 390 Mrd. Euro abschließen, so der HDE. Entsprechend niedrig sind auch die Erwartungen der Unternehmen. 41 Prozent rechnen laut HDE-Sommerprognose mit einer Stagnation der Umsätze im zweiten Halbjahr 2009, 35 Prozent mit Rückgang (**Grafik 4**).

Umsatzentwicklung — Grafik 3
1. Halbjahr 2006-2009 (zu Vorjahr)

	gestiegen	konstant	gesunken
2006	39	25	36
2007	34	25	41
2008	31	23	46
2009	31	27	42

in Prozent der Betriebe
Quelle: HDE

Umsatzerwartung — Grafik 4
für 2. Halbjahr 2008/2009

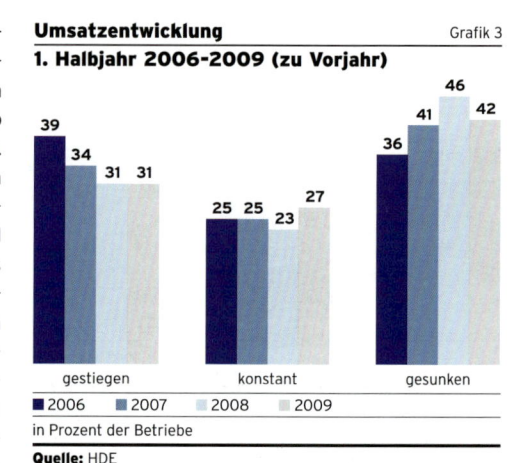

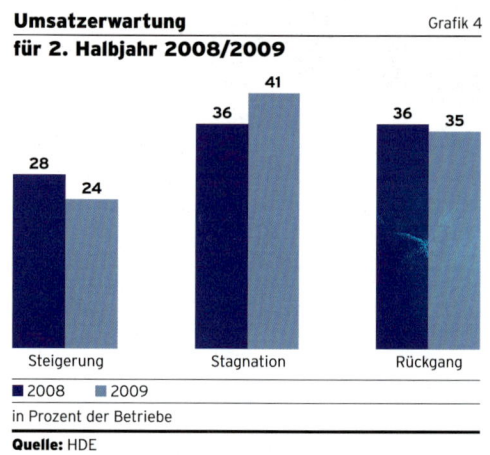

	Steigerung	Stagnation	Rückgang
2008	28	36	36
2009	24	41	35

in Prozent der Betriebe
Quelle: HDE

Top-Themen des Einzelhandels 2009 — Grafik 1

Kaufzurückhaltung	58
Belastungen Mittelstand	45
Wirtschaftskrise	42
Attraktivitätsverlust Innenstadt	37
Wettbewerbsdruck	31
Preisentwicklung	26
Unternehmenssteuern	26
Erreichbarkeit	23
eBusiness/Online-Handel	22
Ladenöffnungszeiten	20
Unternehmensfinanzierung	17
Flächenwachstum	17
Kommunale Belastungen	11
Ladendiebstahl	10
Ausbildung	10
Gewährleistung/neues Kaufrecht	7

Anteile in Prozent, Mehrfachnennungen möglich
Quelle: HDE

Auswirkungen der Wirtschaftskrise — Grafik 2
Einschätzung der Unternehmen

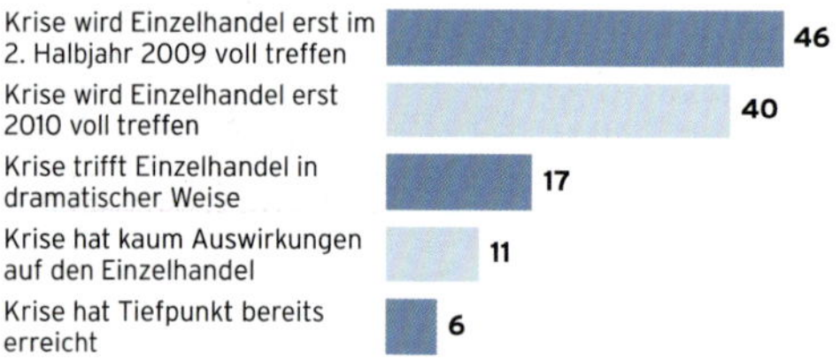

Krise wird Einzelhandel erst im 2. Halbjahr 2009 voll treffen	46
Krise wird Einzelhandel erst 2010 voll treffen	40
Krise trifft Einzelhandel in dramatischer Weise	17
Krise hat kaum Auswirkungen auf den Einzelhandel	11
Krise hat Tiefpunkt bereits erreicht	6

Anteile in Prozent, Mehrfachnennungen möglich
Quelle: HDE

Gewinnentwicklung — Grafik 5
1. Halbjahr 2006-2009 (zu Vorjahr)

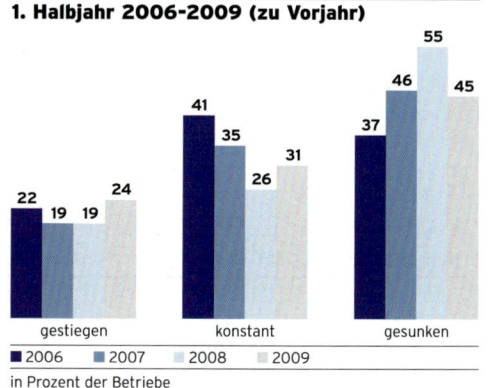

	gestiegen	konstant	gesunken
2006	22	41	37
2007	19	35	46
2008	19	26	55
2009	24	31	45

in Prozent der Betriebe
Quelle: HDE

Zahlenspiegel Anhang

Investitionsschwerpunkte — Grafik 6

Bereich	2009	2008
Marketing/Kundenbindung	57	62
Geschäftsausstattung	42	47
Qualifizierung/Schulung	33	36
e-Business	14	16
Warenwirtschaftssysteme	13	16
Kassen, PoS	10	12
Flächenerweiterung	8	9

in Prozent der Betriebe, Mehrfachnennungen möglich
Quelle: HDE

Marktanteilsentwicklungen nach Vertriebsformen — Grafik 7

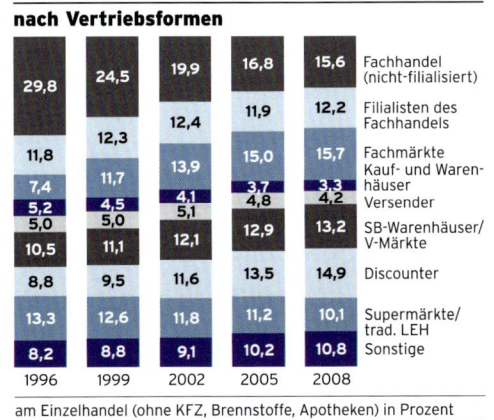

Vertriebsform	1996	1999	2002	2005	2008
Fachhandel (nicht-filialisiert)	29,8	24,5	19,9	16,8	15,6
Filialisten des Fachhandels			12,4	11,9	12,2
Fachmärkte	11,8	12,3	13,9	15,0	15,7
Kauf- und Warenhäuser	7,4	11,7	3,7	3,3	
Versender	5,2	4,5	4,1	4,8	4,2
SB-Warenhäuser/V-Märkte	5,0	5,0	5,1	12,9	13,2
Discounter	10,5	11,1	12,1	13,5	14,9
Supermärkte/trad. LEH	8,8	9,5	11,6	11,2	10,1
Sonstige	13,3	12,6	11,8	10,2	10,8
	8,2	8,8	9,1		

am Einzelhandel (ohne KFZ, Brennstoffe, Apotheken) in Prozent
Quelle: HDE

Flächenentwicklung Einzelhandel 1980-2010 — Grafik 8

Jahr	Neue Bundesländer	Alte Bundesländer	Deutschland
1980		58	63
1990	5	71	77
1993	6	76	
1995	12	80	88
2000	15	91	95
2001	18	92	109
2002	19	93	111
2003	19	94	112
2004	20	95	114
2005	20	96	115
2006	20	97	116
2007	21	98	117
2008	21	99	119
2009	21	100	120
2010	21	101	121, 122

Verkaufsfläche in Mio. qm
Quelle: HDE

Beschäftigte im deutschen Einzelhandel* 2005-2008 — Grafik 9

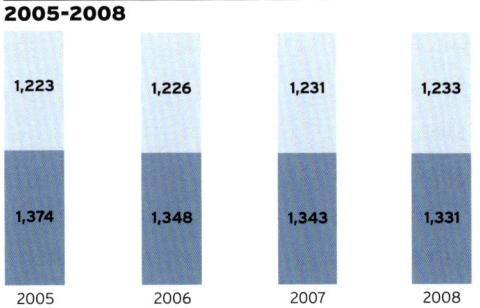

	2005	2006	2007	2008
Teilzeitbeschäftigte	1.223	1.226	1.231	1.233
Vollzeitbeschäftigte	1.374	1.348	1.343	1.331

in Mio.
*Einzelhandel ohne KFZ, Tankstellen, Brennstoffe und Apotheken
Quelle: HDE

Anteil Einzelhandelsumsatz* 1995-2008 — Grafik 10

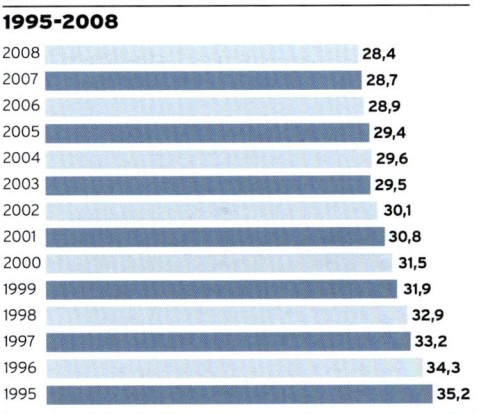

Jahr	Prozent
2008	28,4
2007	28,7
2006	28,9
2005	29,4
2004	29,6
2003	29,5
2002	30,1
2001	30,8
2000	31,5
1999	31,9
1998	32,9
1997	33,2
1996	34,3
1995	35,2

an privaten Konsumausgaben in Prozent; *Einzelhandel ohne KFZ-Handel, Kraft- und Brennstoffe sowie Apotheken
Quelle: HDE

Wirtschaftliche Leistung des Einzelhandels* 2008 — Grafik 11

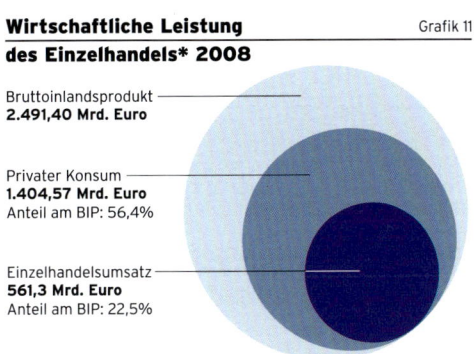

Bruttoinlandsprodukt
2.491,40 Mrd. Euro

Privater Konsum
1.404,57 Mrd. Euro
Anteil am BIP: 56,4%

Einzelhandelsumsatz
561,3 Mrd. Euro
Anteil am BIP: 22,5%

*Einzelhandel mit KFZ, Tankstellen, Brennstoffen und Apotheken
Quelle: HDE

Anhang Adressen

Adressen

Hauptverband des Deutschen Einzelhandels (HDE)
Am Weidendamm 1A
10117 Berlin
Tel.: 030/726 250 0
Fax: 030/726 250 99
E-Mail: hde@einzelhandel.de
www.einzelhandel.de

Landesverbände

Bayern

Landesverband des Bayerischen Einzelhandels
Brienner Str. 45
80333 München
Tel.: 089/551 18 0
Fax: 089/551 18 163
E-Mail: info@lbe.de
www.lbe.de

Bezirk München-Oberbayern
Brienner Str. 45
80333 München
Tel.: 089/551 18 0
Fax: 089/551 18 163
E-Mail: info@lbe.de
www.lbe.de

Bezirk Schwaben
Schießgrabenstr. 24
86150 Augsburg
Tel.: 0821/346 70 0
Fax: 0821/364 35
E-Mail: lbe-schwaben@lbe.de
www.lbe.de

Bezirk Mittelfranken
Sandstr. 29
90443 Nürnberg
Tel.: 0911/244 33 0
Fax: 0911/208 921
E-Mail: lbe-mittelfranken@lbe.de
www.lbe.de

Bezirk Oberpfalz-Niederbayern
Richard-Wagner-Str. 18
93055 Regensburg
Tel.: 0941/604 09 0/-12
Fax: 0941/798 30 0
E-Mail: lbe-oberpfalz-niederbayern@lbe.de
www.lbe.de

Bezirk Oberfranken
Karlsbader Str. 1 a
95448 Bayreuth
Tel.: 0921/726 30 0
Fax: 0921/726 30 30
E-Mail: lbe-oberfranken@lbe.de
www.lbe.de

Bezirk Unterfranken
Bibrastr. 39
70700 Würzburg
Tel.: 0931/355 46 0
Fax: 0931/171 27
E-Mail: lbe-unterfranken@lbe.de
www.lbe.de

Baden-Württemberg

Einzelhandelsverband Baden-Württemberg
Hauptgeschäftsstelle
Neue Weinsteige 44
70180 Stuttgart
Tel.: 0711/648 64 0
Fax: 0711/648 64 24
E-Mail: info@ehv-wuerttemberg.de
www.ehv-baden-wuerttemberg.de

Einzelhandelsverband Nordbaden
Büro Heidelberg
Hauptstr. 113
69117 Heidelberg
Tel.: 06221/131 66 0
Fax: 06221/131 66 0
E-Mail: hd@einzelhandel.de
www.nordbaden.einzelhandel.de

Büro Mannheim
O 6,7
68161 Mannheim
Tel.: 0621/209 09
Fax: 0621/154 49 8
E-Mail: ma@einzelhandel.de
www.nordbaden.einzelhandel.de

Einzelhandelsverband Württemberg
Neue Weinsteige 44
70180 Stuttgart
Tel.: 0711/648 60
Fax: 0711/648 64 24
E-Mail: info@ehv-wuerttemberg.de
www.wuerttemberg.einzelhandel.de

Einzelhandelsverband Südbaden
Geschäftsstelle Freiburg
Eisenbahnstr. 68 - 80
79098 Freiburg
Tel.: 0761/368 76 0
Fax: 0761/368 76 55
E-Mail: ehv-freiburg@einzelhandel.de
www.einzelhandel-suedbaden.de

Einzelhandelsverband Südbaden
Geschäftsstelle Bodensee-Baar
Obere Laube 81
78462 Konstanz
Tel.: 07531/229 34
Fax: 07531/163 87
E-Mail: ehv-konstanz@einzelhandel-suedbaden.de
www.einzelhandel-suedbaden.de

Hessen

Landesverband des Hessischen Einzelhandels
Berliner Str. 72
60311 Frankfurt
Tel.: 069/133 09 10
Fax: 069/133 09 10
E-Mail: info@einzelhandel-hessen.de
www.einzelhandel-hessen.de

Unternehmerverband Hessischer Einzelhandel
Mitte-Süd
Berliner Str. 72
60311 Frankfurt
Tel.: 069/133 09 10
Fax: 069/133 09 199
E-Mail: zeizinger@einzelhandel-hessen.de
www.einzelhandel-hessen.de

Unternehmerverband Hessischer Einzelhandel
Mitte-Süd - Regionalbereich Hessen-Süd
Berliner Str. 72
60311 Frankfurt
Tel.: 069/133 09 144
Fax: 069/133 09 197
E-Mail: uhe-darmstadt@einzelhandel.de
www.einzelhandel-hessen.de

Unternehmerverband Hessischer Einzelhandel
Mitte-Süd – Regionalbereich Frankfurt
Berliner Str. 72
60311 Frankfurt
Tel.: 069/133 09 10
Fax: 069/133 09 199
E-Mail: uhe-frankfurt@einzelhandel.de
www.einzelhandel-hessen.de

Unternehmerverband Hessischer Einzelhandel
Mitte-Süd – Regionalbereich Gießen
Berliner Str. 72
60311 Frankfurt
Tel.: 069/133 09 130
Fax: 069/133 09 198
E-Mail: uhe-giessen@einzelhandel.de
www.einzelhandel-hessen.de

Unternehmerverband Hessischer Einzelhandel
Mitte-Süd – Regionalbereich Hanau
Berliner Str. 72
60311 Frankfurt
Tel.: 069/133 091 50
Fax: 069/133 091 96
E-Mail: uhe-hanau@einzelhandel.de
www.einzelhandel-hessen.de

Unternehmerverband Hessischer Einzelhandel
Mitte-Süd – Regionalbereich Wiesbaden
Rheinstr. 36
65185 Wiesbaden
Tel.: 0611/372 685
Fax: 0611/302 547
E-Mail: uhe-wiesbaden@t-online.de
www.einzelhandel-hessen.de

Einzelhandelsverband Hessen-Nord
Geschäftsstelle Marburg
Pilgrimstein 28a
35037 Marburg
Tel.: 06421/910 021
Fax: 06421/910 019
E-Mail: ebert@handelshaus.de
www.nordhessen.einzelhandel.de

Einzelhandelsverband Hessen-Nord
Geschäftsstelle Kassel
Pestalozzistr. 27
34119 Kassel
Tel.: 0561/789 68 50
Fax: 0561/124 60
E-Mail: ehv-kassel@einzelhandel.de
www.nordhessen.einzelhandel.de

Niedersachsen

Unternehmerverband Einzelhandel Niedersachsen
Hinüberstr. 16
30175 Hannover
Tel.: 0511/337 08 31
Fax: 0511/337 08 26
E-Mail: info@einzelhandel-niedersachsen.de
www.einzelhandel-niedersachsen.de

Einzelhandelsverband Hannover-Hildesheim
Hinüberstr. 16
30175 Hannover
Tel.: 0511/337 080
Fax: 0511/337 08 26
E-Mail: ehv-hannover@einzelhandel.de
www.ehv-hannover.de

Einzelhandelsverband Harz-Heide
Geschäftsstelle Braunschweig
Jasperallee 7
38102 Braunschweig
Tel.: 0531/349 94 36

Adressen **Anhang**

Fax: 0531/349 94 37
E-Mail: ehv-braunschweig@einzelhandel.de
www.ehv-harz-heide.de

Geschäftsstelle Lüneburg
Parkstraße 7
21337 Lüneburg
Tel.: 0413/510 71
Fax: 0413/834 16
E-Mail: ehv-lueneburg@einzelhandel.de
www.ehv-harz-heide.de

Unternehmerverband Einzelhandel
Osnabrück-Emsland
Herrenteichsstr. 54
9074 Osnabrück
Tel.: 0541/357 82 10
Fax: 0541/357 898
E-Mail: info@uveinzelhandel.de
www.einzelhandel-niedersachsen.de
www.uveinzelhandel.de

Einzelhandelsverband Ostfriesland
Große Str. 8-12
26721 Emden
Tel.: 04921/397 151
Fax: 04921/245 09
E-Mail: ehv-ostf@emsnet.de
www.einzelhandel-niedersachsen.de

Unternehmerverband Einzelhandel Nordwest
Geschäftsstelle Stade/Bremerhaven
Bahnhofstr. 3
21682 Stade
Tel.: 04141/200 5
Fax: 04141/466 15
E-Mail: stade@einzelhandel-nordwest.de
www.einzelhandel-nordwest.de

Geschäftsstelle Oldenburg:
Prinzessinweg 10
26122 Oldenburg
Tel.: 0441/970 910
Fax: 0441/970 91 34
E-Mail: oldenburg@einzelhandel-nordwest.de
www.einzelhandel-nordwest.de

Nord

Hauptgeschäftsstelle
Hopfenstr. 65
24103 Kiel
Tel.: 0431/974 07 0/ 31
Fax: 0431/974 07 24
E-Mail: info@ehv-nord.de
www.ehv-nord.de

Bezirksstelle Rostock
Burgwall 15
18055 Rostock
Tel.: 0381/453 332
Fax: 0381/493 48 95
E-Mail: kopp@ehv-nord.de
www.ehv-nord.de

Bezirksstelle Schwerin
Am Grünen Tal 29
19063 Schwerin
Tel.: 0385/397 71 36
Fax: 0385/392 31 45
E-Mail: sykulla@ehv-nord.de
www.ehv-nord.de

Bezirksstelle Flensburg
Hopfenstr. 56
24103 Kiel
Tel.: 0431/974 07 0
Fax: 0431/974 07 24
E-Mail: info@ehv-nord.de
www.ehv-nord.de

Bezirksstelle Lübeck
Dr.-Julius-Leber-Str. 5
23552 Lübeck
Tel.: 0451/733 52
Fax: 0451/734 53
E-Mail: schroeder@ehv-nord.de
www.ehv-nord.de

Bezirksstelle Neubrandenburg
Jahnstr. 3d
17033 Neubrandenburg
Tel.: 0395/581 48 0
Fax: 0395/581 48 30
E-Mail: beig@ehv-nord.de
www.ehv-nord.de

Bezirksstelle Westholstein
Mühlenstraße 16
25335 Elmshorn
Tel.: 04121/811 60
Fax: 04121/811 73
E-Mail: schroeder@ehv-nord.de
www.ehv-nord.de

Bezirksstelle Hamburg
Bei dem Neuen Krahn 2
20457 Hamburg
Tel.: 040/369 813 0
Fax: 040/369 812 22
E-Mail: info@fhe.de
www.fhe.de

Nordrhein-Westfalen

Einzelhandelsverband Nordrhein-Westfalen
Kaiserstr. 42 a
40479 Düsseldorf
Tel.: 0211/498 06 22
Fax: 0211/498 06 36
E-Mail: info@einzelhandelnrw.de
www.einzelhandelnrw.de

Einzelhandelsverband Aachen-Düren
Geschäftsstelle Aachen
Theaterstr. 65
52062 Aachen
Tel.: 0241/251 41/42
Fax: 0241/299 06
E-Mail: info@ehvaachen-dueren.de
www.ehdv.de

Einzelhandelsverband Kleve
Stechbahn 60
47533 Kleve
Tel.: 02821/247 70
Fax: 02821/170 98
E-Mail: info@ehv-kleve.de
www.ehv-kleve.de

Einzelhandelsverband Erftkreis
Heerstr. 46a
50126 Bergheim
Tel.: 02271/497 773
Fax: 02271/497 774
E-Mail: einzelhandelsverband@ehv-rhein-erft-kreis.de
www.koop-ehv.de

Einzelhandelsverband Westfalen-Münsterland-
Geschäftsstelle Dortmund -
Prinz-Friedrich-Karl-Str. 26
44135 Dortmund
Tel.: 0231/577 95 50
Fax: 0231/521 090
E-Mail: info@ehv-westfalen-mitte.de
www.ehv-westfalen-muensterland.de

Einzelhandelsverband Westfalen-Münsterland-
Geschäftsstelle Münster -
Weseler Str. 316 c
48163 Münster
Tel.: 0251/414 16 0
Fax: 0251/414 16 212

E-Mail: info@ehv-muensterland.de
www.ehv-westfalen-muensterland.de

Einzelhandelsverband Westfalen-West
Uhlenbrockstr. 10
45894 Gelsenkirchen
Tel.: 02043/645 650
Fax: 2043/664 80
E-Mail: ehv.gladbeck@t-online.de
www.ehv-ge.de

Einzelhandelsverband Westfalen-West
Geschäftsstelle Gelsenkirchen
Uhlenbrockstr. 10
45894 Gelsenkirchen
Tel.: 0209/177 52 00
Fax: 0209/177 51 05
E-Mail: info@ehv-ge.de
www.ehv-ge.de

Einzelhandelsverband Westfalen-West
Geschäftsstelle Bottrop
Gladbecker Str. 9
46236 Bottrop
Tel.: 02041/226 00
Fax: 02041/268 16
E-Mail: ehv.bottrop@einzelhandel.de
www.ehv-ge.de

Einzelhandels- und Dienstleistungs-Verband
Bergisches Land
Altenberger-Dom-Str. 200
51467 Bergisch Gladbach
Tel.: 02202/935 9 5 55
Fax: 02202/935 95 57
E-Mail: info@ehdv-bergischesland.de
www.koop-ehv.de

Einzelhandels- und Dienstleistungs-Verband
Köln
An Lyskirchen 14
50676 Köln
Tel.: 0221/208 04 0/26
Fax: 0221/208 04 40
E-Mail: ehvkoeln@netcologne.de
www.ehdv.de

Einzelhandels- und Dienstleistungs-Verband
Krefeld-Kempen-Viersen
Ostwall 122
47798 Krefeld
Tel.: 02151/818 8 0
Fax: 02151/818 810
E-Mail: info@ehv-krvie.de
www.ehv-krvie.de

Einzelhandelsverband Ostwestfalen-Lippe
Gr.-Kurfürsten-Str. 75
33615 Bielefeld
Tel.: 0521/965 100
Fax: 0521/965 10 20
E-Mail: info@einzelhandel.com
www.einzelhandel.com

Einzelhandelsverband Ruhr
Rolandstraße 94
5128 Essen
Tel.: 0201/810 77 0
Fax: 0201/810 7710
E-Mail: ehv-essen@einzelhandel.de
www.einzelhandelnrw.de

Einzelhandelsverband Ruhr-Lippe
Geschäftsstelle Bochum
Hellweg 16
44787 Bochum
Tel.: 0234/687 013
Fax: 0234/687 01 50
E-Mail: morgenstern@ehvruhrlippe.de
www.einzelhandelnrw.de

Einzelhandelsverband Ruhr-Lippe
Geschäftsstelle Recklinghausen
Wickingplatz 2-4
45657 Recklinghausen

Anhang Adressen

Tel.: 02361/102 60
Fax: 02361/102 610
E-Mail: info@ehvruhrlippe.de
www.einzelhandelnrw.de

Einzelhandelsverband Südwestfalen
Konkordiastr. 22
58095 Hagen
Tel.: 02331/377 540
Fax: 02331/377 54 10
E-Mail: ehv-hagen@t-online.de
www.ehv-suedwestfalen.de

EHV Südwestfalen
Geschäftsstelle Hagen
Konkordiastr. 22
58008 Hagen
Tel.: 02331/377 540
Fax: 02331/377 54 10
E-Mail: info@ehv-suedwestfalen.de
www.ehv-suedwestfalen.de

Einzelhandelsverband Südwestfalen
Regionalverband Arnsberg
Brückenplatz 14
59821 Arnsberg
Tel.: 02931/522 90
Fax: 02931/522 910
E-Mail: ehv-arnsberg@einzelhandel.de
www.ehv-suedwestfalen.de

Einzelhandelsverband Bonn
Rhein-Sieg Euskirchen
Am Hof 26 a
53113 Bonn
Tel.: 0228/725 33 0
Fax: 0228/725 33 20
E-Mail: einzelhandelsverband@ehvbonn.de
www.koop-ehv.de

Einzelhandels- und Dienstleistungs-Verband
Niederrhein
Vinner Str. 61
47447 Moers
Tel.: 02841/938 99 0
Fax: 02841/938 99 66
E-Mail: info@ehv-duwes.de
www.ehv-duwes.de

Rheinischer Einzelhandels- und
Dienstleistungsverband
Geschäftsstelle Düsseldorf
Kaiserstr. 42 a
40479 Düsseldorf
Tel.: 0211/498 06 0
Fax: 0211/498 06 36
E-Mail: info@einzelhandelnrw.de
www.rehdv24.de

Rheinischer Einzelhandels - und
Dienstleistungsverband
Geschäftsstelle Mönchengladbach
Mühlenstr. 129
41236 Mönchengladbach
Tel.: 02166/29 29
Fax: 02166/250 35
E-Mail: ehv-mgne@einzelhandel.de
www.rehdv24.de

Rheinland-Pfalz

Landesverband Einzelhandel Rheinland-Pfalz
Ludwigstr. 7
55116 Mainz
Tel.: 06131/238 315
Fax: 06131/232 631
E-Mail: lv-rheinland-pfalz@einzelhandel.de
www.einzelhandel-rlp.de

Einzelhandelsverband Rheinhessen-Pfalz
Festplatzstr. 8
67433 Neustadt

Tel.: 06321/924 20
Fax: 06321/924 231
E-Mail: buero-nw@handelsverbaende-rlp.de
www.rheinhessen-pfalz.einzelhandel.de

Einzelhandelsverband Mittelrhein
August-Thyssen-Str. 23-25
56070 Koblenz
Tel.: 0261/130 08 3
Fax: 0261/130 08 44
E-Mail: ehv-ko@handelsnetz.de
www.handelsnetz.de

Einzelhandelsverband Region Trier
Kaiserstr. 27
54290 Trier
Tel.: 0651/970 000
Fax: 0651/970 097
E-Mail: info@ehv-trier.de
www.einzelhandel-rlp.de
www.trier.einzelhandel.de

Saarland

Landesverband
Einzelhandel und Dienstleistung Saarland
Harthweg 15
66119 Saarbrücken
Tel.: 0681/927 17 0
Fax: 0681/927 17 10
E-Mail: mail@einzelhandel-saarland.de
www.einzelhandel-saarland.de

Sachsen

Handelsverband Sachsen
Landesgeschäftsstelle
Könneritzstr. 3
01067 Dresden
Tel.: 0351/867 06 12
Fax: 0351/867 06 30
E-Mail: hvs-land@handel-sachsen.de
www.handel-sachsen.de

Handelsverband Sachsen
Bezirksgeschäftsstelle Ostsachsen
Könneritzstr. 3
01067 Dresden
Tel.: 0351/867 06 13
Fax: 0351/867 06 20
E-Mail: hvs-dresden@handel-sachsen.de
www.handel-sachsen.de

Handelsverband Sachsen
Bezirksgeschäftsstelle Westsachsen
Täubchenweg 8
04317 Leipzig
Tel.: 0341/688 18 79
Fax: 0341/689 10 72
E-Mail: hvs-leipzig@handel-sachsen.de
www.handel-sachsen.de

Handelsverband Sachsen
Bezirksgeschäftsstelle Südwestsachsen
Salzstr. 1
09113 Chemnitz
Tel.: 0371/815 620
Fax: 0371/815 62 20
E-Mail: hvs-chemnitz@handel-sachsen.de
www.handel-sachsen.de

Sachsen-Anhalt

Verband der Kaufleute Sachsen-Anhalt
Leiterstr. 2
39104 Magdeburg
Tel.: 0391/561 96 31
Fax: 0391/543 02 66

E-Mail: vdk@bzeonline.de
www.handel-sachsen-anhalt.de

Bezirksgeschäftsstelle Magdeburg
Leiterstr. 2
39104 Magdeburg
Tel.: 0391/561 96 30
Fax: 0391/543 02 66
E-Mail: vdk@bzeonline.de
www.handel-sachsen-anhalt.de

Thüringen

Einzelhandelsverband des Freistaates
Thüringen
Futterstr. 14
99084 Erfurt
Tel.: 0361/778 06 0
Fax: 0361/778 06 12
E-Mail: lv-thueringen@einzelhandel.de
www.ehvthueringen.de

Erfurt/Mitte- u. Nordthüringen
Futterstr. 14
99084 Erfurt
Tel.: 0361/778 06 20
Fax: 0361/778 06 12
E-Mail: richter@ehvthueringen.de
www.ehvthueringen.de

Verband Thüringer Kaufleute
Ostthüringen
Lessingstr. 7
07545 Gera
Tel.: 0365/552 01 11
Fax: 0365/552 01 20
E-Mail: werner.gera@einzelhandel.de
www.ehvthueringen.de

Verband Thüringer Kaufleute
Südthüringen
W.-Seelenbinder-Str. 17
98529 Suhl
Tel.: 03681/724 578
Fax: 03681/709 811
E-Mail: ehv-suhl@einzelhandel.de
www.ehvthueringen.de

Bundesfachverbände

Bundesverband des Türkischen Groß- und
Einzelhandels (BTGE)
Agrippinawerft 30
50678 Köln
Tel.: 0221/936 558 20
Fax: 0221/936 558 29
E-Mail: altay.btge@hde.de
www.einzelhandel.de

Bundesverband des Deutschen
Lederwaren-Einzelhandels
Postfach 290263
50524 Köln
Tel.: 0221/921 509 80
Fax: 0221/921 509 15
E-Mail: info@lederwareneinzelhandel.de
www.lederwareneinzelhandel.de

Verband DeutscherDrogisten (VDD)
Haus des Handels Köln
An Lyskirchen 14
50676 Köln
Tel.: 0221/271 66 80
Fax: 0221/271 66 88
E-Mail: drogistenverband@t-online.de
www.drogistenverband.de

Bundesverband des Sanitätsfachhandels
Unnauer Weg 7a
50767 Köln
Tel.: 0221/240 90 27

Adressen Anhang

Fax: 0221/240 86 70
E-Mail: BGVerband@aol.com
www.bv-sanitaetsfachhandel.de

Bundesverband des Deutschen
Briefmarkenhandels (APHV)
Barbarossaplatz 2
50674 Köln
Tel.: 0221/407 900
Fax: 0221/409 597
E-Mail: bundesverband@aphv.de
www.aphv.de

Bundesverband desDeutschen
Textileinzelhandels (BTE)
An Lyskirchen 14
50676 Köln
Tel.: 0221/921 509 30
Fax: 0221/921 509 15
E-Mail: info@bte.de
www.bte.de

Bundesverband der Juweliere, Schmuck- und
Uhrenfachgeschäfte (BVJ)
Postfach 29 04 61
50525 Köln
Tel.: 0221/271 66 0
Fax: 0221/271 66 20
E-Mail: bvj@einzelhandel.de
www.bv-juweliere.de

Verband Deutscher
Nähmaschinenhändler (VDN)
Postfach 29 04 61
50525 Köln
Tel.: 0221/271 66 0
Fax: 0221/271 66 20
E-Mail: vdn@einzelhandel.de
www.bvt-ev.de

Bundesverband des Tabakwaren-
Einzelhandels (BTWE)
Postfach 29 04 61
50525 Köln
Tel.: 0221/271 66 10
Fax: 0221/271 66 20
E-Mail: btwe@einzelhandel.de
www.tabakwelt.de

Bundesverband Technik des
Einzelhandels (BVT)
An Lyskirchen 14
50676 Köln
Tel.: 0221/271 66 10
Fax: 0221/271 66 20
E-Mail: BVT@einzelhandel.de
www.bvt-ev.de

Bundesverband des Spielwaren-
Einzelhandels (BVS)
An Lyskirchen 14
50676 Köln
Tel.: 0221/271 66 10
Fax: 0221/271 66 20
E-Mail: BVT@einzelhandel.de
www.bvspielwaren.de

Bundesverband des Deutschen
Schuheinzelhandels
An Lyskirchen 14
50676 Köln
Tel.: 0221/240 91 07
Fax: 0221/240 86 70
E-Mail: bdse@bdse.org
www.bdse.org

Bundesverband des Deutschen
Lebensmittelhandels (BVL)
Am Weidendamm 1 A
10117 Berlin
Tel.: 030/726 250 80
Fax: 030/726 250 85
E-Mail: bvl@einzelhandel.de
www.lebensmittelhandel-bvl.de

Bundesverband Wohnen und
Büro (BWB)
Frangenheimstr. 6
50931 Köln
Tel.: 0221/940 83 40
Fax: 0221/940 83 90
E-Mail: bbw@einzelhandel.de
www.bürowirtschaft.info

Bundesverband Farben- und Tapetenhandel
Frangenheimstr. 6
50931 Köln
Tel.: 0221/940 83 40
Fax: 0221/940 83 90
E-Mail: bft@einzelhandel.de
www.farbenverband.de

Bundesverband für den gedeckten Tisch,
Hausrat und Wohnkultur (GPK)
Frangenheimstr. 6
50931 Köln
Tel.: 0221/940 83 40
Fax: 0221/940 83 90
E-Mail: gpk@einzelhandel.de
www.gpk-online.de

Bundesverband Deutscher Reformhäuser
Ernst-Litfaß-Str. 16
19246 Zarrentin
Tel.: 038851/511 37
Fax: 038851/514 99
E-Mail: refo@neuform.de
www.refo.de

Bundesverband Deutscher Heimwerker-,Bau-
und Gartenfachmärkte (BHB)
An der Rechtschule 1-3
50667 Köln
Tel.: 0221/277 595 0
Fax: 0221/277 595 79
E-Mail: bhbverband@bhb.org
www.bhb.org

Verband Deutscher Sportfachhandel (VDS)
Von-der-Vring-Str. 17
81929 München
Tel.: 089/993 556 10
Fax: 089/993 556 99
E-Mail: info@vds-sportfachhandel.de
vds-sportfachhandel.de

Bundesverband Parfümerien
An der Engelsburg 1
45657 Recklinghausen
Tel.: 02361/924 801 3
Fax: 02361/924 888
E-Mail: info@parfuemerieverband.de
www.parfuemerieverband.de

Bundesverband des Deutschen Möbel-,
Küchen- und Einrichtungsfachhandels (BVDM)
Frangenheimstr. 6
50931 Köln
Tel.: 0221/940 83 40
Fax: 0221/940 83 90
E-Mail: bvdm@einzelhandel.de
www.moebelhandel.org

Verband des Deutschen Zweiradhandels (VDZ)
Gr.-Kurfürsten-Str. 75
33615 Bielefeld
Tel.: 0521/965 10 0
Fax: 0521/965 10 20
E-Mail: info@vdz2rad.de
www.vdz2rad.de

Bundesverband Tankstellen und Gewerbliche
Autowäsche Deutschland (BTG)
Postfach 2227
32379 Minden
Tel.: 0571/886 08 0
Fax: 0571/886 08 20
E-Mail: info@btg-minden.de
www.btg-minden.de

Bundesverband Schwimmbad
und Wellness (BSW)
An Lyskirchen 14
50676 Köln
Tel.: 0221/271 66 90/91/92
Fax: 0221/271 669 99
E-Mail: info@bsw-web.de
www.bsw-web.de

Gesamtverband Deutscher
Musikfachgeschäfte (GDM)
Friedr.-Wilhelm-Str. 31
53113 Bonn
Tel.: 0228/539 70 0
Fax: 0228/539 70 70
E-Mail: gdm@musikverbaende.de
www.gdm-online.com

Deutscher Caravan Handels-Verband (DCHV)
Holderäckerstr. 13
70499 Stuttgart
Tel.: 0711/887 39 28
Fax: 0711/887 49 67
E-Mail: info@dchv.de
www.dchv.de

Bildungseinrichtungen des Handels

Fachschule des Möbelhandels
Frangenheimstr. 6
50931 Köln
Tel.: 0221/940 13 0
Fax: 0221/940 13 27
E-Mail: info@moefa.de
www.moefa.de
www.fuehrungsakademie-moebel.de

USE Uhren Schmuck Edelsteine
Bildungszentrum Pforzheim
Poststr. 1
75172 Pforzheim
Tel.: 07231/145 55 54
Fax: 07231/145 55 57
E-Mail: info@use-bildungszentrum.de
www.use-bildungszentrum.de

Bundesfachschule des Lebensmittelhandels
Bildungszentrum Neuwied
Friedrichstr. 36 - 40
56564 Neuwied
Tel.: 02631/830 42 0
Fax: 02631/830 50 0
E-Mail: Fachschule@BZNeuwied.de
www.BZNeuwied.de

Reformhaus-Fachakademie
Postfach 4120
61420 Oberursel
Tel.: 06172/300 90
Fax: 06172/300 98 19
E-Mail: kontakt@rfa-oberursel.de
www.reformhaus-fachakademie.de

Bundesfachschule des Parfümerie-
Einzelhandels
An der Engelsburg 1
45657 Recklinghausen
Tel.: 02361/92 48
Fax: 02361/924 88 8
E-Mail: info@bundesfachschule
www.bundesfachschule.de

LDT – Fachakademie für Textil & Schuhe
Vogelsangweg 23
72202 Nagold
Tel.: 07452/840 90
Fax: 07452/840 94 0
E-Mail: post@ldt.de
www.ldt.de

Anhang Adressen

Photo+Medienforum Kiel
Feldstraße 9 - 11
24105 Kiel
Tel. 0431/579 70 0
Fax 0431/579 70 55
E-Mail: mail@photomedienforum.de
www.photomedienforum.de

Bildungszentrum des Einzelhandels
Sachsen-Anhalt
Lange Str. 2
06449 Neu Königsaue
Tel.: 034741/97-0
Fax: 034741/97-299
E-Mail: BZE-Sachsen-Anhalt@t-online.de
Internet: www.bzeonline.de

Forschungsinstitute

Center for Economic Studies (CES)
Ludwig-Maximilians-Universität München
Schackstr. 4
80539 München
Tel.: 089/218 02 748
Fax: 089/397 303
E-Mail: office@ces.vwl.uni-muenchen.de
www.lrz-muenchen.de

EHI Retail Institute
Spichernstr. 55
50672 Köln
Tel.: 0221/579 93 0
Fax: 0221/579 93 45
E-Mail: info@ehi.org
www.ehi.org

E-Commerce-Center Handel (ECC)
Dürener Str. 401 b
50858 Köln
Tel.: 0221/943 607 70
Fax: 0221/943 607 59
E-Mail: info@ecc-handel.de
www.ecc-handel.de

GfK Aktiengesellschaft
Nordwestring 101
90319 Nürnberg
Tel.: 0911/395 0
Fax: 0911/395 22 09
E-Mail: gfk@gfk.com
www.gfk.com

GfK GeoMarketing GmbH
Werner-von-Siemens-Str. 9
Gebäude 6508
D-76646 Bruchsal
Tel.: 07251/929 51 00
Fax: 07251/929 52 90
E-Mail: info@gfk-geomarketing.com
www.gfk-prisma.de

Institut der deutschen Wirtschaft Köln
Gustav-Heinemann-Ufer 84-88
50968 Köln
Tel.:0221/498 11
Fax:0221/498 15 33
E-Mail: welcome@iwkoeln.de
www.iwkoeln.de

Institut für Handelsforschung an der
Universität zu Köln (IfH)
Dürener Str. 401 b
50858 Köln
Postanschrift: 50926 Köln
Tel.: 0221/943 60 70
Fax: 0221/943 60 799
E-Mail: info@ifhkoeln.de
www.ifhkoeln.de

ifo Institut für Wirtschaftsforschung
an der Universität München
Poschingerstr. 5
81679 München
Tel.: 089/922 40

Fax: 089/985 369
E-Mail: ifo@ifo.de
www.cesifo-group.de

Institut für Markt- und Wirtschaftsforschung
Am Weidendamm 1A
10117 Berlin
Tel.: 030/590 099 610
Fax: 030/590 099 630
E-Mail: info@ffh-institut.de
www.ffh-institut.de

Lehrstühle

Technische Universität Dresden
Fakultät Wirtschaftswissenschaften
Lehrstuhl für Wirtschaftsinformatik, insb. Informationssysteme in Industrie und Handel
Helmholtzstr. 10
01069 Dresden
Tel.: 0351/463 349 90
Fax: 0351/463 327 94
E-Mail: Evelyn.Krug@mailbox.tu-dresden.de
www.tu-dresden.de/wwwiisih

Universität Duisburg-Essen
Mercator School of Management
Department of Management & Marketing
Lehrstuhl für Dienstleistungsmanagement und Handel
Lotharstr. 65, LB 016
47057 Duisburg
Tel.: 0203/379 14 28
Fax: 0203/379 32 56
E-Mail: dmh@uni-due.de
www.msm.uni-due.de

Universität St. Gallen
Institut für Marketing
Dufourstr. 40a
9000 St.Gallen
Tel.: 0041/071/224 28 20
Fax: 0041/071/224 28 57
E-Mail: ifmhsg@unisg.ch
www.ifm.unisg.ch

Institut für Marketing und Handel
Platz der Göttinger Sieben 3 (Oeconomicum)
37073 Göttingen
Tel.: 0551/397 32 8
Fax: 0551/395 84 9
E-Mail: gsilber@uni-goettingen.de
www.uni-goettingen.de/de/30166.html

Martin-Luther-Universität Halle Wittenberg
Lehrstuhl Marketing&Handel
Prof. Dr. Dirk Möhlenbruch
Gr. Steinstr. 73
06108 Halle (Saale)
Tel.: 0345/552 33 91
Fax: 0345/552 71 92
www.marketing.wiwi.uni-halle.de

Universität Hamburg
Institut für Marketing und Medien
Von-Melle-Park 5
20146 Hamburg
Tel.: 040/428 386 401
Fax: 040/428 383 650
E-Mail: sabine.meyer@econ.uni-hamburg.de
www.uni-hamburg.de/fachbereiche-einrichtungen/fb03/ihm/amb.html

Unilever-Stiftungslehrstuhl für Allgemeine Betriebswirtschaftslehre
Univ.-Prof. Dr. Roland Helm
Carl-Zeiss-Str. 3
07743 Jena
Tel.: 03641/943 110
Fax: 03641/943 112
E-Mail: e.jahn@wiwi.uni-jena.de
www.wiwi.uni-jena.de/Marketing

Universität zu Köln
Seminar für Handel und Kundenmanagement
Albertus-Magnus-Platz 1
50923 Köln 4109
Tel.: 0221/470 57 51
Fax: 0221/470 51 91
E-Mail: goltz@wiso.uni-koeln.de
www.reinartz.uni-koeln.de

Universität Leipzig
Wirtschaftswissenschaftliche Fakultät
Hochschuldozentur Handel und Distribution
Grimmaische Str. 12
04109 Leipzig
Tel.: 0341/973 37 61
Fax: 0341/973 37 62
E-Mail: altenbur@wifa.uni-leipzig.de
www.wifa.uni-leipzig.de

Philipps-Universität Marburg
Allgemeine Betriebswirtschaftslehre
Lehrstuhl Prof. Dr. Lingenfelder
Philipps-Universität Marburg
Universitätsstr. 24
35037 Marburg
Tel.: 06421/282 37 63
Fax: 06421/282 65 98
E-Mail: lingenfe@wiwi.uni-marburg.de
www.wiwi.uni-marburg.de/Lehrstuehle/BWL/BWL03

Westfälische-Wilhelmsuniversität Münster
Lehrstuhl für Betriebswirtschaftslehre
Institut für Handelsmanagement und Netzwerkmarketing
Prof. Dr. Dieter Ahlert
Am Stadtgraben 13-15
48143 Münster
Tel.: 0251/832 28 08
Fax: 0251/832 20 32
E-Mail: 02diah@wiwi.uni-muenster.de
www.marketing-centrum.de/ifhm

Westfälische Wilhelms-Universität Münster
Institut für Genossenschaftswesen
Am Stadtgraben 9
48143 Münster
Tel.: 0251/832 28 90
Fax: 0251/832 28 04
E-Mail: info@ifg-muenster.de
www.wiwi.uni-muenster.de/ifg

Universität des Saarlandes Saarbrücken
Institut für Handel und Internationales Marketing, Prof. Dr. Joachim Zentes
Campus Gebäude A5.4
66123 Saarbrücken
Tel.: 0681/302 44 75
Fax: 0681/302 45 32
E-Mail: hima@mx.uni-saarland.de
www.hima.uni-saarland.de

Universität Trier
Professur für Marketing und Handel
Universitätsring 15
54286 Trier
Tel.: 0651/201 26 47
Fax: 0651/201 41 65
E-Mail: b.swoboda@uni-trier.de
www.muh.uni-trier.de

Bergische Universität Wuppertal
Fachbereich B
Lehrstuhl für Betriebswirtschaftslehre
Gaußstr. 20
42097 Wuppertal
Tel.: 0202/439 25 47
Fax: 0202/439 24 71
E-Mail: vogt@wiwi.uni-wuppertal.de
www.wiwi.uni-wuppertal.de

Factbook
Einzelhandel 2010
Daten, Fakten, Trends und Perspektiven

INHALTE:

- Politik & Konjunktur
- Standort & Demografie
- Marktstrukturen und ihre Entwicklung / Analyse von acht Branchengruppen
- Betriebsvergleiche / Benchmarking
- Strategie & Marketing
- Bildung & Qualifizierung
- Messen & Kongresse
- Technologie & Sicherheit
- Recht & Gesetz
- Kontaktadressen (Verbände, Branchenfachverbände, Institutionen, Bildungseinrichtungen/Forschungseinrichtungen des Handels, etc.)

Das Factbook Einzelhandel 2010 fasst alle relevanten Daten zum Einzelhandel zusammen. Es ordnet die Fakten ein, kommentiert die Entwicklungen und beleuchtet neue Trends und Technologien. Deutlich wird dabei eins: Ohne Kooperation zwischen Handelsunternehmen, Handel und Politik, Innenstädten und City-Management, Handel und Industrie geht nichts mehr – davon zeugt das breite Themenspektrum des neuen Factbooks. In das Standardwerk fließt das Know-how kompetenter Autoren aus Verbänden, Beratungsunternehmen und wissenschaftlichen Instituten ein.

handelsjournal – wir verbinden die Branche

Bestellmöglichkeiten:
Sabrina Böhm
LPV Lebensmittel Praxis Verlag Neuwied GmbH
Am Hammergraben 14, 56567 Neuwied
Tel. 02631/879-163
E-Mail: s.boehm@lpv-verlag.de

www.handelsjournal.de (Shop)
www.lebensmittelpraxis.de (Shop)

Bestell-Fax: 02631/879-175

Ja, bitte schicken Sie mir das Factbook Einzelhandel 2010 für nur 39,-- € (inkl. MwSt.) zzgl. Versandkosten / (Erscheinungstermin: Oktober 2009)

Vorname, Name / PLZ, Ort

Position / Tel.

Firma

Straße, Hausnummer / Datum, Unterschrift

Anhang Termine

Branchenmessen

Januar

PSI	13.01. - 15.01.2010	Düsseldorf	www.psionline.de
Heimtextil	13.01. - 16.01.2010	Frankfurt/Main	www.heimtextil.messefrankfurt.com
Int. Grüne Woche	15.01. - 24.01.2010	Berlin	www.gruenewoche.de
Domotex	16.01. - 19.01.2010	Hannover	www.domotex.de
imm cologne	19.01. - 24.01.2010	Köln	www.imm-cologne.de
Christmasworld, Paperworld	29.01. - 02.02.2009	Frankfurt/Main	www.messefrankfurt.com
Beautyworld	30.01. - 01.02.2010	Frankfurt/Main	www.beautyworld.messefrankfurt.com
ISM	31.01. - 03.02.2010	Köln	www.ism-cologne.de

Februar

Spielwarenmesse	04.02. - 09.02.2010	Nürnberg	www.toyfair.de
Horizont Outdoor	05.02. - 07.02.2010	Karlsruhe	www.horizont-outdoor.de
intergastra	06.02. - 10.02.2010	Stuttgart	www.messe-stuttgart.de/intergastra
CPD	07.02. - 09.02.2010	Düsseldorf	www.igedo.de
ispo winter	07.02. - 10.02.2010	München	www.ispo-winter.com
Ambiente	12.02. - 16.02.2010	Frankfurt/Main	www.ambiente.messefrankfurt.com
BioFach	17.02. - 20.02.2010	Nürnberg	www.biofach.de
inhorgenta europe	19.02. - 22.02.2010	München	www.inhorgenta.com
Internationale Eisenwarenmesse	28.02. - 03.03.2010	Köln	www.eisenwarenmesse.de

März

EuroCis	02.03. - 04.03.2010	Düsseldorf	www.eurocis.com
Cebit	02.03. - 06.03.2010	Hannover	www.cebit.de
Cadeaux	06.03. - 08.03.2010	Leipzig	www.leipziger-messe.de
GDS	12.03. - 14.03.2010	Düsseldorf	www.gds-online.de
Internorga	12.03. - 17.03.2010	Hamburg	www.hamburg-messe.de
IWA & OutdorClassics	12.03. - 15.03.2010	Nürnberg	www.iwa.info
fahrrad.markt.zukunft.	13.03. - 14.03.2010	Bremen	www.fahrrad-markt-zukunft.de
didacta	16.03. - 20.03.2010	Köln	www.didacta.de
I.L.M. Offenbach Winter Styles	19.03. - 21.03.2010	Offenbach	www.messe-offenbach.de
ProWein	21.03. - 23.03.2010	Düsseldorf	www.messe-duesseldorf.de
Musikmesse/Prolight+Sound	24.03. - 27.03.2010	Frankfurt/Main	www.musikmesse.com
Beauty International	26.03. - 28.03.2010	Düsseldorf	www.messe-duesseldorf.de

April

Car + Sound	08.04. - 11.04.2010	Köln	www.carandsound.com
Light + Building	11.04. - 16.04.2010	Frankfurt/Main	www.light-building.messefrankfurt.com
Garten - outdoor ambiente	15.04. - 18.04.2010	Stuttgart	www.messe-stuttgart.de/garten
Raum - indoor ambiente	15.04. - 18.04.2010	Stuttgart	www.antiquitaeten-design-raum.de
Hannover Messe	19.04. - 23.04.2010	Hannover	www.messe.de
Art Cologne	21.04. - 25.04.2010	Köln	www.artcologne.de

Termine Anhang

Fibo	22.04. - 25.04.2010	Essen	www.reedexpo.de
e_procure & supply	28.04. - 29.04.2010	Nürnberg	www.nuernbergmesse.de
plw - leather and more	Apr 10	Pirmasens	www.messe-pirmasens.de

Mai

High End	06.05. - 09.05.2010	München	www.highendsociety.de
Orthopädie + Reha-Technik	12.05. - 15.05.2010	Leipzig	www.leipziger-messe.de
Interzoo	13.05. - 16.05.2010	Nürnberg	www.interzoo.com
Marketing + Services-Display	18.05. - 20.05.2010	Frankfurt/Main	www.mfa.de

Juli

Tendence	02.07. - 06.07.2010	Frankfurt/Main	www.tendence.messefrankfurt.com
OutDoor	15.07. - 18.07.2010	Friedrichshafen	www.european-outdoor.de
eurocheval	21.07. - 25.07.2010	Offenburg	www.eurocheval.de
CPD/Bodylook	Juli 10	Düsseldorf	www.igedo.de

August

Caravan Salon Düsseldorf	27.08. - 05.09.2010	Düsseldorf	www.caravan-salon.de

September

IFA	03.09. - 08.09.2010	Berlin	www.ifa-berlin.de
spoga + gafa	05.09. - 08.09.2010	Köln	www.spoga-koeln.de
GDS	10.09. - 12.09.2010	Düsseldorf	www.gds-online.com
Midora, Cadeaux, Comfortex	11.09. - 13.09.2010	Leipzig	www.leipziger-messe.de
Inter-tabac	17.09. - 19.09.2010	Dortmund	www.inter-tabac.de
Interboot	18.09. - 26.09.2010	Friedrichshafen	www.interboot.de
photokina	21.09. - 26.09.2010	Köln	www.photokina.de
IAA Nutzfahrzeuge	23.09. - 30.09.2010	Frankfurt/Main	www.iaa.de
I.L.M. Lederwarenmesse	23.09. - 26.09.2010	Offenbach	www.messe-offenbach.de
Kind + Jugend	September 2010	Köln	www.kindundjugend.de
Eurobike	September 2010	Friedrichshafen	www.messe-fn.de

Oktober

Intergem	01.10. - 04.10.2010	Idar-Oberstein	www.intergem.de
Rehacare International	06.10. - 09.10.2010	Düsseldorf	www.rehacare.de
Intermot	06.10. - 10.10.2010	Köln	www.intermot.de
Frankfurter Buchmesse	06.10. - 10.10.2009	Frankfurt/Main	www.buchmesse.de
viscom frankfurt	28.10. - 30.10.2010	Frankfurt/Main	www.viscom-messe.com
plw - leather and more	Oktober 10	Pirmasens	www.messe-plw.de

November

Caravan	05.11. - 07.11.2010	Bremen	www.heckmanngmbh.de
Vision	09.11. - 11.11.2010	Stuttgart	www.vision-messe.de
Heim + Handwerk	24.11. - 28.11.2010	München	www.hh-online.de

Anhang Autoren/Impressum

Zu den Autoren:

Dr. Kathrin Andrae ist die Steuer-Expertin des Hauptverbands des Deutschen Einzelhandels (HDE) in Berlin.

Hilka Bergmann leitet den Forschungsbereich Verpackung beim EHI Retail Institute in Köln.

Ulrich Binnebößel ist Referent für Verkehrspolitik, Logistik, Non-Food und Zahlungssysteme beim Hauptverband des Deutschen Einzelhandels (HDE), Berlin.

Monika Dürrer ist Geschäftsführerin des Bereiches Wirtschafts-, Handels- und Standortpolitik beim Hauptverband des Deutschen Einzelhandels (HDE); sie verantwortet Grundsatzfragen sowie Mittelstandspolitik.

Willy Fischel ist Geschäftsführer der Bundesfachverbände BTWE (Bundesverband des Tabakwaren-Einzelhandels), BVS (Bundesverband des Spielwaren-Einzelhandels), BVT (Bundesverband Technik des Einzelhandels und des BVJ (Bundesverband der Juweliere, Schmuck- und Uhrenfachgeschäfte.

Fulya Bökükbasi arbeitet im Forschungsbereich Marketing beim EHI Retail Institute in Köln.

Monika Gabler ist Leiterin Unternehmenskommunikation der GS1 Germany. Sie verantwortet die Bereiche Presse- und Öffentlichkeitsarbeit, Corporate Publishing, interne Kommunikation und Public Affairs.

Britta Gallus ist Leiterin des Brüsseler Büros sowie Geschäftsführerin des Bereiches Großfläche & Filialbetriebe beim Hauptverbands des Deutschen Einzelhandels (HDE), Brüssel/Berlin.

Stefan Genth ist Hauptgeschäftsführer des Hauptverbands des Deutschen Einzelhandels (HDE).

Hans Rainer Glaeser ist Senior Consultant im Bereich Managementberatung bei der BBE Retail Experts Unternehmensberatung; er ist zuständig für die Beratung mittelständischer Handelsunternehmen und verantwortlich für die Betreuung diverser Erfahrungsaustauschgruppen mit dem Schwerpunkten Uhren/Schmuck.

Thomas Grothkopp ist Hauptgeschäftsführer im Fachbereich Bauen, Wohnen, Einrichten und Büro der HDE-Einzelhandelsorganisation. Er führt die Bundesverbände Bürowirtschaft (BBW), Möbel-, Küchen- und Einrichtungsfachhandel (BVDM) und gedeckter Tisch, Hausrat und Wohnkultur (GPK) in Köln.

Hansjürgen Heinick ist Senior Consultant im Bereich Markt & Strategie bei der BBE Retail Experts Unternehmensberatung, seine Schwerpunkte liegen in den Bereichen Food, Fashion und Versandhandel.

Claudia Horbert leitet den Forschungsbereich Ladenplanung und Einrichtung beim EHI Retail Institute in Köln.

Dr. Kai Hudetz ist Geschäftsführer des Instituts für Handelsforschung IfH an der Universität zu Köln; er ist außerdem Bereichsleiter des E-Commerce Center Handel (ECC) in Köln.

Dr. Siegfried Jacobs ist stv. Hauptgeschäftsführer des Bundesverbandes des Deutschen Textileinzelhandels (BTE) sowie Geschäftsführer des Bundesverbandes des Deutschen Schuheinzelhandels (BDSE) und des Instituts des Deutschen Textileinzelhandels GmbH (ITE).

Heribert Jöris ist Geschäftsführer des Bereiches Arbeitsmarkt-, Sozial-, Tarif- und Bildungspolitik beim Hauptverband des Deutschen Einzelhandels (HDE); er verantwortet Tarifpolitik sowie Grundsatzfragen von Arbeitsmarkt & Sozialpolitik, Berlin.

Dr. Andreas Kaapke ist Geschäftsführer des Instituts für Handelsforschung (IfH) an der Universität zu Köln; seine Kernkompetenzen sind Strategisches Marketing, Handelsbetriebslehre,Management für Nonprofit-Organisationen, Kommunikationspolitik und Kundenzufriedenheitsmessungen.

Nina Kleber ist Projektmanagerin im Bereich Markt- und Unternehmensanalysen beim Institut für Handelsforschung IfH; ihre Schwerpunkte sind Kundenzufriedenheit und -bindung, Standortmanagement, Personalpolitik sowie Unternehmenskonzepte.

Uwe Krüger ist Senior-Consultant bei BBE Retail Experts Unternehmensberatung im Bereich Markt und Strategie, verantwortlich für das hausinterne Brancheninformations-System BIS und Branchenfachberater für Finanzinstitute.

Christian Lerch ist Consultant im Bereich Markt & Strategie der BBE Retail Experts Unternehmensberatung, sein Schwerpunkt liegt im Bereich des Geschäftsfeldes DIY (Do it yourself).

Birte Lindstädt ist Projektmanagerin beim Institut für Handelsforschung IfH; ihre Schwerpunkte sind Marktanalyse, Hersteller-Handelsbeziehungen, Zielgruppenkonzepte und Standortmanagement.

Marlene Lohmann leitet den Forschungsbereich Marketing und das Projekt 'Wissenschaftspreis Handel' beim EHI Retail Institute, Köln.

Wilfried Malcher ist Geschäftsführer der Abteilung Bildungspolitik, Aus- und Weiterbildung des Hauptverbands des Deutschen Einzelhandels (HDE), Berlin.

Jörg Meding ist Senior Consultant im Bereich Markt & Strategie der BBE Retail Experts Unternehmensberatung, seine Schwerpunkte liegen in der Primärmarktforschung sowie im Geschäftsfeld Wellness und Gesundheit.

Malte Obal ist Senior Consultant bei der BBE Retail Experts Unternehmensberatung in Hamburg. Im Team für Stadt- und Regionalentwicklung ist er Experte für Nahversorgungskonzepte in peripheren Räumen.

Karl Oerder ist Consultant bei der BBE Retail Experts Unternehmensberatung im Bereich Markt und Strategie; er ist verantwortlich für die hausinterne Branchen-Informations-System BIS. Seine Schwerpunkte: Office und Freizeitmärkte.

Rolf Pangels ist Hauptgeschäftsführer der Bundesarbeitsgemeinschaft für Mittel- und Großbetriebe im Einzelhandel (BAG), Berlin; er verantwortet die Bereiche Städtebau und Verkehr, Presse und Öffentlichkeitsarbeit sowie Technik und Arbeitssicherheit.

Stefanie Pracht leitet das Veranstaltungsgeschäft der Verlagsgruppe Handelsblatt (VHB). Die Dipolm-Kauffrau ist außerdem Geschäftsführerin des Kongressanbieters Management Forum.

Jörg Pretzel ist Geschäftsführer der GS1 Germany. Darüber hinaus ist er Experte rund um die Themen ECR, RFID und Standardisierung.

Liljiana Rakita ist Projektleiterin im Forschungsschwerpunkt Energiemanagement beim EHI Retail Institute in Köln.

Sonja Rodenkirchen ist Projektmanagerin am ECC Handel; sie ist Expertin für professionelles E-Mail Management und Zahlungsverfahren im Internet.

Olaf Roik ist Referent für Handels- und Standortpolitik, e-Business und Statistik beim Hauptverband des Deutschen Einzelhandels (HDE), Berlin.

Horst Rüter verantwortet den Forschungsbereich Zahlungssysteme und ist Mitglied der Geschäftsleitung des EHI Retail Institutes in Köln.

Thorsten Scharmacher ist Leiter des Gütesiegels EHI Geprüfter Online-Shop und verantwortlich für den Forschungsbereich E-Commerce beim EHI Retail Institute, Köln. Seit 1999 beschäftigt er sich mit Gestaltungsnormen und -vorschriften für Online-Shops.

Beat Späth ist Referent für Umwelt- und Sozialpolitik sowie Corporate Responsibility (CSR) beim Brüsseler Büro des Hauptverbands des Deutschen Einzelhandels (HDE).

Klaus Peter Teipel ist Teammanager des Bereiches Markt & Strategie bei der BBE Retail Experts Unternehmensberatung. Seine Tätigkeitsschwerpunkte sind vertriebsorientierte Unternehmensentwicklung und Marktstrategien; die Branchenschwerpunkte sind baunahe Verwendungsbereiche (DIY, Sanitär/Heizung/Klima, Baustoffe, Living) und Kaufhäuser.

Stephan Tromp ist stv. Hauptgeschäftsführer des Hauptverbands des Deutschen Einzelhandels (HDE); er verantwortet die Bereiche Organisation, zentrale Dienste sowie die HTS GmbH in Berlin. Außerdem ist Tromp Geschäftsführer des International Food Standard (IFS), ebenfalls in Berlin.

Dr. Ludwig Veltmann ist Hauptgeschäftsführer des Zentralverbands Gewerblicher Verbundgruppen (ZGV), Berlin.

Dr. Robert Weitz ist Geschäftsführer der Abteilung Wirtschaftspolitik des Hauptverbands des Deutschen Einzelhandels (HDE), Berlin.

Impressum

Verlag:
LPV Lebensmittel Praxis Verlag Neuwied GmbH
Am Hammergraben 14, 56567 Neuwied.
Tel. 02631/879 0,
www.lebensmittelpraxis.de

Geschäftsführung:
Eckhard Lenz, Dr. Jochen Gutbrod

Verlagsleitung:
Olaf Hohmann

Konzept, Redaktion:
Andrea Kurtz, Nicole Ritter
handelsjournal
Am Weidendamm 1A, 10117 Berlin
Tel.: 030/726 251 10,
E-Mail: handelsjournal@vhb.de

Layout, Produktion:
Stefan Mugrauer (Art Director), Christian Belz, Ramón Höcker, Carsten Hoppen, Eddy Karst, Nina Vahrenkampf

Anzeigenleitung:
Ingo Melson, 02631/879 217,
E-Mail: i.melson@lpv-verlag.de

ISBN: 978-3-88688-251-9

Preis: 39 Euro inkl. MwSt.

Druck:
Kössinger AG , Fruehaufstraße 21
84069 Schierling

Redaktionsschluss:
September 2009

Copyright:
LPV Lebensmittel Praxis Verlag Neuwied GmbH. Alle Rechte vorbehalten. Kein Teil dieser Publikation darf ohne schriftliche Genehmigung des Verlages vervielfältigt oder verbreitet werden. Unter dieses Verbot fällt insbesondere auch die gewerbliche Vervielfältigung per Kopie, in elektronischen Datenbanken und auf CD-ROM.